新文京開發出版股份有限公司

NEW
WCDP

新世紀‧新視野‧新文京 ─ 精選教科書‧考試用書‧專業參考書

New Wun Ching Developmental Publishing Co., Ltd.

New Age · New Choice · The Best Selected Educational Publications — NEW WCDP

第**9**版

職業安全
衛生管理

乙級
技術士

歷次學術科試題
暨解析彙編

陳淨修 編著

OCCUPATIONAL SAFETY
AND HEALTH MANAGEMENT

9th Edition

Occupational Safety and
Health Management

　　筆者從事職業安全衛生之教學，已超過二十年，仍屬生手，忝為中華民國工安協會勞工安全衛生乙級管理員、物理性危害預防及甲衛師噪音振動、溫濕環境科目之講師，常有機會對學員／學生授課及互動。學生時常提及準備證照考試之難處：有考古題，沒有答案；有答案，卻背不起來；屢戰屢敗，心灰意冷，聆聽之餘，感同身受。因此筆者乃收集歷次乙級技術士學術科試題並按科分類整理，使考題集中，準備較有方向、較有系統，相信有心人士採用此書學習、全力以赴，必能如願以償。本書亦可作為甲級證照的必備參考資料，甲、乙級互相對照，更能透徹理解。

　　本書依行政院勞動部勞動力發展署印行的「職業安全衛生管理技能檢定規範」加以分類。本書分三部分，第一部分為計算題，歷次術科考題大多會有 1~2 題計算題，這 2 題計算題若能得分，其餘問答部分只要答對一半以上，就能金榜題名了。反之，若計算題全部失分，要考上證照就很難了，是故，計算題一定要搞定。較常出題的部分是噪音、WBGT、時量平均濃度計算與評估、通風換氣及職災統計，本書將歷次考過的題目依類別分成 10 個 UNIT，每個 UNIT 前頭均有公式整理，只要公式背熟，多加演練，20 分已穩操勝算。第二部分為問答題，本書提供職安法新法及其他相關法規修正內容，建議讀者在背誦時務求理解並多予聯想，記住每題的關鍵詞以加深記憶。若能三五好友一起準備、互相打氣，將可收事半功倍之效。第三部分為學科部分，本書提供 108 年（第 86~88 次）、109 年（第 89~91 次）與之後的試題及難題解析。第四部分為近兩年的術科考題及解答，提供考題走向、職安法新法及其他相關法規修正內容等出題重點。專業準備除了投入的時間要足夠、準備方法要正確外，還需要有強烈的企圖心，也就是說，抱持這次一定要考上的態度。

　　最後，筆者才疏學淺，憑一股熱心，難免有許多疏漏之處；所提供之答案也只能算是參考答案，萬祈諸賢達不吝指正是幸。

嘉南藥理大學職業安全衛生系

陳淨修 謹識

　　準備證照的過程是極其辛苦的，但若不辛苦的耕耘，怎會有幸福的收成，何況這張證照是有用的證照。只要你的方向是對的，堅持到底，終會到達終點，得到勝利的冠冕。

　　要如何準備證照是每個考生所關心的課題，乙級職業安全衛生技術士證照的取得，分為學、術科：學科共 80 個選擇題，基本上，只要熟悉考古題就夠了，最好能知道答案出處，本書有提供；術科因為有一半以上考法規，所以法規的準備是一個重點，尤其是職業安全衛生新法及相關法規修正內容，是出題的重點。筆者建議，事先對法規內容有所理解，再透過聯想畫面背住關鍵詞及重點，會比較好背又記得久。本書將關鍵詞以粗體字呈現，或可協助讀者背誦較為輕鬆；當然，計算題一定要把握住，熟悉公式、多加練習，這一、二十分就可進袋了。

　　要考上證照有兩個重要因素，其一為下的功夫要足，因為天下沒有白吃的午餐，也就是要有相當的準備，一個部分、一個部分的準備，到了一定的時候，機會就是你的了，其二是要有強烈想要證照及相信自己的心，這個心會幫助你克服萬難，不致中途放棄，破釜沉舟的心情會助你攻頂成功，因為信念決定一切。

　　此外，以歷次的考題作為模擬，試試自己的火候也是一個很有效的作法。

　　勞動部自 106 年 1 月 1 日起，實施將〈工作倫理與職業道德〉、〈職業安全衛生〉共同科目列入各職類、各級別學科測試，比例各為 5%，讀者可至「勞動部勞動力發展署技能檢定中心」下載模擬試題參考題型，或直接使用本書所附學科考古題進行練習。

　　政府自 *110 年 3* 月將乙級職業安全衛生技術士證照學術科考試改成電腦閱卷，術科部分雖沒有了令人頭痛的問答題，但出題範圍更廣、題目更細、題型更多元，有填充、配合、複選題等，準備起來沒想像的容易，似乎更難準備，本書將 *110 年 3* 月的考題分散至各單元，多準備就越多把握。

　　相信自己的夢想，用充滿歡欣的心情去預備，機會來了，證照就是你的了，先恭喜你了。

Occupational Safety and
Health Management

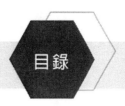

目錄

PART ③ 近年學科試題彙整及解析　　3-1

PART ④ 近年術科試題彙整及解析 **4-1**

歷年計算題彙整及解析

 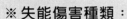 UNIT 01 職業災害調查處理與統計

單元重點

※ **失能傷害種類：**

1. 死亡。

2. 永久全失能，如雙目失明，一隻眼與一隻手或腿，不同肢的兩種手、臂、足或腿。

3. 永久部分失能，如斷一隻手或一隻腳。

4. 暫時全失能，罹災人未死亡，也未永久失能，但不能繼續正常工作，必須休息離開工作場所，如頭暈回家休息，損失時間 1 日以上。

　　總損失日數是指事故發生後所有傷害發生之總損失日數，包括暫時全失能日數及傷害損失日數，死亡（6000 日）、永久全失能（6000 日）。

※ **計算公式：**

1. 失能傷害頻率(F.R.)＝（失能傷害人數×10^6）÷總經歷工時

　　（計算至小數點兩位，第三位後直接刪除，不四捨五入）

2. 失能傷害嚴重率(S.R.)＝（失能傷害總損失日數×10^6）÷總經歷工時

　　（取整數，不四捨五入）

3. 總合傷害指數(FSI)＝$\sqrt{(FR \times SR) \div 1000}$

4. 失能傷害平均損失日數＝失能傷害總損失日數／失能傷害人數＝SR/FR

1. 某公司某年災害紀錄，其僱用勞工 1200 人，全年總經歷工時為 2950000 小時，發生災害件數 4 件，致甲勞工雙目失明，乙勞工 9 月 2 日上午 9 時 30 分受傷回家休養，翌日 8 時恢復上班工作，丙勞工於 1 月 5 日受傷住院，2 月 6 日恢復工作，丁勞工截斷右手小指末梢骨節，損失日數為 50 日，試算該公司該年失能傷害頻率及失能傷害嚴重率？（計算時應列出公式）

總經歷工時為 2950000 小時

全年之失能傷害人數＝3 人（乙勞工不屬失能傷害）

全年之失能傷害總損失日數＝6000＋(31－5＋6－1)＋50＝6081 日

F.R.＝$(3 \times 10^6)/2950000 = 1.01$

S.R.＝$(6081 \times 10^6)/2950000 = 2061$

2. 某營造公司僱用勞工 250 人，2 月份總經歷工時 50000 小時，某 2 月份全月之災變紀錄僅記載於 2 月 6 日下午 4 時發生施工架倒塌，致甲勞工當場死亡，乙勞工受傷住院，2 月 22 日恢復上班，求勞工之失能傷害頻率及失能傷害嚴重率？（計算時應列出公式）(95.07)

(1) 失能傷害頻率(FR)＝失能傷害人數$\times 10^6$／總經歷工時

　　　　　　　　＝$2 \times 10^6/50000 = 40.00$（人數／百萬小時）

(2) 失能傷害嚴重率(SR)

　　＝總損失日數$\times 10^6$／總經歷工時

　　＝$(6000＋22－6－1) \times 10^6/50000$（首尾兩日不計）

　　＝120300（日數／百萬小時）

3. 某事業單位僱用勞工 500 人，6 月份總經歷工時為 80,000 小時，6 月 8 日下午 5 時發生一起感電職業災害，造成甲勞工送醫急救無效死亡，乙勞工受傷住院，6 月 29 日恢復上班，丙勞工受傷經包紮後回家休養，翌日 8 時恢復上班工作，試計算該事業 6 月份傷害頻率及職業災害嚴重率？（計算過程時應列出公式）(96.08)

6 月之總經歷工時＝80,000 小時

6 月之傷亡人數＝2 人數（※丙勞工不計，未滿 24 小時）

6 月之總損失日數 ＝ 6000＋(29−8−1)

$\qquad$＝6020 日（6 月 8 日及 6 月 29 日不算）

6 月失能傷害頻率＝失能傷害人數×10^6／經歷工時

$\qquad$＝$(2×10^6)/80000$＝25.00 （人數／百萬小時）

$\qquad\qquad$（取小數點兩位）

6 月失能傷害嚴重率＝失能傷害總損失日數×10^6／經歷工時

$\qquad$＝$(6020×10^6)/80000$＝75250（日數／百萬小時）

4. 某營造公司僱用勞工 200 人，10 月份總經歷工時為 30,000 小時，其 10 月份全月事故之紀錄記載 10 月 7 日下午 4 時發生擋土牆崩塌，致甲勞工及乙勞工當場死亡，丙勞工受傷住院，10 月 20 日恢復工作，丁勞工受傷回家休養，翌日 8 時恢復上班工作，試計算該公司該月失能傷害頻率及失能傷害嚴重率。(97.11)

F.R.＝失能傷害人數×10^6／總經歷工時（計算至小數點兩位）

F.R.＝$3×10^6/30000$

$\qquad$＝100.00（丁勞工不屬失能傷害）（取小數點兩位）

S.R.＝失能傷害總損失日數×10^6／總經歷工時

S.R.＝$(6000×2＋20−7−1)×10^6/30000$＝400400（取整數）

5. 請回答下列題目：
   (1) 請寫出失能傷害頻率(FR)及失能傷害嚴重率(SR)之計算公式。
   (2) 某事業單位 97 年度之 FR 為 40，SR 為 10000，請依中央勞工主管機關之規定，計算該年度總合傷害指數。**(98.07)**

(1) 失能傷害頻率(FR)＝失能傷害人數×10^6／總經歷工時
   失能傷害嚴重率(SR)＝失能傷害總損失日數×10^6／總經歷工時

(2) 總合傷害指數，係指失能傷害頻率與失能傷害嚴重率相乘積除以 1000 的平方根。

   總合傷害指數 ＝ $\sqrt{(40 \times 10000 / 1000)}$ ＝ 20

6. 某營造公司僱用勞工 100 人，1 月份總經歷工時為 20000 小時，其 1 月份全月災變之紀錄僅記載於 1 月 6 日上午 8 時發生事故，致甲勞工左手臂截肢（損失日數 3000 日）；乙勞工受傷於事發當日住院，並於 1 月 13 日恢復工作；丙勞工受傷回家休養，翌日 8 時恢復上班工作，試計算該公司該月失能傷害頻率及失能傷害嚴重率？（計算時應列出公式）**(100.03)**

   F.R.＝失能傷害人數×1000000／總經歷工時＝(1＋1)×1000000/20000
   ＝100.00（丙勞工不屬失能傷害）
   S.R.＝失能傷害總損失日數×1000000／總經歷工時
   ＝(3000＋13－6－1)/20000＝150300

7. 某化學品製造業共有勞工 **8,000** 人，採日夜三班制作業，每年工作 **300** 天，每人每天工作八小時，當年發生勞工一人死亡，三人殘廢，八人受傷。請回答下列問題：

   (1) 失能傷害頻率為多少？

   (2) 死亡千人率為多少？**(104.03)**

(1) 失能傷害頻率 ＝ 失能傷害人數 × 1000000 ／ 總經歷工時

$$= (1 + 3 + 8) \times 1000000/(8000 \times 8 \times 300) = 0.62$$

(2) $\dfrac{1}{8000} \times 1000 = 0.125$

---

8. 勞工 **437** 人，該月平均工作 **23** 天，一天平均 **8** 小時，總工時為多少？領班第一週禮拜一被氫氟酸 **HF** 噴濺雙眼失明，第三週禮拜三出院；小明第一週禮拜一摔跤受傷，隔週三出院；阿華第二週禮拜三送貨途中擦撞，隔週三出院；領班的失能次數是多少？小明的失能次數是多少？阿華的失能次數是多少？**SR**、**FR** 各為多少？（題目要求最後一位四捨五入）**(110.03)**

總工時：437 × 23 × 8 ＝ 80400 時

領班：永久全失能，失能一次，損失日數 6000 日

小明：暫時全失能，一次，損失日數 8 日

阿華：暫時全失能，一次，損失日數 6 日

SR ＝ (1+1+1) × 100000/80400 ＝ 37.31

FR ＝ (6000+8+6) × 1000000/80400 ＝ 74800

9. 公司 4 月分失能傷害頻率為 5，工時 200,000 小時；5 月分失能傷害頻率為 12，工時 250,000 小時；6 月分失能傷害頻率為 5.71，工時 350,000 小時，請回答下列問題：

(1) 4 月分失能傷害次數為多少次？

(2) 5 月分失能傷害次數為多少次？

(3) 6 月分失能傷害次數為多少次？

(4) 3 個月的平均失能傷害頻率為多少？（計算到小數後 2 位）

(110.03)

答

(1) $5 = Y \times 1000000 / 200000$　$Y = 1$

(2) $12 = Z \times 1000000 / 250000$　$Z = 3$

(3) $5.71 = R \times 1000000 / 350000$　$R = 2$

(4) $SR = (1+3+2) \times 1000000 / (200000+250000+350000) = 7.50$

UNIT 02 噪 音

單元重點

※ **計算公式：**

1. 5 分貝原則：$T = 8 \div 2^{(L-90)/5}$ (hr)，L＝90 分貝，容許時間 T＝8 小時，每加或減 5 分貝，容許時間減半或加倍：L＝95 分貝，T＝4 小時；L＝85 分貝，T＝16 小時。

2. D（劑量）＝$(t_1 \div T_1) + (t_2 \div T_2) + \cdots + (t_n \div T_n) > 1$ 則不符合標準（80dB（含）以上才列入計算），t_1、t_2、t_3 一為實際暴露時間。

3. L_{TWA}（t 小時時量平均音壓級）＝$16.61 \times \log[(D \times 100)/(12.5 \times t)] + 90 = 16.61 \times \log(D \times 8/t) + 90$，若 t＝8 則上式變為 $L_{TWA} = 16.61 \times \log(D) + 90$

4. L_p（噪音和）＝$10 \log(10^{L_1/10} + 10^{L_2/10} + \cdots + 10^{L_n/10})$

5. 噪音相加速算法：若 $L_1 \geq L_2$，則噪音相加值＝L_1＋修正值。

$L_1 - L_2$	0,1	2~4	5~9	10~
修正值	3	2	1	0

6. 離點音源距離 X 處的音量（聲音距離衰減）
$L_p = L_w$（音源音量）$- 20 \log X - 11$（自由音場）

---

1. 有一勞工在下列噪音環境下工作，未戴噪音防護具，請問是否符合「職業安全衛生設施規則」之標準？(93.11)

時間	0800 至 1000	1000 至 1300	1300 至 1400	1400 至 1600
噪音	100dB	70dB	90dB	75dB

∵80dB（含）以上才列入計算，故僅計算 100dB 及 90dB 即可。
100dB 暴露容許時間(T_1)＝$8 \div 4$＝2
90dB 暴露容許時間(T_2)＝$8 \div 1$＝8
故 D＝$(2 \div 2) + (1 \div 8)$＝$1.125 > 1$，不符合標準。

2. 依職業安全衛生相關法令規定,勞工在 95 分貝噪音作業場所工作,允許暴露時間為何?

利用五分貝公式:$T = 8 \div 2^{(L-90)/5}$(hr)

$\therefore T = 8 \div 2^{(95-90)/5} = 8 \div 2 = 4$(hr)

3. 某一作業場所勞工暴露於噪音之時間為下午 14 時至 16 時,以噪音劑量計測定結果為 50%,則該噪音作業時段之噪音音壓級為多少分貝?如該日該勞工無其他時段有噪音暴露時,則該勞工噪音暴露之 8 小時日時量平均音壓級為何?(94.11)

$L_{TWA} = 16.61\log[100 \times D/(12.5 \times t)] + 90$

Dose = 50%(14~16 點)

$L_{TWA}(2hr) = 16.61\log[50/(12.5 \times 2)] + 90 = 95dB$

$L_{TWA}(8hr) = 16.61\log[50/(12.5 \times 8)] + 90 = 85dB$

4. 請回答下列題目:

(1) 一勞工每日工作時間 8 小時,其噪音之暴露在上午 8 時至 12 時為穩定性噪音,音壓級為 90dBA,下午 1 時至下午 5 時為變動性噪音,此時段暴露累積劑量為 40%。試計算該勞工全程工作日之噪音暴露劑量,並說明該勞工噪音暴露是否合於法令規定。

(2) 一噪音(純音)其頻率為 1000Hz,音量為 95dBA,如該測定儀器無誤差,試將以 F 或 C 權衡電網測定時之結果列出,並說明之。(95.03)

(1) 先計算早上之容許暴露時間：
$T_i = 8 \div 2^{(L-90)/5} = 8 \div 2^{(90-90)/5} = 8$
故 $D = (4 \div 8) + 40\% = 0.5 + 0.4 = 0.9 < 1$，∴合於法令規定。

(2) A 權衡電網通常用來評估噪音對人之影響；C 權衡電網常用於評估防音防護具之防音性能、機械器具所發生之噪音及噪音工程改善；B 權衡電網則幾乎不常用於一般噪音測定，其平坦特性已被視為 F 權衡電網。查權衡電網頻率表得知：在頻率為 1000Hz 時，dB(A) = dB(C) = dB(B) = dB(F) = 0dB，故以 F 或 C 權衡電網測定時仍為 95dB。

---

5. 一勞工每日工作時間 8 小時，其噪音之暴露在上午 8 時至 12 時為穩定性噪音，音壓級為 90dBA；下午 1 時至下午 4 時為變動性噪音，此時段暴露累積劑量為 50%，其他時間未暴露，試回答下列問題：

(1) 該勞工全程工作日之噪音暴露劑量為何？

(2) 該勞工全程工作日暴露相當之音壓級為何？

(3) 該勞工有噪音暴露時間內之時量平均音壓級為多少？（**92.11 甲衛**）

不同測定總時間(t)、暴露總劑量(D)與時量平均音壓級 TWA 之關係為：

$L_{TWA} = 16.61 \times \log[100 \times D \div (12.5 \times t)] + 90$

(1) $D = (4 \div 8)$（上午劑量）$+ 50\%$（下午劑量）$= 1 = 100\%$

(2) $L_{TWA} = 16.61 \times \log[100 \div (12.5 \times 8)] + 90 = 90$ 分貝

(3) $L_{TWA} = 16.61 \times \log[100 \div (12.5 \times 7)] + 90 = 90.96$ 分貝

6. 某工作場所有機械乙台，經於 5 公尺遠處測定噪音為 86 分貝，如另一台相同之機械噪音於 5 公尺處測定亦為 86 分貝，如二機械置於一處，於 5 公尺遠處測定之最大音壓級應為多少？又若共有 4 台同樣之機械置於該處時，噪音測定結果最大值為何？（假設各機械皆視為點音源，二音源之相加可利用下列聲音合成概算表計算）（請列出計算式）**(90.08, 91.05)**

$L_1 - L_2$	0~1	2~4	5~9	10~
加值	3	2	1	0

(1) 二機械置於一處，於 5 公尺遠處測定之最大音壓級為：

L_p（噪音和）$= 10 \log(10^{L_1/10} + 10^{L_2/10})$

$= 10 \log(10^{86/10} + 10^{86/10}) = 10 \log(10^{8.6} + 10^{8.6})$

$= 10 \log(2 \times 10^{8.6}) = 10(\log 2 + \log 10^{8.6})$

（註：$\log 10^n = n$）

$= 10(0.3 + 8.6) = 89 dB$

(2) 四台同樣之機械置於該處時，噪音測定結果最大值為：

L_p（噪音和）$= 10 \log(10^{L_1/10} + 10^{L_2/10} + 10^{L_3/10} + 10^{L_4/10})$

$= 10 \log(10^{8.6} + 10^{8.6} + 10^{8.6} + 10^{8.6})$

$= 10 \log(4 \times 10^{8.6}) = 10(\log 4 + \log 10^{8.6})$

$= 10(0.6 + 8.6) = 92 dB$

另解　先將 dB 值由小到大排列合成值＝大值＋（加值）

$L_1 - L_2 = 86 - 86 = 0$，故取加值 3，$86 + 3 = 89 dB$

兩個 89 相加，因 $L_1 - L_2 = 89 - 89 = 0$

故取加值 3，$89 + 3 = 92 dB$

7. 請回答下列問題：
   (1) 某工作場所有機械 1 台，經於 5 公尺遠處測定噪音為 88 分貝，如另一台相同之機械噪音於 5 公尺處測定噪音亦為 88 分貝，如二機械置於一處，於 5 公尺遠處測定之最大音壓級應為多少？（該等機械視為點音源，請列出計算式）
   (2) 該場所之作業依職業安全衛生法令規定，事業單位應採取哪些措施以預防噪音危害勞工健康？**(92.07)**

(1) L_P（噪音和）$= 10 \log(10^{L_1/10} + 10^{L_2/10}) = 10 \log(10^{88/10} + 10^{88/10})$
$= 10 \log(10^{8.8} + 10^{8.8}) = 10 \log(2 \times 10^{8.8})$
$= 10(\log 2 + \log 10^{8.8})$（註：$\log ab = \log a + \log b$）
$= 10(0.3 + 8.8) = 91 dB$

(2) 依職業安全衛生設施規則第 300 條規定，雇主對於發生噪音之工作場所，應依下列規定辦理：
   ① 勞工工作場所因機械設備所發生之聲音超過 90 分貝時，雇主應採取工程控制、減少勞工噪音暴露時間。
   ② 勞工 8 小時日時量平均音壓級超過 85 分貝或暴露劑量超過 50%時，雇主應使勞工戴用有效之耳塞、耳罩等防音防護具。
   ③ 工作場所之傳動馬達、球磨機、空氣鑽等產生強烈噪音之機械，應予以適當隔離，並與一般工作場所分開為原則。
   ④ 發生強烈振動及噪音之機械應採消音、密閉、振動隔離或使用緩衝阻尼、慣性塊、吸音材料等，以降低噪音之發生。
   ⑤ 噪音超過 90 分貝之工作場所，應標示並公告噪音危害之預防事項，使勞工周知。

8. 某工廠內安裝之機器，一部機器之噪音量為 83 分貝，若安裝二部相同之機器並同時開動，在五米處所測得噪音音壓級為何？若安裝四部相同之機器，並同時開動其值又為何？

離音源距離 X 處的音量 $L_p = L_w$（音源音量）$-20\log X - 11$

則 $L_p = 83 - 20\log 5 - 11 = 83 - 14 - 11 = 58$

開動一部時在 5 米處測得之音壓級 $L_p = 58$ 分貝

二部機器同時開動時噪音音壓級

$L_p = 10 \log(10^{0.1\times58} + 10^{0.1\times58}) = 61$ 分貝

四部機器同時開動時噪音音壓級

$L_p = 10 \log(10^{0.1\times58} + 10^{0.1\times58} + 10^{0.1\times58} + 10^{0.1\times58}) = 64$ 分貝

（注意：第 8 與第 12 題不同之處）

---

9. 某一勞工暴露於噪音之測定結果如下：

08：00~12：00	穩定性噪音，$L_A = 90\text{dBA}$
13：00~15：00	變動性噪音，噪音劑量＝50%
15：00~17：00	穩定性噪音，$L_A = 85\text{dBA}$

(1) 試評估其暴露是否符合法令規定？

(2) 暴露之 8 小時日時量平均音壓級為多少分貝？**(97.03)**

(1) D＝4/8＋50%＋2/16＝1.125＞1，暴露不符合法令規定。

(2) $L_{TWA} = 16.61 \log(1.125) + 90 = 90.85$ dBA

---

10. 某勞工在工作場所從事作業，其作業時間噪音之暴露如下：

08：00~12：00 穩定性噪音，$L_A = 90$ dBA

13：00~14：00 變動性噪音，噪音劑量為 40%

14：00~18：00 穩定性噪音，$L_A = 85$ dBA

(1) 該勞工噪音暴露 8 小時日時量平均音壓級為何？

(2) 是否為特別危害健康作業（請敘明理由）？

(3) 該勞工噪音暴露工作日時量平均音壓級為何？**(98.07)**

(1) D＝4/8＋0.4＋4/16＝1.15＝115%

L_{TWA8}＝16.61 logD＋90＝16.61 log(1.15)＋90＝91.01 dBA

(2) 91.01 dBA＞85 dBA，故依勞工健康保護規則規定，屬於特別危害健康作業。

(3) L_{TWA9}＝16.61 log(D×100)/(12.5×t)＋90

＝16.61 log[115/(12.5×9)]＋90

＝90.16dBA（工作日 9 小時）

---

11. 一勞工之噪音暴露經測定結果如下，試回答下列問題：

08：00~12：00 穩定性噪音　90dBA

15：00~16：00 變動性噪音　D＝20%

16：00~17：00 穩定性噪音　95dBA

17：00~19：00 衝擊性噪音　D＝10%

(1) 該勞工之噪音暴露劑量為多少%？（請列出計算式）

(2) 該作業是否屬特別危害健康作業？

(3) 依職業安全衛生設施規則規定，請列出雇主應採取之三項措施？(99.11,105.11)

(1) 勞工之暴露劑量＝4/8＋20%＋1/4＋10%＝105%

(2) 該勞工之 8 小時日時量平均音壓級：

L_{TWA}＝16.61 log [(D×100)÷(12.5×8)]＋90

＝16.61 log [105÷100]＋90＝90.35dBA

因勞工噪音暴露工作日 8 小時日時量平均音壓級在 85dBA 以上，所以此作業屬特別危害健康之作業。

(3) 依職業安全衛生設施規則規定雇主應採取措施：

① 工程改善或減少勞工暴露時間。

② 超過 90 分貝之工作場所，應標示並公告噪音危害預防事項。

③ 雇主應採取工程控制措施，包括隔離、消音，密閉、振動等。

④ 雇主應使勞工配戴防音防護具，如耳罩、耳塞等。

12.某工作場所有機械 1 台，經於 4 公尺遠處測定噪音為 85 分貝，如另 1 台相同之機械噪音於 4 公尺處測定亦為 85 分貝，假設各機械皆視為點音源，試回答下列問題：（請列出計算過程）

(1) 如二機械置於同一處，於 4 公尺遠處測定之音壓級應為多少？

(2) 又若共 4 台同樣機械置於該處，測定結果應為若干？

（提示：噪音值 $L_1 - L_2 = 0$ 分貝時，修正值 $L = 3$ 分貝）

(100.11)

 答

(1) 二台機械置於同一處，於 4 公尺遠處測定之音壓級計算如下：

$$SPL_1 + SPL_2 + \cdots + SPL_n$$
$$= 10\log(10^{0.1 \times L_1} + 10^{0.1 \times L_2} + \cdots + 10^{0.1 \times L_n})$$
$$SPL = 10\log(10^{85 \times 0.1} + 10^{85 \times 0.1})$$
$$SPL = 10\log(10^{8.5} + 10^{8.5}) = 88(dB)$$

經計算後得知該場所之音壓級約為 88(dB)。

(2) 四台同樣機械置於該處，其測定之音壓級計算如下：

$$SPL = 10\log(10^{85 \times 0.1} + 10^{85 \times 0.1} + 10^{85 \times 0.1} + 10^{85 \times 0.1})$$
$$SPL = 10\log(10^{8.5} + 10^{8.5} + 10^{8.5} + 10^{8.5}) = 91(dB)$$

 另解 (2) 先將dB值由小到大排列

$L_1 - L_2 = 88 - 88 = 0$，故取加值 3，$88 + 3 = 91$dB。

13.勞工在工作場所從事作業，其作業時間噪音之暴露如下：

08:00~12:00 85 dBA

13:00~15:00 95 dBA

15:00~17:00 90 dBA

試評估該勞工之噪音暴露是否符合職業安全衛生設施規則規定（需列出算式）。(107.07)

(1) 08:00~12:00 LA=85 dBA T=8/2$^{(85-90)/5}$　T=16HR
(2) 13:00~15:00 LA=95 dBA T=8/2$^{(95-90)/5}$　T=4HR
(3) 15:00~17:00 LA=90 dBA T=8/2$^{(90-90)/5}$　T=8HR
　　Dose=4/4+2/4+2/8=1.00=100%
全程工作日噪音暴露劑量為 100%=1，符合法令規定。

---

14. 八小時均音壓級 **88** 分貝，求暴露劑量為多少%？**(110.03)**

16.61 LOGD + 90 = 88
LOGD = (88-90)/16.61
LOGD = -2/16.61
D = 10-0.1204 = 0.7579(75.79%)

---

15. 某一工廠機房有數台 **150HP** 馬達同時起動時，因空間不足且未有吸音防護，以至回音量大，經現場實務量測，某一勞工噪音暴露測定結果如下表，試問該勞工全程工作日之噪音暴露總劑量（答案四捨五入至小數點第 **2** 位），是否符合法規規定？**(110.03)**

上午 08:00~11:00	穩定性噪音，LA＝85 dBA
上午 11:00~12:00	穩定性噪音，LA＝95 dBA
下午 13:00~15:00	變動性噪音，噪音劑量為 55%
下午 15:00~17:00	穩定性噪音，LA＝90 dBA
下午 17:00~18:00	穩定性噪音，LA＝78 dBA

D＝3/16+1/4+55%+2/8＝1.24＞1。
（音量小於 80 分貝不列入計算）不符合規定。

UNIT 03 綜合溫度熱指數

單元重點

※ **高溫作業環境評估指標**

1. 綜合溫度熱指數(Web Bulb Globe Temperature, WBGT)，其計算公式如下：

   (1) 室內或戶外無日照時：$WBGT = 0.7 \times NWB + 0.3 \times GT$

   (2) 戶外有日照時：$WBGT = 0.7 \times NWB + 0.2 \times GT + 0.1 \times DB$

   ① NWB（自然濕球溫度）：指乾球溫度計外包裹白色紗布潤濕後所測得之溫度，代表空氣溫度、相對濕度及風速等之綜合效應。

   ② DB（乾球溫度）：由乾球溫度計測得之乾球溫度，代表單純空氣溫度之效應，即所謂空氣溫度。

   ③ GT（黑球溫度）：指利用直徑 15 公分之中空黑色銅球，中央插入溫度計所測得之溫度，代表輻射熱之效應。

   黑球溫度>乾球溫度>濕球溫度

2. 作業場所勞工之熱暴露非屬均勻時，即不同時段具不同之綜合溫度熱指數值暴露時，其時量平均綜合溫度熱指數 ($WBGT_{TWA}$) 計算方法如下：

   $$WBGT_{TWA} = (WBGT_1 \times t_1 + WBGT_2 \times t_2 + \cdots\cdots)/(t_1 + t_2 + \cdots\cdots)$$

   $WBGT_1$、$WBGT_2$、$\cdots\cdots$、$WBGT_n$ 代表在 t_1、t_2、$\cdots\cdots$、t_n 時間暴露之綜合溫度熱指數。

3. 高溫作業環境必須具備條件：

   (1) 作業環境為法規所規定之作業環境。

   (2) 全天工作時間（以 8 小時為原則）之加權平均綜合溫度熱指數，超過高溫作業勞工作息時間標準第 5 條連續作業之綜合溫度熱指數，即連續作業下，輕工作為 30.6°C，中度工作時為 28°C，重工作則為 25.9°C。

4. 所謂輕工作指以坐姿或立姿進行手臂動作以操縱機器者，中度工作則指於走動中提舉或推動一般重量物體，重工作指鏟、掘、推等全身運動之工作。

高溫作業勞工作息時間調整表

每小時作息時間比例	時量平均綜合溫度熱指數值°C		
	重工作	中度工作	輕工作
連續作業	25.9	28.0	30.6
75%作業 25%休息	27.9	29.4	31.4
50%作業 50%休息	30.0	31.1	32.2
25%作業 75%休息	32.1	32.6	33.0

1. 某一工作環境中測得乾球溫度 31°C，自然濕球溫度 28°C，黑球溫度 35°C，為室內無日曬環境時，問該環境之綜合溫度熱指數為若干？(103.03)

室內無日曬時，綜合溫度熱指數

$$WBGT = 0.7 \times 28°C + 0.3 \times 35°C = 30.1°C$$

2. 某一室外有日曬之工作場所中，經測得該場所之乾球溫度為 31°C，自然濕球溫度為 24°C，黑球溫度為 34°C，請問該場所之綜合溫度熱指數為若干？（請列出計算公式）(95.11)

室外有日曬時，綜合溫度熱指數

WBGT

$= 0.7 \times$（自然濕球溫度）$+ 0.2 \times$（黑球溫度）$+ 0.1 \times$（乾球溫度）

$= 0.7 \times 24°C + 0.2 \times 34°C + 0.1 \times 31°C = 26.7°C$

3. 有關高溫作業熱危害預防，以綜合溫度熱指數(WBGT)作為熱危害評估之指標。試問：

(1) 其考量之氣候因素有哪些？

(2) 計算公式為何？(100.07)

(1) 考量之氣候因素包括風速、濕度、溫度及輻射熱。

(2) ① 戶內或戶外無日曬時

$$WBGT = 0.7×Tnwb + 0.3×Tg$$

② 戶外有日曬時

$$WBGT = 0.7×Tnwb + 0.2×Tg + 0.1×Tdb$$

Tnwb：係指自然濕球溫度

Tg：係指黑球溫度

Tdb：係指乾球溫度

4. 有一鑄造廠勞工，在三個位置（整料、加熱爐旁、澆注）作業，以三組相同精度的溫度計在這三個位置測定溫度，該勞工平均每小時在這三位置點暴露時間及測定平均資料如下表，計算該勞工時量平均下之 WBGT 值，若勞工為輕工作，該作業環境是否為高溫作業環境？應如何調整勞工作息時間？

位置	整料區	加熱爐旁	澆注位置
平均暴露時間	20 分鐘	30 分鐘	10 分鐘
平均黑球溫度	34°C	38°C	42°C
平均自然濕球溫度	25°C	32°C	33.5°C

(1) 各測點之 WBGT 值

整料區 $WBGT_1 = 0.7×25 + 0.3×34 = 27.7°C$

加熱爐旁 $WBGT_2 = 0.7×32 + 0.3×38 = 33.8°C$

澆注位置 $WBGT_3 = 0.7×33.5 + 0.3×42 = 36.1°C$

(2) 時量加權之 WBGT 值

　　(27.2×20+33.8×30+36.1×10)/(20+30+10)＝32.15°C＞30.6°C

　　故為高溫作業環境。

若讓勞工 50%作業 50%休息，則 32.15°C＜32.2°C，該作業就不是高溫作業環境。

---

5. 某一工作環境中測得乾球溫度 31°C、濕球溫度 28°C，黑球溫度 35°C，為室內無日曬環境，請問該環境之綜合溫度熱指數多少 °C？（請列出計算公式）**(103.03)**

WBGT＝0.7×自然濕球溫度＋0.3×黑球溫度

　　　＝0.7×28＋0.3×35＝30.0°C

---

6. 某一戶外燒窯作業，在有日曬工作環境中，測得乾球溫度 31°C、自然濕球溫度 28°C、黑球溫度為 34°C，請回答下列問題：

(1) 該環境之綜合溫度熱指數為幾°C？（請列出計算公式）

(2) 依您計算結果並依下表所定，如勞工作業為中度工作，則該勞工每小時休息比例應為多少％？**(104.07)**

時量平均綜合溫度熱指數值°C	輕工作	30.6	31.4	32.2	33.0
	中度工作	28.0	29.4	31.1	32.6
	重工作	25.9	27.9	30.0	32.1
時間比例 每小時作息		連續作業	25%休息 75%作業	50%休息 50%作業	75%休息 25%作業

WBGT＝0.7×28＋0.2×34＋0.1×31.1＝29.5°C

查表可知勞工工作 50%、休息 50%就可符合標準(31.1°C)

7. 自然濕球溫度 **29** 度，乾球比濕球多 **1.1** 度，黑球比乾球多 **1.9** 度，求乾球、黑球跟 **WBGT**？(110.03)

乾球 29+1.1＝30.1℃

黑球 30.1+1.9＝32℃

戶外有日曬 WBGT＝0.7×29+0.2×32+0.1×30.1＝29.7℃

8. 濕球溫度 **28** 度、黑球溫度 **33** 度、乾球溫度 **32** 度，請求出戶外有日曬及戶外無日曬 **WBGT** 值？（取到小數點一位）(110.03)

室內或無日曬時 WBGT＝0.7×（自然濕球溫度）+0.3×（黑球溫度）。

室外或有日曬時 WBGT＝0.7×（自然濕球溫度）+0.2×（黑球溫度）+0.1×（乾球溫度）。

戶外無日曬 WBGT＝0.7×28+0.3×33＝29.5℃

戶外有日曬 WBGT＝0.7×28+0.2×33+0.1×32＝29.4℃

04 化學性危害預防

✎ 單元重點

※ **暴露之濃度計算方式：**

濃度 $C(mg/m^3)$＝化學物質之重量 $W(mg)$／（採樣流率×採樣時間）(m^3)

$1m^3$＝1000 升＝1000000mL(c.c.)(cm³)

※ **單位轉換（在 1atm，25°C 時）：**

mg/m^3＝[ppm×氣狀有害物之分子量(g/gmole)]÷24.45

ppm＝mg/m^3×24.45÷氣狀有害物之分子量(g/gmole)

※ **時量平均暴露濃度計算公式：**

$TWA = [C_1 \times t_1 + C_2 \times t_2 + \cdots + C_n \times t_n] \div (t_1 + t_2 + \cdots + t_n)$

[第一次某有害物空氣中濃度×工作時間（小時）＋第二次某有害物空氣中濃度×工作時間（小時）……＋第 n 次某有害物空氣中濃度×工作時間（小時）]÷總工作時間

※ **相當 8 小時日時量平均容許濃度之計算公式如下：**

$PEL-TWA_{t小時} = PEL-TWA_{8小時} \times (8小時 \div t小時)$

※ **PEL-STEL＝PEL-TWA×變量係數**

1. PEL-TWA（容許濃度）<1【變量係數＝3】
2. PEL-TWA（容許濃度）<10【變量係數＝2】
3. PEL-TWA（容許濃度）<100【變量係數＝1.5】
4. PEL-TWA（容許濃度）<1000【變量係數＝1.25】
5. PEL-TWA（容許濃度）>1000【變量係數＝1】

PEL-TWA 單位，氣態化學物為 ppm，粒狀物為 mg/m^3。

※ **暴露兩種物質以上之評估（假設相加效應）**

$D = TWA_1 / PEL-TWA_1 + TWA_2 / PEL-TWA_2 + \cdots$

或

$D = STEL_1 / PEL-STEL_1 + STEL_2 / PEL-STEL_2 + \cdots$

$D > 1$　則不符標準

---

1. 有機溶劑甲苯在 25°C，一大氣壓力下，分子量為 92，容許濃度 80ppm，請問可換成多少 mg/m³？

$80\text{ppm} = (80 \times 92) \div 24.45 = 301.02\text{mg}/\text{m}^3$

---

2. **(1)** 某勞工實施有機溶劑作業，其使用之有機溶劑為三氯乙烷，經以個人採樣測定，採樣流率為 100mL/min，於 25°C，一大氣壓實施 8 小時單一樣本連續採樣，樣本經分析結果三氯乙烷質量為 5mg，請計算該勞工三氯乙烷之暴露濃度為多少 mg/m³？

   (2) 如三氯乙烷之分子量為 133.5，則該勞工之暴露濃度為多少 ppm？(91.08)

(1) ① 採樣總體積＝採樣流率×採樣時間
$$= (100\text{mL}/\text{min}) \times (8\text{hr} \times 60\text{min}/\text{hr}) = 48000\text{mL}$$

② 1 公升 ＝ 0.001m³ → 48000mL ＝ 48 公升 ＝ 0.048 m³

③ C（濃度）＝物質質量(mg)÷採樣空氣總體積 (m³)
$$= 5\text{mg} \div 0.048\text{ m}^3 = 104.2\text{mg}/\text{m}^3$$

(2) ppm ＝ $(\text{mg}/\text{m}^3) \times (24.45/\text{分子量}) = 104.2 \times (24.45/133.5) = 19.08\text{ppm}$

---

3. 有一甲苯作業場所，測量時間與測得濃度關係如下表，已知甲苯之分子量為 92，試計算該作業場所之時量平均濃度為多少 ppm 及 mg/m³。(91.03)

暴露時間	0800~1000	1000~1200	1300~1500	1500~1800
濃度(ppm)	80	110	100	90

(1) 時量平均濃度(ppm)
　　$= (80×2 + 110×2 + 100×2 + 90×3) ÷ (2 + 2 + 2 + 3) = 850 ÷ 9$
　　$= 94.44(ppm)$

(2) 時量平均濃度 $(mg/m^3) = (94.44×92) ÷ 24.45 = 355.36 (mg/m^3)$

---

4. 某君每日在甲苯工作場所暴露 **10** 小時,測得其時量平均濃度為 **95ppm**,而甲苯 **8** 小時時量平均容許濃度為 **100ppm**,甲苯分子量為 **92**,試評估某君之暴露是否合於法令之規定?

$TWA_{8hr} = (95×10) ÷ 8 = 118.75 > 100$ ppm,故不符合規定。

---

5. 填充題:
(1) 若苯的 **8** 小時日時量平均容許濃度為 **5 ppm**,則其 **10** 小時日時量平均容許濃度為＿＿＿ **ppm**。
(2) 已知正己烷之 **8** 小時日時量平均容許濃度為 **50 ppm**,則該物質之短時間時量平均容許濃度為＿＿＿ **ppm**。

(1) $PEL - TWA_{10} = (PEL - TWA_8) × 8hr ÷ 10hr = 5ppm × 8hr ÷ 10hr = 4ppm$
(2) $50ppm × 1.5$ (變量係數) $= 75ppm$

變量係數要背起來。

---

6. 有一勞工在丙酮作業場所作業,作業 **20** 分鐘後測其濃度為 **1980mg/m³**(丙酮之分子量為 **58**),而丙酮之 **8** 小時時量平均容許濃度為 **750ppm**,其變量係數為 **1.25**,請問其作業場所之濃度是否符合規定?

(1) 單位換算：$1980\text{mg}/\text{m}^3 = 1980 \times (24.45 \div 58)$

$\qquad\qquad\qquad\qquad = 834.7\text{ppm}$（此為短時間時量平均濃度）

(2) 計算短時間時量平均容許濃度：$750\text{ppm} \times 1.25 = 937.5\text{ppm}$

(3) $\because 834.7\text{ppm} < 937.5\text{ppm}$　未超過容許濃度，故此短期濃度符合法令規定。

---

7. 某一作業場所，有一勞工暴露情形紀錄如下，試計算其 8 小時日時量平均濃度為多少？

暴露時間	0800~1000	1000~1115	1115~1200	1300~1600	1600~1700
濃度(ppm)	150	90	150	350	未暴露

$\text{TWA} = (\Sigma c_i \times t_i) \div T \ (\text{where } T = \Sigma t_i)$

$\qquad = (150 \times 2 + 90 \times 1.25 + 150 \times 0.75 + 350 \times 3 + 0 \times 1) \div$

$\qquad (2 + 1.25 + 0.75 + 3 + 1)$（含未暴露）

$\qquad = 1575 \div 8 = 196.88\text{ppm}$

---

8. 王君從事有機溶劑作業，在某工作日內暴露最嚴重時段測定 15 分鐘，測定結果如下表（25°C，一大氣壓下），設該場所除二甲苯、丁酮、正己烷外，無其他有害物之暴露，若以相加效應評估時，該勞工暴露是否符合法令規定？ **(91.11, 92.11, 94.06)**

暴露物質	暴露濃度	8 小時日時量平均容許濃度	變量係數	分子量
二甲苯	200mg/m³	100ppm	1.25	106
丁酮	250mg/m³	200ppm	1.25	72
正己烷	100mg/m³	50ppm	1.5	86

(1) 暴露濃度單位換算

  ① 二甲苯(ppm)＝200×(24.45/M)＝200×(24.45/106)＝46.13(ppm)

  ② 丁酮(ppm)＝250×(24.45/M)＝250×(24.45/72)＝84.90(ppm)

  ③ 正己烷(ppm)＝100×(24.45/M)＝100×(24.45/86)＝28.43(ppm)

(2) 計算短時間時量平均容許濃度

  ① 二甲苯(PEL-STEL 15min)＝100×1.25＝125(ppm)

  ② 丁酮(PEL-STEL 15min)＝200×1.25＝250(ppm)

  ③ 正己烷(PEL-STEL 15min)＝50×1.5＝75(ppm)

(3) 計算相加效應

  C＝(46.13/125)＋(84.90/250)＋(28.43/75)

   ＝0.3690＋0.3396＋0.3790＝1.0876＞1

  ∵相加效應值＞1，故不符合規定。

---

9. 王君每日 8 小時工作時間內於 A 作業場所作業 **1.5** 小時，**B** 作業場所作業 **2.0** 小時，**C** 作業場所作業 **2.5** 小時，**D** 作業場所作業 **2.0** 小時，甲物質容許濃度為 **100ppm**，乙物質容許濃度為 **150ppm**，丙物質容許濃度為 **200ppm**，各場所時量平均濃度如下表所示，若以相加效應評估，王君之暴露是否合於法令規定？

	A 作業場所	B 作業場所	C 作業場所	D 作業場所
甲物質	50ppm	0	120	0
乙物質	60	90	0	120
丙物質	0	100	0	50

(1) 先求勞工暴露各物質之時量平均濃度

  ① TWA 甲 ＝(50×1.5＋0×2＋120×2.5＋0×2)÷(1.5＋2＋2.5＋2)

   ＝375÷8＝46.88 ppm

  ② TWA 乙 ＝(60×1.5＋90×2＋0×2.5＋120×2)÷(1.5＋2＋2.5＋2)

   ＝510÷8＝63.75 ppm

  ③ TWA 丙 ＝(0×1.5＋100×2＋0×2.5＋50×2)÷(1.5＋2＋2.5＋2)

   ＝300÷8＝37.5 ppm

(2) 計算相加效應

$C = (46.88 \div 100) + (63.75 \div 150) + (37.5 \div 200)$

$\quad = 0.47 + 0.43 + 0.19 = 1.09 > 1$

∵相加效應值＞1，故不符合規定。

---

10. 某物質 8 小時時量平均容許濃度為 **100 ppm**，王君之工作暴露如下：

時間	0800~1100	1100~1200	1300~1700	1700~1900
濃度(ppm)	100ppm	20ppm	50ppm	190ppm

試評估其是否符合規定？

(1) $TWA_{10hr} = (100 \times 3 + 20 \times 1 + 50 \times 4 + 190 \times 2) \div 10 = 90$ ppm

(2) 相當 10 小時容許濃度值： $PEL - TWA_{10} = (PEL - TWA_8) \times 8hr \div (10)$

$\qquad\qquad\qquad\qquad\qquad\qquad = (100 \times 8/10) = 80$ ppm

∵ $TWA_{10hr} = 90$ ppm＞相當 10 小時容許濃度值 70 ppm，故不符合規定。

---

11. 某勞工工作日暴露於甲苯之濃度及時間如下表：

時間	0800~1000	1000~1200	1300~1500	1500~1800
濃度(ppm)	80	110	100	90

試問：

(1) 工作日時量平均濃度為多少 **ppm**？

(2) 相當 8 小時日時量平均濃度為多少 **ppm**？ **(93.11)**

(1) $TWA_{9hr} = (80 \times 2 + 110 \times 2 + 100 \times 2 + 90 \times 3) \div (2 + 2 + 2 + 3) = 94.44$ ppm

(2) $PEL - TWA_8 = (TWA_{9hr} \times 9) \div 8 = (94.44 \times 9) \div 8 = 106.25$ ppm

---

老師叮嚀

平均時間短者，平均濃度較高，亦即 8 小時 TWA 必大於 9 小時 TWA。

12. 王君每日 8 小時的工作時間內，於 A 場所作業時間為 2 小時、B 場所為 3 小時、C 場所為 3 小時，甲物質 8 小時日時量平均容許濃度為 100ppm、乙物質為 150ppm、丙物質為 200ppm，各場所時量平均暴露濃度如下表所示，請以相加效應評估王君之暴露是否合於職業安全衛生法令規定？（假設 8 小時內任何時間濃度均很穩定）(91.11, 94.03)

	A	B	C
甲	50ppm	0	0
乙	60ppm	90ppm	0
丙	0	50ppm	100ppm

(1) 先求各物質之時量平均濃度

時量平均濃度＝[第一次某有害物空氣中濃度×工作時間（小時）＋第二次某有害物空氣中濃度×工作時間（小時）＋……＋第 N 次某有害物空氣中濃度×工作時間（小時）]／總工作時間

① TWA 甲＝(50×2＋0×3＋0×3)÷(2＋3＋3)＝100÷8＝12.5 ppm

② TWA 乙＝(60×2＋90×3＋0×3)÷(2＋3＋3)＝390÷8＝48.75 ppm

③ TWA 丙＝(0×2＋50×3＋100×3)÷(2＋3＋3)＝450÷8＝56.25 ppm

(2) 計算相加效應

D＝(12.5÷100)＋(48.75÷150)＋(56.25÷200)

　＝0.125＋0.325＋0.281＝0.731＜1

∵相加效應值＜1，故符合規定。

D stel，A＝50/(100×1.25)＋60/(150×1.25)＋0/(200×1.25)＝0.72

D stel，B＝0/(100×1.25)＋90/(150×1.25)＋50/(200×1.25)＝0.68

D stel，C＝0/(100×1.25)＋0/(150×1.25)＋100/(200×1.25)＝0.4

因 D＜1 且 D stel，A、D stel，B、D stel，C 皆＜1，

故王君之暴露合於職業安全衛生法令規定。

老師叮嚀

若 D＜1，就需分別計算 A、B、C 三點的短時間 D 值是否皆小於 1。

13. 下列為丁酮作業環境測定資料：採樣時溫度 25°C，氣壓 760mmHg，採樣流速 100 mL/min，計採 8 小時，實驗室分析結果為 4.8 mg，其 PEL＝200ppm，分子量 72。
   (1) 試以 mg/m³ 表示其時量平均濃度。
   (2) 試以 ppm 表示其時量平均濃度。
   (3) 是否符合法定容許濃度標準(PEL)？ **(97.03)**

(1) 25°C，氣壓 760mmHg 下實施 8 小時單一樣本連續採樣

   總共採氣量：$V = 100 \text{ mL/min} \times 60\text{min} \times 8 = 48000 \text{ mL}$
   $$= 0.048\text{KL} = 0.048 \text{ m}^3$$

   丁酮採樣質量：$M = 4.8$ mg
   勞工丁酮之暴露濃度 $C = M/V = 4.8 \text{ mg} / 0.048 \text{ m}^3 = 100 \text{ mg/m}^3$

(2) 暴露濃度：$C(\text{ppm}) = (24.45 / \text{分子量}) \times C \text{ mg/m}^3$
   $$= (24.45 / 72) \times 100 = 33.96 \text{ ppm}$$

(3) 33.96ppm ＜ PEL ＝ 200ppm（丁酮法定容許濃度），故符合法定容許濃度標準規定。

14. 王君從事有機溶劑作業，在某工作日內暴露最嚴重時段測定 15 分鐘，測定結果如下表（25°C，一大氣壓下），設該場所除二甲苯、丁酮、正己烷外無其他有害物暴露，若以相加效應評估時，該勞工暴露是否符合規定？ **(94.06)**

暴露物質	二甲苯	丁酮	正己烷
暴露濃度	200mg/m³	250mg/m³	100mg/m³
8 小時日時量平均容許濃度	100ppm	200ppm	50ppm
變量係數	1.25	1.25	1.5
分子量	106	72	86

C＝（二甲苯短時間時量平均濃度／二甲苯短時間時量平均容許濃度）

　　＋（丁酮短時間時平均濃度／丁酮短時間時量平均容許濃度）

　　＋（正己烷短時間時量平均濃度／正己烷短時間時量平均容許濃度）

$= (200\text{mg}/\text{m}^3 \times 24.45 \div 106) \div (100\text{ppm} \times 1.25) + (250\text{mg}/\text{m}^3 \times 24.45 \div 72) \div$

$(200\text{ppm} \times 1.25) + (100\text{mg}/\text{m}^3 \times 24.45 \div 86) \div (50\text{ppm} \times 1.5)$

＝ 1.087>1 （暴露濃度要轉成 ppm 單位）

因為相加效應值大於 1，所以該勞工暴露不符合規定。

---

15. 王君從事有機溶劑作業，在某工作日內暴露最嚴重時段測定 15 分鐘，測定結果如下表（**25°C**，一大氣壓下）。設該場所除二甲苯、丁酮及正己烷外無其他有害物之暴露，若以相加效應評估時，該勞工暴露是否符合勞工作業場所容許暴露標準規定？**(92.11)**

暴露物質	二甲苯	丁酮	正己烷
暴露濃度	46.1ppm	84.9ppm	28.4ppm
8 小時日時量平均容許濃度	100ppm	200ppm	50ppm
變量係數	1.25	1.25	1.5
分子量	106	72	86

C＝（二甲苯短時間時量平均濃度／二甲苯短時間時量平均容許濃度）

　　＋（丁酮短時間時平均濃度／丁酮短時間時量平均容許濃度）＋

　　（正己烷短時間時量平均濃度／正己烷短時間時量平均容許濃度）

$= (46.1\text{ppm}) \div (100\text{ppm} \times 1.25) + (84.9\text{ppm}) \div (200\text{ppm} \times 1.25) +$

$(28.4\text{ppm}) \div (50\text{ppm} \times 1.5)$

＝ 1.087>1

因為相加效應值大於 1，所以該勞工暴露不符合規定。

16. 林君從事有機溶劑作業，在某工作日內暴露最嚴重時段測定十五分鐘，測定結果如下表（25°C，一大氣壓下）。設該場所除甲苯、丁酮及正己烷外無其他有害物之暴露，若以相加效應評估時，該勞工暴露是否符合規定？(98.11)

暴露物質	二甲苯	丁酮	正己烷
暴露濃度	200mg/m³	250mg/m³	100mg/m³
8 小時日時量平均容許濃度	100ppm	200ppm	50ppm
變量係數	1.25	1.25	1.5
分子量	92	72	86

暴露濃度之單位換算：$mg/m^3 \rightarrow ppm$

甲苯：$200 \ mg/m^3 (200 \times 24.45) \div 92 = 53.2 \ ppm$

丁酮：$250 \ mg/m^3 (250 \times 24.45) \div 72 = 84.9 \ ppm$

正己烷：$100 \ mg/m^3 (100 \times 24.45) \div 86 = 28.4 \ ppm$

甲苯短時間時量平均容許濃度為：$100 \times 1.25 = 125(ppm)$

丁酮短時間時量平均容許濃度為：$200 \times 1.25 = 250(ppm)$

正己烷短時間時量平均容許濃度為：$50 \times 1.5 = 75(ppm)$

相加效應之計算如下：

$(53.2 \div 125) + (84.9 \div 250) + (28.4 \div 75) = 1.1439 > 1$

其和大於 1 超出容許濃度之規定。

17. 某勞工於有機溶劑甲苯作業環境中工作 10 小時，經測定該場所之甲苯濃度為 320 mg/m³，又甲苯之 8 小時日時量平均容許濃度為 100 ppm，分子量為 92。試問該勞工暴露狀況是否符合規定？（假設大氣條件為一大氣壓、25°C）(99.03)

先計算相當 8 小時暴露濃度 320 mg / m³ ×10 / 8 = 400 mg / m³

轉換單位 400 mg / m³ = 400×24.45/92 = 106.3 ppm

> 100 ppm（8 小時時量平均容許濃度）

該勞工之暴露就 8 小時平均暴露而言不符合規定。

 老師叮嚀

同一基準，同一單位才能比較。

---

18. 假設某作業環境中粒徑 **10** 微米及粒徑 **0.3** 微米之厭惡性粉塵濃度分別為 **50mg/m³** 及 **100 mg/m³**，今有一勞工佩戴密合度 **100%** 之 **N95** 口罩，請計算該勞工對此兩種粉塵之暴露濃度。**(99.03)**

答

N95 口罩是用 0.3 微米氯化鈉微粒進行測試，阻隔效率須達 95%以上，所以對粒徑 10 微米可 100%去除，暴露濃度為 0，而對粒徑 0.3 微米可 95%去除，因此暴露濃度為 5mg / m³。（100×(1−95%)）

---

19. 某一清洗作業勞工使用三氯乙烷為清潔劑，在 **25°C**、一大氣壓下其暴露於三氯乙烷之情形如下：

(1) **08:00~12:00　C_1=350ppm**

(2) **13:00~14:00　C_2=489ppm**

(3) **14:00~17:00　C_3=100ppm**

已知：三氯乙烷之 **8** 小時日時量平均容許濃度為 **350ppm**，不同容許濃度之變量係數值如下表：

容許濃度（ppm 或 mg/m³）	< 1	≥1，<10	≥10，<100	≥100，<1000	≥1000
變量係數	3	2	1.5	1.25	1.0

試回答下列問題：

(1) 該勞工全程工作日之時量平均暴露濃度為多少 ppm？

(2) 試評估該作業勞工之三氯乙烷暴露是否符合規定？**(101.03)**

答

(1) 8 小時時量平均濃度 TWA
$= (4×350＋1×489＋3×100)/(4＋1＋3) = 273.6$ ppm

(2) 273.6 ppm ＜ 350 ppm 符合 8 小時時量平均容許濃度

短時間時量平均容許濃度標準為 350 ppm × 1.25 ＝ 437.5 ppm

C_2(489 ppm) ＞ 437.5 ppm

故第二個樣本短時間時量平均濃度＞短時間時量平均容許濃度

故勞工之三氯乙烷暴露不符合規定。

---

20. 下列為穀粉作業環境監測資料：採樣時溫度 **25°C**，氣壓 **760mmHg**，採樣流速 **2 L/min**，計採 **8** 小時，實驗室分析其粉塵重量為 **19.2mg**，其 8 小時日時量平均容許濃度(PEL)=10mg/m³。
    (1) 全程工作日時量平均濃度為多少 **mg/m³**？
    (2) 請說明是否超過 8 小時日時量平均容許濃度？**(105.07)**

(1) 空氣採樣體積 $= 2L/min × 8 × 60min = 960L$

濃度 ＝ 重量／空氣採樣體積 $= 19.2mg/960L$

$= 19.2mg × 1000/960m^3$

$= 20mg/m^3$

(2) $20mg/m^3 ＞ 10mg/m^3$，超過 8 小時日時量平均容許濃度。

---

21. 某有害物之 **8** 小時日時量平均容許濃度為 **200ppm**，如勞工作業暴露之時間為 **10** 小時，則該有害物相當 **8** 小時日時量平均容許濃度為多少 **ppm**？（請列出計算式）**(106.07)**

$200ppm × 8/10 = 160ppm$。

22. 某有機溶劑作業工作日內暴露最嚴重時測定 **15** 分鐘,測定結果如下表(**25°C,一大氣壓下**)。假設該場所除二甲苯、丁酮及正己烷外,無其他有害物之暴露,若以相加效應評估時,該勞工作業場所是否符合短時間時量平均容許濃度之規定?(請列出計算式)**(106.11)**

暴露物質	二甲苯	丁酮	正己烷
暴露濃度	40ppm	50ppm	30ppm
8 小時日時量平均容許濃度	100ppm	200ppm	50ppm
變量係數	1.25	1.25	1.5

$D = 40/(100 \times 1.25) + 50/(200 \times 1.25) + 30/(50 \times 1.5)$

　　$= 0.32 + 0.2 + 0.4$

　　$= 0.92 < 1$

符合短時間時量平均容許濃度之規定。

23. 某事業單位實施作業環境生物氣膠採樣,選定某種衝擊式採樣器,採樣流量為 **100 L/min**,為避免培養皿上菌落密集重疊難以計數,設定每一培養皿不超過 **300** 個菌落數(CFU)。當作業環境濃度為 **500 CFU/m³** 時,請問採樣時間不應超過幾分鐘?(請列出計算式,否則不予計分)**(107.11)**

依題意:$500 \text{ CFU/m}^3 = 300\text{CFU}/(100 \text{ l/min} \times T \times 10^{-3} \text{ m}^3/\text{l})$

　　　　$T = (300 \times 1000) / (500 \times 100) = 6 \text{ min}$

24. 某一防塵口罩第一層過濾效率為 **70%**,第二層粉塵過濾效率為 **5%**,請問總過濾效率為多少%?**(110.03)**

穿透率＝(1－70%)×(1－5%)＝28.5%

過濾率＝(1－穿透率)＝1－28.5%＝71.5%

---

25. 某一防塵口罩第一層過濾效率為 **80%**，第二層活性碳過濾效率為 **4%**，請問總過濾效率為多少％？**(110.03)**

三個解法
(1) $1-(1-80\%)(1-4\%)=80.8\%$
(2) $80\%+(1-80\%)\times4\%=80.8\%$
(3) $4\%+(1-4\%)\times80\%=80.8\%$

---

26. N95 口罩，**10** 微米粉塵 **4.2%**、**0.7** 微米粉塵 **20.1%**，假設密合度 **100%**，請問使用者暴露的風險為多少％？**(110.03)**

N95 口罩是針對 0.3 微米可過濾 95%，本題粉塵粒徑都比 0.3 微米大，所以全數過濾掉，風險為 0%。

---

27. 70M³ 的空間，氧氣 **20.9%**，其餘氮氣為多少？**(110.03)**

$70\times78.1\%=54.67M^3$

---

28. 某有害物之 **8** 小時日時量平均容許濃度為 **914ppm**，如勞工作業暴露之時間為 **11** 小時，則該有害物相當 **11** 小時日時量平均容許濃度為多少 **ppm**？（四捨五入取整數）**(110.03)**

相當於 8 小時之日時量平均容許濃度(PEL-TWA$_{11}$)之計算：
PEL-TWA$_{11}$＝914×8/11＝664.73ppm＝665ppm（四捨五入，取整數）

UNIT 05 通風與換氣

單元重點

※ 整體換氣

1. 依有機溶劑中毒預防規則規定：

   第一種有機溶劑（例如二硫化碳、三氯乙烯、四氯化碳）

   每分鐘換氣量 (m^3/min) ＝有機溶劑消費量(W)(g/hr)×0.3

   第二種有機溶劑每分鐘換氣量 (m^3/min)

   ＝有機溶劑消費量(W)(g/hr)×0.04

   第三種有機溶劑每分鐘換氣量 (m^3/min)

   ＝有機溶劑消費量(W)(g/hr)×0.01

2. 依容許暴露標準（理論換氣量）：

   $Q(m^3/min) = (24.45 \times 10^3 \times W)/(60 \times PEL-TWA \times M)$

   PEL-TWA：8 小時時量平均容許濃度，ppm

   M：分子量

3. 依職業安全衛生設施規則第 312 條：

   雇主對於勞工工作場所應使空氣充分流通，必要時，應依下列規定以機械通風設備換氣：

   (1) 應足以調節新鮮空氣、溫度及降低有害物濃度。

   (2) 其換氣標準如下：

工作場所每一勞工 所占立方公尺數	每分鐘每一勞工所需之 新鮮空氣之立方公尺數
未滿 5.7	0.6 以上
5.7 以上未滿 14.2	0.4 以上
14.2 以上未滿 28.3	0.3 以上
28.3 以上	0.14 以上

※ 局部排氣

全壓＝靜壓＋動壓＝ $P_S + P_V$

導管內之空氣平均輸送風速 $V = 4.04\sqrt{P_V}$

導管之風量 $Q = 60 \times A \times V$ （A：導管截面積）

氣罩風量 $Q = 60 \times V \times (10X^2 + A)$

$Q =$ 風量 (m^3/min)

$V =$ 控制風速 (m/s)

$X =$ 汙染源至氣罩開口之距離 (m)

$A =$ 氣罩開口面積 (m^2)

---

1. (1) 某作業場所有 60 名勞工從事軟焊作業（鉛作業）依法令規定設置整體換氣裝置，試計算其換氣量 (m^3/min) ？

   (2) 有一工作場所使有機溶劑甲苯為清潔劑，一天工作 8 小時消費 20Kg，甲苯為第二種有機溶劑，依法令規定換氣量 $Q = 0.04W$，計算其換氣量 (m^3/min) ？ **(94.03)**

答

(1) 依「鉛中毒預防規則」第 32 條規定：於自然通風不充分之場所從事軟焊作業，其整體換氣裝置的換氣能力應為每一從事鉛作業勞工平均每分鐘 1.67 立方公尺

   $Q = 60$ 人 $\times 1.67 \ m^3$ ／人・$min = 100 \ m^3/min$

(2) 採整體換氣：

   $Q = 0.04 \times W = 0.04 \times (20 \times 1000)/8 = 100 \ m^3/min$

 老師叮嚀

消耗量 w 單位為 g/hr，又每日是 8 小時。

2. 某工廠每日消耗石油醚六公斤及松節油一公斤，請計算其法定換氣量？

$Q = 0.01 \times (6+1) \times 1000/8 = 8.75\,\mathrm{m}^3/\mathrm{min}$

📢 老師叮嚀

　有機溶劑名稱有「油」，即是第三種有機溶劑。

3. 某工廠每日消耗二甲苯 2.5Kg，丁酮 1.4Kg，該工廠採整體換氣，試問其換氣量應為多少？

二甲苯及丁酮屬第二種有機溶劑
故換氣量 $Q = 0.04 \times (2.5+1.4) \times 1000/8 = 19.5\,\mathrm{m}^3/\mathrm{min}$

4. 有機溶劑作業場所每日消耗二甲苯 5 公斤、丙酮 8 公斤，二甲苯及丙酮平均容許濃度 110ppm、丙酮 750ppm，分子量為 106、58，求其作業場所換氣量為何？(93.11)

依有機溶劑中毒預防規則：
$Q_1 = 0.04 \times (5+8) \times 1000/8 = 65(\mathrm{m}^3/\mathrm{min})$
依理論換氣量
$Q(\mathrm{m}^3/\mathrm{min}) = (24.45 \times 10^3 \times W)/(60 \times \mathrm{PEL-TWA} \times M)$
$Q_2 = (24.45 \times 10^3 \times 5000/8)/(60 \times 110 \times 106) +$
$\qquad (24.45 \times 10^3 \times 8000/8)/(60 \times 750 \times 58)$
$\quad = 31.2(\mathrm{m}^3/\mathrm{min})$
作業場所換氣量為 $65(\mathrm{m}^3/\mathrm{min})$（取其中最大者）。

 老師叮嚀

　　二甲苯及丙酮皆為第二種有機溶劑。

---

5. 正己烷（分子量 86）每天 8 小時消費 48 公斤，其爆炸範圍 1.1~7.5%，為防止爆炸：
   (1) 在一大氣壓下，25°C 時，其理論換氣量應至少為多少？
   (2) 若設定安全係數為 5 時，其換氣量應至少為多少？**(96.04)**

答

(1) 理論換氣量 $Q = (24.45 \times 10^3 \times W(g/hr)) / (60 \times M \times C)$

　　W（消費量）$= 48 \times 10^3 / 8 = 6000 (g/hr)$

　　M（分子量）$= 86$

　　C（爆炸下限）$= 1.1\% = 1.1 \times 10^4 \, ppm$

　　帶入得

　　$Q = (24.45 \times 10^3 \times 6000(g/hr)) / (60 \times 86 \times 0.3 \times 1.1 \times 10^4) = 8.62 \, m^3 / min$

(2) $Q = 8.62 \, m^3 / min \times 5 = 43.1 m^3 / min$

老師叮嚀

　　依職業安全衛生法施行細則規定為防止爆炸應控制於爆炸下限的 0.3。

6. 某作業場所勞工人數 **150** 人，作業場所長 **25** 公尺、寬 **15** 公尺、高 **4** 公尺，每天工作 **8** 小時，每日使用甲苯、丙酮各為 **2** 公斤、**4** 公斤（分子量 **92**、**58**）若用整體換氣裝置控制時，其最小換氣量為何？（時量平均容許濃度甲苯 **100ppm**、丙酮 **750ppm**，設一大氣壓，一克分子體積為 **24.5** 公升）依職業安全設施規則規定，為避免 CO_2 超過容許濃度必要之換氣量標準如下表：**(95.11)**

工作場所每一勞工所占 立方公尺數	每分鐘每一勞工所需之 新鮮空氣之立方公尺數
未滿 5.7	0.6 以上
5.7 以上未滿 14.2	0.4 以上
14.2 以上未滿 28.3	0.3 以上
28.3 以上	0.14 以上

(1) 工作場所每一勞工所占立方公尺數 $= 25 \times 15 \times 4 / 150 = 10 \text{ m}^3$／人

依上表可知每分鐘每一勞工所需之新鮮空氣之立方公尺數為 0.4

故 $Q = 0.4 \times 150 = 60 \text{ m}^3 / \min$

(2) 依有機溶劑中毒預防規則規定

$Q = 0.04 \times W = 0.04 \times (2+4) \times 1000/8 = 30 \text{ m}^3 / \min$

(3) 依理論換氣量計算

$Q = 24.45 \times 2000 \times 10^3 / (8 \times 60 \times 92 \times 100) + 24.45 \times 4000 \times 10^3$

$/ (8 \times 60 \times 58 \times 750)$

$= 11.1 + 4.7 = 15.8 \text{ m}^3$／分

所以最小換氣量Q為 $60 \text{ m}^3 / \min$（取其中最大者）。

▶ 老師叮嚀

甲苯及丙酮均屬於第二種有機溶劑。

作業場所之氣積不含超越地面 4 公尺以上高度之空間。

高超過 4 公尺，以 4 公尺計。

7. 工作場所每一勞工所占立方公尺數在 **5.7** 至 **14.2** 之間時，每分鐘每一勞工所需之新鮮空氣應在 **0.4** 立方公尺以上。當每一勞工所占立方公尺數為 **8**，請問該工作場所之新鮮空氣換氣率為每小時至少多少次？(**97.07**)

當每一勞工所占立方公尺數為 8，該工作場所所需之新鮮空氣量

$Q = 0.4 \ m^3 / min = 0.4 \times 60 \ m^3 / hr = 24 \ m^3 / hr$

而每一勞工所占立方公尺數為 8，

故該工作場所之新鮮空氣換氣率為每小時至少 24/8＝3 次。

8. 有一局部排氣系統，用以捕集製程上研磨作業所產生之粉塵，試運轉時測得導管內某點之全壓為－**8.0mmH₂O**，靜壓為－**12mmH₂O**。
   (1) 請計算導管內之空氣平均輸送風速為多少 m/s？
   (2) 若此導管為一圓管，導管直徑 **20cm**，則導管內之空氣流率為多少(**m³/s**)？(**97.11**)

全壓＝靜壓＋動壓，－8＝－12＋動壓，故動壓＝4 mmH_2O

動壓＝$(V / 4.04)^2$，風速(V)＝8.08 m/s

$Q = A \times V = 0.2/2$（半徑）$\times 0.2/2 \times 3.14 \times 8.08 = 0.25 \ m^3 / s$（A 截面積）

📢 老師叮嚀

若單位為 m^3/min，就需乘 60。

9. 有一外裝式無凸緣(flange)氣罩，開口面積為 **1** 平方公尺，請計算距離該氣罩開口中心線外 **1** 公尺處之捕捉風速(**capture velocity**)，是氣罩開口處中心線風速之幾分之一？（參考公式：**Q=V(10X²＋A)**，應列出計算過程）(**98.03**)

令氣罩開口處中心風速為 V_1，氣罩開口處中心線外 1 公尺處風速為 V_2

依題意 $Q = AV_1 = V_2(10X^2 + A)$，$A = 1$，$X = 1$ 代入

$V_1 = V_2(10X^2 + A) = V_2(10 + 1) = 11V_2$

$V_2 = 1/11V_1$

10.(1) 某工廠廠房長 **10** 公尺、寬 **6** 公尺、高 **4** 公尺，使用甲苯（第二種有機溶劑）從事產品之清洗與擦拭，若未裝設整體換氣裝置，則其容許消費量為每小時多少公克？（請列出計算過程）

　(2) 某一室內作業場所，若每小時甲苯之消費量為 **0.5** 公斤，欲使用整體換氣裝置以避免該作業環境中甲苯之濃度超過容許濃度，試問其換氣量需多少 **m³/min**？（甲苯之分子量為 **92**；8 小時日時量平均容許濃度為 **100 ppm**；設克分子體積為 **24.45L**）。**(98.11)**

(1) 按「有機溶劑中毒預防規則」規定，有機溶劑或其混存物之容許消費量，依下表之規定計算：

有機溶劑或其混存物之種類	有機溶劑或其混存物之容許消費量
第一種有機溶劑或其混存物	容許消費量＝1/15×作業場所之氣積
第二種有機溶劑或其混存物	容許消費量＝2/5×作業場所之氣積
第三種有機溶劑或其混存物	容許消費量＝3/2×作業場所之氣積
① 表中所列作業場所之氣積不含超越地面四公尺以上高度之空間。	
② 容許消費量以公克為單位，氣積以立方公尺為單位計算。	
③ 氣積超過一百五十立方公尺者，概以一百五十立方公尺計算。	

甲苯作業場所氣積為 $10\text{m} \times 6\text{m} \times 4\text{m} = 240\,\text{m}^3 > 150\,\text{m}^3$

故以 $150\,\text{m}^3$ 計算

每小時容許消費量＝2/5×作業場所之氣積＝$2/5 \times 150\,\text{m}^3 = 60\,\text{g}$

(2) 每小時甲苯之消費量 W 為 $(0.5Kg \times 1000g/Kg) = 500\ g/hr$

　　① 依有機溶劑中毒預防規則，為預防勞工引起中毒危害之最小換氣量，因甲苯屬第二種有機溶劑，故每分鐘換氣量＝作業時間內一小時之有機溶劑或其混存物之消費量×0.04，故換氣量（$Q_{法規}$）＝ $500\ g/hr \times 0.04 = 20\ m^3/min$

　　② 又依理論換氣量

　　　　$Q = (24.45 \times 10^3 \times W)/(60 \times ppm \times M)$

　　　　$Q_{理論} = (24.45 \times 1000 \times 500)/(60 \times 100 \times 92) = 22.15\ m^3/min$

　　　　因換氣量 $Q_{理論} > Q_{法規}$，故為避免作業環境中甲苯之濃度超過容許濃度，該作業場所之換氣量至少需 $22.15\ m^3/min$。

---

11. 某一勞工工作場所以機械通風方式引進新鮮空氣。此新鮮空氣之二氧化碳濃度為 **400 ppm**，由工作場所回風之空氣，其二氧化碳濃度為 **1000 ppm**。如欲使新鮮空氣及回風空氣混合後之二氧化碳濃度為 **900 ppm**，則新鮮空氣換氣量應為回風風量之多少百分比？（請列出計算過程）**(99.07)**

設新鮮空氣換氣量為 $Q_1 (m^3/min)$

故新鮮空氣之二氧化碳量為 $400 (cm^3/m^3) \times Q_1 (m^3/min)$

設回風風量為 $Q_2 (m^3/min)$

故回風之二氧化碳量為 $1000 (cm^3/m^3) \times Q_2 (m^3/min)$

新鮮空氣及回風空氣混合後之二氧化碳總量為

$900 (cm^3/m^3) \times (Q_1 + Q_2)$

∵新鮮空氣之二氧化碳量＋回風之二氧化碳量

　＝混合後之二氧化碳總量

∴ $(400 \times Q_1 + 1000 \times Q_2) = 900 \times (Q_1 + Q_2)$

故 $100 \times Q_2 = 500 \times Q_1$

$Q_1 : Q_2 = 1 : 5$

新鮮空氣換氣量：回風風量＝ $1 : 5$

經計算後得知，新鮮空氣換氣量應為回風風量之 20%。

12. 某一外裝型氣罩之開口面積(A)為 1 平方公尺，控制點與開口距離(X)為 1 公尺。今將氣罩開口與控制點之距離縮短為 0.5 公尺，則風量(Q)可減少為原來之幾倍時，仍可維持控制點原有之吸引風速(V)？（參考公式 $Q = V(10X^2 + A)$）（請列出計算過程）**(100.07)**

 答

$Q_1 = V(10X^2+A) = V(10×1+1) = 11V$（X＝1 公尺）
$Q_2 = V(10X^2+A) = V(10×0.5^2+1) = 3.5V$（X＝0.5 公尺）
$Q_1/11 = Q_2/3.5$，$Q_2/Q_1 = 3.5/11 = 0.318$

13. 下表為導管內風扇上游 1、2 及下游 3、4 四個測點所測得空氣壓力值，表中 a、b、c、d 四處之相關壓力值（請列明其計算過程）？**(96.11, 101.07)**

測點	空氣壓力(mmH₂O)		
	全壓(Pt)	靜壓(Ps)	動壓(Pv)
1	(a)	−7.40	+2.00
2	−6.60	−8.60	(b)
3	+7.09	(c)	+2.00
4	+6.10	+4.10	(d)

 答

全壓＝靜壓＋動壓
(a)＝−7.40＋2.00＝−5.40
−6.60＝−8.60＋(b)，(b)＝−6.60＋8.60＝2.00
＋7.90＝(c)＋2.00，(c)＝＋7.90−2.00＝5.90
＋6.10＝＋4.10＋(d)，(d)＝＋6.10−4.10＝2.00

老師叮嚀

在導管內動壓都不變，除非風速有變。

14. 某有機溶劑作業場所每小時四氯化碳消費量為 5 公斤，依有機溶劑中毒預防規則規定，試問：

(1) 四氯化碳是屬何種有機溶劑？

(2) 其需要之換氣能力，應為每分鐘多少立方公尺換氣量？（應列出計算式）(102.11)

(1) 四氯化碳為第一種有機溶劑。

(2) 依題意換氣量 $Q = W(g/hr) \times 0.3 = 5 \times 1000 \times 0.3 = 1500(m^3/min)$

老師叮嚀

二硫化碳、三氯乙烯、三氯甲烷都是第一種有機溶劑。

15. 某一室內勞動場所工作者之二氧化碳產生率為 11 m³/hr，戶外二氧化碳濃度為 400 ppm。如欲使此室內勞動場所二氧化碳濃度不超過 1,500 ppm，則戶外空氣之進氣量應至少為多少 m³/hr？（應列出計算式）(103.07)

進氣量 $= 11 \times 10^6 / (1500 - 400) = 10000 m^3/hr$

16. 某一正常運轉之局部排氣系統，測得某一點之動壓為 16mmH₂O，靜壓為–10mmH₂O。請回答下列問題：（應列出計算式）

(1) 此監測數值有何錯誤？

(2) 依動壓測值，該測點之流速為多少 m/s？

（參考公式：$v = 4.04\sqrt{VP}$）(103.11)

全壓 ＝動壓＋靜壓 $= 16 - 10 = 6$

全壓應為負值，研判動壓監測數值有誤，太大

風速 $= 4.04 \times \sqrt{16} = 16.16$ m/s

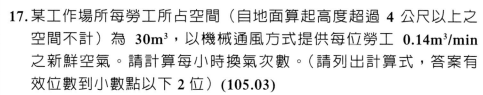

17. 某工作場所每勞工所占空間（自地面算起高度超過 4 公尺以上之空間不計）為 **30m³**，以機械通風方式提供每位勞工 **0.14m³/min** 之新鮮空氣。請計算每小時換氣次數。（請列出計算式，答案有效位數到小數點以下 **2** 位）**(105.03)**

(1) $0.14m^3/min = 0.14 \times 60 m^3/hr = 8.4 m^3/hr$

(2) $30/8.4 = 3.57$ 次

18. 事業單位為加強排氣效果，增加排氣機轉速，使氣罩表面風速增為原來之 **1.2** 倍。依排氣機定律(fan laws)，請計算排氣機所需動力，增為原來之幾倍。（請列出計算式，答案四捨五入到小數點以下 **1** 位）**(107.03)**

動力與排氣機轉速三次方成正比，亦即動力與風速三次方成正比。風速增為原來的 1.2 倍，所以動力增為原來的 $1.2^3 = 1.728 = 1.7$。

19. 有機溶劑第一類 **4%**、第二類 **6%**，其餘第三類，問該混合氣體是第幾類？**(110.03)**

4%+6% ＝ 10%，所以是第二種。

(1) 第一種有機溶劑混存物：指有機溶劑混存物中，含有第一種有機溶劑占該混存物重量百分之五以上者。

(2) 第二種有機溶劑混存物：指有機溶劑混存物中，含有第二種有機溶劑或第一種有機溶劑及第二種有機溶劑之和占該混存物重量百分之五以上，而不屬於第一種有機溶劑混存物者。

20. 某彩色印刷廠使用第 2 種有機溶劑正己烷(N-HEXANE)從事作業，已知正己烷之分子量為 86，火災（爆炸）範圍為 1.1%~7.5%，8 小時日時量平均容許濃度為 50PPM，每日 8 小時的使用量為 10KG，公司裝設有整體換氣裝置做為控制設備。試回答下列問題：（請列出計算式）

(1) 為避免發生火災爆炸之危害，其最小換氣量應為何？

(2) 為預防勞工發生正己烷健康暴露危害，理論上之最小換氣量為何？

(3) 承上題，法令規定之最小換氣量為何？

(4) 若您為該公司支職業衛生管理師，請說明公司整體換氣裝置之換氣量應設為多少以上，方能避免勞工遭受火災爆炸及有機溶劑健康暴露之危害。(110.03)

Q＝換氣量(M³/MIN)、W＝消費量(G/HR)、LEL＝爆炸下限(%)、M.W.＝分子量

每小時消耗正己烷量 W 為(10KG×1000G/KG)/8HR＝1,250G/HR

(1) 為避免火災爆炸之最小換氣量，根據職業安全衛生設施規則所需之換氣量：

$Q1 = (24.45×10^3×W) / (60×0.3×LEL×10^4×M.W.)$

$Q1 = (24.45×1000×1250) / (60×0.3×LEL×10^4×86) = 1.80 M^3/MIN$

(2) 依理論上之最小換氣量：

$Q2 = (24.45×10^3×W) / (60×PPM×M.W.)$

$Q2 = (24.45×1000×1250) / (60×50×86) = 118.36 M^3/MIN$

(3) 為預防勞工引起中毒危害之最小換氣量，依有機溶劑中毒預防規則，因正己烷屬第二種有機溶劑，故每分鐘換氣量＝作業時間內一小時之有機溶劑或其混存物之消費量×0.04，故換氣量($Q3$)＝1250×0.04＝50 M³/MIN

(4) 取最大值，故公司整體換氣裝置之換氣量應設為 118.36 M³/MIN 以上。

21. 一場所給你氣積 600M³、換氣量 200M³/H、有害物質濃度 600PPM，問 3 小時後有害物質濃度剩多少？**(110.03)**

$$600PPM \times e^{-(200 \times 3/600M^3)} = 600(PPM) \times e^{-1} = 220.73 \text{ PPM}$$

22. 某一鉛作業場所鉛作業人數為 60 人，均為軟焊作業，依規定鉛作業所需換氣量約為每小時多少立方公尺以上？**(110.03)**

依「鉛中毒預防規則」第 32 條

雇主使勞工從事第二條第二項第十款規定之作業，其設置整體換氣裝置之換氣量，應為每一從事鉛作業勞工平均每分鐘 1.67 立方公尺以上。

故，一位勞工從事鉛作業每小時所需換氣量 = $1.67M^3/\text{MIN.} \times (60\text{MIN.}/1\text{HR.}) = 100.2M^3/1\text{HR.}$。

60 位工人從事上述鉛作業一小時所需換氣量 = $100.2M^3/1\text{HR.} \times 60 = 6012M^3$

23. 事業單位為加強排氣效果，增加排氣機轉速，使氣罩表面風速增為原來之 2.1 倍，請計算排氣機所需動力，增為原來之幾倍？（四捨五入到小數點以下一位）**(110.03)**

Q1/Q2 = N1/N2，流(風)量與馬達轉速成正比。

H1/H2 = (N1/N2)²，壓力(揚程)與馬達轉速二次方成正比。

P1/P2 = (N1/N2)³，消耗電力(功率)與馬達轉速三次方成正比。

PWR1/PWR2 = (Q1/Q2)³ = (N1/N2)³

動力需求(POWER REQUIREMENT)，簡稱 PWR

設原動力需求為 PWR2，增加轉速後之原動力需求為 PWR1，原風量為 Q2，增加轉速後風量為 Q1，意即 Q1 = 2.1Q2，帶入排氣機定律後計算如下：

PWR1/PWR2 $= (Q1/Q2)^3 = (2.1Q2/Q2)^3 = (2.1)^3 = 9.261 = 9.3$

計算後得知增加排氣機轉速使風量增為原來風量之 2.1 倍後，排氣機所需動力，約增為原來動力之 9.3 倍。

---

24. 事業單位為加強排氣效果，增加排契機轉速增為原來的 **1.3** 倍，請計算排氣機所需動力增為原來之幾倍？**(110.03)**

詳解同上題所述，$(1.3)^3 = 2.197$ 倍。

---

25. 排氣機面積 **1.2** 平方公尺，氣罩離發生源距離 **0.4** 公尺，若距離變成 **1.2** 公尺，風量需增加幾倍才能維持原本風速？（有提供公式 **Q = V(A+10X²)**）**(110.03)**

$Q = V(1.2+10 \times 0.4^2) = V(1.2+0.16) = 1.36V$

$Q1 = V(1.2+10 \times 1.2^2) = V(1.2+10 \times 1.44) = 15.6V$

$Q1/Q = 15.6/1.36 = 11.47$ 倍

UNIT 06 職業安全衛生設施規則 低 出題頻率

 單元重點

※研磨機轉速 V(m/min)＝π×直徑(m)×每分鐘轉速。

※鏈條延伸長度超過 5%以上者不能使用。

※鏈條斷面直徑減少 10%以上者不能使用。

※鋼索一撚間有 10%以上素線截斷者不能使用。

※鋼索直徑減少達公稱直徑 7%以上者不能使用。

---

1. (1) 研磨機常發生危害災害，勞工在使用上應注意哪些事項？
   (88.12)

(2) 一研磨機之最高使用速率（周速度）為 **2500** 公尺／分，直徑
   250 公釐，研磨機每分鐘轉速為 **1800** 轉，請問此研磨機是否
   合乎安全要求？**(83.02, 89.08)**

 答

(1) 研磨機使用上應注意之安全事項：

① 研磨輪應採用經速率試驗合格且有明確記載最高使用周速度
  者。

② 規定研磨機之使用不得超過規定最高使用周速度。

③ 規定研磨輪使用，除該研磨輪為側用外，不得使用側面。

④ 規定研磨輪使用，應於每日作業開始前試轉一分鐘以上，研
  磨輪更換時應先檢驗有無裂痕，並在防護罩下試轉三分鐘以
  上。

上述①之速率試驗，應按最高使用周速度增加 50%為之。直徑不
滿 10 公分之研磨輪得免予速率試驗。

(2) V＝πDN＝3.14×0.25×1800＝1413（公尺／分）＜2500（公尺／分）

（直徑為 250 公厘換算為 0.25 公尺）

所以符合安全要求。

---

2. 某起重機以鏈條作為吊掛用具，該鏈條長度 **5000** 公厘，斷面直徑 **6** 公厘，當鏈條長度及斷面直徑達多少時不能使用？

依「職業安全衛生設施規則」98 條：

(1) 延伸長度超過 5%以上者不能使用：

5000×(1＋5%)＝5250 公厘

長度超過 5250 公厘時不能使用。

(2) 斷面直徑減少 10%以上者不能使用：

6×(1－10%)＝5.4 公厘

斷面直徑低於 5.4 公厘者不能使用。

---

3. 某起重機以鋼索為吊掛用具，該鋼索為 **6** 股，每股由 **30** 根鋼絲所構成，為 **Z** 撚結構，公稱直徑 **30** 公厘，每一撚間多少鋼絲截斷不能使用？直徑達多少時不能繼續使用？

依「職業安全衛生設施規則」99 條：

(1) 鋼索一撚間有 10%以上素線截斷者，不能使用：

6×30＝180 根鋼絲 180×10%＝18

18 根鋼絲截斷就不能使用。

(2) 直徑減少達公稱直徑 7%以上者，不能使用：

30×(1－7%)＝27.9 公厘

直徑低於 27.9 公厘時不能繼續使用。

4. (1) 安全一行程式安全裝置應具有之機能為何？
   (2) 某一全轉式動力衝剪機械之離合器之嚙合處數目有 2 個，且
       其曲柄軸旋轉一周所需時間為 0.5sec，若設置雙手起動式安
       全裝置，則其操作部與危險界限間之距離至少為多少公分？
       (98.03)

(1) 安全一行程式安全裝置：在手指按下起動按鈕、操作控制桿或操
    作其他控制裝置，脫手後至該手達到危險界限前，能使滑塊等停
    止動作。

(2) $D = 1.6T_m$ 式中

    D：安全距離，以毫米表示。

    T_m：手指離開操作部等至滑塊抵達下死點時之最大時間，以毫
    秒表示。

    $T_m = (\dfrac{1}{2} + \dfrac{1}{離合器之嚙合處之數目}) \times 曲柄軸旋轉一周所需時間$

    $T_m = (1/2 + 1/2) \times 0.5 \times 1000 = 500$ 毫秒

    $D = 1.6 \times 500 = 800$ 公厘 $= 80$ 公分

UNIT 07 高壓氣體勞工安全規則

1. 有一高壓氣體事業單位,計劃設置儲存能力 3000 公斤以上丙烯高壓氣體儲槽,A、B 兩座球形槽及一座儲存能力 300 立方公尺以上氧氣臥型槽 C 槽,其中 A 槽直徑 16 公尺、B 槽直徑 8 公尺、C 槽軸向直徑 4 公尺,試問:下列各槽間安全距離至少為多少公尺才合格?(答案請列出計算式)
   (1) A 槽、B 槽間安全距離?
   (2) A 槽、C 槽間安全距離?
   (3) C 槽、B 槽間安全距離?(96.11)

依高壓氣體勞工安全規則第 35 條規定:自儲存能力在 300 立方公尺或 3000 公斤以上之可燃性氣體儲槽外面至其他可燃性氣體或氧氣儲槽間應保持一公尺或以該儲槽、其他可燃性氣體儲槽或氧氣儲槽之最大直徑和之四分之一以上較大者之距離。

所以
(1) A 槽、B 槽間安全距離(16＋8)/4＝6 公尺
(2) A 槽、C 槽間安全距離(16＋4)/4＝5 公尺
(3) C 槽、B 槽間安全距離(8＋4)/4＝3 公尺

---

2. 車架固定有一內容積 10 立方公尺容器之槽車,灌裝有比重 0.67 之液氨 2500 公斤,請分別就下列敘述簡答:
   (1) 該容器依「危害性化學品標示及通識規則」規定,應標示之圖式為何?請說明該圖式之危害性之分類。
   (2) 使用該容器應先取得何種危險性設備檢查合格證明?自構造檢查合格日起算 20 年以上者,每幾年應檢查一次?

(3) 該容器依「高壓氣體勞工安全規則」規定之儲存能力為若干？（請列出計算式）

(4) 該容器在管理分類上，應至少再灌裝多少公斤才屬灌氣容器？（請列出計算式）

(5) 該容器於灌裝液氨時，其處理設備之外面至處理設煙火設備，應保持多少公尺以上距離？**(94.11)**

答

(1) 該容器依「危害性化學品標示及通識規則」規定，應標示之圖式及危害性之分類如下圖。

(2) 使用該容器應先取得危險性設備定期檢查合格證明。自構造檢查合格日起算 20 年以上者，每年應檢查一次。

補充

依「危險性機械及設備安全檢查規則」155 條規定：高壓氣體容器之定期檢查，應依下列規定期限實施內部檢查及外部檢查：

1. 內部檢查：
   (1) 自構造檢查合格日起算，未滿十五年者，每五年一次；十五年以上未滿二十年者，每二年一次；二十年以上者，每年一次。
   (2) 無縫高壓氣體容器，每五年一次。
2. 外部檢查：
   (1) 固定於車輛之高壓氣體容器，每年一次。
   (2) 非固定於車輛之無縫高壓氣體容器，每五年一次。
   (3) 前兩項以外之高壓氣體容器，依 1.(1) 規定之期限。

高壓氣體容器從國外進口，致未實施構造檢查者，定期檢查之起算日，以製造日期為準。

(3) 依「高壓氣體勞工安全規則」第 18 條規定該容器之儲存能力為：

內容積：$V_2 = 10m^3 = 10000$（公升）（$1m^3 = 1000$ 公升）

比重：$w = 0.67$

儲存能力：$W = 0.9wV_2 = 0.9 \times 0.67 \times 10000$（公升）$= 6030Kg$

(4) 依「高壓氣體勞工安全規則」第 8 條規定：

灌氣容器，係指灌裝有高壓氣體之容器，而該氣體之質量在灌裝時質量之二分之一以上者。

灌氣容器質量 $= 6030Kg/2 = 3015Kg$。

目前已裝 2500Kg，

應至少再灌裝 $3015 - 2500 = 515Kg$。

(5) 依「高壓氣體勞工安全規則」第 97 條規定：須 5 公尺以上。

---

3. (1) 何謂升降機之積載荷重？

(2) 某一牽引式載貨用升降機其搬器內淨長 **2.2** 公尺、淨寬 **2.0** 公尺，試問該升降機在設計時其積載荷重至少應取多少公斤？（請列出計算過程）**(99.07)**

(1) 依據「起重升降機具安全規則」第 7 條規定：本規則所稱積載荷重，在升降機、簡易提升機、營建用提升機或未具吊臂之吊籠，指依其構造及材質，於搬器上乘載人員或荷物上升之最大荷重。

(2) 依據「升降機安全檢查構造標準」第 29 條規定：

載貨用或病床用升降機之搬器之積載荷重值公式 $\omega = 250 \times A$

積載荷重值 ω（公斤），搬器底面積 A（平方公尺）

$\omega = 250 \times (2.2 \text{ m} \times 2 \text{ m}) = 250 \times 4.4 \text{ m}^2 = 1100 \text{ Kg}$

經計算後得知，該升降機在設計時其積載荷重至少應取 1100 公斤。

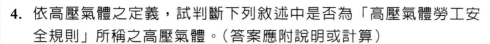

4. 依高壓氣體之定義，試判斷下列敘述中是否為「高壓氣體勞工安全規則」所稱之高壓氣體。（答案應附說明或計算）

   (1) 在 15°C 時表壓力 1.8Kg/cm² 之乙炔氣體。

   (2) 在 20°C 時表壓力 9.9Kg/cm² 之氫氣。**(99.11)**

依「高壓氣體勞工安全規則」如符合下列規定屬高壓氣體：

(1) 在常用溫度下，表壓力（以下簡稱壓力）。達每平方公分 10 公斤以上之壓縮氣體或溫度在攝氏 35 度時之壓力可達每平方公分 10 公斤以上之壓縮氣體，但不含壓縮乙炔氣。

(2) 在常用溫度下，壓力達每平方公分 2 公斤以上之壓縮乙炔氣或溫度在攝氏 15 度時之壓力可達每平方公分 2 公斤以上之壓縮乙炔氣。

(3) 在常用溫度下，壓力達每平方公分 2 公斤以上之液化氣體或壓力達每平方公分 2 公斤時之溫度在攝氏 35 度以下之液化氣體。

   ① 在 15°C 時表壓力 $1.8 \text{Kg}/\text{cm}^2$ 之乙炔氣體，非屬高壓氣體。

   ② $P_2 = (P_1 + 1.033) \times T_2 / T_1 - 1.033$（壓力與絕對溫度成正比）

   　　將溫度轉成攝氏 35 度

   　　$P_2(35) = (9.9 + 1.033) \times (273 + 35)/(273 + 20) - 1.033$

   　　　　　　$= 10.46 > 10 \text{Kg}/\text{cm}^2$

   由上得知：

   在 20°C 時表壓力 $9.9 \text{Kg}/\text{cm}^2$ 之氫氣，屬高壓氣體。

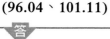 08 營造安全衛生設施標準

有一框式鋼管施工架構之移動式施工架，每框架（立架）寬 70 公分、高 180 公分，共組搭四層，其腳部接續使用 12 公分高之腳輪，為防止使用移動式施工架作業之傾倒危險，試問該施工架短邊方向至少應分別伸出幾公分之輔助撐材？（應列出計算式）
(96.04、101.11)

答

公式 H≦7.7 L－5

H：腳輪下端至工作台之高度

L：輔助支撐之有效距離

依題意知 H＝180×4＋12＝732cm＝7.32 m

代入公式得 7.32≦7.7×L－5

12.32≦7.7×L→L≧1.6

L＝輔助支撐（左）＋框架寬＋輔助支撐（右）

1.6＝2X＋0.7→X＝0.45m＝45 cm

施工架短邊方向輔助撐材至少應伸出 45 cm

UNIT 09 火災爆炸 低 出題頻率

第 **1** 部分

單元重點

※ **勒沙特列定律**

　　LEL（混合氣體之爆炸下限）＝ 100% / (V_1 / LEL_1 + V_2 / LEL_2 + V_3 / LEL_3 +…)

　　LEL_1、LEL_2、LEL_3 為混合氣各成分氣體單獨時之爆炸下限。

　　V 為混合氣中各成分氣體體積比例，V_1 + V_2 + V_3 +… ＝ 100%。

※ **H＝爆炸範圍／爆炸下限濃度＝（爆炸上限濃度－爆炸下限濃度）／爆炸下限濃度**

　　H：可燃性氣體危險指標　H 越大越危險

---

1. 某可燃性氣體之組成百分比與其爆炸界限如下所示，請回下列問題：乙烷 30%，3.0%~12.4%、丙烷 30%，2.1%~10.1%、異丁烷 40%，1.8%~8.4% 危險性 H=（爆炸上限－爆炸下限）／爆炸下限。

　　（一）計算乙烷、丙烷與丁烷之爆炸危險性（指數），並依計算結果將前述三種可燃性氣體之爆炸危酸性，由低至高排列。

　　（二）計算可燃性氣體之爆炸下限及爆炸上限。**(110.03)**

 答

　　（一）

　　　　(1) 乙烷(C_2H_6)

　　　　　　爆炸危險性（指數）＝(爆炸上限－爆炸下限)／爆炸下限

　　　　　　　　　　　　　　　＝(12.4 － 3.0)/3.0 ＝ 3.13

(2) 丙烷(C_3H_8)

爆炸危險性（指數）＝(爆炸上限－爆炸下限)／爆炸下限
＝$(10.1-2.1)/2.1＝3.81$

(3) 異丁烷(C_4H_{10})

爆炸危險性（指數）＝(爆炸上限－爆炸下限)／爆炸下限
＝$(8.4－1.8)/1.8＝3.67$

由低至高排列乙烷＜異丁烷＜丙烷

（二）爆炸上限(UEL)＝$100\%/(V_1/UEL_1)+(V_2/UEL_2)+(V_3/UEL_3)$
＝$100\%/(30/12.4)+(30/10.1)+(40/8.4)＝9.85(\%)$

爆炸下限(LEL)＝$100\%/(V_1/LEL_1)+(V_2/LEL_2)+(V_3/LEL_3)$
＝$100\%/[(30/3.0)+(30/2.1)+(40/1.8)]＝2.03(\%)$

2. A 物質占 80%，其餘是 B 物質，A 的爆炸下限是 1.5%，B 是 4.5%，混合後爆炸下限為＿＿＿%。（取到小數一位）(110.03)

LEL＝$100\%/(80/1.5+20/4.5)＝1.7\%$

3. 爆炸下限 1%，指針 35%，可燃性氣體濃度為多少%？（取小數點後兩位）(110.03)

可燃性氣體濃度＝$1\%×35\%＝0.35\%$

UNIT **10** 其　他　 低 出題頻率

---

1. 燈泡 60 瓦換成 100 瓦，電阻變大變小？功率變大變小？(110.03)

 答

歐姆定律：V=IR

功率：$P = IV = V^2/R = I^2R$

P：功率　V：電壓　R：電阻

60 瓦換成 100 瓦

功率 P 變大

電壓不變

電阻 R 變小

---

2. 60 瓦燈泡使用 20 小時，增加＿＿＿度電？(110.03)

 答

用電度數計算公式（瓦數×時間（小時））/1000

60（瓦）×20 小時/1000=1.2 度電　（1 度＝1000 瓦小時）

---

3. 鎢絲燈泡功率電壓 110v、80w，使用 70 小時是＿＿＿度電？(110.03)

 答

80×70/1000=5.6 度電

歷年問答題彙整及解析

 UNIT 01 勞動檢查法

 1. 依勞動檢查法第 26 條規定，哪些危險性工作場所非經勞動檢查機構審查或檢查合格，事業單位不得使勞工在該場所作業？**(94.03)**

答

(1) 從事石油裂解之**石化工業**之工作場所。

(2) **農藥製造**工作場所。

(3) **爆竹煙火工廠**及**火藥類**製造工作場所。

(4) 設置**高壓氣體類壓力容器或蒸汽鍋爐**，其壓力或容量達中央主管機關規定者之工作場所。

(5) **製造、處置、使用危險物、有害物之數量**達中央主管機關規定數量之工作場所。

(6) 中央主管機關會商目的事業主管機關**指定之營造工程之工作場所**。

(7) 其他中央主管機關指定之工作場所。

---

2. 依勞動檢查法令規定，經指定丁類工作場所之營造工程工作場所範圍為何？請說明之。**(94.06)**

答

依危險性工作場所審查及檢查辦法第 2 條規定：危險性工作場所可分為下列幾類：

(1) 甲類工作場所：係指從事石油產品之裂解反應，以製造石化基本原料之工作場所或製造、處置、使用危險物、有害物之數量達規定數量之工作場所。

(2) 乙類工作場所：係指使用異氰酸甲酯、氯化氫、氨、甲醛、過氧化氫或吡啶，從事農藥原體合成之工作場所或利用氯酸鹽類、過氯酸鹽類、硝酸鹽類、硫、硫化物、磷化物、木炭粉、金屬粉末及其他原料製造爆竹煙火類物品之爆竹煙火工廠或從事以化學物質製造爆炸性物品之火藥類製造工作場所。

(3) 丙類工作場所：係指蒸汽鍋爐之傳熱面積在 500m² 以上，或高壓氣體類壓力容器一日之冷凍能力在 150 公噸以上或處理能力符合左列規定之一者：
  ① 1000 m³ 以上之氧氣、有毒性及可燃性高壓氣體。
  ② 5000 m³ 以上之前款以外之高壓氣體。

(4) 丁類工作場所：係指下列之營造工程：
  ① 建築物高度在八十公尺以上之建築工程。
  ② 單跨橋樑之橋墩跨距在七十五公尺以上或多跨橋樑之橋墩跨距在五十公尺以上之橋樑工程。
  ③ 採用壓氣施工作業之工程。
  ④ 長度一千公尺以上或需開挖十五公尺以上豎坑之隧道工程。
  ⑤ 開挖深度達十八公尺以上，且開挖面積達五百平方公尺之工程。
  ⑥ 工程中模板支撐高度七公尺以上、面積達三百三十平方公尺以上者。
  ⑦ 其他經主管機關公告指定者。

(5) 其他經中央主管機關指定公告者。

---

3. 依危險性工作場所審查及檢查辦法規定，針對已發掘工作場所重大潛在危害所實施之安全評估，包括哪些方法？**(98.11)**

依危險性工作場所審查及檢查辦法規定，安全評估方法包括如下：

(1) 檢核表。

(2) 如果－結果分析。

(3) 危害及操作性分析(Hazard and Operability Analysis, HAZOP)。

(4) 失誤模式及影響分析(Failure Mode and Effect Analysis, FMEA)。

(5) 失誤樹分析(Fault Tree Analysis)。

(6) 其他經中央主管機關認可具有上列同等功能之安全評估方法。

---

4. 丁營造公司將鋼構組配作業交由戊公司承攬，請問依職業安全衛生法及勞動基準法有關承攬作業之職業災害補償規定為何？ **(99.07)**

(1) 依照「職業安全衛生法」第 25 條規定，事業單位以其事業招人承攬時，其承攬人就承攬部分負本法所定雇主之責任；原事業單位就職業災害補償仍應與承攬人員負連帶責任。再承攬者亦同。原事業單位違反本法或有關安全衛生規定，致承攬人所僱工發生職業災害時，與承攬人負帶賠償責任。再承攬者亦同。

(2) 依照「勞動基準法」第 62 條規定，事業單位以其事業招人承攬，如有再承攬時，承攬人或中間承攬人，就各該承攬部分所使用之勞工，均應與最後承攬人，連帶負本章所定雇主應負職業災害補償之責任。事業單位或承攬人或中間承攬人，為前項之災害補償時，就其所補償之部分，得向最後承攬人求償。

(3) 依照「勞動基準法」第 63 條規定，事業單位違背職業安全衛生法有關對於承攬人、再承攬人應負責任之規定，致承攬人或再承攬人所僱用之勞工發生職業災害時，應與該承攬人、再承攬人負連帶補償責任。

---

5. 依勞動檢查法規定，勞動檢查機構之勞動檢查員到廠場實施安全衛生檢查時，發現勞工有立即發生危險之虞時，得就該場所以書面通知逕予先行停工。

   (1) 請列出有立即發生危險之虞之 5 種災害類型。

   (2) 勞動檢查員執行哪 3 項檢查事項，得事先通知事業單位？

   (101.07)

(1) 參考第 2 部分第 2 單元第 13.題。

(2) 勞動檢查法第 13 條：

   勞動檢查員執行職務，除左列事項外，不得事先通知事業單位：

   ① 第 26 條規定之審查或檢查。

   ② 危險性機械或設備檢查。

   ③ 職業災害檢查。

---

6. 請列舉 4 種屬於丁類危險性工作場所之營造工程。**(101.11)**

丁類工作場所之營造工程工作場所範圍，係指下列範圍之營造工程：

(1) 建築物高度在八十公尺以上之建築工程。

(2) 單跨橋樑之橋墩跨距在七十五公尺以上或多跨橋樑之橋墩跨距在五十公尺以上之橋樑工程。

(3) 採用壓氣施工作業之工程。

(4) 長度一千公尺以上或需開挖十五公尺以上豎坑之隧道工程。

(5) 開挖深度達十八公尺以上，且開挖面積達五百平方公尺之工程。

(6) 工程中模板支撐高度七公尺以上、面積達三百三十平方公尺以上者。

(7) 其他經主管機關公告指定者。

7. 甲類工作場所之製程安全評估報告書，除由製程安全評估人員或相關執業技師評估外，尚需有哪些評估小組人員參與評估？**(106.07)**

依危險性工作場所審查及檢查辦法第 6 條：前條製程安全評估報告書事業單位應依作業實際需要，於事前由下列人員組成評估小組實施評估：

(1) 工作場所負責人。

(2) 曾受國內外製程安全評估專業訓練或具有製程安全評估專業能力，並有證明文件，且經中央主管機關認可者（以下簡稱製程安全評估人員）。

(3) 依職業安全衛生管理辦法設置之職業安全衛生人員。

(4) 工作場所作業主管。

(5) 熟悉該場所作業之勞工。

8. 製程安全評估是指？**(110.03)**

本辦法所稱製程安全評估，指利用結構化、系統化方式，辨識、分析前條工作場所潛在危害，而採取必要預防措施之評估。本辦法所稱製程修改，指前條工作場所既有安全防護措施未能控制新潛在危害之製程化學品、技術、設備、操作程序或規模之變更。（製程安全評估定期實施辦法第 3 條）

9. 製程安全評估，應使用下列一種以上之安全評估方法，以評估及確認製程危害？**(110.03)**

有以下項目者為是：

(1) 如果－結果分析。

(2) 檢核表。

(3) 如果－結果分析／檢核表。

(4) 危害及可操作性分析。

(5) 失誤模式及影響分析。

(6) 故障樹分析。

(7) 其他經中央主管機關認可具有同等功能之安全評估方法。

（製程安全評估定期實施辦法第 5 條）

---

10. 事業單位應於第六條所定製程安全評估之五年期間屆滿日之____
日前，或製程修改日之____前，填具製程安全評估報備書？
(110.03)

30 日、30 日（製程安全評估定期實施辦法第 8 條）

---

11. 製程安全評估報告書檢附資料有哪些？**(110.03)**

(1) 工作場所流程圖。

(2) 製程設計規範。

(3) 機械設備規格明細。

(4) 製程操作手冊。

(5) 維修保養制度。

---

12. 製程安全評估，應有哪些安全評估方法，以評估及確認製程危
害？（中英文名稱對照）**(110.03)**

CHECKLIST ANALYSIS　檢核表分析

FAULT TREE ANALYSIS　失誤樹分析

EVENT TREE ANALYSIS　事件樹分析

13. 失誤樹與事件樹的定義為何？**(110.03)**

(1) 失誤樹分析(FAULT TREE ANALYSIS)：是由上往下的演繹式失效分析法，利用布林邏輯組合低階事件，分析系統中不希望出現的狀態。

(2) 事件樹分析(EVENT TREE ANALYSIS)：是一種前向，自下而上的邏輯建模技術，用於通過單個啟動事件探索響應成功和失敗，並為評估結果概率和整體系統分析奠定基礎。

14. 請將失誤樹分析、檢核表分析、事件樹分析與相對應解釋連連看：

(A)是一種前向，自下而上的邏輯建模技術，用於通過單個動事件探索響應成功和失敗，並為評估結果概率和整體系分析奠定基礎。

(B) 是由上往下的演繹式失效分析法，利用布林邏輯組合低階事件，分析系統中不希望出現的狀態。

(C) 是由分析人員列出一些項目，再辨識與一般製程設備和操作有關的已知類型的危害、設計缺陷以及潛在危害，其所列項目差別很大，而且通常用於檢查各種規範和標準的執行情況。

(1) Checklist Analysis（檢核表分析）

(2) Fault Tree Analysis（失誤樹分析）

(3) Event Tree Analysis（事件樹分析）**(110.03)**

(A)連(3)、(B)連(2)、(C)連(1)

15. 布林代數對應之規則為何？**(110.03)**

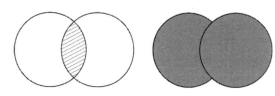

答

A×B（同時發生，交集）、A＋B（A 集 B 任一發生，聯集）

16. 丙類危險性工作場所是指蒸汽鍋爐之傳熱面積在多少平方公尺以上，或高壓氣體類壓力容器一日之冷凍能力在多少公噸以上？丁類危險性工作場所是指建築物高度在多少公尺以上、隧道長度在多少公尺以上及開挖深度達多少公尺以上之營造工程？

答

丙類：指蒸汽鍋爐之傳熱面積在五百平方公尺以上，或高壓氣體類壓力容器一日之冷凍能力在一百五十公噸以上、或處理能力符合下列規定之一者：

① 一千立方公尺以上之氧氣、有毒性及可燃性高壓氣體。

② 五千立方公尺以上之前款以外之高壓氣體。

丁類：指下列之營造工程：

① 建築物高度在八十公尺以上之建築工程。

② 單跨橋梁之橋墩跨距在七十五公尺以上、或多跨橋梁之橋墩跨距在五十公尺以上之橋梁工程。

③ 採用壓氣施工作業之工程。

④ 長度一千公尺以上或需開挖十五公尺以上豎坑之隧道工程。

⑤ 開挖深度達十八公尺以上，且開挖面積達五百平方公尺以上之工程。

⑥ 工程中模板支撐高度七公尺以上，且面積達三百三十平方公尺以上者。

（危險性工作場所審查及檢查辦法第 2 條）

17. 危險性工作場所既有安全防護措施,未能控制新潛在危害之製程化學品、技術、設備、操作程序或規模之變更,稱為何者?(110.03)

製程修改(製程安全評估定期實施辦法第 3 條)

18. 事業單位向檢察機構申請審查哪類工作場所,應填具申請書並登錄於中央主管機關指定之資訊網站?(110.03)

丁類。

19. 事業單位對經檢查機構審查合格之工作場所,應於製程修改時或至少每____年重新評估第五條檢附之資料,為必要之更新及記錄,並報請檢查機構備查?(110.03)

5 年(危險性工作場所審查及檢查辦法第 8 條)

20. 製程評估乙類危險性工作場所審查要有什麼文件形式?(110.03)

以下相關資料各三份:
(1) 安全衛生管理基本資料。
(2) 製程安全評估報告書。
(3) 製程修改安全計畫。
(4) 緊急應變計畫。
(5) 稽核管理計畫。

21. 液化石油氣是指合幾個碳之碳氫化合物為主要成分之碳氫化合物？(110.03)

丙烷 C_3H_8：3 個碳、丁烷 C_4H_{10}：4 個碳

22. 請依勞動檢查法及勞動基準法回答下列問題：
    (1) 事業單位對前項檢查結果，應於違規場所顯明易見處公告＿＿日以上？
    (2) 勞動檢查員為執行檢查職務，得隨時進入事業單位，雇主、雇主代理人、勞工及其他有關人員均不得無故拒絕、規避或妨礙。事業單位或行為人如果拒絕，處新臺幣＿＿萬元以上＿＿萬元以下罰鍰？(110.03)

(1)7 日、(2)3 萬、15 萬（勞動檢查法第 25 條）

23. 平均工資是指計算事由發生之當日前幾個月內，所得工資總額除以該期間之總日數所得之金額？(110.03)

6 個月。

24. 雇主延長勞工之工作時間連同正常工作時間，一日不得超過＿＿小時；延長之工作時間，一個月不得超過＿＿小時？(110.03)

12、46 小時（勞動基準法第 32 條）

25. 雇主置備勞工名卡，應保管至勞工離職後幾年？ **(110.03)**

5 年。

26. 勞動檢查員進入事業單位進行檢查時，應主動出示勞動檢查證，其檢查證，由何者製發之？ **(110.03)**

勞動檢查證，由中央主管機關製發之。（勞動檢查法第 22 條）

27. 事業單位對辦理職業災害檢查、鑑定、分析之檢查結果，應於違規場所顯明易見處公告七日以上，並公告於何處？ **(110.03)**

勞動檢查法施行細則第 23 條（公告時間及場所）
(1) 事業單位管制勞工出勤之場所。
(2) 餐廳、宿舍及各作業場所之公告場所。
(3) 與工會或勞工代表協商同意之場所。
(4) 以違反規定單項內容公告者，應公告於違反規定之機具、設備或場所。

28. 哪些有害物質作業場所發生職災，視為法規所列重大職業災害（選 5 項）？選項：笑氣、一氧化碳、氮、氯、甲烷、氯乙烯、硫化氫、二氧化硫、正乙烷 **(110.03)**

重大有害物質作業職災（勞動檢查法施行細則第 31 條）
本法第二十七條所稱重大職業災害，係指左列職業災害之一：
(1) 發生死亡災害者。
(2) 發生災害之罹災人數在三人以上者。

(3) 氨、氯、氟化氫、光氣、硫化氫、二氧化硫等化學物質之洩漏，發生一人以上罹災勞工需住院治療者。

---

29. 勞工遇職業傷害或職業病死亡，雇主應給予家屬幾個月死亡補償？(110.03)

喪葬費：五個月平均工資、應於死亡後 3 日內給付（勞動基準法施行細則第 33 條）

死亡補償：四十個月平均工資、應於死亡後 15 日內給付（勞動基準法施行細則第 33 條）

02 職業安全衛生法

 單元重點

※ 勞安法修正重點

1. **擴大保障工作者之安全及健康**：為確保人人享有安全衛生工作環境之權利，明定本法適用於各業受僱勞工、自營作業者及其他受工作場所負責人指揮或監督從事勞動之人員。（修正條文第 2 條及第 4 條）

2. **建構機械、設備、器具及化學品源頭管理制度**：
   (1) 為於源頭減少機械、設備或器具引起之危害，規定中央主管機關指定之機械、設備或器具非符合安全標準或未經驗證合格者，不得產製運出廠場或輸入；製造者或輸入者對於未經公告列入型式驗證之機械、設備或器具，符合安全標準者，應以登錄及張貼安全標示方式宣告。（修正條文第 7 條至第 9 條）
   (2) 建立新化學物質、管制性化學品及優先管理化學品之評估、許可、備查等管理機制；增訂危害性化學品製造者、輸入者、供應者及雇主，提供或揭示安全資料表、製備清單及採取通識措施之義務，並依其危害性、散布情形及使用量等，評估風險等級並採取分級管理措施。（修正條文第 10 條、第 11 條、第 13 條及第 14 條）

3. **健全職業病預防體系，強化勞工身心健康保護**：
   (1) 為防止勞工過勞、精神壓力及肌肉骨骼相關疾病之危害，強化勞工生理及心理健康之保護，明定雇主就長時間工作等異常工作負荷促發工作相關疾病、執行職務因他人行為遭受身體或精神不法侵害、重複性作業等促發肌肉骨骼疾病等事項之預防，應妥為規劃並採取必要之安全衛生措施。（修正條文第 6 條）
   (2) 對有害健康之作業場所，雇主應實施作業環境監測；監測計畫及結果應公開揭示，並通報中央主管機關。（修正條文第 12 條）
   (3) 強化勞工健康管理，明定雇主應依健康檢查結果採取健康管理分級措施。（修正條文第 20 條及第 21 條）
   (4) 明定勞工人數五十人以上經中央主管機關公告適用之事業單位，應僱用或特約醫護人員辦理健康管理、職業病預防及健康促進等勞工健康保護事項。（修正條文第 22 條）

第 **2** 部分

4. **兼顧母性保護與就業平權**，修正女性勞工之母性保護規定：刪除一般女性勞工禁止從事危險性或有害性工作之規定；修正妊娠中或分娩後未滿一年之女性勞工，禁止從事危險性或有害性工作之種類及範圍；增訂中央主管機關指定之事業，雇主應對有母性健康危害之虞之工作，採取危害評估、控制及分級管理措施；對於妊娠中或分娩後未滿一年之女性勞工，應採取工作調整或更換等健康保護措施。（修正條文第 30 條及第 31 條）

5. **強化高風險事業之定期製程安全評估監督機制及提高違法事項罰則：**
   (1) 對從事石油裂解之石化工業等，增訂應定期實施製程安全評估並報請勞動檢查機構備查，以強化監督。（修正條文第 15 條）
   (2) 配合本次修正條文，考量實務情形修正罰則規定，並增訂公布事業單位、負責人之名稱、或姓名等罰則。（修正條文第 40 條至第 49 條）

6. **促進職場安全衛生文化及相關產業之發展：**
   (1) 為鼓勵地方主管機關及目的事業主管機關積極規劃推動職業安全衛生業務，增訂中央主管機關得實施績效評核並獎勵之規定。（修正條文第 50 條）
   (2) 增訂事業單位對於不合規定之改善，得洽請中央主管機關認可之顧問服務機構提供專業技術輔導，以確保服務品質。（修正條文第 36 條）

7. **增列勞工立即危險作業得退避、原事業單位連帶賠償及勞工代表會同職業災害調查等規定：**
   (1) 增列勞工執行職務發現有立即危險之虞時，得在不危及其他工作者安全的情形下，自行退避至安全場所，並即向直屬主管報告，而雇主不得任意對其採取不利待遇。（修正條文第 18 條）
   (2) 事業單位交付承攬時，如涉及違反安全衛生規定，致承攬人勞工發生職業災害時，應與承攬人負連帶賠償責任。（修正條文第 25 條）
   (3) 事業單位工作場所發生職業災害時，雇主應會同勞工代表實施職業災害調查。（修正條文第 37 條）

※ 職業安全修正法重點－5P

1. 預防(Prevention)：
   (1) 一般責任：
   ① 增訂雇主預防職災之一般責任。
   ② 增訂設計、製造、輸入或施工者預防職災之一般責任。
   (2) 生物性危害預防：
   　　防止動物、植物或微生物引起之危害。
   (3) 勞工健康：
   ① 增訂雇主促進勞工身心健康之義務。
   ② 增訂健檢異常依醫囑管理與健檢通報制度。
   ③ 增訂作業環境測定計畫訂定、測定結果揭示與通報制度。
   (4) 化學品管理：
   ① 增訂化學物質源頭管制制度。
   ② 增訂化學品分級管理制度。
   (5) 機械設備產品驗證：
   　　增訂機械設備產品安全驗證制度。
   (6) 定期製程安全評估：
   　　增訂石化業等高風險場所定期評估制度。
   (7) 職業安全衛生管理系統化。
2. 保護(Protection)：
   (1) 擴大適用對象至所有有工作者。
   (2) 增訂勞工健康保護制度。
   (3) 增訂雇主不得濫用健康檢查資料。
   (4) 增訂立即危險時，勞工具退避權。
   (5) 增訂不得對行使自行退避權者不利處分。
   (6) 增訂承攬人勞工發生職業災害，原事業單位如有侵權行為，應負連帶賠償責任。
   (7) 兼顧女性就業權及母性保護。
   (8) 強化少年勞工保護。
3. 推動(Promotion)：
   (1) 增訂職業安全衛生顧問服務制度。
   (2) 增訂補助與獎助職業安全衛生文化促進之辦法。
   (3) 增訂中央主管機關對地方主管機關與目的事業主管機關之績效評核與獎勵之辦法。

4. 參與(Participation)：
   強化勞工代表及醫師參與權。
   (1) 勞工代表具職業災害調查會同權。
   (2) 勞工代表具工作守則同意權。
   (3) 勞工代表具事業單位安衛委員會參與權。
   (4) 勞工代表具會同作業環境測定及獲知測定結果權。
   (5) 化學品危害清單、環境測定結果、職業災害統計應向勞工公開揭示。
   (6) 明定勞工團體及職業災害勞工團體為國家安衛諮商委員會成員（女性代表不得低於一定比例）。
   (7) 明定雇主應參採醫師健康檢查、指導、評估建議。

5. 處罰(Punishment)：
   (1) 增訂新罰鍰態樣。
   ① 違反禁止製造、輸入或供應管制品者：對於指定之機械、設備或器具產品未合於安全標準或經公告列入型式驗證之機械、設備或器具產品未驗證合格，以及新化學物質未經許可登記或管制性化學品未經許可，而有製造、輸入、供應之行為者，處 20~200 萬元罰鍰，並得限期停止輸入、產製、製造或供應。
   ② 製造、輸入或供應者違反產品標示及合格標章使用規定者：經指定之機械設備或器具未標示合於安全標準以及違反公告列入型式驗證之機械設備或器具合格標章之使用規定者，處 3~30 萬元罰鍰；並得令其回收或改正，未回收或改正者處 10~100 萬元罰鍰，並得按次處罰。
   ③ 作業環境監測不實者：雇主對於本法規定應通報中央主管機關之作業環境監測計畫及結果，經中央主管機關查核發現有虛偽不實者，處 30~100 萬元罰鍰。
   ④ 危險場所未定期製程安全評估肇致職災者：石油裂解業及製造、處置或使用危害性化學品數量達規定量以上之危險性工作場所，違反製程安全評估應定期實施之規定，危害性化學品洩漏或引起火災、爆炸致發生死亡、罹災 3 人以上或罹災人數在 1 人以上而需住院治療之職業災害者，處 30~300 萬元罰鍰；其經通知改善，而屆期未改善者，得按次處罰之。
   (2) 新增產品沒入、銷燬規定。
   (3) 重大職業災害通報去刑責化。
   (4) 修正重大職業災害通報規定。
   (5) 增訂得公布事業單位、負責人之名稱或姓名。

※重點條文內容（＊修改增加之處）

第 2 條　　本法用詞，定義如下：

一、工作者：指勞工、自營作業者及其他受工作場所負責人指揮或監督從事勞動之人員。（自營作業者，指獨立從事勞動或技藝工作，獲致報酬，且未僱用有酬人員幫同工作者）（其他受工作場所負責人指揮或監督從事勞動之人員，指與事業單位無僱傭關係，於其工作場所從事勞動或以學習技能、接受職業訓練為目的從事勞動之工作者）

二、勞工：指受僱從事工作獲致工資者。

三、雇主：指事業主或事業之經營負責人。

四、事業單位：指本法適用範圍內僱用勞工從事工作之機構。

五、職業災害：指因勞動場所之建築物、機械、設備、原料、材料、化學品、氣體、蒸氣、粉塵等或作業活動及其他職業上原因引起之工作者疾病、傷害、失能或死亡。（勞動場所，包括下列場所：1.於勞動契約存續中，由雇主所提示，使勞工履行契約提供勞務之場所。2.自營作業者實際從事勞動之場所。3.其他受工作場所負責人指揮或監督從事勞動之人員，實際從事勞動之場所。）

第 3 條　　本法所稱主管機關：在中央為勞動部；在直轄市為直轄市政府；在縣（市）為縣（市）政府。

本法有關衛生事項，中央主管機關應會商中央衛生主管機關辦理。

第 6 條　　雇主對下列事項應有符合規定之必要安全衛生設備及措施：

一、防止機械、設備或器具等引起之危害。

二、防止爆炸性或發火性等物質引起之危害。

三、防止電、熱或其他之能引起之危害。

四、防止採石、採掘、裝卸、搬運、堆積或採伐等作業中引起之危害。

五、防止有墜落、物體飛落或崩塌等之虞之作業場所引起之危害。

第 **2** 部分

六、防止高壓氣體引起之危害。

七、防止原料、材料、氣體、蒸氣、粉塵、溶劑、化學品、含毒性物質或缺氧空氣等引起之危害。

八、防止輻射、高溫、低溫、超音波、噪音、振動或異常氣壓等引起之危害。

九、防止監視儀表或精密作業等引起之危害。

十、防止廢氣、廢液或殘渣等廢棄物引起之危害。

十一、防止水患、風災或火災等引起之危害。

*十二、防止動物、植物或微生物等引起之危害。

*十三、防止通道、地板或階梯等引起之危害。

*十四、防止未採取充足通風、採光、照明、保溫或防濕等引起之危害。

*雇主對下列事項，應妥為規劃及採取必要之安全衛生措施：(新增)

一、重複性作業等促發肌肉骨骼疾病之預防。

　　(所定預防重複性作業等促發肌肉骨骼疾病之妥為規劃，其內容應包含下列事項：1.作業流程、內容及動作之分析。2.人因性危害因子之確認。3.改善方法及執行。4.成效評估及改善。5.其他有關安全衛生事項。)

二、輪班、夜間工作、長時間工作等異常工作負荷促發疾病之預防。

　　(所定預防輪班、夜間工作、長時間工作等異常工作負荷促發疾病之妥為規劃，其內容應包含下列事項：1.高風險群之辨識及評估。2.醫師面談及健康指導。3.工作時間調整或縮短及工作內容更換之措施。4.健康檢查、管理及促進。5.成效評估及改善。6.其他有關安全衛生事項。)

三、執行職務因他人行為遭受身體或精神不法侵害之預防。

　　(所定預防執行職務因他人行為遭受身體或精神不法侵害之妥為規劃，其內容應包含下列事項：1.危害辨識及評估。2.作業場所之配置。3.工作適性安排。4.行為規範之建構。5.危害預防及溝通技巧之訓練。6.事件之處理程序。7.成效評估及改善。8.其他有關安全衛生事項。)

四、避難、急救、休息或其他為保護勞工身心健康之事項。

第 7 條　第 1 項所稱中央主管機關指定之機械、設備或器具如下：

一、動力衝剪機械。

二、手推刨床。

三、木材加工用圓盤鋸。

四、動力堆高機。

五、研磨機。

＊六、研磨輪。

＊七、防爆電氣設備。

＊八、動力衝剪機械之光電式安全裝置。

＊九、手推刨床之刃部接觸預防裝置。

＊十、木材加工用圓盤鋸之反撥預防裝置及鋸齒接觸預防裝置。

十一、其他經中央主管機關指定公告者。

＊型式檢定改成型式驗證：

第 7 條至第 9 條所稱型式驗證，指由驗證機構對某一型式之機械、設備或器具等產品，審驗符合安全標準之程序。

第 12 條　第 3 項所稱作業環境監測，指為掌握勞工作業環境實態與評估勞工暴露狀況，所採取之規劃、採樣、測定、分析及評估。

第 13 條　第二項審查化學物質安全評估報告後，得予公開之資訊如下：

一、新化學物質編碼。

二、危害分類及標示。

三、物理及化學特性資訊。

四、毒理資訊。

五、安全使用資訊。

六、為因應緊急措施或維護工作者安全健康，有必要揭露予特定人員之資訊。

第 14 條　第二項所稱優先管理化學品如下：

一、本法第 29 條第 1 項第 3 款及第 30 條第 1 項第 5 款規定所列之危害性化學品。

二、依國家標準 CNS 15030 分類，屬致癌物質第一級、生殖細胞致突變性物質第一級或生殖毒性物質第一級者。

第
2
部
分

三、依國家標準 CNS 15030 分類，具有物理性危害或健康危害，其化學品運作量達中央主管機關規定者。

四、其他經中央主管機關指定公告者。

第 15 條　有下列情事之一之工作場所，事業單位應依中央主管機關規定之期限，定期實施製程安全評估，並製作製程安全評估報告及採取必要之預防措施；製程修改時，亦同：

一、從事石油裂解之石化工業。

二、從事製造、處置或使用危害性之化學品數量達中央主管機關規定量以上。

前項製程安全評估報告，事業單位應報請勞動檢查機構備查。

第 16 條　第 1 項及第 2 項所稱有立即發生危險之虞時，指勞工處於需採取緊急應變或立即避難之下列情形之一：

一、自設備洩漏大量危害性化學品，致有發生爆炸、火災或中毒等危險之虞時。

二、從事河川工程、河堤、海堤或圍堰等作業，因強風、大雨或地震，致有發生危險之虞時。

三、從事隧道等營建工程或管溝、沉箱、沉筒、井筒等之開挖作業，因落磐、出水、崩塌或流砂侵入等，致有發生危險之虞時。

四、於作業場所有易燃液體之蒸氣或可燃性氣體滯留，達爆炸下限值之 30%以上，致有發生爆炸、火災危險之虞時。

五、於儲槽等內部或通風不充分之室內作業場所，致有發生中毒或窒息危險之虞時。

六、從事缺氧危險作業，致有發生缺氧危險之虞時。

＊七、於高度 2 公尺以上作業，未設置防墜設施及未使勞工使用適當之個人防護具，致有發生墜落危險之虞時。

＊八、於道路或鄰接道路從事作業，未採取管制措施及未設置安全防護設施，致有發生危險之虞時。

第 20 條　第一項所稱體格檢查，指於僱用勞工時，為識別勞工工作適性，考量其是否有不適合作業之疾病所實施之身體檢查。本法第 20 條第一項所稱在職勞工應施行之健康檢查如下：

一、一般健康檢查：指雇主對在職勞工，為發現健康有無異常，以提供適當健康指導、適性配工等健康管理措施，依其年齡於一定期間或變更其工作時所實施者。

二、特殊健康檢查：指對從事特別危害健康作業之勞工，為發現健康有無異常，以提供適當健康指導、適性配工及實施分級管理等健康管理措施，依其作業危害性，於一定期間或變更其工作時所實施者。

三、特定對象及特定項目之健康檢查：指對可能為罹患職業病之高風險群勞工，或基於疑似職業病及本土流行病學調查之需要，經中央主管機關指定公告，要求其雇主對特定勞工施行必要項目之臨時性檢查。

第 21 條　雇主依前條體格檢查發現應僱勞工不適於從事某種工作，不得僱用其從事該項工作。健康檢查發現勞工有異常情形者，應由醫護人員提供其健康指導；其經醫師健康評估結果，不能適應原有工作者，應參採醫師之建議，變更其作業場所、更換工作或縮短工作時間，並採取健康管理措施。

第 22 條　事業單位勞工人數在五十人以上者，應僱用或特約醫護人員，辦理健康管理、職業病預防及健康促進等勞工健康保護事項。

第 23 條　第一項所定職業安全衛生管理計畫，包括下列事項：

一、工作環境或作業危害之辨識、評估及控制。

二、機械、設備或器具之管理。

三、危害性化學品之分類、標示、通識及管理。

四、有害作業環境之採樣策略規劃及監測。

五、危險性工作場所之製程或施工安全評估。

六、採購管理、承攬管理及變更管理。

七、安全衛生作業標準。

八、定期檢查、重點檢查、作業檢點及現場巡視。

九、安全衛生教育訓練。

十、個人防護具之管理。

十一、健康檢查、管理及促進。

十二、安全衛生資訊之蒐集、分享及運用。

十三、緊急應變措施。

第
2
部分

十四、職業災害、虛驚事故、影響身心健康事件之調查處
　　　　　　　　　理及統計分析。
　　　　　　十五、安全衛生管理紀錄及績效評估措施。
　　　　　　十六、其他安全衛生管理措施。
第 27 條　事業單位與承攬人、再承攬人分別僱用勞工共同作業時，
　　　　　為防止職業災害，原事業單位應採取下列必要措施：
　　　　　　一、設置協議組織，並指定工作場所負責人，擔任指揮、
　　　　　　　　監督及協調之工作。
　　　　　　二、工作之聯繫與調整。
　　　　　　三、工作場所之巡視。
　　　　　　四、相關承攬事業間之安全衛生教育之指導及協助。
　　　　　　五、其他為防止職業災害之必要事項。
第 30 條　雇主不得使分娩後未滿一年之女性勞工從事下列危險性或
　　　　　有害性工作：
　　　　　　一、礦坑工作。
　　　　　　二、鉛及其化合物散布場所之工作。
　　　　　　三、鑿岩機及其他有顯著振動之工作。
　　　　　　四、一定重量以上之重物處理工作。
　　　　　　五、其他經中央主管機關規定之危險性或有害性之工作。
第 34 條　第一項所定安全衛生工作守則之內容，依下列事項定之：
　　　　　　一、事業之安全衛生管理及各級之權責。
　　　　　　二、機械、設備或器具之維護及檢查。
　　　　　　三、工作安全及衛生標準。
　　　　　　四、教育及訓練。
　　　　　　五、健康指導及管理措施。
　　　　　　六、急救及搶救。
　　　　　　七、防護設備之準備、維持及使用。
　　　　　　八、事故通報及報告。
　　　　　　九、其他有關安全衛生事項。
第 37 條　事業單位工作場所發生職業災害，雇主應即採取必要之急
　　　　　救、搶救等措施，並會同勞工代表實施調查、分析及作成
　　　　　紀錄。
　　　　　事業單位勞動場所發生下列職業災害之一者，雇主應於八
　　　　　小時內通報勞動檢查機構：

一、發生死亡災害。

二、發生災害之罹災人數在三人以上。

三、發生災害之罹災人數在一人以上，且需住院治療。

四、其他經中央主管機關指定公告之災害。

勞動檢查機構接獲前項報告後，應就工作場所發生死亡或重傷之災害派員檢查。

事業單位發生第二項之災害，除必要之急救、搶救外，雇主非經司法機關或勞動檢查機構許可，不得移動或破壞現場。

※ 女性勞工母性健康保護實施辦法

第 2 條　本辦法用詞，定義如下：

一、母性健康保護：指對於女性勞工從事有母性健康危害之虞之工作所採取之措施，包括**危害評估與控制、醫師面談指導、風險分級管理、工作適性安排及其他相關措施**。

二、母性健康保護期間（以下簡稱保護期間）：**指雇主於得知女性勞工妊娠之日起至分娩後一年之期間**。

第 3 條　事業單位**勞工人數在三百人以上者**，其勞工於保護期間，從事可能影響胚胎發育、妊娠或哺乳期間之母體及嬰兒健康之下列工作，應實施母性健康保護：

一、具有依國家標準 CNS 15030 分類，屬生殖毒性物質第一級、生殖細胞致突變性物質第一級或其他對哺乳功能有不良影響之化學品。

二、易造成健康危害之工作，包括勞工作業姿勢、人力提舉、搬運、推拉重物、輪班、夜班、單獨工作及工作負荷等。

三、其他經中央主管機關指定公告者。

第 6 條　雇主對於前 3 條之母性健康保護，應使職業安全衛生人員會同從事勞工健康服務醫護人員，辦理下列事項：

一、辨識與評估工作場所環境及作業之危害，包含物理性、化學性、生物性、人因性、工作流程及工作型態等。

二、依評估結果區分風險等級，並實施分級管理。

三、協助雇主實施工作環境改善與危害之預防及管理。

四、其他經中央主管機關指定公告者。

前項之評估結果及管理，雇主應使從事勞工健康服務醫護人員告知勞工。

第 9 條　雇主使保護期間之勞工從事第 3 條或第 5 條第 2 項之工作，應依下列原則區分風險等級：

一、符合下列條件之一者，**屬第一級管理：**

（一）作業場所空氣中**暴露濃度低於容許暴露標準十分之一。**

（二）第 3 條或第 5 條第 2 項之工作或其他情形，經醫師評估無害母體、胎兒或嬰兒健康。

二、符合下列條件之一者，屬第二級管理：

（一）作業場所空氣中暴露濃度在**容許暴露標準十分之一以上未達二分之一。**

（二）第 3 條或第 5 條第 2 項之工作或其他情形，經醫師評估可能影響母體、胎兒或嬰兒健康。

三、符合下列條件之一者，**屬第三級管理：**

（一）作業場所空氣中**暴露濃度在容許暴露標準二分之一以上。**

（二）第 3 條或第 5 條第 2 項之工作或其他情形，經醫師評估有危害母體、胎兒或嬰兒健康。

前項規定對於有害輻射散布場所之工作，應依游離輻射防護安全標準之規定辦理。

第 10 條　雇主使女性勞工從事第四條之鉛及其化合物散布場所之工作，應依下列血中鉛濃度區分風險等級，但經醫師評估須調整風險等級者，不在此限：

一、第一級管理：血中鉛濃度低於五 μg/dl 者。

二、第二級管理：血中鉛濃度在五 μg/dl 以上未達十 μg/dl。

三、第三級管理：血中鉛濃度在十 μg/dl 以上者。

第 11 條　前二條風險等級屬第二級管理者，雇主應使從事勞工健康服務醫師提供勞工個人面談指導，並採取危害預防措施；屬第三級管理者，應即採取工作環境改善及有效控制措施，完成改善後重新評估，並由醫師註明其不適宜從事之作業與其他應處理及注意事項。

 **1. 解釋名詞。**

(1) 勞工：謂受僱從事工作獲致工資者。

(2) 雇主：謂事業主或事業之經營負責人（職安法）。(91.03, 94.03)
謂僱用勞工之事業主、事業經營之負責人或代表事業主處理有關勞工事務之人（勞動基準法）。

(3) 勞動場所：係指於勞動契約存續中，由雇主所提示，使勞工履行契約提供勞務之場所。(95.11)
工作場所：指勞動場所中，接受雇主或代理雇主指示處理有關勞工事務之人所能支配、管理之場所。(91.03, 94.03)
作業場所：指工作場所中，從事特定工作目的之場所。

(4) 職業災害：因勞動場所之建築物、機械、設備、原料、材料、化學物品、氣體、蒸汽、粉塵等或作業活動及其他職業上原因引起之工作者疾病、傷害、失能或死亡。(91.03, 94.03)

(5) 共同作業：係指事業單位與承攬人、再承攬人所僱用之勞工於同一期間、同一工作場所從事工作。(91.03, 94.03, 95.11)

(6) 工作場所負責人：指於該工作場所中代表雇主從事管理、指揮或監督工作者從事勞動之人。(91.03, 94.03, 95.11)

(7) 體格檢查：係指於僱用勞工或變更其工作時，為識別勞工工作適性，考量其是否有不適合作業之疾病所實施之健康檢查。(95.11)

(8) 定期健康檢查：係指依在職勞工之年齡層，於一定期間所實施之一般健康檢查。(95.11)

(9) 定期施行特定項目之健康檢查：係指對從事特別危害健康作業之勞工，依其作業危害性，於一定期間所實施之特殊健康檢查。

⭐ **2.** 依職業安全衛生法規定，勞工違反何項條款時會被處以罰鍰處分？如何處分？如何執行？**(90.08)**

(1) 依職業安全衛生法規定，勞工應遵守下列事項：
① 應**接受體格檢查、定期健康檢查**及特定項目之特殊健康檢查。
② 應**接受**從事工作及預防災變所必要之**安全衛生教育訓練**。
③ 應**遵守安全衛生工作守則**。

(2) 勞工若違反上述三項規定之一者，雇主得將其違規事實陳報**當地主管機關**，處以新台幣 **3,000 元以下之罰鍰**（參職安法第 46 條）。

(3) 依職安法所處之罰鍰，經通知而逾期不繳納者，移送法院強制執行。

⭐ **3.** 依職業安全衛生法令規定，應符合中央主管機關規定安全標準之機械、器具為何？**(90.05, 91.03, 99.03, 104.07)**

依職安法施行細則第 12 條規定應符合中央主管機關規定安全標準之機械、器具如下：
(1) 動力衝剪機械。
(2) 手推刨床。
(3) 木材加工用圓盤鋸。
(4) 動力堆高機。
(5) 研磨機。
(6) 研磨輪。
(7) 防爆電氣設備。
(8) 動力衝剪機械之光電式安全裝置。
(9) 手推刨床接觸預防裝置。
(10) 木材加工用圓盤鋸之反撥預防裝置及鋸齒接觸預防裝置。

(11) 其他經中央主管機關指定公告者。

（(7)~(10)新增）

---

4. 依職業安全衛生法規定，經中央主管機關指定具有危險性之機械或設備，非經檢查機構或中央主管機關指定之代行檢查機構檢查合格不得使用。以機械或設備之種類，有哪些檢查（檢查種類）？**(91.11, 104.3)**

依職安法施行細則第 24 條規定：

(1) 型式檢查：係指對於危險性機械或設備之製造或修改，其製造人應於事前填具「型式檢查申請書」，向所在地檢查機構申請檢查。未經檢查合格者，不得製造或修改。

(2) 熔接檢查：各種危險性設備經型式檢查合格後開始製造時，應向檢查機構申請熔接檢查。

(3) 構造檢查：經熔接檢查合格後，再申請構造檢查，檢查合格發給構造明細表，但高壓氣體容器發給合格證。

(4) 竣工檢查：固定式起重機、人字臂起重桿，營建用升降機及營建用提升機經設置完成時再向檢查機構申請竣工檢查，經檢查合格者發給合格證。

(5) 定期檢查：危險性機械於其檢查合格證有效期限屆滿前，應向檢查機構申請定期檢查。

(6) 重新檢查：危險性機械，雇主擬暫停使用時，如暫停使用期間超過檢查合格證有效期限一年以上者。如擬再使用時應填具重新檢查申請書，向檢查機構申請檢查。

(7) 變更檢查：危險性機械，如有變更時應向檢查機構申請變更檢查或備查。

(8) 使用檢查：移動式起重機及吊籠於製造完成使用前或從國外進口使用前，應向檢查構機構申請使用檢查。

★ 5. 請列出職業安全衛生法第 16 條規定之危險性機械及設備。(90.08, 104.03)

答

依職安法施行細則第 22、23 條規定：
(1) 危險性機械：符合中央主管機關所定一定容量以上之下列機械：
　　① 固定式起重機。
　　② 移動式起重機。
　　③ 人字臂起重桿。
　　④ 營建用升降機。
　　⑤ 營建用提升機。
　　⑥ 吊籠。
　　⑦ 其他經中央主管機關指定公告具有危險性之機械。
(2) 危險性設備：符合中央主管機關所定一定容量以上之下列設備：
　　① 鍋爐。
　　② 壓力容器。
　　③ 高壓氣體特定設備。
　　④ 高壓氣體容器。
　　⑤ 其他經中央主管機關指定公告具有危險性之設備。

6. 依職業安全衛生法令規定，應實施作業環境監測之作業場所有哪些？(91.11, 93.07)

依職安法施行細則第 17 條規定應實施作業環境監測之作業場所如下：
(1) 設置有中央管理方式之空氣調節設備之建築物室內作業場所。
(2) 坑內作業場所。
(3) 顯著發生噪音之作業場所。
(4) 下列作業場所，經中央主管機關指定者：
　　① 高溫作業場所。

②粉塵作業場所。

③鉛作業場所。

④四烷基鉛作業場所。

⑤有機溶劑作業場所。

⑥特定化學物質之作業場所。

(5) 其他經中央主管機關指定公告之作業場所。

　　雇主應訂定作業環境監測計畫，委由環測機構實施，監測計畫及監測結果，應公開揭示，並通報中央主管機關。

7. 職業安全衛生法規中規定，在特殊作業場所作業時，雇主為保護勞工之健康，應採輪調工作場所，縮短工作時間，並給予適當之休息，此具有特殊危害之作業有哪些？(98.11)

依職業安全衛生法第 19 條規定特殊危害之作業如下：

(1) 高溫場所。

(2) 異常氣壓作業。

(3) 高架作業。

(5) 重體力勞動作業。

(4) 精密作業。

(6) 其他經中央主管機關指定公告對於勞工具有特殊危害之作業。

8. 依職業安全衛生法之規定，事業單位必須製訂「安全衛生工作守則」。請問要如何訂定、施行？在訂定「安全衛生工作守則」之內容可參酌哪些事項？在何種情況下被處以罰鍰處分？其額度為何？(91.11, 105.03, 105.07)

(1) 安全衛生工作守則之訂定：
　① 雇主應依職業安全衛生法及有關規定會同勞工代表訂定適合其需要之安全衛生工作守則，報經勞動檢查機構備查後，公告實施（參職安法第 34 條）。
　② 安全衛生工作守則得依事業單位之實際需要，訂定適用於全部或一部分事業，並得依工作性質、規模分別訂定，報請檢查機構備查。

(2) 職業安全衛生工作守則之實施（參職安法施行細則第 40 條）：
　雇主在宣導職業安全衛生法及有關安全衛生規定時，得以教育、公告、分發印刷品、集會報告、電子郵件、網際網路或其他足使勞工周知之方式為之。

(3) 安全衛生工作守則之內容，可參酌下列事項定之（參職安法施行細則第 41 條）：
　① 事業之安全衛生管理及各級之權責。
　② 機械、設備或器具之維護及檢查。
　③ 工作安全及衛生標準。
　④ 教育及訓練。
　⑤ 健康管理及指導措施。
　⑥ 急救及搶救。
　⑦ 防護設備之準備、維持及使用。
　⑧ 事故通報及報告。
　⑨ 其他有關安全衛生事項。

(4) 事業單位訂定之安全衛生工作守則，其適用區域跨二個以上檢查機構轄區時，應報請中央主管機關指定之檢查機構備查（參職安法施行細則第 42 條）。

(5) 雇主未依規定會同勞工代表訂定適合其需要之安全衛生工作守則，報經檢查機構備查後，公告實施，經通知限期改善，屆期未改善者，處新台幣 3 萬元以上 15 萬元以下之罰鍰（參職安法第 45 條）。

9. 依據職業安全衛生法令，事業單位以其事業之全部或一部分交付承攬時，應對承攬人予以告知，其告知時機為何？告知事項為何？告知方式為何？**(94.03)**

(1) 告知時機：事前告知（參職安法第 26 條）。

(2) 告知事項：

　　① 有關其事業工作環境、危害因素。

　　② 職安法及有關安全衛生規定應採取之措施。

(3) 告知方式：以書面為之，或召開協商會議並作成紀錄（參職安法施行細則第 36 條）。

10. 依職業安全衛生法之規定，事業單位與承攬人、再承攬人分別僱用勞工共同作業時，為防止職業災害，原事業單位應採取哪些必要措施？**(91.03, 91.05, 93.03, 104.11)**

依據職業安全衛生法第 27 條規定：共同作業時，為防止職業災害，原事業單位應採取下列措施：

(1) **設置協議組織，並指定工作場所負責人，擔任指揮、監督**及協調之工作。

(2) **工作之聯繫與調整。**

(3) **工作場所之巡視。**

(4) 相關承攬事業間之**安全衛生教育之指導及協助。**

(5) 其他為防止職業災害之必要事項。

11. (1) 事業單位將其事業之一部分交付承攬時，事前告知應包括哪些事項？

　　(2) 原事業單位與承攬人分別僱用勞工共同作業時，依法應對哪些作業管制進行協議？**(94.06)**

(1) 參考本單元第 9.題。
(2) 依職安法施行細則第 38 條：應由原事業單位召集之，並定期或不定期進行協議下列事項：
① 安全衛生管理之實施及配合。
② 勞工作業安全衛生及健康管理規範。
③ 從事動火、高架、開挖、爆破、高壓電活線等危險作業之管制。
④ 對進入局限空間、有害物質作業等作業環境之作業管制。
⑤ 電氣機具入廠管制。
⑥ 作業人員進場管制。
⑦ 變更管理。
⑧ 劃一危險性機械之操作信號、工作場所標識（示）、有害物空容器放置、警報、緊急避難方法及訓練等。
⑨ 使用打樁機、電動機械、電動器具、軌道裝置、乙炔熔接裝置、電弧熔接裝置、換氣裝置及沉箱、架設通道、施工架、工作架台等機械、設備或構造物時，應協調使用上之安全措施。
⑩ 其他有必要之協調事項。
本題答案為上列③~⑥項。

12.(1) 何謂職業安全衛生組織？ **(91.08)**
(2) 事業單位之職業安全衛生委員會為該事業單位之何種性質？ **(90.11)**

職安法施行細則第 32 條規定：職業安全衛生組織包括下列組織：
(1) 職業安全衛生管理單位：為事業單位內規劃、擬定、推動及督導職業安全衛生有關業務之組織。
(2) 職業安全衛生委員會：為事業單位內審議、協調及建議職業安全衛生有關業務之組織。

13. 工作場所有立即發生危險之虞時，雇主或工作場所負責人應即令停止作業，並使勞工退避至安全場所。請列舉五項職業安全衛生法規規定有立即發生危險之虞之作業場所或狀況（情形）。**(91.08, 101.07)**

答

(1) 自設備洩漏大量危害性化學品，致有發生爆炸、火災或中毒等危險之虞時。

(2) 從事河川工程、河堤、海堤或圍堰等作業，因強風、大雨或地震，致有發生危險之虞時。

(3) 從事隧道等營建工程或管溝、沉箱、沉筒、井筒等之開挖作業，因落磐、出水、崩塌或流砂侵入等，致有發生危險之虞時。

(4) 於作業場所有易燃液體之蒸氣或可燃性氣體滯留，達爆炸下限值之百分之三十以上，致有發生爆炸、火災危險之虞時。

(5) 於儲槽等內部或通風不充分之室內作業場所，致有發生中毒或窒息危險之虞時。

(6) 從事缺氧危險作業，致有發生缺氧危險之虞時。

(7) 於高度二公尺以上作業，未設置防墜設施及未使勞工使用適當之個人防護具，致有發生墜落危險之虞時。

(8) 於道路或鄰接道路從事作業，未採取管制措施及未設置安全防護設施，致有發生危險之虞時。

(9) 其他經中央主管機關指定公告有發生危險之虞時之情形。

14. 職業安全衛生法規定之特別危害健康之作業有哪些，請列出七種。**(94.06)**

答

依職安法施行細則第 28 條規定：特別危害健康之作業如下：

(1) 高溫作業。

(2) 噪音作業。

(3) 游離輻射作業。

(4) 異常氣壓作業。

(5) 鉛作業。

(6) 四烷基鉛作業。

(7) 粉塵作業。

(8) 有機溶劑作業，經中央主管機關指定者。

(9) 製造、處置或使用特定化學物質之作業，經中央主管機關指定者。

(10) 黃磷之製造、處置或使用作業。

(11) 聯吡啶或巴拉刈之製造作業。

(12) 其他經中央主管機關指定公告之作業。

---

15. **(1)** 事業單位工作場所發生哪些職業災害時，雇主應於 8 小時內通報檢查機構？

    (2) 如未於 8 小時內報告檢查機構，依職業安全衛生法令規定，其罰則為何？**(95.11)**

(1) 事業單位工作場所發生下列職業災害之一時，雇主應於 8 小時內通報勞動檢查機構：

    ① 發生死亡災害。

    ② 發生災害之罹災人數在 3 人以上。

    ③ 發生災害之罹災人數在 1 人以上且需住院治療。（新增）

    ④ 其他經中央主管機關指定公告之災害。

(2) 處 3 萬元以上，30 萬元以下罰鍰：若發生死亡災害，處三年以下有期徒刑、拘役或科或併科新台幣 30 萬元以下罰金。若發生災害之罹災人數在三人以上者，處一年以下有期徒刑、拘役或科或併科新台幣 18 萬元以下罰金。

---

 16. 如果你是事業單位之職業安全衛生管理員，事業單位發生職業災害時，你應如何處置？**(93.11)**

依職安法第 37 條規定：事業單位發生職業災害時，應採取之措施：

(1) 協助雇主即時採取必要之**急救、搶救等措施**，並**會同勞工代表實施調查、分析及作成紀錄**。

(2) 事業單位工作場所發生下列職業災害之一時，協助雇主於 8 **小時內通報勞動檢查機構：**

　　① 發生死亡災害者。

　　② 發生災害之罹災人數在 3 人以上時。

　　③ 發生災害之罹災人數在 1 人以上且需住院治療。

　　④ 其他經中央主管機關指定公告之災害。

(3) 事業單位發生上述之職業災害，除必要之急救、搶救外，雇主非經司法機關或勞動檢查機構許可，**不得移動或破壞現場**。

(4) 依規定填載職業災害統計，報請勞動檢查機構備查。

---

17. 請依職業安全衛生法令回答下列問題：

　　(1) 職業安全衛生設施規則所稱可燃性氣體包括哪些物質？

　　(2) 危險性設備包括哪些設備？

　　(3) 何謂事業單位？

　　(4) 何謂勞動場所？**(98.07)**

(1) 職業安全衛生設施規則所稱可燃性氣體，係指下列物質：

　　① 氫。

　　② 乙炔、乙烯。

　　③ 甲烷、乙烷、丙烷、丁烷。

　　④ 其他於一大氣壓下攝氏十五度時，具有可燃性之氣體。

(2) 職安法第 16 條第 1 項所稱具有危險性之設備，係指符合中央主管機關所定一定容量以上之下列設備：

　　① 鍋爐。

　　② 壓力容器。

　　③ 高壓氣體特定設備。

　　④ 高壓氣體容器。

　　⑤ 其他經中央主管機關指定具有危險性之設備。

(3) 職安法所稱事業單位，謂本法適用範圍內僱用勞工從事工作之機構。

(4) 勞動場所：係指於勞動契約存續中，由雇主所提示，使勞工履行契約提供勞務之場所。

---

 18. 請依職業安全衛生法令解釋下列各項：

(1) 職業災害。

(2) 工作場所。

(3) 共同作業。

(4) 工作場所負責人。

(5) 侷限空間。**(98.03)**

答

(1) 職業災害：謂因勞動場所之建築物、機械、設備、原料、材料、化學物品、氣體、蒸汽、粉塵等或作業活動及其他職業上原因引起之工作者疾病、傷害、失能或死亡。

(2) 工作場所：係指勞動場所中，接受雇主或代理雇主指示處理有關勞工事務之人所能支配、管理之場所。

(3) 共同作業：係指事業單位與承攬人、再承攬人所僱用之勞工於同一期間、同一工作場所從事工作。

(4) 工作場所負責人：係指於該工作場所中代表雇主從事管理、指揮或監督工作者從事勞動之人。

(5) 局限空間：係指內部無法以充分且適當之自然通風來維持內部清淨之可呼吸性空氣，非供勞工在其內部從事經常性作業，且勞工進出受限制之空間。

---

19. 依職業安全衛生法令回答下列問題：

(1) 事業單位之職業安全衛生管理人員，應如何設置才能符合「專職」之規定？

(2) 應符合機械設備器具安全標準規定之高危害性機械包括哪些？**(99.03)**

答

(1) 專職管理人員，應常駐廠場執行業務，不得兼任其他法令所定專責人員或從事其他與職業安全衛生無關之工作。

(2) 雇主設置下列機械、器具，應符合中央主管機關所定之防護標準：

① 動力衝剪機械。

② 手推刨床。

③ 木材加工用圓盤鋸。

④ 動力堆高機。

⑤ 研磨機。

⑥ 研磨輪。

⑦ 防爆電氣設備。

⑧ 動力衝剪機械之光電式安全裝置。

⑨ 手推刨床之刃部接觸預防裝置。

⑩ 木材加工用圓盤鋸之反撥預防裝置及鋸齒接觸預防裝置。

⑪ 其他經中央主管機關指定之機械或器具。

（⑦~⑩新增）

20.第一類事業勞工人數在 300 人以上之事業單位，以其事業之全部或一部分交付承攬或與承攬人分別僱用勞工於同一期間、同一工作場所共同作業時，除應依職業安全衛生法第 17 條或第 18 條規定辦理外，並應訂定承攬管理計劃，其內容包括哪些事項？**(99.03)**

承攬管理計畫內容應包括：

(1) 承攬人之安全衛生管理能力。

(2) 職業災害通報。

(3) 危險作業管制。

(4) 教育訓練。

(5) 緊急應變。

(6) 安全衛生績效評估。

21. 某五星級大飯店員工數 340 人，請依職業安全衛生法及其附屬法規規定，回答下列問題：

(1) 列舉 3 項應向當地勞動檢查機構報備之文件。

(2) 職業安全衛生委員會應由哪些人員組成？（至少列舉 5 種）

(3) 職業安全衛生委員會之成員中，何者不應由雇主指定？

(101.11)

答

(1) 應向當地勞動檢查機構報備之文件如下列：

　① 事業單位之職業安全衛生管理單位（人員）設置（變更）報備書。

　② 事業單位之安全衛生工作守則。

　③ 事業單位之職業災害統計表。

(2) 職業安全衛生委員會應由下列人員組成：

　① 雇主。

　② 職業安全衛生人員。

　③ 事業內各部門之主管、監督、指揮人員。

　④ 與職業安全衛生有關之工程技術人員。

　⑤ 從事勞工健康服務之醫護人員。

　⑥ 勞工代表。

(3) 職業安全衛生委員會之成員中，「勞工代表」不應由雇主指定。

22. 某研究機構最近招募一批工讀生，部分年齡尚未達 18 歲，依據職業安全衛生法規定，對於未滿 18 歲者，雇主不得使其從事的危險性或有害性工作包括哪些？（至少列舉 5 項）**(103.11)**

答

依職業安全衛生法第 29 條規定：

雇主不得使未滿十八歲者從事下列危險性或有害性工作：

一、**坑內工作**。

二、處理爆炸性、易燃性等物質之工作。

三、鉛、汞、鉻、砷、黃磷、氯氣、氰化氫、苯胺等有害物散布場所之工作。

四、**有害輻射散布**場所之工作。

五、**有害粉塵散布**場所之工作。

六、運轉中機器或動力傳導裝置危險部分之掃除、上油、檢查、修理或上卸皮帶、繩索等工作。

七、超過二百二十伏特電力線之銜接。

八、已熔礦物或礦渣之處理。

九、**鍋爐之燒火及操作。**

十、鑿岩機及其他有顯著振動之工作。

十一、**一定重量以上之重物處理工作。**

十二、起重機、人字臂起重桿之運轉工作。

十三、動力捲揚機、動力運搬機及索道之運轉工作。

十四、橡膠化合物及合成樹脂之滾輾工作。

十五、其他經中央主管機關規定之危險性或有害性之工作。

---

23. 某電子業製造工廠女性勞工分娩後未滿一年，依職業安全衛生法規定，雇主不得使其從事的危險性或有害性工作包括哪些？
(104.03)

依職業安全衛生法第 30 條規定：

雇主不得使分娩後未滿一年之女性勞工從事下列危險性或有害性工作：

(1) 礦坑工作。

(2) 鉛及其化合物散布場所之工作。

(3) 鑿岩機及其他有顯著振動之工作。

(4) 一定重量以上之重物處理工作。

(5) 其他經中央主管機關規定之危險性或有害性之工作。

24. 某電子工廠之勞工需從事輪班、夜間等工作，為避免異常工作負荷促發疾病，請依職業安全衛生法施行細則規定，回答下列問題：

(1) 請列舉四項應採取之疾病預防措施。

(2) 預防措施之執行紀錄應至少留存多少年？**(104.03)**

(1) 依職業安全衛生設施規則第 324-2 條規定：

雇主使勞工從事輪班、夜間工作、長時間工作等作業，為避免勞工因異常工作負荷促發疾病，應採取下列疾病預防措施：

① 辨識及評估高風險群。

② 安排醫師面談及健康指導。

③ 調整或縮短工作時間及更換工作內容之措施。

④ 實施健康檢查、管理及促進。

⑤ 執行成效之評估及改善。

⑥ 其他有關安全衛生事項。

(2) 執行紀錄並留存三年。

25. 某一造紙工廠之勞工每天重覆執行搬運工作，雇主依職業安全衛生法施行細則規定，為避免該勞工執行重覆性作業而促發肌肉骨骼疾病，應妥為規劃哪些事項？**(104.03)**

依職業安全衛生法施行細則第 9 條規定：

本法第 6 條第 2 項第 1 款所定預防重複性作業等促發肌肉骨骼疾病之妥為規劃，其內容應包含下列事項：

(1) 作業流程、內容及動作之分析。

(2) 人因性危害因子之確認。

(3) 改善方法及執行。

(4) 成效評估及改善。

(5) 其他有關安全衛生事項。

26. 某工廠研發時，需自行輸入中央主管機關公告之化學物質清單以外之新化學物質，依職業安全衛生法規定，請回答下列問題：

(1) 自行輸入新化學物質時，除繳交化學物質安全評估報告外，並需取得何種文件才能輸入？

(2) 中央主管機關審查化學物質安全評估報告後，得予公開哪些資訊？（請列舉 4 項）(104.11)

(1) 新化學物質核准登記文件。

(2) 第 27 條：中央主管機關審查申請人檢送之評估報告後，得公開化學物質之下列資訊：

① 新化學物質編碼。

② 危害分類及標示。

③ 物理及化學特性資訊。

④ 毒理資訊。

⑤ 安全使用資訊。

⑥ 為因應緊急措施或維護工作者安全健康，有必要揭露予特定人員之資訊。

27. 依職業安全衛生法規定，有些工作屬於 A.雇主不得使妊娠中之女性勞工從事，但分娩後即可從事；B.雇主不得使分娩後未滿 1 年之女性勞工從事；C.雇主不得使未滿 18 歲勞工從事，但妊娠中及分娩後未滿 1 年之女性勞工可從事。下列各工作分別屬於上述何者？請依序回答。（本題各小項均為單選，答題方式如（一）A、（二）B…）

(1) 處理德國麻疹之工作。

(2) 鍋爐之燒火及操作。

(3) 處理易燃性物質之工作。

(4) 礦坑工作。

(5) 異常氣壓之工作。(104.11)

(1)A；(2)C；(3)C；(4)B、A；(5)A。

28. 某鐵工廠設置吊升荷重 3 公噸之固定式起重機 1 座，未經檢查合格，即行使用。某日雇主指示勞工操作，因鋼索斷裂致吊舉物掉落，撞擊該勞工致死，試問：

(1) 依職業安全衛生法所定罰則，發生此種職業災害，得對公司負責人處何種刑事處分？

(2) 發生事故之固定式起重機吊掛作業場所經勞動檢查機構予以停工處分，雇主仍繼續使用該起重機從事吊掛作業，除處罰其負責人外，並得對公司法人處以何種刑事處分？

(3) 雇主應申請何種檢查合格後始可使用？(105.07)

(1) 依職安法第 40 條規定，違反第 6 條第 1 項，致發生死亡災害者，處 3 年以下有期徒刑、拘役或併科新台幣 30 萬元以下罰金。法人犯前項之罪者，除處罰其負責人外，對該法人亦科以前項之罰金。

(2) 違反中央主管機關或勞動檢查機構所發停工之通知，依職安法第 41 條規定，處 1 年以下有期徒刑、拘役或併科新台幣 18 萬元以下罰金；法人犯前項之罪者，除處罰其負責人外，對該法人亦科以前項之罰金。

(3) 危險性機械及設備安全檢查規則第 12 條：雇主於固定式起重機設置完成或變更設置位置時，應填具固定式起重機竣工檢查申請書，檢附相關文件，向所在地檢查機構申請竣工檢查。

29. 依職業安全衛生法規定，回答下列問題：

(1) 事業單位勞動場所發生何種職業災害時，雇主應於 8 小時內通報勞動檢查機構？請寫出 3 種職業災害（「其他經中央主管機關指定公告之災害」除外，寫出不計分）。

(2) 勞動檢查機構接獲通報後，應就工作場所發生之哪 2 種災害派員檢查？(105.07)

(1) 職安法第 37 條：事業單位勞動場所發生下列職業災害之一者，雇主應於 8 小時內通報勞動檢查機構：
　① 發生死亡災害。
　② 發生災害之罹災人數在 3 人以上。
　③ 發生災害之罹災人數在 1 人以上，且需住院治療。
　④ 其他經中央主管機關指定公告之災害。
(2) 勞動檢查機構接獲前項報告後，應就工作場所發生死亡或重傷之災害派員檢查。

---

30. 某工廠勞工人數 580 人，某日於其工作場所發生勞工遭堆高機翻覆壓傷致死之職業災害，請回答下列問題：
(1) 如您是該事業單位之職業安全衛生管理員，要協助雇主辦理職業安全衛生法規定之後續處理事項為何？（請列舉 3 項）
(2) 依勞動基準法規定，雇主應給與罹災勞工之遺屬幾個月平均工資之喪葬費？以及幾個月平均工資之死亡補償？**(105.11)**

(1) 依職業安全衛生法第 37 條規定，事業單位工作場所發生死亡職業災害：
　① 應協助雇主即採取必要之急救、搶救等措施，並會同勞工代表實施調查、分析及作成紀錄。
　② 應於 8 小時內通報勞動檢查機構。
　③ 非經司法機關或勞動檢查機構許可，不得移動或破壞現場。
(2) 依勞動基準法第 59 條規定：雇主應給予勞工 5 個月平均工資之喪葬費並應一次給其遺屬 40 個月平均工資之死亡補償。

---

31. 請依職業安全衛生法及其施行細則說明下列名詞：
(1) 工作者。
(2) 合理可行範圍。
(3) 自營作業者。**(106.03)**

(1) 工作者：指勞工、自營作業者及其他受工作場所負責人指揮或監督從事勞動之人員。

(2) 依職安法施行細則第 8 條：合理可行範圍，指依本法及有關安全衛生法令、指引、實務規範或一般社會通念，雇主明知或可得而知勞工所從事之工作，有致其生命、身體及健康受危害之虞，並可採取必要之預防設備或措施者。

(3) 自營作業者，指獨立從事勞動或技藝工作，獲致報酬，且未僱用有酬人員幫同工作者。

---

32. 依職業安全衛生法及其施行細則規定：
   (1) 請列舉 3 種具有危險性之機械。（其他經中央主管機關指定公告具有危險性之機械除外）
   (2) 前述法律賦予雇主對具有危險性之機械之法定義務為何？
   (106.03)

(1) 危險性之機械，指符合中央主管機關所定一定容量以上之下列機械：
   ① 固定式起重機。
   ② 移動式起重機。
   ③ 人字臂起重桿。
   ④ 營建用升降機。
   ⑤ 營建用提升機。
   ⑥ 吊籠。
   ⑦ 其他經中央主管機關指定公告具有危險性之機械。

(2) 依職業安全衛生法第 16 條：雇主對於經中央主管機關指定具有危險性之機械或設備，非經勞動檢查機構或中央主管機關指定之代行檢查機構檢查合格，不得使用；其使用超過規定期間者，非經再檢查合格，不得繼續使用。

33. 請依職業安全衛生法回答下列問題：
   (1) 事業單位勞動場所發生何種職業災害需要通報？（其他經中央主管機關指定公告之災害除外）
   (2) 勞動檢查機構接獲前項報告後，應就工作場所發生之哪些災害派員檢查？**(106.07)**

(1) 依職業安全衛生法第 37 條規定：事業單位勞動場所發生下列職業災害之一者，雇主應於八小時內通報勞動檢查機構：
  ① 發生死亡災害。
  ② 發生災害之罹災人數在三人以上。
  ③ 發生災害之罹災人數在一人以上，且需住院治療。
  ④ 其他經中央主管機關指定公告之災害。
(2) 勞動檢查機構接獲前項報告後，應就工作場所發生死亡或重傷之災害派員檢查。

34. 依職業安全衛生法或其施行細則規定，雇主對執行職務因他人行為遭受身體或精神不法侵害（職場暴力）之事項應妥為規劃，其內容有哪些事項？（除其他有關安全衛生事項外，請列舉 5 項）
   (106.07)

依職業安全衛生法施行細則第 11 條規定：本法第 6 條第 2 項第 3 款所定預防執行職務因他人行為遭受身體或精神不法侵害之妥為規劃，其內容應包含下列事項：
① 危害辨識及評估。
② 作業場所之配置。
③ 工作適性安排。
④ 行為規範之建構。
⑤ 危害預防及溝通技巧之訓練。
⑥ 事件之處理程序。

⑦ 成效評估及改善。

⑧ 其他有關安全衛生事項。

---

35. 某事業單位係屬於應實施母性健康保護之工作場所（非屬鉛作業場所），請回答下列問題：

(1) 何謂母性健康保護期間？

(2) 於母性健康保護期間，雇主應依風險等級，分三級管理，請說明這三級如何區分。

(3) 母性健康保護相關措施之文件紀錄，應至少保存多少年？

(106.07)

(1) 依女性勞工母性健康保護實施辦法第 2 條：母性健康保護期間（以下簡稱保護期間）：指雇主於得知女性勞工妊娠之日起至分娩後一年之期間。

(2) 第 9 條：雇主使保護期間之勞工從事第 3 條或第 5 條第 2 項之工作，應依下列原則區分風險等級：

① 符合下列條件之一者，屬第一級管理：

　a. 作業場所空氣中暴露濃度低於容許暴露標準十分之一。

　b. 第 3 條或第 5 條第 2 項之工作，經醫師評估無害母體、胎兒或嬰兒健康。

② 符合下列條件之一者，屬第二級管理：

　a. 作業場所空氣中暴露濃度在容許暴露標準十分之一以上未達二分之一。

　b. 第三條或第五條第二項之工作，經醫師評估可能影響母體、胎兒或嬰兒健康。

③ 符合下列條件之一者，屬第三級管理：

　a. 作業場所空氣中暴露濃度在容許暴露標準二分之一以上。

　b. 第 3 條或第 5 條第 2 項之工作，經醫師評估有危害母體、胎兒或嬰兒健康。

(3) 第 14 條：雇主依本辦法採取之危害評估、控制方法、面談指導、適性評估及相關採行措施之執行情形，均應予記錄，並將相關文件及紀錄至少保存三年。

---

36. 請依職業安全衛生法及其施行細則回答下列問題：

(1) 工作場所有立即發生危險之虞時，雇主或工作場所負責人應即採取何種措施？

(2) 勞工執行職務發現有立即發生危險之虞時，得在不危及其他工作者安全情形下採取何種行動？

(3) 請列舉 3 種上述有立即發生危險之虞時之情形（其他經中央主管機關指定公告有發生危險之虞時之情形除外）(106.11)

(1) 雇主或工作場所負責人應即令停止作業，並使勞工退避至安全場所。

(2) 自行停止作業及退避至安全場所，並立即向直屬主管報告。

(3) ① 自設備洩漏大量危害性化學品，致有發生爆炸、火災或中毒等危險之虞時。

② 從事河川工程、河堤、海堤或圍堰等作業，因強風、大雨或地震，致有發生危險之虞時。

③ 從事隧道等營建工程或管溝、沉箱、沉筒、井筒等之開挖作業，因落磐、出水、崩塌或流砂侵入等，致有發生危險之虞時。

④ 於作業場所有易燃液體之蒸氣或可燃性氣體滯留，達爆炸下限值之百分之三十以上，致有發生爆炸、火災危險之虞時。

⑤ 於儲槽等內部或通風不充分之室內作業場所，致有發生中毒或窒息危險之虞時。

⑥ 從事缺氧危險作業，致有發生缺氧危險之虞時。

⑦ 於高度二公尺以上作業，未設置防墜設施及未使勞工使用適當之個人防護具，致有發生墜落危險之虞時。

⑧ 於道路或鄰接道路從事作業，未採取管制措施及未設置安全防護設施，致有發生危險之虞時。

⑨ 其他經中央主管機關指定公告有發生危險之虞時之情形。

37. 依職業安全衛生法及其施行細則規定，對於發生應通報勞動檢查機構之職業災害：

  (1) 何謂罹災人數在 3 人以上者？

  (2) 何謂重傷之災害？**(107.03)**

(1) 職安法施行細則第 48 條：本法第 37 條第 2 項第 2 款所稱發生災害之罹災人數在 3 人以上者，指**於勞動場所同一災害發生工作者永久全失能、永久部分失能及暫時全失能之總人數達 3 人以上者。**

(2) 職安法施行細則第 49 條：勞動檢查機構應依本法第 37 條第 3 項規定，派員對事業單位工作場所發生死亡或重傷之災害，實施檢查，並調查災害原因及責任歸屬。

前項所稱重傷之災害，指**造成罹災者肢體或器官嚴重受損，危及生命或造成其身體機能嚴重喪失，且須住院治療連續達 24 小時以上之災害者。**

38. 請依職業安全衛生法及其施行細則規定，回答下列問題：

  (1) 請列舉 2 項雇主應會同勞工代表辦理之事項。

  (2) 請列舉 3 種上述勞工代表推派或推選方式。**(107.03)**

(1) 職安法第 37 條：事業單位工作場所發生職業災害，雇主應即採取必要之急救、搶救等措施，並會同勞工代表實施調查、分析及作成紀錄。

(2) 職安法第 34 條：雇主應依本法及有關規定會同勞工代表訂定適合其需要之安全衛生工作守則，報經勞動檢查機構備查後，公告實施。

職安法施行細則第 43 條：本法第 34 條第 1 項、第 37 條第 1 項所定之勞工代表，事業單位設有工會者，由工會推派之；無工會組織而有勞資會議者，由勞方代表推選之；無工會組織且無勞資會議者，由勞工共同推選之。

---

39. 依職業安全衛生法及其施行細則規定，回答下列問題：

(1) 工作者除勞工外，尚包括哪 **2** 種人員？

(2) 機械、設備、器具、原料、材料等物件之設計、製造或輸入者及工程之設計或施工者，應於設計、製造、輸入或施工規劃階段實施風險評估，此處所稱之「風險評估」包括哪 **3** 個程序？**(107.07)**

(1) 工作者：指勞工、自營作業者及其他受工作場所負責人指揮或監督從事勞動之人員。

(2) 職安法第 5 條第 2 項所稱風險評估，指辨識、分析及評量風險之程序。

---

40. (1) 依職業安全衛生法第 7 條及其施行細則第 12 條規定，機械、設備或器具非符合安全標準者，不得產製運出廠場、輸入、租賃、供應或設置。請列舉 **4** 種中央主管機關指定之機械、設備或器具。（其他經中央主管機關指定公告者除外，寫出不計分）

(2) 依職業安全衛生法第 8 條規定，製造者或輸入者對於中央主管機關公告列入型式驗證之機械、設備或器具，非經中央主管機關認可之驗證機構實施型式驗證合格及張貼合格標章，不得產製運出廠場或輸入。於 **107** 年 **7** 月 **1** 日生效列入職業安全衛生法第 8 條型式驗證設備為何？**(107.11)**

(1) 職安法施行細則第 12 條：本法第 7 條第 1 項所稱中央主管機關指定之機械、設備或器具如下：

① 動力衝剪機械。

② 手推刨床。

③ 木材加工用圓盤鋸。

④ 動力堆高機。

⑤ 研磨機。

⑥ 研磨輪。

⑦ 防爆電氣設備。

⑧ 動力衝剪機械之光電式安全裝置。

⑨ 手推刨床之刃部接觸預防裝置。

⑩ 木材加工用圓盤鋸之反撥預防裝置及鋸齒接觸預防裝置。

(2) 交流電焊機用自動電擊防止裝置。

41.「勞動場所、工作場所、作業場所」。以上三者各從以下列敘述中挑出符合的場所：

(1) 老闆經常拜訪客戶的路線

(2) 勞工經常拜訪客戶的路線

(3) 食品加工業者的某個廠

(4) 精密作業操作區

(5) 員工下班後運動場所**(110.03)**

(1)、(2)、(5)是勞動場所；(3)是工作場所；(4)是作業場所。

42.____、____、____或雇主，對於中央主管機關指定之機械、設備或器具，其構造、性能及防護非符合安全標準者，不得產製運出廠場、輸入、租賃、供應或設置？**(110.03)**

製造者、輸入者、供應者。

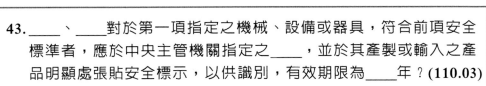

43. ＿＿＿、＿＿＿對於第一項指定之機械、設備或器具，符合前項安全標準者，應於中央主管機關指定之＿＿＿，並於其產製或輸入之產品明顯處張貼安全標示，以供識別，有效期限為＿＿＿年？(110.03)

製造者、輸入者、資訊申報網站登錄、3 年

44. 未滿 18 歲不得從事那些危險性或有害性工作？(110.03)

雇主不得使未滿十八歲者從事下列危險性或有害性工作：

(1) 坑內工作。

(2) 處理爆炸性、易燃性等物質之工作。

(3) 鉛、汞、鉻、砷、黃磷、氯氣、氰化氫、苯胺等有害物散布場所之工作。

(4) 有害輻射散布場所之工作。

(5) 有害粉塵散布場所之工作。

(6) 運轉中機器或動力傳導裝置危險部分之掃除、上油、檢查、修理或上卸皮帶、繩索等工作。

(7) 超過二百二十伏特電力線之銜接。

(8) 已熔礦物或礦渣之處理。

(9) 鍋爐之燒火及操作。

(10) 鑿岩機及其他有顯著振動之工作。

(11) 一定重量以上之重物處理工作。

(12) 起重機、人字臂起重桿之運轉工作。

(13) 動力捲揚機、動力運搬機及索道之運轉工作。

(14) 橡膠化合物及合成樹脂之滾輾工作。

(15) 其他經中央主管機關規定之危險性或有害性之工作。

（職業安全衛生法第 29 條）

45. 發生職災＿＿＿人死亡或住院、＿＿＿通報、＿＿＿年以上有期徒刑、罰則。(110.03)

1 人、應於 8 小時內通報。處三年以下有期徒刑、拘役或併科新臺幣三十萬元以下罰金。

46. 工作場所有立即發生危險之虞時，雇主或工作場所負責人應即令停止作業，並使勞工退避至安全場所。違反者刑責幾年與多少罰金？(110.03)

一年以下有期徒刑、拘役或併科新臺幣十八萬元以下罰金。

47. 危害性化學品洩漏或引起火災、爆炸致發生職業災害者刑責？(110.03)

處新臺幣三十萬元以上三百萬元以下罰鍰。

48. 甲類危險性工作場所事業單位應依中央主管機關規定之期限，定期實施製程安全評估，並製作製程安全評估報告及採取必要之預防措施，違反者相關刑責為何？(110.03)

處新臺幣三萬元以上三十萬元以下罰鍰。

49. 職業安全衛生法規中有：勞動場所、作業場所、工作場所，試比較場所範圍大小。(110.03)

勞動場所＞工作場所＞作業場所

50. 中央主管機關指定之機械、設備或器具有哪些？(110.03)

(1) 動力衝剪機械。

(2) 手推刨床。

(3) 木材加工用圓盤鋸。

(4) 動力堆高機。

(5) 研磨機。

(6) 研磨輪。

(7) 防爆電氣設備。

(8) 動力衝剪機械之光電式安全裝置。

(9) 手推刨床之刃部接觸預防裝置。

(10) 木材加工用圓盤鋸之反撥預防裝置及鋸齒接觸預防裝置。

(11) 其他經中央主管機關指定公告者。

51. 工作守則勞工是否要參與？是否要申請備查？(110.03)

要參與；要備查。

52. 工會代表是否一定要為幹部？(110.03)

否。

53. 勞工代表配合辦理哪四種業務？(110.03)

(1) 工作安全衛生工作守則訂定（職業安全衛生法第 34 條）

(2) 職業災害調查、分析做成紀錄（職業安全衛生法第 37 條）

(3) 安全衛生委員會之會議（職業安全衛生管理辦法第 11 條）

(4) 作業環境監測計畫之訂定、實施與變更（勞工作業環境監測實施辦法第 12 條）

---

54. 職業安全衛生委員會應有＿＿＿人、勞工代表，應占委員人數＿＿＿以上。(110.03)

 答

委員會人數 7 人、勞工代表比例 1/3 以上（職業安全衛生管理辦法第 11 條）

---

55. 無勞資會議者，勞工代表如何產生？工會推派代表順序為何？
（例如：工會代表、勞工代表、共同推選）(110.03)

 答

先工會代表、再來是勞工代表、最後是共同推選。
職業安全衛生法施行細則第三十四條第一項、第三十七條第一項所定之勞工代表，事業單位設有工會者，由工會推派之；無工會組織而有勞資會議者，由勞方代表推選之；無工會組織且無勞資會議者，由勞工共同推選之。

---

56. 母性健康保護期間：指雇主於得知女性勞工妊娠之日起至分娩後＿＿＿之期間？(110.03)

 答

1 年（女性勞工母性健康保護實施辦法第 2 條）

---

57. 請問雇主對母性健康保護，應使職業安全衛生人員會同從事勞工健康服務醫護人員，辨識與評估工作場所環境及作業之危害，以下五個選項包含哪些？
(1)物理性、(2)化學性、(3)生物性、(4)人因性、(5)社會心理性 (110.03)

 答

(1)、(2)、(3)、(4)。

---

58. 孕婦如已懷孕但未告知雇主，但是雇主明知或可得而知者免於處罰。以上敘述是正確的嗎？**(110.03)**

不正確。

---

59. 雇主使女性勞工從事鉛及其化合物散布場所之工作，應依血中鉛濃度區分風險等級，請問下列各級管理的血中鉛濃度各為多少？
(110.03)

(1) 第一級管理：血中鉛濃度未滿 5 微克/DL

(2) 第二級管理：血中鉛濃度在 5 微克/DL 以上、未達 10 微克/DL

(3) 第三級管理：血中鉛濃度在 10 微克/DL 以上者

（女性勞工母性健康保護實施辦法第 10 條）

UNIT 03 職業安全衛生設施規則

※ 重點條文內容

第 21-2 條　雇主對於使用道路作業之工作場所，為防止車輛突入等引起之危害，應依下列規定辦理：

一、從事公路施工作業，應依所在地直轄市、縣（市）政府審查同意之交通維持計畫或公路主管機關所核定圖說，設置交通管制設施。

二、作業人員應戴有反光帶之安全帽，及穿著顏色鮮明有反光帶之施工背心，以利辨識。

三、與作業無關之車輛禁止停入作業場所。但作業中必須使用之待用車輛，其駕駛常駐作業場所者，不在此限。

四、使用道路作業之工作場所，應於車流方向後面設置車輛出入口。但依周遭狀況設置有困難者，得於平行車流處設置車輛出入口，並置交通引導人員，使一般車輛優先通行，不得造成大眾通行之障礙。

五、於勞工從事道路挖掘、施工、工程材料吊運作業、道路或路樹養護等作業時，應於適當處所設置交通安全防護設施或交通引導人員。

六、前二款及前條第一項第八款所設置之交通引導人員有被撞之虞時，應於該人員前方適當距離，另設置具有顏色鮮明施工背心、安全帽及指揮棒之電動旗手。

七、日間封閉車道、路肩逾二小時或夜間封閉車道、路肩逾一小時者，應訂定安全防護計畫，並指派專人指揮勞工作業及確認依交通維持圖說之管制設施施作。（新增）

前項所定使用道路作業，不包括公路主管機關會勘、巡查、救災及事故處理。

第一項第七款安全防護計畫，除依公路主管機關規定訂有交通維持計畫者，得以交通維持計畫替代外，應包括下列事項：

一、交通維持布設圖。

二、使用道路作業可能危害之項目。

三、可能危害之防止措施。

四、提供防護設備、警示設備之檢點及維護方法。

五、緊急應變處置措施。

第 29-1 條　雇主使勞工於局限空間從事作業前，應先確認該局限空間內有無可能引起勞工缺氧、中毒、感電、塌陷、被夾、被捲及火災、爆炸等危害，有危害之虞者，應訂定危害防止計畫，並使現場作業主管、監視人員、作業勞工及相關承攬人依循辦理。

前項危害防止計畫，應依作業可能引起之危害訂定下列事項：

一、局限空間內危害之確認。

二、局限空間內氧氣、危險物、有害物濃度之測定。

三、通風換氣實施方式。

四、電能、高溫、低溫與危害物質之隔離措施及缺氧、中毒、感電、塌陷、被夾、被捲等危害防止措施。

五、作業方法及安全管制作法。

六、進入作業許可程序。

七、提供之測定儀器、通風換氣、防護與救援設備之檢點及維護方法。（新修）

八、作業控制設施及作業安全檢點方法。

九、緊急應變處置措施。

第 41 條　（第 7 至第 10 項為增加部分）

雇主對於下列機械、設備或器具，應使其具安全構造，並依機械設備器具安全標準之規定辦理：

一、動力衝剪機械。

二、手推刨床。

三、木材加工用圓盤鋸。

四、動力堆高機。

五、研磨機。

六、研磨輪。

七、防爆電氣設備。

八、動力衝剪機械之光電式安全裝置。

九、手推刨床之刃部接觸預防裝置。

十、木材加工用圓盤鋸之反撥預防裝置及鋸齒接觸預防裝置。

十一、其他經中央主管機關指定公告者。

第 116 條　雇主對於勞動場所作業之車輛機械，應使駕駛者或有關人員負責執行下列事項：

一、除非所有人員已遠離該機械，否則不得起動。但駕駛者依規定就位者，不在此限。

二、車輛系營建機械及堆高機，除乘坐席位外，於作業時不得搭載勞工。

三、車輛系營建機械作業時，禁止人員進入操作半徑內或附近有危險之虞之場所。但駕駛者依規定就位者或另採安全措施者，不在此限。

四、應注意遠離帶電導體，以免感電。

五、應依製造廠商規定之安全度及最大使用荷重等操作。

六、禁止停放於有滑落危險之虞之斜坡。但已採用其他設備或措施者，不在此限。

七、禁止夜間停放於交通要道。

八、不得使動力系挖掘機械於鏟、鋏、吊斗等，在負載情況下行駛。

九、不得使車輛機械供為主要用途以外之用途。但使用適合該用途之裝置無危害勞工之虞者，不在此限。

十、不得使勞工搭載於堆高機之貨叉所承載貨物之托板、撬板及其他堆高機（乘坐席以外）部分。但停止行駛之堆高機，已採取防止勞工墜落設備或措施者，不在此限。

十一、駕駛者離開其位置時，應將吊斗等作業裝置置於地面，並將原動機熄火、制動，並安置煞車等，防止該機械逸走。

十二、堆高機於駕駛者離開其位置時，應採將貨叉等放置於地面，並將原動機熄火、制動。

十三、車輛及堆高機之修理或附屬裝置之安裝、拆卸等作業時，於機臂、突樑、升降台及車台，應使用安全支柱、絞車等防止物體飛落之設施。

十四、使用座式操作之配衡型堆高機及側舉型堆高機，應使擔任駕駛之勞工確實使用駕駛座安全帶。但駕駛座配置有車輛傾倒時，防止駕駛者被堆高機壓傷之護欄或其他防護設施者，不在此限。

十五、車輛機械之作業或移動，有撞擊工作者之虞時，應置管制引導人員。

第 155-1 條　雇主使勞工以捲揚機等吊運物料時，應依下列規定辦理：

一、安裝前須核對並確認設計資料及強度計算書。

二、吊掛之重量不得超過該設備所能承受之最高負荷，並應設有防止超過負荷裝置。但設置有困難者，得以標示代替之。

三、不得供人員搭乘、吊升或降落。但臨時或緊急處理作業經採取足以防止人員墜落，且採專人監督等安全措施者，不在此限。

四、吊鉤或吊具應有防止吊舉中所吊物體脫落之裝置。

五、錨錠及吊掛用之吊鏈、鋼索、掛鉤、纖維索等吊具有異狀時應即修換。

六、吊運作業中應嚴禁人員進入吊掛物下方及吊鏈、鋼索等內側角。

七、捲揚吊索通路有與人員碰觸之虞之場所，應加防護或有其他安全設施。

八、操作處應有適當防護設施，以防物體飛落傷害操作人員，採坐姿操作者應設坐位。

九、應設有防止過捲裝置，設置有困難者，得以標示代替之。

十、吊運作業時，應設置信號指揮聯絡人員，並規定統一之指揮信號。

十一、應避免鄰近電力線作業。

十二、電源開關箱之設置，應有防護裝置。

第 227 條　（本條為新增）

雇主對勞工於以石綿板、鐵皮板、瓦、木板、茅草、塑膠等材料構築之屋頂或於以礦纖板、石膏板等材料構築之夾層天花板從事作業時，為防止勞工踏穿墜落，應採取下列設施：

一、**規劃安全通道**，於屋架或天花板支架上**設置適當強度**且寬度在三十公分以上**之踏板**。

二、於屋架或天花板下方可能墜落之範圍，**裝設堅固格柵或安全網**等防墜設施。

三、**指定屋頂作業主管指揮**或監督該作業。

雇主對前項作業已採其他安全工法或設置踏板面積已覆蓋全部易踏穿屋頂或天花板，致無墜落之虞者，得不受前項限制。

第 277-1 條　雇主使勞工使用呼吸防護具時，應指派專人採取下列呼吸防護措施，作成執行紀錄，並留存三年（新增）：

一、危害辨識及暴露評估。

二、防護具之選擇。

三、防護具之使用。

四、防護具之維護及管理。

五、呼吸防護教育訓練。

六、成效評估及改善。

前項呼吸防護措施，事業單位勞工人數達二百人以上者，雇主應依中央主管機關公告之相關指引，訂定呼吸防護計畫，並據以執行；於勞工人數未滿二百人者，得以執行紀錄或文件代替。

第 230 條　　（第 3 項文字修正）

雇主對於使用之合梯，應符合下列規定：

一、具有堅固之構造。

二、其材質不得有顯著之損傷、腐蝕等。

三、梯腳與地面之角度應在七十五度以內，且兩梯腳間有金屬等硬質繫材扣牢，腳部有防滑絕緣腳座套。

四、有安全之防滑梯面。

雇主不得使勞工以合梯當作二工作面之上下設備使用，並應禁止勞工站立於頂板作業。

第 286-2 條　（本條為新增）

雇主使勞工於經地方政府已宣布停止上班之颱風天從事外勤作業，有危害勞工之虞者，應視作業危害性，置備適當**救生衣、安全帽、連絡通訊設備**與其他必要之安全防護設施及**交通工具**。

第 286-3 條　（本條為新增）

雇主對於使用機車、自行車等交通工具從事食品外送作業，應置備安全帽、反光標示、高低氣溫危害預防、緊急用連絡通訊設備等合理及必要之安全衛生防護設施，並使勞工確實使用。

事業單位從事食品外送作業勞工人數在三十人以上，雇主應依中央主管機關發布之相關指引，訂定食品外送作業危害防止計畫，並據以執行；於勞工人數未滿三十人者，得以執行紀錄或文件代替。

前項所定執行紀錄或文件，應留存三年。

第 300-1 條　（本條為新增）

雇主對於勞工八小時日時量平均音壓級超過八十五分貝或暴露劑量超過百分之五十之工作場所，應採取下列聽力保護措施，作成執行紀錄並留存三年：

一、**噪音監測及暴露評估。**

二、**噪音危害控制。**

三、防音**防護具之選用及佩戴。**

四、**聽力保護教育訓練。**

五、**健康檢查及管理。**

六、**成效評估及改善。**

前項聽力保護措施，事業單位**勞工人數達一百人以上者。**

第 324-1 條　（本條為新增）

雇主使勞工從事重複性之作業，為避免勞工因姿勢不良、過度施力及作業頻率過高等原因，促發肌肉骨骼疾病，應採取下列危害預防措施，作成執行紀錄並留存三年：

一、**分析作業流程、內容**及動作。

二、**確認人因性危害因子。**

三、**評估、選定改善方法及執行。**

四、**執行成效之評估及改善。**

五、其他有關安全衛生事項。

前項危害預防措施，事業單位**勞工人數達一百人以上者**，雇主應依作業特性及風險，參照中央主管機關公告之相關指引，**訂定人因性危害預防計畫**，並據以執行；於勞工人數未滿一百人者，得以執行紀錄或文件代替。

第 324-2 條　（本條為新增）

雇主使勞工從事輪班、夜間工作、長時間工作等作業，為避免勞工因異常工作負荷促發疾病，應採取下列疾病預防措施，作成執行紀錄並留存三年：

一、**辨識及評估高風險群。**

二、安排醫師面談及健康指導。

三、調整或縮短工作時間及更換工作內容之措施。

四、實施健康檢查、管理及促進。

五、執行成效之評估及改善。

六、其他有關安全衛生事項。

前項疾病預防措施，事業單位依規定配置有醫護人員從事勞工健康服務者，雇主應依勞工作業環境特性、工作形態及身體狀況，參照中央主管機關公告之相關指引，訂定異常工作負荷促發疾病預防計畫，並據以執行；依規定免配置醫護人員者，得以執行紀錄或文件代替。

第 324-3 條　　（本條為新增）

雇主為預防勞工於執行職務，因他人行為致遭受身體或精神上不法侵害，應採取下列暴力預防措施，作成執行紀錄並留存三年：

一、辨識及評估危害。

二、適當配置作業場所。

三、依工作適性適當調整人力。

四、建構行為規範。

五、辦理危害預防及溝通技巧訓練。

六、建立事件之處理程序。

七、執行成效之評估及改善。

八、其他有關安全衛生事項。

前項暴力預防措施，事業單位勞工人數達一百人以上者，雇主應依勞工執行職務之風險特性，參照中央主管機關公告之相關指引，訂定執行職務遭受不法侵害預防計畫，並據以執行；於僱用勞工人數未達一百人者，得以執行紀錄或文件代替。

第 324-6 條　　（本條為新增）

雇主使勞工於夏季期間從事戶外作業，為防範高氣溫環境引起之熱疾病，應視天候狀況採取下列危害預防措施：

一、降低作業場所之溫度。

二、提供陰涼之休息場所。

三、提供適當之飲料或食鹽水。

四、調整作業時間。

五、**增加**作業場所**巡視之頻率**。

六、**實施健康管理**及適當安排工作。

七、留意勞工作業前及作業中之健康狀況。

八、**實施勞工熱疾病預防**相關**教育宣導**。

九、**建立緊急醫療**、通報及**應變處理機制**。

第 324-7 條　雇主使勞工從事食品外送作業，應評估交通、天候狀況、送達件數、時間及地點等因素，並採取適當措施，合理分派工作，避免造成勞工身心健康危害。（本條為新增）

第 325-1 條　事業單位交付無僱傭關係之個人親自履行食品外送作業者，外送作業危害預防及身心健康保護措施準用第二百八十六條之三及第三百二十四條之七之規定。

1. 假如你是職業安全衛生管理員，針對作業場所有設置足夠的通道之必要，你該如何建議雇主來設置通道？

答

(1) 對於勞工工作場所之通道、地板、階梯、應保持不致使勞工跌倒、滑倒、踩傷等之安全狀態，或採取必要之預防措施。

(2) 對於工作場所出入口、樓梯、通道、安全門、安全梯等，應依規定設置適當之採光或照明。必要時並應視需要設置平常照明系統失效時使用之緊急照明系統。

(3) 對於室內工作場所，應依下列規定設置足夠勞工使用之通道：
① 應有適應其用途之寬度，其**主要人行道不得小於 1 公尺**。
③ 各**機械間**或其他設備間**通道不得小於 80 公分**。
③ 自**路面起算 2 公尺高度**之範圍內，**不得有障礙物**。但因工作之必要，經採防護措施者，不在此限。
④ 主要人行道及有關安全門、安全梯應有明顯標示。

(4) 對不經常使用之緊急避難用出口、通道或避難器具，應標示其目的，且維持隨時能應用之狀態；而出口或通道之門，應為外開式。

(5) 對於工作場所之人行道、車行道與鐵道，應盡量避免交叉。

---

2. 填空題
(1) 雇主對於室內工作場所，依規定設置足夠勞工使用之通道，各機械間或其他設備間通道不得小於＿＿＿＿公分。**(90.03)**
(2) 雇主架設之通道（包括機械防護跨橋），有墜落之虞之場所，應置備高度＿＿＿＿公分以上之堅固扶手。在作業上認有必要時，得在必要之範圍內設置活動扶手。
(3) 雇主架設之通道（包括機械防護跨橋），通道路如用漏空格條製成，其縫間隙不得超過＿＿＿＿公厘，超過時，應裝置鐵絲網防護。
(4) 雇主設置之固定梯子，梯子之頂端應突出板面＿＿＿＿公分以上。

(5) 雇主對於固定梯子之梯長連續超過六公尺時，應每隔＿＿＿公尺以下設一平台，並應於距梯底 **2** 公尺以上部分，設置護籠或其他保護裝置。

(6) 雇主如設置傾斜路代替樓梯時，傾斜路之斜度不得大於＿＿＿度。

(1)80；(2)75；(3)30；(4)60；(5)9；(6)20。

---

3. 從事挖掘公路施工作業之工作場所，為防止車輛突入等引起之危害，依職業安全衛生法令規定，就交通維持、人員服裝、車輛出入等，應辦理事項為何？請說明之。**(94.06, 101.03)**

依據職業安全衛生設施規則第 21-2 條：

雇主對於使用道路作業之工作場所，為防止車輛突入等引起之危害，應依下列規定辦理：

(1) 從事挖掘公路施工作業，**應依**所在地直轄市、縣（市）政府審查同意之**交通維持計畫**，設置**交通管制設施**。

(2) **作業人員應戴有反光帶之安全帽**，及穿著顏色鮮明有**反光帶之施工背心**，以利辨識。

(3) 與作業**無關之車輛禁止停入作業場所**。但作業中必須使用之待用車輛，其駕駛長駐作業場所者，不在此限。

(4) 使用道路作業之工作場所，應於**車流方向後面設置車輛出入口**。但依周遭狀況設置有困難者，得於平行車流處設置車輛出入口，**並置交通引導人員**，使一般車輛優先通行，不得造成大眾通行之障礙。

(5) 於勞工**從事道路挖掘、施工**、工程材料吊運作業、道路或路樹養護等**作業時**，應於適當處所**設置交通引導人員**。

(6) 交通引導人員如有被撞之虞時，**應於該人員前方適當**距離，另設置具有**顏色鮮明施工背心、安全帽、指導棒之電動旗手**。

4. 依職業安全衛生設施規則規定，雇主使勞工於局限空間從事作業，有危害勞工之虞時，應於作業場所入口顯而易見處公告注意事項，使作業勞工周知，請敘述所稱注意事項為何？(94.11)

依據職業安全衛生設施規則第 29-2 條規定：雇主使勞工於局限空間從事作業，有危害勞工之虞時，應於作業場所入口顯而易見處所公告下列注意事項，使作業勞工周知：

(1) 作業有可能引起缺氧等危害時，**應經許可始得進入之重要性**。

(2) 進入該場所時應**採取之措施**。

(3) 事故發生時之**緊急措施及緊急聯絡方式**。

(4) **現場監視人員姓名**。

(5) 其他作業安全應注意事項。

★ 5. 雇主使勞工於局限空間從事作業，事前推測局限空間內可能有缺氧、沼澤、中毒及爆炸火災等危害之虞，應訂定危害防止計畫，請試述該危害防止計畫應包括之事項？(94.06, 98.07, 101.03, 104.11)

依職業安全衛生設施規則第 29-1 條規定：雇主使勞工於局限空間從事作業前，應先確認該空間內有無可能引起勞工缺氧、中毒、感電、塌陷、被夾、被捲及火災、爆炸等危害，有危害之虞者，應訂定危害防止計畫，並使現場作業主管、監視人員、作業勞工及相關承攬人依循辦理。

前項危害防止計畫，應依作業可能引起之危害訂定下列事項：

(1) 局限空間內**危害之確認**。

(2) 局限空間內**氧氣、危險物、有害物濃度之測定**。

(3) **通風換氣**實施方式。

(4) 電能、高溫、低溫及**危害物質之隔離措施**及缺氧、中毒、感電、塌陷、**被夾、被捲**等危害防止措施。

(5) 作業方法及**安全管制作法**。

(6) 進入作業**許可程序**。

(7) 提供之測定儀器、通風換氣、防護與救援設備之檢點及維護方法。

(8) **作業控制設施**及作業安全檢點方法。

(9) **緊急應變處置措施**。

---

 6. 雇主對於機械之掃除、上油、檢查、修理或調整有導致危害勞工之虞者,應採取哪些措施?(91.05, 92.11, 95.11, 96.04, 97.11)

依職業安全衛生設施規則第 57 條規定:

(1) 應**停止相關機械運轉及送料**。

(2) 為防止他人操作該機械之起動等裝置或誤送料,**應採上鎖或標示等措施**,並設置防止落下物導致危害勞工之安全設備或措施。

(3) **機械停止運轉時**,有彈簧等彈性元件、液壓、氣壓或真空蓄能等殘壓引起之危險者,雇主應採釋壓、關斷或阻隔等適當設備或措施。

(4) **工作必須在運轉狀態下施行者**,雇主應**於危險之部分設置護罩、護圍等安全設施**或使用不致危及勞工身體之足夠長度之作業用具。

(5) 對連續送料生產機組等,其部分單元停機有困難,且危險部分無法設置護罩或護圍者,雇主應設置具有安全機能設計之裝置,或採取必要安全措施及書面確認作業方式之安全性,並指派現場主管在場監督。

---

 7. 依據職業安全衛生設施規則,對於**毒性高壓氣體**之儲存及使用,應依哪些規定辦理?(91.11, 94.03, 96.04)

(1) 依職業安全衛生設施規則第 110 條規定:雇主對於毒性高壓氣體之儲存應依下列規定辦理:

① 貯存處**要置備吸收劑、中和劑及適用之防毒面罩或呼吸用防護具。**

② 具有腐蝕性之毒性氣體、**應充分換氣，保持通風良好。**

③ **不得在腐蝕化學藥品或煙囪附近貯藏。**

④ **預防異物之混入。**

(2) 依職業安全衛生設施規則第 111 條規定：雇主對於毒性高壓氣體之使用應依下列規定辦理：

① **非對該氣體有實地瞭解之人員，不得進入。**

② 工作場所空氣中之毒性氣體**濃度不得超過容許濃度。**

③ 工作場所**置備充分及適用之防護具。**

④ 使用毒性氣體場所，**應保持通風良好。**

---

8. 依職業安全衛生設施規則規定，下列機械各應分別裝設（置）何種安全防護裝置：

   (1) 離心機械。

   (2) 射出成型機。

   (3) 滾輾橡膠之滾輾機。

   (4) 具有捲入點之滾軋機。

   (5) 棉紡機之高速迴轉部分。**(95.07, 102.03)**

(1) 離心機械：雇主對於離心機械，**應裝置覆蓋及連鎖裝置**（73 條）。

(2) 射出成型機：雇主對於射出成型機、鑄鋼造形機、打模機等，有危害勞工之虞者，**應設置安全門，雙手操作式起動裝置**或其他安全裝置（82 條）。

(3) 滾輾橡膠之滾輾機：雇主對於滾輾橡膠、橡膠化合物、合成樹脂之滾輾機或其他具有危害之滾輾機，應設置於災害發生時，被害者能自己**易於操縱之緊急制動裝置**（79 條）。

(4) 具有捲入點之滾軋機：雇主對於滾輾紙、布、金屬箔等或其他具有捲入點之滾軋機，有危害勞工之虞時，**應設置護圍、導輪等設備**（78 條）。

(5) 棉紡機之高速迴轉部分：雇主於施行旋轉輪機、離心分離機等周邊速率超越每秒 25 公尺以上之高速迴轉體之試驗時，為防止高速迴轉體之破裂之危險，**應於專用之堅固建築物內**或以堅固之隔牆隔離之場所實施（84 條）。

---

9. 請就下列各項機械，依職業安全衛生設施規則規定，說明機械災害防止應設置之安全防護裝置？
   (1) 離心機械。
   (2) 射出成型機。
   (3) 滾輾橡膠之滾輾機。
   (4) 滾輾紙之滾輾機。
   (5) 研磨機之研磨輪。**(92.03)**

(1) 離心機械：應裝置覆蓋及連鎖裝置（73 條）。
(2) 射出成型機：應設置安全門，雙手操作式起動裝置或其他安全裝置。
(3) 滾輾橡膠之滾輾機：應設置於災害發生時，被害者能自己易於操縱之緊急制動裝置（79 條）。
(4) 滾輾紙之滾輾機：應設置護圍、導輪等設備。
(5) 研磨機之研磨輪：應裝置護罩、護蓋或其他適當之安全裝置。

---

10. 下列機械設備應分別使用哪些安全裝置？
    (1) 動力滾輾裝置。
    (2) 木材加工用圓盤鋸。**(90.11)**

(1) 動力滾輾裝置→緊急制動裝置。
(2) 木材加工用圓盤鋸：圓盤鋸應設下列預防裝置：
    ① 反撥預防裝置。
    ② 鋸齒接觸預防裝置（參機械設備器具安全標準第 60 條）。

11. 研磨機使用上應注意之安全事項為何？**(91.07)**

職業安全衛生設施規則第 62 條：研磨機之使用，應依下列規定：
(1) 研磨輪**應採用經速率試驗合格且有明確記載最高使用周速度者。**
(2) 研磨機之使用**不得超過規定之最高使用周速度。**
(3) 研磨輪使用，除該研磨輪為側用外，**不得使用側面。**
(4) 研磨機使用，應於**每日作業開始前試轉一分鐘以上，研磨輪更換時，應先檢驗有無裂痕，並在防護罩下試轉三分鐘以上。**
前項第 1 款之速率試驗，應按最高使用周速度增加 50%為之。

12. 動力衝剪機械之防護為不使勞工身體之一部分介入滑塊或刃物動作範圍，除可採設置安全護圍防護外，請列出其他可採用之安全裝置種類，並說明其機能。**(92.07)**

(1) 安全護圍：其性能以不使勞工身體之一部介入滑塊或刃物動作範圍之危險界限為度。
(2) 雇主對勞工從事動力衝剪機械金屬模之安裝、拆模、調整及試模時，為防止滑塊等突降之危害，應使勞工使用安全塊、安全插梢或安全開關鎖匙等之裝置（參職業安全衛生設施規則第 69 條）。
(3) 安全裝置應具有下列機能之一（參機械設備器具安全標準第 6 條）：
　① 連鎖防護式安全裝置：滑塊等在閉合動作中，能使身體之一部分無介入危險界限之虞。
　② 雙手操作式安全裝置：
　(a) 安全一行程式安全裝置：在手指按下起動按鈕、操作控制桿或操作其他控制裝置，脫手後至該手達到危險界限前，能使滑塊等停止動作。
　(b) 雙手起動式安全裝置：以雙手作動操作部，於滑塊等閉合動作中，手離開操作部時，使手無法達到危險界限。

③ 感應式安全裝置：滑塊等在閉合動作中，遇身體之一部分接近危險界限時，能使滑塊等停止動作。

④ 拉開式或掃除式安全裝置：滑塊等在閉合動作中，遇身體之一部分介入危險界限時，能隨著滑塊之動作，使其脫離危險界限。

前項各款之安全裝置，應具有安全機能不易減損及變更之構造。

---

13. 機械運動分為移動和轉動二者，請說明移動和轉動所分別帶來的危害為何？(93.07)

機械運動對人體造成危害的種類：

(1) 移動帶來的危害：撞擊、擠壓、刺戮、切割、托帶、提升等型式的危害。

(2) 轉動帶來的危害：捲入、切割、飛擊等型式的危害。

---

14. 職業安全衛生設施規則對於高壓氣體容器，不論盛裝或空容器，使用時應遵守哪些規定？(91.08)

依據職業安全衛生設施規則第 106 條規定：雇主對於高壓氣體容器，不論盛裝或空容器，使用時應依下列規定辦理：

(1) 確知容器之用途無誤者，方得使用。

(2) 高壓氣體容器應標明所裝氣體之品名，不得任意灌裝或轉裝。

(3) 容器外表顏色，不得擅自變更或擦掉。

(4) 容器使用時應加固定。

(5) 容器搬動不得粗莽或使之衝擊。

(6) 焊接時不得在容器上試焊。

(7) 容器應妥善管理、整理。

15. 依職業安全衛生設施規則，對於高壓氣體之貯存，有哪些規定應辦理？

答

依職業安全衛生設施規則第 108 條規定：

雇主對於高壓氣體之貯存，應依下列規定辦理：

(1) 貯存場所**應有適當之警戒標示，禁止煙火接近**。

(2) 貯存**周圍二公尺內不得放置**有煙火及著火性、**引火性物品**。

(3) **盛裝容器和空容器應分區放置**。

(4) 可燃性氣體、有毒性氣體及氧氣之鋼瓶，**應分開貯存**。

(5) 應安穩置放並加**固定及裝妥護蓋**。

(6) 容器應保持在**攝氏四十度以下**。

(7) 貯存處應考慮於**緊急時便於搬出**。

(8) 通路面積以確保貯存處面積 20%以上為原則。

(9) 貯存處附近，**不得任意放置其他物品**。

(10) 貯存比空氣重之氣體，應注意低窪處之通風。

16. 依職業安全衛生設施規則規定，有哪些情況之吊鏈及吊掛之鋼索不得作為起重升降機具之吊掛用具？**(91.05, 98.03)**

答

(1) 雇主不得以下列任何一種情況之**吊鏈**作為起重升降機具之吊掛用具（98 條）：

　① 延伸**長度超過** 5%以上者。

　② 斷面**直徑減少** 10%以上者。

　③ 有龜裂者。

(2) 雇主不得以下列任何一種情況之吊掛之**鋼索**作為起重升降機具之吊掛用具（99 條）：

　① 鋼索一撚間有 **10%以上素線**截斷者。

　② 直徑減少達公稱**直徑** 7%以上者。

③ 有顯著變形或腐蝕者。

④ 已扭結者。

1. 雇主不得使用已變形或已龜裂之吊鉤、鉤環、鏈環，作為起重升降機具之吊掛用具（100 條）。

2. 雇主不得使用下列任何一種情況之纖維索、帶、作為起重升降機具之吊掛用具（101 條）：

   (1) 已斷一股子索者。

   (2) 有顯著之損傷或腐蝕者。

3. 雇主對於吊鏈或未設環結之鋼索，其兩端非設有吊鉤、鉤環、鏈環或編結環首、壓縮環首者，不能作為起重機具之吊掛用具（102 條）。

17. 升降機應有安全裝置，以保障使用之安全，除裝置構造堅固平滑之門外，安全裝置尚有哪些？(92.07)

答

(1) 升降機之升降路各樓出入口，應裝置構造堅固平滑之門，並應有安全裝置，**使升降搬器及升降路出入口之任一門開啟時，升降機不能開動**，及升降機在開動中任一門開啟時，能停止上下（職業安全衛生設施規則第 93 條）。

(2) 升降機各樓出入口及搬器內，**應明顯標示其積載荷重或乘載之最高人數**，並規定使用時不得超過限制（職業安全衛生設施規則第 94 條）。

(3) 升降機之升降路**各樓出入口門，應有連鎖裝置，使搬器地板與樓板相差 7.5 公分以上時，升降路出入口門不能開啟之**（職業安全衛生設施規則第 95 條）。

(4) 升降機**應設置終點極限開關、緊急煞車**及其他安全裝置（職業安全衛生設施規則第 96 條）。

18. 下列機械設備應分別使用哪些安全裝置？

    (1) 壓力容器。

    (2) 升降機。

    (3) 固定式起重機。

(1) 壓力容器→安全閥。

(2) 升降機→終點極限開關。

(3) 固定式起重機→過捲揚預防裝置。

19. 依職業安全衛生設施規則規定，對物料之堆放應依哪些規定？

    (92.11, 93.07, 97.03, 101.07)

依職業安全衛生設施規則第 159 條規定，雇主對物料之堆放，應依下列規定：

(1) 不得超過**堆放地最大安全負荷**。

(2) 不得影響**照明**。

(3) 不得**妨礙機械設備之操作**。

(4) 不得**阻礙交通或出入口**。

(5) 不得減少**自動灑水器及火警警報器有效功用**。

(6) 不得妨礙**消防器具之緊急使用**。

(7) 以不倚靠牆壁或結構支柱堆放為原則。並不得超過其安全負荷。

20. 回答下列問題：

    (1) 雇主堆置物料，為防止倒塌、崩塌或掉落，應採取哪些措施？

    (2) 雇主使勞工進入供儲存大量物料之槽桶時，應遵守之事項有哪些？**(91.03)**

(1) 雇主對於堆置物料，為防止倒塌、崩塌或掉落，應採取之措施：
　　① 採取繩索捆綁、護網、擋樁、限制高度或變更堆積等必要措施。
　　② 規定禁止與作業無關人員進入該等場所（職業安全衛生設施規則第 153 條）。
(2) 雇主使勞工進入供儲存大量物料之槽桶時，應遵守之規定：
　　① **應事先測定並確認**無爆炸、中毒及缺氧等危險。
　　② 應使**勞工佩掛安全帶及安全索**等防護具。
　　③ 應於進口處派人監視，以備發生危險時搶救。
　　④ 規定工作人員以**由槽桶上方進入**為原則（職業安全衛生設施規則第 154 條）。

第 **2** 部 分

---

21. 依職業安全衛生設施規則規定，在哪些情形下，為防止因漏電而生感電危害，應於各該電路設置防止感電用漏電斷路器？（**86.04**、**88.09** 填充題、**92.07**、**93.07**）

依「職業安全衛生設施規則」第 243 條規定：雇主對於
(1) 使用**對地電壓在 150 伏特以上之移動式**或**攜帶式電動機具**。
(2) 或於含水或被其他導電度高之**液體濕潤之潮濕場所、金屬板上**或**鋼架上等導電性良好場所**使用移動式或攜帶式電動機具。
為防止因漏電而生感電危害，應於各該電動機具之連接電路上**設置**適合其規格，具有高敏感度、高速型，能確實動作之**防止感電用漏電斷路器**。

---

22. 依職業安全衛生法規規定，何種情況下須使用「自動電擊防止裝置」？

依「職業安全衛生設施規則」第 250 條規定：雇主對勞工於良導體機器設備內之狹小空間，或於鋼架等致有觸及高導電性接地物之虞之場所，作業時所使用之交流電焊機，應有自動電擊防止裝置。但採自動式焊接者，不在此限。

23. (1) 依職業安全衛生設施規則規定，哪些有害作業環境之工作場所，雇主應禁止非從事作業有關人員進入？(92.03, 92.11, 95.03, 97.03, 99.03)

(2) 雇主未實施作業環境監測，經檢查機構通知限期改善而不如期改善，其處罰規定為何？(95.03, 97.03)

(1) 依據「職業安全衛生設施規則」第 299 條：雇主應於明顯易見之處所標明，並禁止非從事作業有關之人員進入下列工作場所：

① 處置大量高熱物體或**顯著濕熱**之場所。

② 處置大量低溫物體或**顯著寒冷**之場所。

③ 具有強烈微波、射頻波或雷射等**非游離輻射**之場所。

④ **氧氣濃度未滿** 18% 之場所。

⑤ **有害物超過**勞工作業場所**容許暴露標準**之場所。

⑥ **處置特殊有害物**之場所。

⑦ 遭受生物病原體顯著汙染之場所。

(2) 處新臺幣 3 萬元以上，30 萬元以下罰鍰。

24. 室內作業場所機械設備所發生之噪音超過 90 分貝時，依據職業安全衛生法令，事業單位應採取哪些措施以預防噪音危害勞工健康？(94.03, 102.03)

依據「職業安全衛生設施規則」第 300 條：雇主對於發生噪音之工作場所，應依下列規定辦理：

(1) 勞工工作場所因**機械設備所發生之聲音超過 90 分貝時**，雇主應**採取工程控制、減少勞工噪音暴露時間**，使勞工噪音暴露工作日 8 小時日時量平均不超過法定之規定值或相當之劑量值，且任何時間不得暴露於峰值超過 140 分貝之衝擊性噪音或 115 分貝之連續性噪音；**對於勞工 8 小時日時量平均音壓級超過 85 分貝**或暴

露劑量超過 50%時，雇主應使勞工戴用有效之耳塞、耳罩等防音防護具。

(2) 工作場所之傳動馬達、球磨機、空氣鑽等產生強烈噪音之機械，應予以適當隔離，並與一般工作場所分開為原則。

(3) 發生強烈振動及噪音之機械應採**消音**、**密閉**、**振動隔離**或使用緩衝阻尼、慣性塊、**吸音材料**等，以降低噪音之發生。

(4) 噪音超過 90 分貝之工作場所，**應標示並公告噪音危害之預防事項，使勞工周知。**

勞工暴露之噪音音壓級及其工作日容許暴露時間對照表

項次	工作日容許暴露時間（小時）	A 權噪音音壓級 dBA
1	8	90
2	6	92
3	4	95
4	3	97
5	2	100
6	1	105
7	1/2	110
8	1/4	115

25. 在可能缺氧環境之作業場所進行氧氣濃度監測時，須注意哪些事項？(97.03)

實施監測時需注意下列事項：

(1) 監測人員安全：應於空間外測定，以延伸管監測，並避免單獨一人作業。

(2) 監測點規劃：
　　① 作業勞工必須進入之場所。
　　② 作業場所之水平及垂直方向分別監測三點以上。
　　③ 由外部向內部逐步進行。

(3) 監測順序：先測氧濃度再測可燃氣體濃度，第三步測毒性氣體、蒸氣。

(4) 持續監測。

26. 依職業安全衛生設施規則之規定，雇主對於電路開路後從事該電路支持物、或接近該電路工作物之敷設、建造、檢查、修理、油漆等作業時，應於確認電路開路後，就該電路採取哪些設施？(98.03)

依職業安全衛生設施規則第 254 條之規定：雇主對於電路開路後從事該電路、該電路支持物、或接近該電路工作物之敷設、建造、檢查、修理、油漆等作業時，應於確認電路開路後，就該電路採取下列設施：

(1) 開路之開關於作業中，應上鎖或標示「禁止送電」、「停電作業中」或設置監視人員監視之。

(2) 開路後之電路如含有電力電纜、電力電容器等致電路有殘留電荷引起危害之虞，應以安全方法確實放電。

(3) 開路後之電路藉放電消除殘留電荷後，應以檢電器具檢查，確認其已停電，且為防止該停電電路與其他電路之混觸、或因其他電路之感應、或其他電源之逆送電引起感電之危害，應使用短路接地器具確實短路，並加接地。

(4) 前款停電作業範圍如為發電或變電設備或開關場之一部分時，應將該停電作業範圍以藍帶或網加圍，並懸掛「停電作業區」標誌；有電部分則以紅帶或網加圍，並懸掛「有電危險區」標誌，以資警示。

前項作業終了送電時，應事先確認從事作業等之勞工無感電之虞，並於拆除短路接地器具與紅藍帶或網及標誌後為之。

27.常溫下四氫化矽（矽甲烷）具有自燃性，於處理上，除應依高壓
氣體相關法規規定辦理外，依職業安全衛生設施規則規定應辦理
哪些事項？(98.03)

依職業安全衛生設施規則第 185-1 條之規定：雇主對於常溫下具有
自燃性之四氫化矽（矽甲烷）之處理，除依高壓氣體相關法規規定
外，應依下列規定辦理：
(1) **氣體設備應具有氣密之構造**及防止氣體洩漏之必要設施，並**設置
氣體洩漏檢知警報系統**。
(2) **氣體容器之閥門應具有限制最大流率之流率限制孔**。
(3) 氣體應儲存於室外安全處所，如必須於室內儲存者，應置於有效
通風換氣之處所，使用時應置於氣瓶櫃內。
(4) 未使用之氣體容器與供氣中之容器，應分隔放置。
(5) **提供**必要之**個人防護具**，並使勞工確實使用。
(6) **避免使勞工單獨操作**。
(7) 設置火災時，**提供**冷卻用途之**灑水設備**。
(8) **保持逃生路線暢通**。

28.依職業安全衛生設施規則規定，雇主對於有車輛出入、使用道路
作業、鄰接道路作業或有導致交通事故之虞之工作場所，應依哪
些規定設置適當交通號誌、標示或柵欄或措施，請列舉 5 項。
(98.07)

雇主對於有車輛出入、使用道路作業、鄰接道路作業或有導致交通事
故之虞之工作場所，應依下列規定設置適當交通號誌、標示或柵欄：
(1) 交通號誌、**標示應能使受警告者清晰獲知**。
(2) **交通號誌**、標示或柵欄之控制處，須**指定專人負責管理**。
(3) 新設道路或施工道路，應於通車前設置號誌、標示、柵欄、反光
器、照明或燈具等設施。

(4) 道路因受條件限制，永久裝置改為臨時裝置時，應於限制條件終止後即時恢復。

(5) 使用於夜間之柵欄，應設有照明或反光片等設施。

(6) **信號燈應樹立在道路之右側**，清晰明顯處。

(7) **號誌、標示**或柵欄之支架應**有適當強度**。

(8) 設置號誌、標示或柵欄等設施，尚不足以警告防止交通事故時，**應置交通引導人員**。

前項交通號誌、標示或柵欄等設施，道路交通主管機關有規定者，從其規定。

---

29. 為預防被夾被捲等職災之發生，請依職業安全衛生設施規則規定回答下列問題：

   (1) 對於機械之原動機、轉軸、齒輪、帶輪、飛輪、傳動輪、傳動帶等有危害勞工之虞之部分，應有哪些安全防護設備？

   (2) 對於每一具機械應分別設置哪些動力遮斷裝置？

   (3) 對於使用動力運轉之機械，具有顯著危險者，為能立即遮斷動力並與制動系統連動，於緊急時快速停止機械之運轉，應於適當位置設置有明顯標誌之何種裝置？**(98.11)**

(1) 雇主對於機械之原動機、轉軸、齒輪、帶輪、飛輪、傳動輪、傳動帶等有危害勞工之虞之部分，應有護罩、護圍、套胴、跨橋等設備（第 43 條）。

(2) 應於每一具機械分別設置開關、離合器、移帶裝置等動力遮斷裝置（第 44 條）。

(3) 雇主對於使用動力運轉之機械，具有顯著危險者，應於適當位置設置有明顯標誌之緊急制動裝置，立即遮斷動力並與制動系統連動，能於緊急時快速停止機械之運轉。

30. 依職業安全衛生設施規則規定，雇主對於工作場所有生物病原體危害之虞者，應採取哪些感染預防措施，請列出 5 項。**(99.03)**

雇主對於工作場所有生物病原體危害之虞者，應採取下列感染預防措施（參職業安全衛生設施規則第 297-1 條）：

(1) **危害暴露範圍之確認**。

(2) 相關機械、**設備、器具等之管理及檢點**。

(3) **警告傳達及標示**。

(4) **健康管理**。

(5) **感染預防作業標準**。

(6) 感染預防**教育訓練**。

(7) **扎傷事故之防治**。

(8) **個人防護具之採購**、管理及配戴演練。

(9) **緊急應變**。

(10) 感染事故之報告、調查、評估、統計、追蹤、隱私權維護及紀錄。

(11) **感染預防之績效檢討及修正**。

(12) 其他經中央主管機關指定者。

---

31. 甲造紙工廠預定於近期進行紙漿槽清理作業，為避免造成人員缺氧或硫化氫中毒災害，該事業單位應採取哪些安全防範措施？（至少列舉 5 項）**(99.11)**

為避免造成人員缺氧或硫化氫中毒之災害，該事業單位應採取下列之安全防範措施：

(1) **置備監測空氣中氧氣濃度之必要監測儀器**，並採取隨時可**確認**空氣中**氧氣濃度、硫化氫**等其他有害氣體濃度之措施。

(2) **應予適當換氣**，以保持該作業場所空氣中氧氣濃度在 18% 以上。

(3) 勞工從事缺氧危險作業時，於當日作業開始前、所有勞工離開作業場所後再次開始作業前及勞工身體或換氣裝置等有異常時，應確認該作業場所空氣中氧氣濃度、硫化氫等其他有害氣體濃度。

(4) 對**進出各該缺氧危險作業場所勞工，應予確認或點名登記**。

(5) **指定缺氧作業主管**從事監督事項。

(6) **指派一人以上之監視人員**，隨時監視作業狀況，發覺有異常時，應即與缺氧作業主管及有關人員聯繫，並採取緊急措施。

(7) 從事缺氧危險作業時，**應置備空氣呼吸器等呼吸防護具、梯子、安全帶或救生索等設備**，供勞工緊急避難或救援人員使用。

(8) 勞工有因缺氧致墜落之虞時，應供給該勞工使用之梯子、安全帶或救生索，並使勞工確實使用。

---

32. 如下圖所示勞工在高度 1.5 公尺的梯子上作業，依據職業安全衛生設施規則，該梯子應符合哪些規定？(95.07, 100.03)

雇主對於使用之移動梯，應符合下列之規定：

(1) 具有**堅固之構造**。

(2) 其**材質不得有顯著之損傷**、腐蝕等現象。

(3) 寬度應在 30 公分以上。

(4) 應採取防止滑溜或其他防止移動之必要措施。

33.雇主對於作業中遭生物病原體汙染之針具或尖銳物品扎傷之勞
工，應建立扎傷感染災害調查制度及採取 3 項措施。請問：

(1) 本措施依何法令規定？

(2) 此 3 項措施之內容。(100.03)

(1) 依職業安全衛生設施規則第 297-2 條規定。

(2) 雇主對於作業中遭生物病原體汙染之針具或尖銳物品扎傷之勞
工，應建立扎傷感染災害調查制度及採取下列措施：

① **指定專責單位或專人負責接受報告**、調查、處理、追蹤及紀
錄**等事宜**，相關紀錄應留存三年。

② **調查扎傷勞工之針具**或尖銳物品之危害性及**感染源**。但感染
源之調查需進行個案之血液檢查者，應經當事人同意後始得
為之。

③ 前款**調查結果勞工有感染之虞者，應使勞工接受特定項目之
健康檢查**，並依醫師建議，採取對扎傷勞工採血檢驗與保
存、預防性投藥及其他必要之防治措施。

34.某事業單位使勞工從事桿上變壓器更換作業（停電中），採取由
積載型吊卡車（移動式起重機）配合使用高空工作車從事作業，
請問對於使用高空工作車作業應辦理哪些事項？（至少列舉 5
項）(101.03)

依職業安全衛生設施規則第 128-1 規定：雇主對於使用高空工作車從事作業，應依下列事項辦理：

(1) 除行駛於道路上外，**應於事前**依作業場所之狀況、高空工作車之**種類、容量等訂定包括作業方法之作業計畫，使作業勞工周知，並指定專人指揮監督勞工依計畫從事作業。**

(2) 除行駛於道路上外，**為防止高空工作車之翻倒或翻落**，危害勞工，**應將其外伸撐座完全伸出**，並採取防止地盤不均勻沉陷、路肩之崩塌等必要措施。

(3) 在工作台以外之處所操作工作台時，**為使操作者與工作台上之勞工間之連絡正確，應規定統一指揮信號**，並指定人員依該信號從事指揮作業等必要措施。

(4) **不得搭載勞工**。但乘坐席位及工作台，不在此限。

(5) **不得超過高空工作車之積載荷重及能力。**

(6) 不得使高空工作車供為主要用途以外之用途。但無危害勞工之虞時，不在此限。

(7) 除工作台相對於地面作垂直上升或下降之高空工作車外，使用高空工作車從事作業時，雇主應使該高空工作車工作台上之勞工佩帶安全帶。

---

35. 有輛硝酸槽車預備在工廠經由管線將硝酸自槽車抽出，並灌裝於廠區硝酸槽體，槽車開口距地面約 3 公尺。請至少列出 5 項有關槽車卸收安全作業要項。(101.07)

答

槽車卸收安全作業要領如下：

(1) **應事先確定軟管結合部分已確實連接牢固始得作業**。作業結束後，應**確認管線內已無引起危害之殘留物後，管線始得拆離**。

(2) 使用槽車從事灌注或卸收作業前，**槽車之引擎應熄火**，且**設置適當之輪擋**，以防止作業時車輛移動。**作業結束後，並確認不致因引擎啟動而發生危害後，始得發動。**

(3) **槽車及槽體須接地以防靜電火花產生。**

(4) 要有**防墜設施如護欄**。

(5) 運作人員要**配戴安全繩及相關防護具**。

36. 依職業安全衛生設施規則規定，雇主對於作業中遭生物病原體汙染之針具或尖銳物品扎傷之勞工，請列出 4 項應有之作為。**(101.11)**

依據「職業安全衛生設施規則」第 297-2 條規定，雇主對於作業中遭生物病原體汙染之針具或尖銳物品扎傷之勞工，應建立扎傷感染災害調查制度及採取下列措施：

(1) 指定專責單位或專人負責接受報告、調查、處理、追蹤及紀錄等事宜，相關紀錄應留存三年。

(2) 調查扎傷勞工之針具或尖銳物品之危害性及感染源。但感染源之調查需進行個案之血液檢查者，應經當事人同意後始得為之。

(3) 前款調查結果勞工有感染之虞者，應使勞工接受特定項目之健康檢查，並依醫師建議，採取對扎傷勞工採血檢驗與保存、預防性投藥及其他必要之防治措施。

(4) 前項扎傷事故，於中央主管機關指定之事業單位，應依中央主管機關公告之期限、格式及方式通報。

37. 依職業安全衛生設施規則規定，所稱可燃性氣體係指哪些物質？（請至少列出 5 項）**(102.11)**

依職業安全衛生設施規則 15 條規定：本規則所稱可燃性氣體，係指下列物質：

(1) 氫。

(2) 乙炔、乙烯。

(3) 甲烷、乙烷、丙烷、丁烷。

38. 請依職業衛生設施細則規定，回答下列問題：
    (1) 高差超過幾公尺以上之場所作業時，雇主應設置安全上下之設備？
    (2) 若使用移動梯當成勞工之上下設備時，移動梯應符合哪些安全規定？ **(102.11)**

(1) 依職業安全衛生設施規則 228 條規定：雇主對勞工於高差超過 1.5 公尺以上之場所作業時，應設置能使勞工安全上下之設備。

(2) 依職業安全衛生設施規則 229 條規定：雇主對於使用之移動梯，應符合下列之規定：
    ① 具有堅固之構造。
    ② 其材質不得有顯著之損傷、腐蝕等現象。
    ③ 寬度應在 30 公分以上。
    ④ 應採取防止滑溜或其他防止轉動之必要措施。

39. 勞工於局限空間從事作業，必須採取進入許可之管制措施，以避免發生職業災害，試依職業安全衛生設施規則規定，說明該進入許可應載明之事項。（至少回答 5 項）**(103.07)**

依照職業安全衛生設施規則 29-6 條的規定：
雇主使勞工於有危害勞工之虞之局限空間從事作業時，其進入許可應由雇主、工作場所負責人或現場作業主管簽署後，始得使勞工進入作業。對勞工之進出，應予確認、點名登記，並作成紀錄保存一年。
前項進入許可，應載明下列事項：
一、作業場所。
二、作業種類。
三、作業時間及期限。
四、作業場所氧氣、危害物質濃度測定結果及測定人員簽名。

五、作業場所可能之危害。

六、作業場所之能源隔離措施。

七、作業人員與外部連繫之設備及方法。

八、準備之防護設備、救援設備及使用方法。

九、其他維護作業人員之安全措施。

十、許可進入之人員及其簽名。

十一、現場監視人員及其簽名。

---

40. 雇主使勞工於夏季期間從事戶外作業，為防範高氣溫環境引起之熱疾病，應視天候狀況採取危害預防措施，請列舉 5 項預防措施。
(103.07)

依職業安全衛生設施規則 324-6 條規定：

雇主使勞工於夏季期間從事戶外作業，為防範高氣溫環境引起之熱疾病，應視天候狀況採取下列危害預防措施：

一、**降低**作業場所之**溫度**。

二、**提供陰涼**之**休息場所**。

三、**提供**適當之飲料或**食鹽水**。

四、**調整作業時間**。

五、**增加**作業場所**巡視之頻率**。

六、**實施健康管理及適當安排工作**。

七、留意勞工作業前及作業中之健康狀況。

八、**實施勞工熱疾病預防相關教育宣導**。

九、**建立緊急醫療、通報及應變處理機制**。

41. 當雇主從事灌注、卸收危險物於槽車之作業時,請依職業安全衛生設施規則規定,回答下列問題:
    (1) 使用軟管從事易燃液體或可燃氣體之灌注或卸收時,應如何辦理?
    (2) 當灌注環氧乙烷或乙醛時,應以何種氣體置換?
    (3) 使用槽車從事灌注或卸收作業前後,對槽車之安全措施為何?(103.11)

依職業安全衛生設施規則第 186 條規定:

雇主對於從事灌注、卸收或儲藏危險物於化學設備、槽車或槽體等作業,應依下列規定辦理:

一、使用軟管從事易燃液體或可燃性氣體之灌注或卸收時,應事先**確定軟管結合部分已確實連接牢固始得作業**。作業結束後,應確認管線內已無引起危害之殘留物後,管線始得拆離。

二、從事煤油或輕油灌注於化學設備、槽車或槽體等時,如其內部有汽油殘存者,應於事前採取確實清洗、以惰性氣體置換油氣或其他適當措施,確認安全狀態無虞後,始得作業。

三、從事環氧乙烷、乙醛或 1.2. 環氧丙烷灌注時,應確實將化學設備、槽車或槽體內之氣體,**以氮、二氧化碳或氦、氬等惰性氣體置換之**。

四、使用槽車從事灌注或卸收作業前,**槽車之引擎應熄火,且設置適當之輪擋**,以防止作業時車輛移動。作業結束後,並**確認不致因引擎啟動而發生危害後,始得發動**。

42. 經地方政府宣布停止上班的颱風期間,如果勞工從事外勤作業而有危害勞工之虞時,依職業安全衛生設施規則規定,雇主應視作業危害性,置備哪些器具、設備及工具?(103.11)

依職業安全衛生設施規則第 286-2 條規定：

雇主使勞工於經地方政府已宣布停止上班之颱風天從事外勤作業，有危害勞工之虞者，應視作業危害性，**置備適當救生衣、安全帽、連絡通訊設備**與其他必要之安全防護設施及**交通工具**。

---

43. 商店老闆為預防店員被顧客辱罵等行為造成身體或精神上之不法侵害，應依法採取哪些暴力預防措施？（至少列舉 5 項）(103.11)

依職業安全衛生設施規則第 324-3 條規定：

雇主為預防勞工於執行職務，因他人行為致遭受身體或精神上不法侵害，應採取下列暴力預防措施，作成執行紀錄並留存三年：

一、**辨識及評估危害**。

二、**適當配置作業場所**。

三、依工作適性適當**調整人力**。

四、**建構行為規範**。

五、**辦理危害預防及溝通技巧訓練**。

六、**建立事件之處理程序**。

七、**執行成效之評估及改善**。

八、其他有關安全衛生事項。

---

44. 依職業安全衛生設施規則規定，對於灌注危險物於貯槽之設備有因靜電引起爆炸或火災之虞者，應採取哪些措施或裝置？(104.03)

職業安全衛生設施規則第 175 條規定：

雇主對於下列設備有因靜電引起爆炸或火災之虞者，應採取接地、使用除電劑、加濕、使用不致成為發火源之虞之除電裝置或其他去除靜電之裝置：

(1) 灌注、卸收危險物於液槽車、儲槽、油桶等之設備。

(2) 收存危險物之液槽車、儲槽、油桶等設備。

(3) 塗敷含有易燃液體之塗料、粘接劑等之設備。

(4) 以乾燥設備中，從事加熱乾燥危險物或會生其他危險物之乾燥物及其附屬設備。

(5) 易燃粉狀固體輸送、篩分等之設備。

(6) 其他有因靜電引起爆炸、火災之虞之化學設備或其附屬設備。

---

45. 依職業安全衛生設施規則規定，下列敘述分別屬於 A.固定梯子或 B.合梯之要求？請依序回答。（本題各小項均為單選，答題方式如（一）A、（二）B…）

(1) 雇主不得使勞工以此梯當作二工作面之上下設備。

(2) 不得有妨礙工作人員通行之障礙物。

(3) 應有防止梯子移位之措施。

(4) 腳部有防滑絕緣腳座套。

(5) 踏條與牆壁間應保持 **16.5** 公分以上之淨距。**(104.11)**

(1)B；(2)A；(3)A；(4)B；(5)A。

※ 補充說明：

職業安全衛生設施規則第 37 條：雇主設置之固定梯子，應依下列規定：

(1) 具有堅固之構造。

(2) 應等間隔設置踏條。

(3) 踏條與牆壁間應保持 16.5 公分以上之淨距。

(4) 應有防止梯子移位之措施。

(5) 不得有防礙工作人員通行之障礙物。

46. 某事業單位規劃歲修保養作業，請依下述主題，說明停電作業之安全措施。
   (1) 標示管理。
   (2) 殘留電荷。
   (3) 接地管理。
   (4) 變電設備有電／停電標誌之警示區分。**(105.03)**

(1) 開路之開關於作業中，應上鎖或標示「禁止送電」、「停電作業中」或設置監視人員監視之。

(2) 開路後之電路如含有電力電纜、電力電容器等致電路有殘留電荷引起危害之虞，應以安全方法確實放電。

(3) 開路後之電路藉放電消除殘留電荷後，應以檢電器具檢查，確認其已停電，且為防止該停電電路與其他電路之混觸、或因其他電路之感應、或其他電源之逆送電引起感電之危害，應使用短路接地器具確實短路，並加接地。

(4) 前款停電作業範圍如為發電或變電設備或開關場之一部分時，應將該停電作業範圍以藍帶或網加圍，並懸掛「停電作業區」標誌；有電部分則以紅帶或網加圍，並懸掛「有電危險區」標誌，以資警示。

47. 依職業安全衛生設施規則規定，雇主對於有車輛出入，易導致交通事故之虞之工作場所，應採取安全措施，請回答下列問題。
   (1) 已完工道路於通車前應設置哪些設施？
   (2) 使用於夜間之柵欄，應設哪些設施？
   (3) 若所設置之設施，尚不足以防止交通事故，應如何再強化，以避免事故發生？**(105.07)**

依職業安全衛生設施規則第 21-1 條：雇主對於有車輛出入、使用道路作業、鄰接道路作業或有導致交通事故之虞之工作場所：

第 2 部分

(1) 新設道路或施工道路，應於通車前設置號誌、標示、柵欄、反光器、照明或燈具等設施。

(2) 使用於夜間之柵欄，應設有照明或反光片等設施。

(3) 設置號誌、標示或柵欄等設施，尚不足以警告防止交通事故時，應置交通引導人員。

---

48. 某工廠執行歲修作業（有低壓、高壓、特高壓等 3 種作業區），某些作業區須停電，某些作業區仍為活電作業。請回答下列問題：

(1) 低壓、高壓、特高壓之電壓範圍分別為何？

(2) 雇主對於高壓以上之停電作業、活線作業，除指定監督人員負責指揮外，應將哪些資訊告知作業之勞工？

(3) 針對此 3 種不同電壓之作業區，雇主如果沒有委託用電設備檢驗維護業，負責維護與電業供電設備分界點以內一般及緊急電力設備之用電安全，應分別置哪種技術人員？**(105.11)**

(1) 依職業安全衛生設施規則規定第 3 條規定：特高壓，係指超過 2 萬 2,800 伏特之電壓；高壓，係指超過 600 伏特至 2 萬 2,800 伏特之電壓；低壓，係指 600 伏特以下之電壓。

(2) 依職業安全衛生設施規則規定第 265 條規定：雇主對於高壓以上之停電作業、活線作業及活線接近作業，應將作業期間、作業內容、作業之電路及接近於此電路之其他電路系統，告知作業之勞工，並應指定監督人員負責指揮。

(3) 依職業安全衛生設施規則規定第 264 條規定：雇主對於裝有電力設備之工廠、供公眾使用之建築物及受電電壓屬高壓以上之用電場所，應依下列規定置專任電氣技術人員，或另委託用電設備檢驗維護作業，負責維護與電業供電設備分界點以內一般及緊急電力設備之用電安全：

① 低壓供電且契約容量達 50 瓩以上之工廠或供公眾使用之建築物，應置初級電氣技術人員。

② 高壓供電之用電場所，應置中級電氣技術人員。

③ 特高壓供電之用電場所，應置高級電氣技術人員。

49. 某事業單位僱用勞工 150 人，勞工須從事重複性之作業，請依職業安全衛生設施規則規定，回答下列問題：

(1) 為避免勞工促發肌肉骨骼疾病，應採取哪 4 項疾病預防措施？（但「其他有關安全衛生事項」除外）

(2) 前項預防措施之執行紀錄應保存多少年？(106.03)

(1) 依職業安全衛生設施規則第 324-1 條：雇主使勞工從事重複性之作業，為避免勞工因姿勢不良、過度施力及作業頻率過高等原因，促發肌肉骨骼疾病，應採取下列危害預防措施：

①分析作業流程、內容及動作。

②確認人因性危害因子。

③評估、選定改善方法及執行。

④執行成效之評估及改善。

⑤其他有關安全衛生事項。

(2) 作成執行紀錄並留存三年。

50. 以下項目(1)至(10)，請列出與下列項目 A 至 E 相關性最大者。
（本題各小項皆為單選，答題方式如(1)A、(2)B、...等）

(1) 鋁粉

(2) 過氯酸鉀

(3) 過氧化丁酮

(4) 乙醚

(5) 金屬鋰

(6) 苯

(7) 汽油

(8) 硝化乙二醇

(9) 氯酸鉀

(10) 氫
    A. 爆炸性物質
    B. 著火性物質
    C. 易燃液體
    D. 氧化性物質
    E. 可燃性氣體(106.03)

(1)B；(2)D；(3)A；(4)C；(5)B；(6)C；(7)C；(8)A；(9)D；(10)E。

---

51. 某事業單位之作業場所有易燃液體之蒸氣，有火災爆炸之虞，請回答下列問題：

(1) 欲控制其蒸氣濃度至爆炸下限值之 **30%**以下，應採取何種措施？

(2) 使用之電氣機械、器具或設備，應具有適合於其設置場所危險區域劃分使用之何種性能構造？

(3) 前述有電流流通之電氣機械，器具或設備，請列舉 **3** 項。
(106.07)

(1) 依職業安全衛生設施規則第 177 條：雇主對於作業場所有易燃液體之蒸氣、可燃性氣體或爆燃性粉塵以外之可燃性粉塵滯留，而有爆炸、火災之虞者，應依危險特性採取通風、換氣、除塵等措施。

(2) 使用之電氣機械、器具或設備，應具有適合於其設置場所危險區域劃分使用之防爆性能構造。

(3) 所稱電氣機械、器具或設備，係指包括電動機、變壓器、連接裝置、開關、分電盤、配電盤等電流流通之機械、器具或設備及非屬配線或移動電線之其他類似設備。

---

52. 依職業安全衛生設施規則規定，請說明下述名詞。

　(1) 低（電）壓。

　(2) 高（電）壓。

　(3) 特高（電）壓。

　(4) 起重機之過負荷防止裝置。

　(5) 車輛機械。**(106.11)**

(1) 低壓，係指六百伏特以下之電壓。

(2) 高壓，係指超過六百伏特至二萬二千八百伏特之電壓。

(3) 特高壓，係指超過二萬二千八百伏特之電壓。

(4) 過負荷防止裝置，係指起重機中，為防止吊升物不致超越額定負荷之警報、自動停止裝置，不含一般之荷重計。

(5) 車輛機械，係指能以動力驅動且自行活動於非特定場所之車輛、車輛系營建機械、堆高機等。

---

53. 請依職業安全衛生設施規則規定，回答下述問題：

　(1) 停電作業範圍如為發電或變電設備時，應如何以藍帶、紅帶或網加圍，並如何標示，以區分有電區域或停電區域？

　(2) 停電作業終了，送電前，應事先進行何種確認？

　(3) 何謂高壓電？請以伏特數說明。高壓供電之用電場所，應置何種等級之電氣技術人員？

　(4) 絕緣用防護裝備、活線作業用工具等，應每多少時間檢驗其性能 1 次？**(107.03)**

(1) 應將該停電作業範圍以藍帶或網加圍，並懸掛「停電作業區」標誌；有電部分則以紅帶或網加圍，並懸掛「有電危險區」標誌，以資警示。

(2) 前項作業終了送電時，應事先**確認從事作業等之勞工無感電之虞，並於拆除短路接地器具與紅藍帶或網及標誌後為之。**

(3) 高壓（超過 600 伏特至 22,800 伏特）供電之用電場所，應置中級電氣技術人員。

(4) 第 272 條：雇主對於絕緣用防護裝備、防護具、活線作業用工具等，應每 6 個月檢驗其性能一次，工作人員應於每次使用前自行檢點，不合格者應予更換。

---

54. (1) 食品工廠批式生產之輸送帶異常，廠務課長派員前往檢查及修理前，評估該員有捲夾之風險，請問在設備面如何控制此風險，以避免發生職業災害？

(2) 若上述作業必須在輸送帶運轉狀態下修理時，又應如何控制捲夾風險？(107.03)

(1) 設備面之控制：
① 從事機械之掃除、上油、檢查、修理或調整時，應停止機械運轉。
② 為防範誤動起動裝置，應採上鎖或設置標示等措施。
③ 機械停止運轉時，有彈簧等彈性元件、液壓、氣壓或真空蓄能等殘壓引起之危險者，雇主應採釋壓、關斷或阻隔等適當設備或措施。
④ 設置防止落下物導致危害勞工之安全設備與措施。

(2) 運轉狀態修理之措施：
① 如工作必須在運轉狀態下施行者，雇主應於危險之部分設置護罩、護圍等安全設施。
② 使用不致危及勞工身體之足夠長度之作業用具。
③ 派人在現場監督作業。

---

55. (1) 依職業安全衛生設施規則規定，有哪 3 種作業情況使用之移動式或攜帶式電動機具，為防止因漏電而生感電危害，應於各該電動機具之連接電路上設置適合其規格，具有高敏感度、高速型，能確實動作之防止感電用漏電斷路器？

(2) 依職業安全衛生設施規則規定，在哪 2 種作業情況下，使用之交流電焊機，應有自動電擊防止裝置？(107.07)

(1) 設施規則第 243 條：雇主對於使用**對地電壓在 150 伏特以上移動式或攜帶式電動機具，或於含水或被其他導電度高之液體濕潤之潮濕場所、金屬板上或鋼架上等導電性良好場所**使用移動式或攜帶式電動機具，為防止因漏電而生感電危害，應於各該電動機具之連接電路上設置適合其規格，具有高敏感度、高速型，能確實動作之防止感電用漏電斷路器。

(2) 第 250 條：雇主對**勞工於良導體機器設備內之狹小空間，或於鋼架等致有觸及高導電性接地物之虞之場所**，作業時所使用之交流電焊機，應有自動電擊防止裝置。但採自動式焊接者，不在此限。

---

56. 易引起火災及爆炸之作業場所，依職業安全衛生設施規則規定，請回答下列問題：

(1) 危險物製造、處置之工作場所，為防止火災、爆炸，針對爆炸性物質、著火性物質、氧化性物質、易燃液體，各有哪些規定？

(2) 有關防爆性能構造之電氣機械、器具、設備，於中央主管機關公告後新安裝或換裝者，應使用符合中央主管機關指定之國家標準、國際標準或團體規定之合格品，請說明何謂合格品。(107.07)

(1) 依據「職業安全衛生設施規則」第 184 條規定，雇主對於危險物製造、處置之工作場所，為防止爆炸、火災，應依下列規定辦理：

① 爆炸性物質，應遠離煙火、或有發火源之虞之物，並不得加熱、摩擦、衝擊。

② 著火性物質，應遠離煙火、或有發火源之虞之物，並不得加熱、摩擦或衝擊或使其接觸促進氧化之物質或水。

③ 氧化性物質，不得使其接觸促進其分解之物質，並不得予以加熱、摩擦或撞擊。

④ 易燃液體，應遠離煙火或有發火源之虞之物，未經許可不得灌注、蒸發或加熱。

⑤ 除製造、處置必需之用料外，不得任意放置危險物。

(2) 依據「職業安全衛生設施規則」第 177-2 條規定，所謂合格品，指經中央主管機關認可公告之機構實施型式認證合格，並張貼認證合格標識者。

---

57. 依職業安全衛生設施規定，於執行停電作業時，應於確認電路開路後，採取下列措施：（單選，請以(1)A、(2)B、…方式作答）**(107.11)**

(1) 開路之開關於作業中，應上鎖或標示(1)_____、(2)_____或設置(3)_____監視之。

(2) 為防電路有殘留電荷引起危害，應以安全方法確實(4)_____。

(3) 開路後之電路應以(5)_____檢查，確認其已停電。

(4) 為防其他電源之逆送電引起感電之危害，應使用(6)_____確實短路，並加接地。

(5) 停電作業範圍如為變電設備，應將該停電作業範圍以(7)_____或網加圍，並懸掛(8)_____標誌；有電部分則以(9)_____或網加圍，並懸掛(10)_____標誌，以資警示。

選項：

A. 藍帶	B. 紅帶	C. 黑帶	D. 綠帶	E. 靜電
F. 短路接地器具	G. 送電危險區	H. 監視人員	I. 禁止送電	J. 監視器
K. 送電作業中	L. 停電作業區	M. 高壓作業區	N. 放電	O. 絕緣區
P. 停電作業中	Q. 除電劑	R. 有電危險區	S. 檢電器具	T. 絕緣工作台

(1)I；(2)P；(3)H；(4)N；(5)S；(6)F；(7)A；(8)L；(9)B；(10)R。

---

58. 某醫院雇主為預防醫師或護理人員於執行醫療職務時，因他人行為致遭受身體或精神上不法侵害，請依職業安全衛生設施規則回答下述問題：
    (1) 請寫出 3 項暴力預防措施。
    (2) 暴力預防措施之執行紀錄應保存多少年？
    (3) 該醫院勞工人數達多少人以上，應訂定執行職務遭受不法侵害預防計畫？**(107.11)**

(1) 第 324-3 條：雇主為預防勞工於執行職務，因他人行為致遭受身體或精神上不法侵害，應採取下列暴力預防措施：
    ① 辨識及評估危害。
    ② 適當配置作業場所。
    ③ 依工作適性適當調整人力。
    ④ 建構行為規範。
    ⑤ 辦理危害預防及溝通技巧訓練。
    ⑥ 建立事件之處理程序。
    ⑦ 執行成效之評估及改善。
    ⑧ 其他有關安全衛生事項。
(2) 作成執行紀錄並留存三年。
(3) 事業單位勞工人數達一百人以上者，雇主應依勞工執行職務之風險特性，參照中央主管機關公告之相關指引，訂定執行職務遭受

不法侵害預防計畫。

---

59. 本規則所稱特高壓，係指超過＿＿＿伏特之電壓；高壓，係指超過
＿＿＿之電壓；低壓，係指＿＿＿以下之電壓？**(110.03)**

二萬二千八百伏特、六百伏特至二萬二千八百伏特、六百伏特

---

60. 車輛系營建機械有哪些？**(110.03)**

職業安全衛生設施規則第 6 條

前項所稱車輛系營建機械，係指推土機、平土機、鏟土機、碎物積
裝機、刮運機、鏟刮機等地面搬運、裝卸用營建機械及動力鏟、牽
引鏟、拖斗挖泥機、挖土斗、斗式掘削機、挖溝機等掘削用營建機
械及打樁機、拔樁機、鑽土機、轉鑽機、鑽孔機、地鑽、夯實機、
混凝土泵送車等基礎工程用營建機械。

---

61. 硝酸銨為下列哪一種物質？**(1)**爆炸性、**(2)**氧化性、**(3)**可燃性
(110.03)

(2)氧化性物質。

---

62. 攝氏 30 度壓縮氣體表壓力 **9.7KG/CM²** 是否為高壓氣體？**(110.03)**

依定義 35℃時表壓力超過 10KG/CM² 就為高壓氣體

$P2(35) = (P1+1.033) \times T2/T1 - 1.033$

$P1 = 9.7$　　$T1 = 30+273$　　$T2 = 35+273$

$P2 = 9.8KG/CM^2 < 10KG/CM^2$，所以不是高壓氣體

高壓氣體：在常用溫度下，表壓力（以下簡稱壓力）達每平方公分十公斤以上之壓縮氣體或溫度在攝氏三十五度時之壓力可達每平方公分十公斤以上之壓縮氣體。但不含壓縮乙炔氣。

63. 雇主對於工作用階梯之設置，斜度不得大於＿＿度。梯級面深度不得小於＿＿公分。**(110.03)**

雇主對於工作用階梯之設置，依下列規定：
(1) 如在原動機與鍋爐房中，或在機械四周通往工作台之工作用階梯，其寬度不得小於五十六公分。
(2) 斜度不得大於六十度。
(3) 梯級面深度不得小於十五公分。
(4) 應有適當之扶手。
（職業安全衛生設施規則第 29 條）

64. 雇主設置之固定梯，踏條與牆壁間應保持＿＿公分以上之淨距。梯之頂端應突出板面＿＿公分以上。**(110.03)**

16.5 公分、60 公分
雇主設置之固定梯，應依下列規定：
(1) 具有堅固之構造。
(2) 應等間隔設置踏條。
(3) 踏條與牆壁間應保持十六點五公分以上之淨距。
(4) 應有防止梯移位之措施。
(5) 不得有妨礙工作人員通行之障礙物。
(6) 平台用漏空格條製成者，其縫間隙不得超過三公分；超過時，應裝置鐵絲網防護。
(7) 梯之頂端應突出板面六十公分以上。

(8) 梯長連續超過六公尺時，應每隔九公尺以下設一平台，並應於距梯底二公尺以上。

（職業安全衛生設施規則第 37 條）

---

65. 雇主對於使用之移動梯，寬度應在＿＿＿公分以上。**(110.03)**

30 公分

雇主對於使用之移動梯，應符合下列之規定：

(1) 具有堅固之構造。

(2) 其材質不得有顯著之損傷、腐蝕等現象。

(3) 寬度應在三十公分以上。

(4) 應採取防止滑溜或其他防止轉動之必要措施。

（職業安全衛生設施規則第 229 條）

---

66. 雇主對於使用之合梯，梯腳與地面之角度應在＿＿＿度以內。**(110.03)**

75。

---

67. 請依職業安全衛生設施規則規定，回答下述問題。（請以(1)A、(2)B、…方式作答）

（一）室內工作場所之主要人行道，不得小於(1)＿＿＿公尺，各機械間通道不得小於(2)＿＿＿公尺。

（二）車輛通行道寬度，應為最大車輛寬度(3)＿＿＿倍再加(4)＿＿＿公尺，如係單行道，則為最大車輛寬度加(5)＿＿＿公尺。

（三）雇主架設之通道（包括：機械防護跨橋），其傾斜應保持在(6)＿＿＿度以下，但設置樓梯者或高度未滿 2 公尺而設置有扶手者，不在此限。通道傾斜超過(7)＿＿＿度以上者，應設置踏條或採取滑溜之措施。

（四）有墜落之虞之場所，應置備高度(8)＿＿公尺以上之堅固扶手。

（五）設至於豎坑內之通道，長度超過 15 公尺者，每隔(9)公尺內應設置平台一處。

（六）營建使用之高度超過 8 公尺以上之階梯，應於每隔(10)公尺內應設置平台一處。

A:0.5　B:0.75　C:0.8　D:1　E:1.2　F:2　G:2.5　H:3　I:3.6　J:5
K:7　L:10　M:15　O:45

(110.03)

答

(1)D、(2)C、(3)F、(4)D、(5)D、(6)N、(7)M、(8)B、(9)L、(10)K
（參考職業安全衛生設施規則第 31 條）

68. 局限空間有哪些危害？(110.03)

中毒、感電、塌陷、被夾、被捲及火災、爆炸等危害。

危害防止計畫，應依作業可能引起之危害訂定下列事項：

(1) 危害之確認。

(2) 局限空間內氧氣、危險物、有害物濃度之測定。

(3) 通風換氣實施方式。

(4) 電能、高溫、低溫與危害物質之隔離措施及缺氧、中毒、感電、塌陷、被夾、被捲等危害防止措施。

(5) 作業方法及安全管制作法。

(6) 進入作業許可程序。

(7) 提供之測定儀器、通風換氣、防護與救援設備之檢點及維護方法。

(8) 作業控制設施及作業安全檢點方法。

(9) 緊急應變處置措施。

69. 職業安全衛生管理計畫內容為何？**(110.03)**

答

(1) 工作環境或作業危害之辨識、評估及控制。

(2) 機械、設備或器具之管理。

(3) 危害性化學品之分類、標示、通識及管理。

(4) 有害作業環境之採樣策略規劃及監測。

(5) 危險性工作場所之製程或施工安全評估。

(6) 採購管理、承攬管理及變更管理。

(7) 安全衛生作業標準。

(8) 定期檢查、重點檢查、作業檢點及現場巡視。

(9) 安全衛生教育訓練。

(10) 個人防護具之管理。

(11) 健康檢查、管理及促進。

(12) 安全衛生資訊之蒐集、分享及運用。

(13) 緊急應變措施。

(14) 職業災害、虛驚事故、影響身心健康事件之調查處理及統計分析。

(15) 安全衛生管理紀錄及績效評估措施。

(16) 其他安全衛生管理措施。

70. 操作以下那些機器不能戴手套？**(110.03)**

答

鑽床、角截機、木材加工圓用盤鋸。

雇主對於鑽孔機、截角機等旋轉刃具作業，勞工手指有觸及之虞者，應明確告知並標示勞工不得使用手套。

（職業安全衛生設施規則第 56 條）

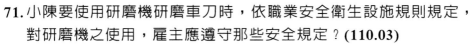

71. 小陳要使用研磨機研磨車刀時，依職業安全衛生設施規則規定，對研磨機之使用，雇主應遵守那些安全規定？(110.03)

(1) 研磨輪應採用經速率試驗合格且有明確記載最高使用周速度者。

(2) 規定研磨機之使用不得超過規定最高使用周速度。

(3) 規定研磨輪使用，除該研磨輪為側用外，不得使用側面。

(4) 規定研磨機使用，應於每日作業開始前試轉一分鐘以上，研磨輪更換時應先檢驗有無裂痕，並在防護罩下試轉三分鐘以上。

前項第一款之速率試驗，應按最高使用周速度增加百分之五十為之。直徑不滿十公分之研磨輪得免予速率試驗。

（職業安全衛生設施規則第 62 條）

72. 雇主對於升降機之升降路各樓出入口門，應有連鎖裝置，使搬器地板與樓板相差＿＿＿公分以上時，升降路出入口門不能開啓之？(110.03)

7.5 公分（參考職業安全衛生設施規則第 95 條）

73. 雇主不得以下列任何一種情況之吊掛之鋼索，作為起重升降機具之吊掛用具？(110.03)

(1) 鋼索一撚間有百分之十以上素線截斷者。

(2) 直徑減少達公稱直徑百分之七以上者。

（職業安全衛生設施規則第 99 條）

74. 使用下列哪個堆高機，應防止如果傾倒，擔任駕駛之勞工須確實使用駕駛座安全帶？
    (1) 平衡配墜型
    (2) 前伸式
    (3) 側舉式
    (4) 跨提型 (110.03)

(1)、(3)（參考職業安全衛生設施規則第 116 條）

75. 雇主使勞工於載貨台從事單一之重量超越____公斤以上物料裝卸時，應指定專人採取措施？(110.03)

一百公斤（參考職業安全衛生設施規則第 155 條）

76. 雇主防止員工作業時靜電災害的處置為何？以下五個選項請選出三個。(1)靜電防止劑、(2)電氣設備接地、(3)漏電斷路器、(4)自動電擊防止裝置、(5)使用不會使勞工導電之虞的電路或帶電體裝置加濕(110.03)

(1)靜電防止劑、(2)電氣設備接地、(5)使用不會使勞工導電之虞的電路或帶電體裝置加濕（參考職業安全衛生設施規則第 175 條）

77. 雇主對於作業場所有易燃液體之蒸氣、可燃性氣體或爆燃性粉塵以外之可燃性粉塵滯留，而有爆炸、火災之虞者，除應依危險特性採取通風、換氣、除塵等措施外，指定專人對於前述蒸氣、氣體之濃度，應於何時測定？(110.03)

作業前（參考職業安全衛生設施規則第 177 條）

78. 氣體達爆炸下限時應該如何？(110.03)

嚴禁煙火、通知消防隊、將勞工疏散到安全場所。

79. 雇主對於有爆燃性粉塵存在，而有爆炸、火災之虞之場所，使用之電氣機械、器具或設備，設置 EXD 之防爆性能構造，請問是屬於下列哪一類型？(110.03)
   (1) 填粉型
   (2) 耐壓防爆型
   (3) 無火花型
   (4) 模鑄型

(2)耐壓防爆型。

80. 職業安全衛生設施規則第 203 條，乙炔熔接裝置或氧乙炔熔接裝置雇主對於使用乙炔熔接裝置、或氧乙炔熔接裝置，從事金屬之熔接、熔斷或加熱作業時，應規定其產生之乙炔壓力不得超過表壓力每平方公分____公斤以上。(110.03)

1.3（參考職業安全衛生設施規則第 203 條）

81. 雇主對於乙炔發生器室之構造，應設置突出於屋頂上之排氣管，其截面積應為地板面積之____以上？(110.03)

十六分之一（參考職業安全衛生設施規則第 205 條）

82. 雇主對於高度在____公尺以上之工作場所邊緣及開口部分，勞工有遭受墜落危險之虞者，應設有適當強度之護欄、護蓋等防護設備。(110.03)

2 公尺（參考職業安全衛生設施規則第 224 條）

83. 雇主對勞工於高差超過____公尺以上之場所作業時，應設置能使勞工安全上下之設備。(110.03)

1.5 公尺（職業安全衛生設施規則第 228 條）

84. 特高壓開盤活線作業、注意事項、開盤順序、紅藍線標示？(110.03)

雇主對於電路開路後從事該電路、該電路支持物、或接近該電路工作物之敷設、建造、檢查、修理、油漆等作業時，應於確認電路開路後，就該電路採取下列設施：
(1) 開路之開關於作業中，應上鎖或標示「禁止送電」、「停電作業中」或設置監視人員監視之。
(2) 開路後之電路如含有電力電纜、電力電容器等致電路有殘留電荷引起危害之虞，應以安全方法確實放電。
(3) 開路後之電路藉放電消除殘留電荷後，應以檢電器具檢查，確認其已停電，且為防止該停電電路與其他電路之混觸、或因其他電路之感應、或其他電源之逆送電引起感電之危害，應使用短路接地器具確實短路，並加接地。
(4) 前款停電作業範圍如為發電或變電設備或開關場之一部分時，應將該停電作業範圍以藍帶或網加圍，並懸掛「停電作業區」標誌；有電部分則以紅帶或網加圍，並懸掛「有電危險區」標誌，以資警示。
（職業安全衛生設施規則第 254 條）

85. 距離高壓電器應距離上下左右多少公分？ (110.03)

答

60 公分

高壓電敷設、檢查、修理、油漆作業：

雇主使勞工於接近高壓電路或高壓電路支持物從事敷設、檢查、修理、油漆等作業時，為防止勞工接觸高壓電路引起感電之危險，在距離頭上、身側及腳下六十公分以內之高壓電路者，應在該電路設置絕緣用防護裝備。(職業安全衛生設施規則第 259 條)

86. 雇主對於＿＿＿伏特以下之電氣設備前方，至少應有＿＿＿公分以上之水平工作空間。(110.03)

答

600、80 (職業安全衛生設施規則第 268 條)

87. 事業單位勞工人數達＿＿＿人以上者，雇主應依中央主管機關公告之相關指引，訂定呼吸防護計畫，並據以執行。(110.03)

答

200 (職業安全衛生設施規則第 277-1 條)

88. 雇主使勞工於有車輛出入或往來之工作場所作業時，有導致勞工遭受交通事故之虞者，除應明顯設置警戒標示外，並應置備哪一種防護衣，使勞工確實使用？ (110.03)

答

反光背心 (職業安全衛生設施規則第 280-1 條)

89. 雇主對於使用機車、自行車等交通工具從事食品外送作業，應置備哪些合理及必要之安全衛生防護設施，並使勞工確實使用？(110.03)

答

安全帽、反光標示、高低氣溫危害預防、緊急用連絡通訊設備。（職業安全衛生設施規則第 286-3 條）

90. 暴露峰值不可達____分貝衝擊性噪音或____分貝連續性噪音、噪音達 85 分貝應____？噪音達____分貝要防護計畫？(110.03)

答

140、115、應佩戴耳塞、90（職業安全衛生設施規則第 300 條）

91. 雇主對於勞工從事其身體或衣著有被汙染之虞之特殊作業時，應置備該勞工洗眼、洗澡、漱口、更衣、洗滌等設備，其刺激物、腐蝕性物質或毒性物質汙染之工作場所，應每幾人應設置一個冷熱水沖淋設備？(110.03)

答

15 人（職業安全衛生設施規則第 318 條）

92. 事業單位勞工人數達幾人以上者，雇主應依作業特性及風險，參照中央主管機關公告之相關指引，訂定人因性危害預防計畫，並據以執行？(110.03)

答

100 人。

93. 可燃性氣體之定義？(110.03)

爆炸下限在百分之十以下，或爆炸上限與下限之差在百分之二十以上之氣體、乙炔、氨、一氧化碳、氫、苯、硫化氫。

94. 請舉出缺氧作業危害的三個例子，並說明公告要放哪些？(110.03)

缺氧作業會有缺氧、中毒、火災爆炸等危害。

雇主使勞工於局限空間從事作業，有危害勞工之虞時，應於作業場所入口顯而易見處所公告下列注意事項，使作業勞工周知：

(1) 作業有可能引起缺氧等危害時，應經許可始得進入之重要性。

(2) 進入該場所時應採取之措施。

(3) 事故發生時之緊急措施及緊急聯絡方式。

(4) 現場監視人員姓名。

(5) 其他作業安全應注意事項。（職業安全衛生設施規則第 29-2 條）

95. 缺氧危險作業之場所之舉例。(110.03)

(1) 長期間未使用之水井、坑井、豎坑、隧道、沉箱、或類似場所等之內部。

(2) 貫通或鄰接下列之一之地層之水井、坑井、豎坑、隧道、沈箱、或類似場所等之內部。

　① 上層覆有不透水層之砂礫層中，無含水、無湧水或含水、湧水較少之部分。

　② 含有亞鐵鹽類或亞錳鹽類之地層。

　③ 含有甲烷、乙烷或丁烷之地層。

　④ 湧出或有湧出碳酸水之虞之地層。

　⑤ 腐泥層。

(3) 供裝設電纜、瓦斯管或其他地下敷設物使用之暗渠、人孔或坑井之內部。

(4) 滯留或曾滯留雨水、河水或湧水之槽、暗渠、人孔或坑井之內部。

---

96. 雇主對於物料之搬運,應儘量利用機械以代替人力,凡＿＿公斤以上物品,以人力車輛或工具搬運為原則,＿＿＿公斤以上物品,以機動車輛或其他機械搬運為宜;運輸路線,應妥善規劃,並作標示。(110.03)

40、500。

04 職業安全衛生管理辦法

單元重點

（原安全衛生組織管理及自動檢查辦法）

※ 重點條文內容（修改增加之處）

第 1-1 條　　雇主應依其事業之規模、性質，設置安全衛生組織及人員，建立職業安全衛生管理系統，透過規劃、實施、評估及改善措施等管理功能，實現安全衛生管理目標，提升安全衛生管理水準。

第 3-1 條　　（增加營造業）

前條第一類事業之事業單位對於所屬從事製造之一級單位，勞工人數在一百人以上未滿三百人者，應另置甲種職業安全衛生業務主管一人，勞工人數三百人以上者，應再至少增置專職職業安全衛生管理員一人。

營造業之事業單位對於橋樑、道路、隧道或輸配電等距離較長之工程，應於每十公里內增置營造業丙種職業安全衛生業務主管一人。

第 3-2 條　　（增加其他受工作場所負責人指揮…之人員）

事業單位勞工人數之計算，包含原事業單位及其承攬人、再承攬人之勞工及其他受工作場所負責人指揮或監督從事勞動之人員，於同一期間、同一工作場所作業時之總人數。

事業設有總機構者，其勞工人數之計算，包含所屬各地區事業單位作業勞工之人數。

第 4 條　　事業單位勞工人數未滿三十人者，雇主或其代理人經職業安全衛生業務主管安全衛生教育訓練合格，得擔任該事業單位職業安全衛生業務主管。但屬第二類及第三類事業之事業單位，且勞工人數在五人以下者，得由經職業安全衛生教育訓練規則第二條第十二款指定之安全衛生教育訓練合格之雇主或其代理人擔任。

第 11 條　　　　（第四及第五點文字修正）

委員會置委員七人以上，除雇主為當然委員及第五款規定者外，由雇主視該事業單位之實際需要指定下列人員組成：

一、職業安全衛生人員。

二、事業內各部門之主管、監督、指揮人員。

三、與職業安全衛生有關之工程技術人員。

四、從事勞工健康服務之醫護人員。

五、勞工代表。

委員任期為二年，並以雇主為主任委員，綜理會務。

委員會由主任委員指定一人為祕書，輔助其綜理會務。

第 1 項第 5 款之勞工代表，應占委員人數三分之一以上；事業單位設有工會者，由工會推派之；無工會組織而有勞資會議者，由勞方代表推選之；無工會組織且無勞資會議者，由勞工共同推選之。

第 12-2 條　　　（新增第二及第三點）

下列事業單位，雇主應依國家標準 CNS 45001 同等以上規定，建置適合該事業單位之職業安全衛生管理系統，並據以執行：

一、第一類事業勞工人數在二百人以上者。

二、第二類事業勞工人數在五百人以上者。

三、有從事石油裂解之石化工業工作場所者。

四、有從事製造、處置或使用危害性之化學品，數量達中央主管機關規定量以上之工作場所者。

前項安全衛生管理之執行，應作成紀錄，並保存三年。

第 12-6 條　　　第十二條之二第一項之事業單位，應依事業單位之潛在風險，訂定緊急狀況預防、準備及應變之計畫，並定期實施演練。前項執行紀錄，應保存三年。

第 16 條　　　雇主對車輛系營建機械，應每年就該機械之整體定期實施檢查一次。

雇主對前項之車輛系營建機械，應每月依下列規定定期實施檢查一次：

一、制動器、離合器、操作裝置及作業裝置之有無異常。

二、鋼索及鏈等之有無損傷。

三、吊斗及鏟斗之有無損傷。

第 17 條　四、倒車或旋轉警示燈及蜂鳴器之有無異常。

雇主對堆高機，應每年就該機械之整體定期實施檢查一次。

雇主對前項之堆高機，應每月就下列規定定期實施檢查一次：

一、制動裝置、離合器及方向裝置。

二、積載裝置及油壓裝置。

三、貨叉、鍊條、頂蓬及桅桿。

第 31-1 條　雇主對於防爆電氣設備，應每月依下列規定定期實施檢查一次：

一、本體有無損傷、變形。

二、配管、配線等有無損傷、變形及異常狀況。

三、其他保持防爆性能之必要事項。

第 33 條　雇主對高壓氣體特定設備、高壓氣體容器及第一種壓力容器，應每月依下列規定定期實施檢查一次：

一、本體有無損傷、變形。

二、蓋板螺栓有無損耗。

三、管、凸緣、閥及旋塞等有無損傷、洩漏。

四、壓力表及溫度計及其他安全裝置有無損傷。

五、平台支架有無嚴重腐蝕。

對於有保溫部分或有高游離輻射污染之虞之場所，得免實施。

第 43 條　雇主對施工架及施工構台，應就下列事項，每週定期實施檢查一次：

一、架材之損傷、安裝狀況。

二、立柱、橫檔、踏腳桁等之固定部分，接觸部分及安裝部分之鬆弛狀況。

三、固定材料與固定金屬配件之損傷及腐蝕狀況。

四、扶手、護欄等之拆卸及脫落狀況。

五、基腳之下沈及滑動狀況。

六、斜撐材、索條、橫檔等補強材之狀況。

七、立柱、踏腳桁、橫檔等之損傷狀況。

八、懸臂樑與吊索之安裝狀況及懸吊裝置與阻擋裝置之性能。

第 **2** 部分

強風大雨等惡劣氣候、四級以上之地震襲擊後及每次停工之復工前，亦應實施前項檢查。

第 45 條　雇主對第二種壓力容器及減壓艙，應於初次使用前依下列規定實施重點檢查：

一、確認胴體、端板之厚度是否與製造廠所附資料符合。

二、確認安全閥吹洩量是否足夠。

三、各項尺寸、附屬品與附屬裝置是否與容器明細表符合。

四、經實施耐壓試驗無局部性之膨出、伸長或洩漏之缺陷。

五、其他保持性能之必要事項。

第 54-1 條　雇主對營建用或載貨用之升降機，應於每日作業前對搬器及升降路所有出入口門扉之連鎖裝置之性能實施檢點。

第 67 條　（文字修正，構築改成組立及拆除）

雇主使勞工從事營造作業時，應就下列事項，使該勞工就其作業有關事項實施檢點：

一、打樁設備之組立及操作作業。

二、擋土支撐之組立及拆除作業。

三、露天開挖之作業。

四、隧道、坑道開挖作業。

五、混凝土作業。

六、鋼架施工作業。

七、施工構台之組立及拆除作業。

八、建築物之拆除作業。

九、施工架之組立及拆除作業。

十、模板支撐之組立及拆除作業。

十一、其他營建作業。

1. 依職業安全衛生管理辦法規定，請說明下列組織及人員之職責。
   (1) 職業安全衛生管理單位。
   (2) 職業安全衛生委員會。
   (3) 置有職業安全（衛生）管理師、職業安全衛生管理員事業單位之職業安全衛生業務主管。
   (4) 職業安全（衛生）管理師、職業安全衛生管理員。
   (5) 工作場所負責人及各級主管。(97.07, 102.03)

依職業安全衛生管理辦法第 5-1 條規定：

職業安全衛生組織、人員、工作場所負責人及各級主管之職責如下：

(1) 職業安全衛生管理單位：**擬訂、規劃、督導及推動**安全衛生管理事項，並指導有關部門實施。

(2) 職業安全衛生委員會：對雇主擬訂之安全衛生政策**提出建議**，並**審議、協調、建議安全衛生相關事項。**

(3) 未置有職業安全（衛生）管理師、職業安全衛生管理員事業單位之職業安全衛生業務主管：擬訂、規劃及推動安全衛生管理事項。

(4) 置有職業安全（衛生）管理師、職業安全衛生管理員事業單位之勞工職業安全衛生業務主管：主管及督導安全衛生管理事項。

(5) 職業安全（衛生）管理師、職業安全衛生管理員：**擬訂、規劃及推動**安全衛生管理事項，並**指導**有關部門實施。

(6) 工作場所負責人及各級主管：依職權指揮、監督所屬執行安全衛生管理事項，並協調及指導有關人員實施。

(7) 一級單位之職業安全衛生人員：協助一級單位主管擬訂、規劃及推動所屬部門安全衛生管理事項，並指導有關人員實施。

第 2 部分

2. 某屬第二類事業之總公司設於台北市，勞工計有 **555** 人，另於南部科學管理園區之分公司勞工人數有 **333** 人，該公司依法應於總機構及地區性事業如何設置職業安全衛生管理單位及人員？又該等人員是否應專職？**(97.11)**

依職業安全衛生管理辦法之規定，第二類事業單位勞工人數 300 人以上未滿 500 人者（333 人）應設安全衛生管理單位並置甲種職業安全衛生業務主管及職業安全衛生管理員各一人（至少一人專職）。第二類事業單位總機構勞工人數 500 人以上者（555 人）應設安全衛生管理單位並置甲種職業安全衛生業務主管及職業安全衛生管理員各一人以上（至少一人專職）。

管理單位之設置		
風險級數	事業類別	管理單位
高度風險	第一類事業	事業單位：專責一級單位（100 人以上）
		總機構：專責一級單位（500 人以上）
中度風險	第二類事業	事業單位：一級單位（至少一人專職）（300 人以上）
		總機構：一級單位（至少一人專職）（500 人以上）
低度風險	第三類事業	事業單位：不須設置
		總機構：管理單位（3000 人以上）

各類事業之事業單位應置職業安全衛生人員表			
事　業		規模（勞工人數）	應置之管理人員
壹、第一類事業之事業單位（顯著風險事業）	營造業之事業單位	一、未滿三十人者	丙種職業安全衛生業務主管。
		二、三十人以上未滿一百人者	乙種職業安全衛生業務主管及職業安全衛生管理員各一人。
		三、一百人以上未滿三百人者	甲種職業安全衛生業務主管及職業安全衛生管理員各一人。
		四、三百人以上未滿五百人者	甲種職業安全衛生業務主管一人、職業安全（衛生）管理師一人及職業安全衛生管理員二人以上。
		五、五百人以上者	甲種職業安全衛生業務主管一人、職業安全（衛生）管理師及職業安全衛生管理員各二人以上。
	營造業以外之事業單位	一、未滿三十人者	丙種職業安全衛生業務主管。
		二、三十人以上未滿一百人者	乙種職業安全衛生業務主管。
		三、一百人以上未滿三百人者	甲種職業安全衛生業務主管及職業安全衛生管理員各一人。
		四、三百人以上未滿五百人者	甲種職業安全衛生業務主管一人、職業安全（衛生）管理師及職業安全衛生管理員各一人以上。
		五、五百人以上未滿一千人者	甲種職業安全衛生業務主管一人、職業安全（衛生）管理師一人及職業安全衛生管理員二人以上。
		六、一千人以上者	甲種職業安全衛生業務主管一人、職業安全（衛生）管理師及職業安全衛生管理員各二人以上。
貳、第二類事業之事業單位（中度風險事業）		一、未滿三十人者	丙種職業安全衛生業務主管。
		二、三十人以上未滿一百人者	乙種職業安全衛生業務主管。
		三、一百人以上未滿三百人者	甲種職業安全衛生業務主管。
		四、三百人以上未滿五百人者	甲種職業安全衛生業務主管及職業安全衛生管理員各一人。
		五、五百人以上者	甲種職業安全衛生業務主管、職業安全（衛生）管理師及職業安全衛生管理員各一人以上。
參、第三類事業之事業單位（低度風險事業）		一、未滿三十人者	丙種職業安全衛生業務主管。
		二、三十人以上未滿一百人者	乙種職業安全衛生業務主管。
		三、一百人以上未滿五百人者	甲種職業安全衛生業務主管。
		四、五百人以上者	甲種職業安全衛生業務主管及職業安全衛生管理員各一人。

第**2**部分

3. 依據職業安全衛生管理辦法，對機械設備可分定期檢查及重點檢查，請就這兩個檢查在下列諸狀況中如何實施，予以說明：
   (1) 承攬人使用之機械、設備由原事實單位提供者。
   (2) 上述之檢查，承攬人認為有必要時，應採何措施。
   (3) 事業單位承租、租借機械、設備或器具時。
   (4) 就上述**(1)**、**(3)**等狀況，有何變通方式。**(90.03, 93.11)**

(1) 事業單位以其事業之全部或部分交付承攬或再承攬時，如該承攬人使用之機械、設備或器具係由原事業單位提供者，該機械、設備或器具應由原事業單位實施定期檢查及重點檢查（參「職業安全衛生管理辦法」第 84 條）。

(2) 上述定期檢查及重點檢查於有必要時得由承攬人或再承攬人會同實施。

(3) 事業單位承租、承借機械、設備或器具供勞工使用者，應對該機械、設備或器具實施自動檢查（參「職業安全衛生管理辦法」第 85 條）。

(4) ① 狀況(1)之變通方法：
      狀況(1)之定期檢查及重點檢查如承攬人或再承攬人具有實施之能力時，得以書面約定由承攬人或再承攬人實施。
   ② 狀況(3)之變通方法：
      狀況(4)之自動檢查於事業單位承租、承借機械、設備或器具時，得以書面約定由出租、出借人實施。

4. 依職業安全衛生管理辦法規定，雇主應辦理之自動檢查種類有哪幾種？**(91.11)**

自動檢查的種類：
(1) 機械之定期檢查。
(2) 設備之定期檢查。

(3) 機械、設備之重點檢查。

(4) 機械、設備之作業檢點。

(5) 作業檢點。

5. 定期檢查、重點檢查等自動檢查應依規定紀錄，並保存三年，哪些事項應紀錄？**(90.05, 91.05, 105.03)**

依「職業安全衛生管理辦法」第 80 條規定：定期檢查、重點檢查應就下列事項紀錄，並保存三年：

(1) 檢查年月日。

(2) 檢查方法。

(3) 檢查部分。

(4) 檢查結果。

(5) 實施檢查者之姓名。

(6) 依檢查結果應採取改善措施之內容。

6. 依職業安全衛生管理辦法規劃下列各項檢查：

(1) 有機溶劑作業局部排氣裝置。

(2) 第二種壓力容器。

(3) 堆高機。

(4) 衝剪機械。

(5) 鍋爐。

(1) 有機溶劑作業局部排氣裝置：

　① **每年實施定期檢查一次**。

　② 開始使用拆卸、改善、使用或修理時，實施重點檢查。

　③ **每週**實施有機溶劑作業**檢點**。

(2) 第二種壓力容器：

　① **初次使用前實施重點檢查**。

② **每年**實施定期檢查一次。

(3) 堆高機：

　　① **每年**就機械之本體定期實施檢查一次。

　　② **每月**依規定項目定期檢查一次。

　　③ **每日**作業前就其制動器實施檢點。

(4) 衝剪機械：

　　① **每年**依規定項目實施**定期檢查一次**。

　　② 每日作業前應實施檢點。

(5) 鍋爐：

　　① 每年依規定項目實施定期檢查一次。

　　② 作業時應就其作業有關事項實施檢點。

---

7. **(1)** 營造廠僱用勞工 125 人，請問職業安全衛生人員應如何設置？

　　(2) 職業安全衛生管理辦法對於何種機械、設備須實施重點檢查？

(1) 僱用勞工 125 人之營造業，應置甲種職業安全衛生業務主管及職業安全衛生管理員各一人。

(2) 應實施重點檢查之機械、設備有：

　　① 第二種壓力容器。

　　② 局部排氣裝置或除塵裝置。

　　③ 異常氣壓之輸氣設備。

---

8. 新設立之事業單位勞工人數有 85 人，從事：**(1)**噴漆（有機溶劑作業）、**(2)**軟焊（鉛）作業、**(3)**傳熱面積 80 平方公尺之鍋爐，請問此事業單位需設置哪些職業安全衛生人員。

(1) 乙種職業安全衛生業務主管：至少一人。

(2) 合格急救人員：至少一人。

(3) 有機溶劑作業主管：至少一人。

(4) 鉛作業主管：至少一人。

(5) 乙級鍋爐操作人員：至少一人。

(6) 現場安全衛生督導人員：若干人。

---

9. 依職業安全衛生法令規定，某電信業僱用勞工 90 人，在電信人孔內從事地下電纜接續工作，請問：

(1) 應置何種職業安全衛生人員？

(2) 現場工作人員應接受何種安全衛生教育訓練？

(3) 依缺氧症預防規則規定，規定使勞工從事缺氧危險作業時，應置備何種防護器具供勞工緊急避難或救援人員使用？

(1) 應設置管理人員如下：

　① 乙種職業安全衛生業務主管：一人。

　② 作業環境監測人員：一人。

　③ 合格急救人員：一人。

　④ 現場安全衛生監督人員：若干人。

　⑤ 人孔作業皆須有一合格缺氧作業主管。

　⑥ 其他經中央主管機關指定之人員。

(2) 現場作業人員需接受下列安全衛生教育訓練：

　① 每人每年至少需受三小時以上之一般安全衛生教育訓練。

　② 人孔作業（侷限空間作業）勞工應依實際需要增加三小時局限空間作業安全衛生教育訓練。

　③ 空氣呼吸器著裝訓練。

(3) 應置備空氣呼吸防護具、梯子、安全帶或救生索等設備，供勞工緊急避難或救援人員使用。

---

10. 職業安全衛生管理辦法規定，職業安全衛生委員會：

　(1) 應每幾個月至少開會一次？

　(2) 應審議哪些事項（至少列出 8 項）？ **(96.08)**

(1) 應每三個月開一次會。

(2) 審議下列事項：

① 對雇主擬定之職業安全衛生政策提出建議。

② 協調、建議職業安全衛生管理計畫。

③ 審議安全衛生教育訓練實施計畫。

④ 審議作業環境監測計畫、監測結果及應採行措施。

⑤ 審議健康管理、職業病預防及健康促進事項。

⑥ 審議各項安全衛生提案。

⑦ 審議事業單位自動檢查及安全衛生稽核事項。

⑧ 審議機械、設備或原料、材料危害之預防措施。

⑨ 審議職業災害調查報告。

⑩ 考核現場安全衛生管理績效。

⑪ 審議承攬業務安全衛生管理事項。

⑫ 其他有關職業安全衛生管理事項。

本題答案應為上列②~⑨及第⑪項。

11. 依職業安全衛生管理辦法規定，第一類事業勞工人數在 200 人以上之事業單位，應參照中央主管機關所定之職業安全衛生管理系統指引，建立適合該事業單位之職業安全衛生管理系統，試述於採購管理與承攬管理上分別有哪些相關規定？(98.03, 98.11)

(1) 採購管理的規定：

第一類事業勞工人數在 200 人以上之事業單位，關於機械、器具、設備、物料、原料及個人防護具等之採購、租賃，其契約內容應有符合法令及實際需要之職業安全衛生具體規範，並於驗收、使用前確認其符合規定。

前項事業單位將營繕工程之施工、規劃、設計及監造等交付承攬或委託，其契約內容應有防止職業災害之具體規範，並列為履約要件。

前二項執行紀錄，應保存三年。

(2) 承攬管理的規定：

第一類事業勞工人數在 200 人以上之事業單位，以其事業之全部或一部分交付承攬或與承攬人分別僱用勞工於同一期間、同一工作場所共同作業時，除應依本法第 17 條或第 18 條規定辦理外，應就承攬人之**安全衛生管理能力、職業災害通報、危險作業管制、教育訓練、緊急應變及安全衛生績效評估**等事項，**訂定承攬管理計畫**，並促使承攬人及其勞工，遵守職業安全衛生法令及原事業單位所定之勞工安全衛生管理事項。

前項執行紀錄，應保存三年。

---

12. 依職業安全衛生管理辦法規定，雇主應依其事業規模、特性，訂定職業安全衛生管理計畫，試說明該計畫應包括哪些職業安全衛生管理事項，請列舉 10 項。**(97.11, 98.07, 105.03)**

依職業安全衛生法施行細則第 31 條規定：

雇主應依其事業規模、特性，訂定職業安全衛生管理計畫，執行下列職業安全衛生事項：（任選十項作答）

(1) 工作環境或作業危害之辨識、評估及控制。

(2) 機械、設備或器具之管理。

(3) 危害性化學品之分類、標示、通識及管理。

(4) 有害作業環境之採樣策略規劃與監測。

(5) 危險性工作場所之製程或施工安全評估事項。

(6) 採購管理、承攬管理及變更管理。

(7) 安全衛生作業標準之訂定。

(8) 定期檢查、重點檢查、作業檢點及現場巡視。

(9) 安全衛生教育訓練。

(10) 個人防護具之管理。

(11) 健康檢查、管理及促進。

(12) 安全衛生資訊之蒐集、分享及運用。

(13) 緊急應變措施。

(14) 職業災害、虛驚事故、影響身心健康事件之調查處理及統計分析。

(15) 安全衛生管理紀錄及績效評估措施。

(16) 其他安全衛生管理措施。

---

13. 請簡答下列問題：

(1) 噪音 100 分貝時容許暴露時間為何？

(2) 短時間時量容許濃度為多少時間之時量容許濃度不得超過之濃度？

(3) 第一類事業之事業單位勞工人數在 100 人以上者，應設直接隸屬雇主之何種職業安全衛生管理單位？

(4) 第二類事業之事業單位勞工人數在 300 人以上者，應設直接隸屬雇主之何種職業安全衛生管理單位？

(5) 何謂職業安全衛生管理系統？(98.07, 104.11)

(1) 2 小時。 ($T = 8/2^{(100-90)/5} = 8/2^2 = 8/4 = 2$)

(2) 15 分鐘。

(3) 專責一級管理單位。

(4) 一級管理單位（至少有一人是專職）。

(5) 職業安全衛生管理系統：係組織整體管理系統的一部分，用以發展及實施其職業安全衛生政策，並管理其職業安全衛生風險。

---

14. 甲公司承造某一道路工程標案，全長共 35 公里，並僱用 25 名勞工於現場與承攬包商乙公司勞工 145 人及承攬包商丙公司勞工 135 人，於同一期間、同一工作場所共同作業，試問依職業安全衛生管理辦法規定，甲公司應設何種職業安全衛生管理組織？及如何置職業安全衛生人員？(98.11)

甲公司事業單位（營造業）勞工人數計 305 人(25＋145＋135)，依規定需設置一級專責職業安全衛生管理單位，並置甲種職業安全衛生業務主管 1 人、營造業丙種勞工安全衛生業務主管 4 人、職業安全（衛生）管理師 1 人及職業安全衛生管理員 2 人以上。

15. 甲鋼鐵公司平時勞工人數有 3500 人，已設直接隸屬總經理之職業安全衛生管理單位「工安環保處」，辦理職業安全衛生管理、消防安全及環保等業務，試回答下列問題：

    (1) 甲公司所設職業安全衛生管理單位是否符合法令規定？原因為何？

    (2) 甲公司如欲維持現有職業安全衛生組織，依職業安全衛生管理辦法之規定，應採取措施為何？(99.03)

(1) 甲公司所設職業安全衛生管理單位不符合法令規定，其原因第一類事業單位所設職業安全衛生管理單位應為專責單位。

(2) 依據「職業安全衛生管理辦法」第 6-1 條所規定，第一類事業單位或其總機構所設置之職業安全衛生管理單位，如已實施「職業安全衛生管理系統相關管理制度」，管理績效並經中央主管機關認可者，得不受有關一級管理單位應為專責之限制。

16. 甲金屬加工廠最近擬招募職業安全衛生管理員，試問：

    (1) 該雇主可從其勞工當中選擇具備哪些資格者擔任之？

    (2) 該工廠如應設職業安全衛生委員會，其勞工人數至少在多少人以上？（請依職業安全衛生管理辦法相關規定作答）(99.07)

(1) 依據職業安全衛生管理辦法第 7 條所規定，「職業安全衛生管理員」應由雇主分別自受僱於該事業中之具備下列資格者中選任之：

① 具有職業安全管理師或職業衛生管理師資格。

② 領有職業安全衛生管理乙級技術士證照。

③ 曾任勞動檢查員，具有勞動檢查工作經驗滿二年以上。

④ 普通考試職業安全類科錄取。

(2) 該工廠屬第一類事業單位，如應設職業安全衛生委員會，其勞工人數至少在 100 人以上。

---

17. 試以下列圖示某一建築工程，其各公司勞工共同作業之情形為例，回答下列問題：

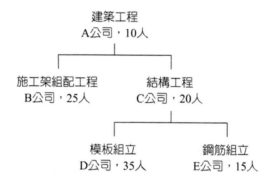

(1) 依職業安全衛生管理辦法規定，說明 A、B、C 公司應如何設置職業安全衛生單位及人員？

(2) 該工程如樓板高度超過 50 公尺以上者，依危險性工作場所審查及檢查辦法規定，A 公司應於事前檢附何種資料及文件向當地勞動檢查機構申請審查？**(100.07)**

(1) ① A 公司（營造業）員工人數為 105 人(10＋25＋20＋35＋15)，依法應設職業安全衛生管理單位，為一級專責單位，置甲種安全衛生業務主管及乙級職業安全衛生管理人員各一人。

② B 公司員工人數為 25 人，不用設職業安全衛生管理單位，需置丙種職業安全衛生業務主管各一人。

③ C 公司員工人數為 70 人(20＋35＋15)，依法應設職業安全衛生管理單位，需置乙種職業安全衛生業務主管及乙級職業安全衛生管理人員各一人。

(2) 事業單位向檢查機構申請審查丁類工作場所，應填具申請書，並檢附施工計畫書、施工安全評估報告書、施工安全評估人員簽認文件及相關專業技師簽證文件各三份。

---

18. 丙公司製造一課從事甲苯作業，請製作一份實施局部排氣裝置的定期檢查表。

局部排氣裝置定期檢查表檢查

週期：每年一次

單位名稱：製造一課　裝置名稱：局部排氣裝置　裝置編號：01

檢查日期：○年○月○日

項目	檢查項目	檢查方法	檢查結果
1	**氣罩、導管及排氣機之磨損**、腐蝕、凹凸及其他損害之狀況及程度是否正常。		
2	導管或排氣機之**塵埃聚積狀況**是否正常。		
3	**排氣機之注油潤滑**狀況是否正常。		
4	**導管接觸部分之狀況**是否正常。		
5	連接電動機與排氣機之**皮帶之鬆弛狀況**是否正常。		
6	**吸氣及排氣之能力**是否正常。		
7	設置於排放導管上之**採樣設施是否牢固**、鏽蝕、損壞、崩塌。		
8	其他妨礙作業安全事項是否正常。		
9	其他保持性能之必要事項是否正常。		

不合格改善措施：

主管簽章：＿＿＿＿＿安全衛生負責人簽章：＿＿＿＿＿負責人簽章：＿＿＿＿＿

檢查人員簽章：＿＿＿＿＿

補充

※機械之定期檢查週期

1. 電氣機車類：
   (1) 每三年就整體定期實施檢查一次。
   (2) 每年依規定項目實施檢查一次。
   (3) 每月就其車體所裝置項目定期實施檢查一次。
2. 一般車輛類：每三個月就各項安全性能定期實施檢查一次。
3. 車輛頂高機：每三個月檢查一次以上。
4. 車輛系營建機械：
   (1) 每年就整體定期實施檢查一次。
   (2) 每月依規定項目實施檢查一次。
   ① 制動器、離合器、操作裝置及作業裝置有無異常。
   ② 鋼索及鏈等有無損傷。
   ③ 吊斗有無損傷。
5. 堆高機：
   (1) 每年就整體定期實施檢查一次。
   (2) 每月依規定項目實施檢查一次。
   ① 制動裝置、離合器及方向裝置。
   ② 積載裝置及油壓裝置。
   ③ 頂蓬及桅桿。
6. 以動力驅動之離心機械：每年定期實施檢查一次。
7. 以動力驅動之衝剪機械：每年定期實施檢查一次。
8. 固定式起重機：
   (1) 每年就整體定期實施檢查一次。
   (2) 每月依規定項目實施檢查一次。
9. 移動式起重機：
   (1) 每年就整體定期實施檢查一次。
   (2) 每月依規定項目實施檢查一次。
10. 人字臂起重桿：
    (1) 每年就整體定期實施檢查一次。
    (2) 每月依規定項目實施檢查一次。
11. 升降機：
    (1) 每年就整體定期實施檢查一次。

(2) 每月依規定項目實施檢查一次。

12. 營建用提升機：每月依規定項目實施檢查一次。

13. 吊籠：每月依規定項目實施檢查一次。

14. 簡易提升機：

    (1) 每年定期實施檢查一次。

    (2) 每月依規定項目實施檢查一次。

※設備之定期檢查週期

1. 每二年定期實施一次者：

    (1) 特定化學設備或其附屬設備。

    (2) 化學設備及其附屬設備。

2. 每年定期實施一次者：

    (1) 乾燥設備及其附屬設備。

    (2) 乙炔熔接裝置就其損傷、變形、腐蝕等及其性能實施檢查。

    (3) 氣體集合熔接裝置就其損傷、變形、腐蝕等及其性能實施檢查。

    (4) 高壓電氣設備。

    (5) 低壓電氣設備。

    (6) 小型鍋爐。

    (7) 第二種壓力容器。

    (8) 小型壓力容器。

    (9) 高壓氣體儲槽（儲存能力在 $100m^3$ 或 1 公噸以上）測定其沉陷狀況。

    (10) 局部排氣裝置、空氣清淨裝置及吹吸型換氣裝置。

    (11) 設置於局部排氣裝置內之空氣清淨裝置。

3. 每月定期實施一次者：鍋爐

    (1) 小鍋爐

    ① 鍋爐本體有無損傷。

    ② 燃燒裝置。

    ③ 自動控制裝置。

    ④ 附屬裝置及附屬品。

    (2) 高壓氣體特定設備、高壓氣體容器及第一種壓力容器。

    (3) 異常氣壓之再壓室。

4. 每週定期實施一次者：

    (1) 營造工程之施工架及模板支撐架。

    (2) 每當惡劣氣候襲擊後及每次停工之復工前，均應實施檢查。

第 **2** 部分

※ 機械、設備之重點檢查

1. 第二種壓力容器於初次使用前依規定項目實施重點檢查。

2. 局部排氣裝置或除塵裝置，於開始使用、拆卸、改裝或修理時：

    (1) 導管或排氣機粉塵之聚積狀況。

    (2) 導管接合部分之狀況。

    (3) 吸氣及排氣之能力。

    (4) 其他保持性能之必要事項。

3. 異常氣壓之輸氣設備。

4. 特定化學設備或其附屬設備，於開始使用、拆卸、改裝或修理時。

5. 捲揚裝置於開始使用、拆卸、改裝或修理時。

※ 須實施作業檢點之作業

1. 從事危險性設備作業時：

    (1) 鍋爐之操作作業。

    (2) 第一種壓力容器之操作作業。

    (3) 高壓氣體特定設備之操作作業。

    (4) 高壓氣體容器之操作作業。

2. 從事高壓氣體作業時：

    (1) 高壓氣體之灌裝作業。

    (2) 高壓氣體容器儲存作業。

    (3) 高壓氣體之運輸作業。

    (4) 高壓氣體之廢棄作業。

3. 從事缺氧危險作業時。

4. 從事異常氣壓作業時：潛水作業、高壓室內作業、沉箱作業。

5. 從事有害物作業時。

6. 從事危險物及有害物之製造、處置作業時。

7. 從事金屬之熔接、熔斷或加熱作業時：

    (1) 乙炔熔接裝置。

    (2) 氣體集合裝置。

8. 從事工業用機器人之教導及操作作業時。

9. 從事營造作業時。

10. 從事爆竹煙火製造作業時。

11. 從事林場作業時。

12. 從事船舶清艙解體作業時。

13. 從事碼頭裝卸作業時。

19.某工廠設有多部固定式起重機,依職業安全衛生管理辦法規定,雇主對該固定式起重機應每月定期實施檢查,請問其應檢查哪些裝置及設備有無損傷或異常?(102.07)

答

依「職業安全衛生管理辦法」第 19 條規定,雇主對固定式起重機,應**每月**依下列規定定期實施檢查一次。

(1) **過捲預防裝置、警報裝置、制動器、離合器**及其他安全裝置有無異常。

(2) **鋼索及吊鏈**有無損傷。

(3) **吊鉤、抓斗**等吊具有無損傷。

(4) **配線、集電裝置、配電盤、開關及控制裝置**有無異常。

(5) 對於纜索固定式起重機之**鋼纜等及絞車裝置**有無異常。

20.請依職業安全衛生管理辦法規定,回答下列問題:

(1) 自動檢查分為哪幾大類?

(2) 何類自動檢查無需訂定自動檢查計畫?

(3) 事業單位承租機械、設備或器具供勞工使用,如未以書面約定自動檢查之責任時,應由租用者或出租者負責實施之?

(4) 勞工人數在 30 人以上時,事業單位應填具何種文件陳報檢查機構備查?(103.03)

答

(1) 機械之定期檢查、設備之定期檢查、機械設備之重點檢查、機械設備之作業檢點、作業檢點。

(2) 作業檢點不需訂定自動檢查計劃。

(3) 事業單位承租、承借機械、設備或器具供勞工使用者,承租者應對該機械、設備或器具實施自動檢查。

(4) 應填具職業安全衛生管理單位(人員)設置(變更)報備書陳報檢查機構備查。

21. 請依職業安全衛生管理辦法規定,回答下列問題:
    (1) 荷重在多少公噸以上之堆高機,其操作人員應經特殊安全衛生教育訓練?
    (2) 高空工作車每月定期檢查之項目包括哪些?
    (3) 從事高空工作車之勞工,除接受一般安全衛生教育訓練外,尚需額外接受多少小時訓練?(103.07)

(1) 依職業安全衛生教育訓練規則規定:荷重在 1 公噸以上之堆高機操作人員應使其接受特殊作業安全衛生教育訓練。

(2) 依職業安全衛生管理辦法 15-2 條規定:雇主對高空工作車,應每月依下列規定定期實施檢查一次:
    ① 制動裝置、離合器及操作裝置有無異常。
    ② 作業裝置及油壓裝置有無異常。
    ③ 安全裝置有無異常。

(3) 尚需額外接受三小時的教育訓練。

22. 請依職業安全衛生管理辦法規定,回答下列問題:
    (1) 有哪些事業單位應參照中央主管機關所定指引,建立適合該事業單位之職業安全衛生管理系統?
    (2) 目前中央主管機關已發布之指引名稱為何?(103.07, 104.07)

(1) 依職業安全衛生管理辦法第 12-2 條規定下列事業單位應建立適合該單位之職業安全衛生管理系統:
    ① 第一類事業勞工人數在 200 人以上者。
    ② 第二類事業勞工人數在 500 人以上者。
    ③ 有從事石油裂解之石化工業工作場所者。
    ④ 有從事製造、處置或使用危害性之化學品,數量達中央主管機關規定量以上之工作場所者。

(2) 已發布的指引名稱為台灣職業安全衛生管理系統指引。

23. 某電子公司勞工人數達 3,400 人，已訂定職業安全衛生管理計畫，請依職業安全衛生管理辦法規定，回答下列問題：
    (1) 該公司內部對職業安全衛生管理計畫具有協調及建議等權責之組織為何？
    (2) 上述組織之組成，除雇主外，尚包括哪 5 種不同身分之成員？
    (3) 上述組織應每隔多久至少開會 1 次？其紀錄應保存多久？
    (103.11)

(1) 職業安全衛生委員會。
(2) 依職業安全衛生管理辦法第 11 條規定：
    委員會置委員七人以上，除雇主為當然委員外，由雇主視該事業單位之實際需要指定下列人員組成：
    一、職業安全衛生人員。
    二、事業內各部門之主管、監督、指揮人員。
    三、與職業安全衛生有關之工程技術人員。
    四、從事勞工健康服務之醫護人員。
    五、勞工代表。
    委員會應每三個月至少開會一次，紀錄保存三年。

24. 某一危害風險為第一類事業之事業單位（非營造業），請依職業安全衛生法相關規定，就其職業安全衛生管理單位及人員之設置，回答下列問題：
    (1) 事業單位如將其事業交付承攬，且有其他非該事業單位僱用之工作者從事勞動，其工作場所勞工人數如何計算？
    (2) 勞工人數經計算如為 300 人，應設置何種層級之職業安全衛生管理單位及職業安全衛生業務主管？ **(104.07)**

第 2 部分

(1) 事業單位勞工人數之計算，包含原事業單位及其承攬人、再承攬人之勞工及其他受工作場所負責人指揮或監督從事勞動之人員，於同一期間、同一工作場所作業時之總人數。

(2) 應設專責一級安全衛生管理單位及甲種安全衛生業務主管（勞工人數超過 100 人）。

---

25. (1) 依職業安全衛生法規定，請列出必須有勞工代表會同參與之事項。

　　(2) 上述之勞工代表產生方式為何？(104.11)

(1) 事業單位工作場所發生職業災害，雇主應會同勞工代表實施調查、分析及作成紀錄。
雇主訂定監測計畫，實施作業環境監測時，應會同職業安全衛生人員及勞工代表實施。

(2) 事業單位設有工會者，由工會推派之；無工會組織而有勞資會議者，由勞方代表推選之；無工會組織且無勞資會議者，由勞工共同推選之。

---

26. A 電子零組件製造公司，其勞工人數及相關組織架構如下，請依職業安全衛生管理辦法規定，回答下列問題：

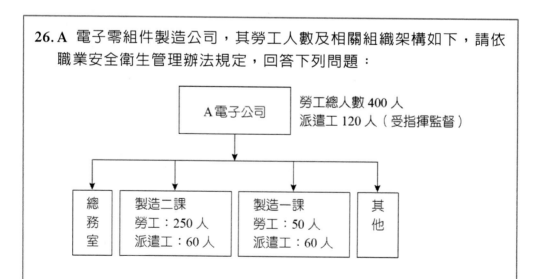

(1) 職業安全衛生管理單位設置之性質及層級為何？

(2) 職業安全衛生管理單位之職業安全衛生管理人員如何設置？

(3) 製造一課應增加何種職業安全衛生管理人員？**(105.07)**

(1) 該製造公司屬第一類事業單位，依規定職業安全衛生管理單位應為專責一級單位。

(2) A 電子公司共有 520 名勞工(400+120)，總機構勞工人數超過 500 人未滿 1000 人者，依規定應置甲種職業安全衛生業務主管及職業安全衛生管理員各 1 員。製造二課勞工人數 300 人以上未滿 500 人，依規定應置甲種職業安全衛生業務主管、職業安全（衛生）管理師及職業安全衛生管理員各 1 員。

(3) 製造一課勞工人數 100 人以上未滿 300 人，依規定應置甲種職業安全衛生業務主管及職業安全衛生管理員各 1 員。

27. 某食品製造業之勞工人數 250 人，依職業安全衛生管理辦法規定，應參照中央主管機關所定之職業安全衛生管理系統指引，建置適合該事業單位之職業安全衛生管理系統，請問此管理系統應包括哪 5 大安全衛生事項？**(106.03)**

依職業安全衛生管理辦法 12-2 條第 2 項規定：前項管理系統應包括下列安全衛生事項：

① 政策。

② 組織設計。

③ 規劃與實施。

④ 評估。

⑤ 改善措施。

28. 請依職業安全衛生管理辦法規定回答下列問題：

    (1) 事業單位勞工人數在多少人以上時，應填具職業安全衛生管理單位（人員）設置（變更）報備書，陳報勞動檢查機構備查？

    (2) 請分別說明各級主管及職業安全衛生管理員之職業安全衛生管理職責。

    (3) 請列舉 **2** 種應參照中央主管機關所定之職業安全衛生管理系統指引，建置職業安全衛生管理系統之事業單位種類。

    (106.11)

(1) 勞工人數在三十人以上之事業單位。

(2) 各級主管：依職權指揮、監督所屬執行安全衛生管理事項，並協調及指導有關人員實施。

職業安全衛生管理員：擬訂、規劃及推動安全衛生管理事項，並指導有關部門實施。

(3) ① 第一類事業勞工人數在二百人以上者。

② 第二類事業勞工人數在五百人以上者。

③ 有從事石油裂解之石化工業工作場所者。

④ 有從事製造、處置或使用危害性之化學品，數量達中央主管機關規定量以上之工作場所者。

29. **(1)** 依職業安全衛生管理辦法規定，事業單位勞工人數分別需達到多少人以上者，應訂定職業安全衛生管理規章及職業安全衛生管理計畫？（請分別答寫）

    (2) 請簡要說明職業安全衛生管理規章及職業安全衛生管理計畫兩者不同之處。**(107.03)**

(1) 職業安全衛生管理辦法第 12-1 條：雇主應依其事業單位之規模、性質，訂定職業安全衛生管理計畫，要求各級主管及負責指揮、監督之有關人員執行；勞工人數在 30 人以下之事業單位，得以安全衛生管理執行紀錄或文件代替職業安全衛生管理計畫。

(2) 職業安全衛生管理規章：指事業單位為有效防止職業災害，促進勞工安全與健康，所訂定要求各級主管及管理、指揮、監督等有關人員執行與職業安全衛生有關之內部管理程序、準則、要點或規範等文件。

職業安全衛生管理計畫：指事業單位為執行職業安全衛生法施行細則第 31 條所定職業安全衛生事項。

---

30. 依職業安全衛生管理辦法規定，回答下列問題：

　　(1) 職業安全衛生委員會應至少多久開會 1 次？

　　(2) 上述委員會會議紀錄應保存多久？

　　(3) 請列舉 3 項召開上述職業安全衛生委員會需辦理之事項。

　　(107.07)

(1) 每 3 個月開會一次。

(2) 記錄保存 3 年。

(3) 職業安全衛生管理辦法第 12 條：委員會應每三個月至少開會一次，辦理下列事項：

　① 對雇主擬訂之職業安全衛生政策提出建議。

　② 協調、建議職業安全衛生管理計畫。

　③ 審議安全、衛生教育訓練實施計畫。

　④ 審議作業環境監測計畫、監測結果及採行措施。

　⑤ 審議健康管理、職業病預防及健康促進事項。

　⑥ 審議各項安全衛生提案。

　⑦ 審議事業單位自動檢查及安全衛生稽核事項。

　⑧ 審議機械、設備或原料、材料危害之預防措施。

　⑨ 審議職業災害調查報告。

　⑩ 考核現場安全衛生管理績效。

⑪ 審議承攬業務安全衛生管理事項。
⑫ 其他有關職業安全衛生管理事項。

---

31. 請依職業安全衛生管理辦法規定，回答下列問題：

(1) 應訂定自動檢查計畫之檢查種類，除定期檢查外，請列舉另兩種。

(2) 雇主實施定期檢查，除檢查年月日、實施檢查者之姓名外，尚有哪些應記錄之事項？（列舉 **3** 種）**(107.11)**

(1) 機械設備之重點檢查、機械設備作業檢點。

(2) 雇主依規定實施之定期檢查、重點檢查應就下列事項記錄，並保存三年：

① 檢查年月日。
② 檢查方法。
③ 檢查部分。
④ 檢查結果。
⑤ 實施檢查者之姓名。
⑥ 依檢查結果應採取改善措施之內容。

---

32. 第一類事業之事業單位勞工人數在＿＿＿人以上者，應設直接隸屬雇主之專責一級管理單位。第二類事業勞工人數在＿＿＿人以上者，應設直接隸屬雇主之一級管理單位。**(110.03)**

100、300。

---

33. 事業單位勞工人數未滿＿＿＿者，雇主或其代理人經職業安全衛生業務主管安全衛生教育訓練合格，得擔任該事業單位職業安全衛生業務主管？**(110.03)**

30 人（職業安全衛生管理辦法第 4 條）

34. 營造業屬那一種風險？又是何種危險性場所風險等級？**(110.03)**

顯著風險，丁種。

35. 請列舉出幾個需依照 45001 建置職安衛系統的單位？**(110.03)**

270 人營造工地、甲類危險性工作場所、丙類危險性工作場所、350 人食品工廠。

36. 職安人員代理期最長多久？**(110.03)**

3 個月。

37. 某家紡織廠勞工 1441 人，屬於第＿＿＿類事業單位，需設置＿＿＿位職業安全衛生業務主管、＿＿＿位職業安全衛生師、＿＿＿位職業安全衛生管理員？**(110.03)**

第一類、一位主管、兩位衛生師、兩位管理員。

38. 曾任勞動檢查員，需具有＿＿＿年經驗才能據職業安全衛生管理員之資格？**(110.03)**

2 年（職業安全衛生管理辦法第 7 條）

39. 緊急應變計畫紀錄應保存多久？(110.03)

三年（職業安全衛生管理辦法第 12-6 條）

40. 承上題，承攬人 18 人，再承攬人 30 人，不受工作場所指揮監督者有 19 人，試問該事業單位勞工共有＿＿＿人？(110.03)

48 人。

41. 委員會應辦理事項有哪些？(110.03)

(1) 對雇主擬訂之職業安全衛生政策提出建議。
(2) 協調、建議職業安全衛生管理計畫。
(3) 審議安全、衛生教育訓練實施計畫。
(4) 審議作業環境監測計畫、監測結果及採行措施。
(5) 審議健康管理、職業病預防及健康促進事項。
(6) 審議各項安全衛生提案。
(7) 審議事業單位自動檢查及安全衛生稽核事項。
(8) 審議機械、設備或原料、材料危害之預防措施。
(9) 審議職業災害調查報告。
(10) 考核現場安全衛生管理績效。
(11) 審議承攬業務安全衛生管理事項。

42. 下列何種事業單位需建置 CNS45001 之職業安衛生管理系統？(110.03)

(1) 第一類事業勞工人數在二百人以上者。

(2) 第二類事業勞工人數在五百人以上者。

(3) 有從事石油裂解之石化工業工作場所者。

(4) 有從事製造、處置或使用危害性之化學品,數量達中央主管機關規定量以上之工作場所者。

---

43. 雇主對一般車輛,應＿＿＿就車輛各項安全性能定期實施檢查一次?雇主對高空工作車,應＿＿＿依下列規定定期實施檢查一次:安全裝置有哪些?雇主對堆高機,應＿＿＿就該機械整體定期實施檢查一次?雇主對前項之堆高機,應＿＿＿就下列規定定期實施檢查貨叉、鍊條、頂蓬及桅桿?(110.03)

每 3 個月、每 1 個月、每 1 年、每 1 個月。

---

44. 雇主對高空工作車,應每＿＿＿依下列規定定期實施檢查一次:

(1) 制動裝置、離合器及操作裝置有無異常。

(2) 作業裝置及油壓裝置有無異常。

(3) ＿＿＿有無異常。(110.03)

月、安全裝置。

---

45. 雇主對堆高機,應每＿＿＿就下列規定定期實施檢查一次:

(1) 制動裝置、離合器及＿＿＿裝置。

(2) 積載裝置及油壓裝置。

(3) ＿＿＿、＿＿＿、頂蓬及＿＿＿。(110.03)

月;方向;貨叉、鍊條、桅桿。

46. 事業單位以其事業之全部或部分交付承攬或再承攬時，如該承攬人使用之機械、設備或器具係由原事業單位提供者，該機械、設備或器具應由原事業單位實施定期檢查及重點檢查，是否正確？ **(110.03)**

是。

05 勞工健康保護規則

單元重點

※ 重點條文內容（修改增加之處）

　　勞動部於 106 年 11 月 13 日修正發布「勞工健康保護規則」，修法的重點如下：

一、第 2 條：定義勞工總人數、長期派駐人員、勞工健康服務相關人員、臨時性作業。

二、第 3 條：新增可特約護理人員的三種特例。

三、第 4 條：新增勞工人數 50~299 人單位之臨場服務規定，並訂定施行日期。

四、第 5 條：刪除總機構一詞。

五、第 9 條：刪除急救藥品及器材附表，改由事業單位自行依危害及相關法規備置。

六、第 11 條：300 人以上者，應訂定勞工健康服務計畫，據以執行。

七、第 13 條：勞工健康服務執行紀錄表保存年限由 7 年改為 3 年。

八、第 19 條：在職變更作業健康檢查，因尚未暴露危害，故無需分級管理。

第 2 條	四、長期派駐人員：指勞工因業務需求，經雇主指派至其他事業單位從事工作，且一年內派駐時間達六個月以上者。
	五、勞工健康服務相關人員：指具備心理師、職能治療師或物理治療師等資格，並經相關訓練合格者。
	六、臨時性作業：指正常作業以外之作業，其作業期間不超過三個月，且一年內不再重複者。
第 3 條	事業單位之同一工作場所，勞工總人數在三百人以上或從事特別危害健康作業之勞工總人數在一百人以上者，應視該場所之規模及性質，分別依附表二與附表三所定之人力配置及臨場服務頻率，僱用或特約從事勞工健康服務之醫師及僱用從事勞工健康服務之護理人員（以下簡稱醫護人員），辦理臨場健康服務。

前項所定事業單位有下列情形之一者，所配置之護理人員，得以特約方式為之：

一、經扣除勞動基準法所定非繼續性之臨時性或短期性工作勞工後，其勞工總人數未達三百人。

二、經扣除長期派駐至其他事業單位且受該事業單位工作場所負責人指揮或監督之勞工後，其勞工總人數未達三百人。

三、其他法規已有規定應置護理人員，且從事特別危害健康作業之勞工總人數未達一百人。

第 4 條　事業單位之同一工作場所，勞工總人數在五十人至二百九十九人者，應視其規模及性質，依附表四所定特約醫護人員臨場服務頻率，辦理臨場健康服務。

前項所定事業單位，經醫護人員評估勞工有心理或肌肉骨骼疾病預防需求者，得特約勞工健康服務相關人員提供服務；其服務頻率，得納入附表四計算。但各年度由從事勞工健康服務之護理人員之總服務頻率，仍應達二分之一以上。

第 1 項所定事業單位勞工總人數在二百人至二百九十九人者，自中華民國一百零七年七月一日施行；勞工總人數在一百人至一百九十九人者，自一百零九年一月一日施行；勞工總人數在五十人至九十九人者，自一百十一年一月一日施行。

第 5 條　事業分散於不同地區，其與所屬各地區事業單位之勞工總人數達三千人以上者，應視其事業之分布、特性及勞工健康需求，僱用或特約醫護人員，綜理事業勞工之健康服務事務，規劃與推動勞工健康服務之政策及計畫，並辦理事業勞工之臨場健康服務，必要時得運用視訊等方式為之。但地區事業單位已依前二條規定辦理臨場健康服務者，其勞工總人數得不併入計算。

前項所定事業僱用或特約醫護人員之人力配置與臨場服務頻率，準用附表二及附表三規定。

第三條所定事業單位或第一項所定事業，經醫護人員評估其勞工有心理或肌肉骨骼疾病預防需求者，得僱用或特約勞工健康服務相關人員提供服務；其僱用之人員，於勞工

	總人數在三千人以上者，得納入附表三計算。但僱用從事勞工健康服務護理人員之比例，應達四分之三以上。

第 7 條　從事勞工健康服務之醫師應具下列資格之一：

一、職業醫學科專科醫師。

二、依附表五規定之課程訓練合格。

從事勞工健康服務之護理人員及勞工健康服務相關人員，應依附表六規定之課程訓練合格。

第 8 條　雇主應使僱用或特約之醫護人員及勞工健康服務相關人員，接受下列課程之在職教育訓練，其訓練時間每三年合計至少十二小時，且每一類課程至少二小時：

一、職業安全衛生相關法規。

二、職場健康風險評估。

三、職場健康管理實務。

從事勞工健康服務之醫師為職業醫學科專科醫師者，雇主應使其接受前項第 1 款所定課程之在職教育訓練，其訓練時間每三年合計至少二小時，不受前項規定之限制。

第 9 條　事業單位應參照工作場所大小、分布、危險狀況與勞工人數，備置足夠急救藥品及器材，並置急救人員辦理急救事宜。但已具有急救功能之醫療保健服務業，不在此限。前項急救人員應具下列資格之一，且不得有失聰、兩眼裸視或矯正視力後均在零點六以下、失能及健康不良等，足以妨礙急救情形：

一、醫護人員。

二、經職業安全衛生教育訓練規則所定急救人員之安全衛生教育訓練合格。

三、緊急醫療救護法所定救護技術員。

第 1 項所定急救藥品與器材，應置於適當固定處所，至少每六個月定期檢查並保持清潔。對於被汙染或失效之物品，應隨時予以更換及補充。

第 1 項急救人員，每一輪班次應至少置一人；其每一輪班次勞工總人數超過五十人者，每增加五十人，應再置一人。但事業單位每一輪班次僅一人作業，且已建置緊急連線裝置、通報或監視等措施者，不在此限。

第 2 部分

第 10 條　　　雇主應使醫護人員及勞工健康服務相關人員臨場服務辦理下列事項：

一、勞工體格（健康）檢查結果之分析與評估、健康管理及資料保存。

二、協助雇主選配勞工從事適當之工作。

三、辦理健康檢查結果異常者之追蹤管理及健康指導。

四、辦理未滿十八歲勞工、有母性健康危害之虞之勞工、職業傷病勞工與職業健康相關高風險勞工之評估及個案管理。

五、職業衛生或職業健康之相關研究報告及傷害、疾病紀錄之保存。

六、勞工之健康教育、衛生指導、身心健康保護、健康促進等措施之策劃及實施。

七、工作相關傷病之預防、健康諮詢與急救及緊急處置。

八、定期向雇主報告及勞工健康服務之建議。

九、其他經中央主管機關指定公告者。

第 11 條　　　前條所定臨場服務事項，事業單位依第 3 條或第 5 條規定僱用護理人員或勞工健康服務相關人員辦理者，應依勞工作業環境特性及性質，訂定勞工健康服務計畫，據以執行；依第 3 條或第 4 條規定以特約護理人員或勞工健康服務相關人員辦理者，其勞工健康服務計畫得以執行紀錄或文件代替。

第 12 條　　　為辦理前 2 條所定業務，雇主應使醫護人員、勞工健康服務相關人員配合職業安全衛生、人力資源管理及相關部門人員訪視現場，辦理下列事項：

一、辨識與評估工作場所環境、作業及組織內部影響勞工身心健康之危害因子，並提出改善措施之建議。

二、提出作業環境安全衛生設施改善規劃之建議。

三、調查勞工健康情形與作業之關聯性，並採取必要之預防及健康促進措施。

四、提供復工勞工之職能評估、職務再設計或調整之諮詢及建議。

五、其他經中央主管機關指定公告者。

前項紀錄表及採行措施之文件，應保存三年。

第 18 條	從事下列作業之各項特殊體格（健康）檢查紀錄，應至少保存三十年：

一、游離輻射。

二、粉塵。

三、三氯乙烯及四氯乙烯。

四、聯苯胺與其鹽類、4-胺基聯苯及其鹽類、4-硝基聯苯及其鹽類、β-萘胺及其鹽類、二氯聯苯胺及其鹽類及α-萘胺及其鹽類。

五、鈹及其化合物。

六、氯乙烯。

七、苯。

八、鉻酸與其鹽類、重鉻酸及其鹽類。

九、砷及其化合物。

十、鎳及其化合物。

十一、1,3-丁二烯。

十二、甲醛。

十三、銦及其化合物。

十四、石綿。

※ 附表八 （第(6)項增加高密度脂蛋白膽固醇、低密度脂蛋白膽固醇）

一般體格檢查、健康檢查項目表

體格檢查項目	健康檢查項目
(1) 作業經歷、既往病史、生活習慣及自覺症狀之調查。	(1) 作業經歷、既往病史、生活習慣及自覺症狀之調查。
(2) 身高、體重、腰圍、視力、辨色力、聽力、血壓及身體各系統或部位之理學檢查。	(2) 身高、體重、腰圍、視力、辨色力、聽力、血壓及身體各系統或部位之理學檢查。
(3) 胸部X光（大片）攝影檢查。	(3) 胸部X光（大片）攝影檢查。
(4) 尿蛋白及尿潛血之檢查。	(4) 尿蛋白及尿潛血之檢查。
(5) 血色素及白血球數檢查。	(5) 血色素及白血球數檢查。
(6) 血糖、血清丙胺酸轉胺(ALT)、肌酸酐(creatinine)、膽固醇、三酸甘油酯、高密度脂蛋白膽固醇之檢查。	(6) 血糖、血清丙胺酸轉胺酶(ALT)、肌酸酐(creatinine)、膽固醇、三酸甘油酯、高密度脂蛋白膽固醇、低密度脂蛋白膽固醇之檢查。
(7) 其他經中央主管機關指定之檢查。	(7) 其他經中央主管機關指定之檢查。

第 **2** 部分

1. 依職業安全衛生法規定，雇主應如何實施勞工體格檢查及定期健康檢查？**(90.03)**

依職業安全衛生法第 20 條：

(1) 雇主於僱用勞工時，應施行體格檢查；對在職勞工應施行一般健康檢查；對於從事特別危害健康之作業者，應定期施行特殊健康檢查；經中央主管機關指定為特定對象及特定項目之健康檢查。

(2) 建立健康檢查手冊，發給勞工。

(3) 上述之檢查紀錄應予保存，健康檢查費用由雇主負擔。

★ **2.** 雇主對勞工實施體格檢查、健康檢查後，應採取哪些措施？**(86.02, 89.08)**

依職業安全衛生法第 21 條：

(1) 體格檢查發現應僱勞工不適於從事某種工作，不得僱用其從事該項工作。

(2) 健康檢查發現勞工有異常情形者，應由醫護人員提供其健康指導；其經醫師健康評估結果，不能適應原有工作者，應參採醫師之建議：

① 變更其作業場所。

② 更換其工作。

③ 縮短其工作時間。

④ 採取健康管理措施。

3. 試述辦理勞工體格檢查及定期健康檢查之目的？**(92.11, 95.11)**

(1) 勞工體格檢查之目的：

① 正確的分配工作。

② 保護勞工本人健康及避免危害他人。

③ 建立勞工基本健康資料。

(2) 勞工定期健康檢查之目的：

① 評估環境管理之效果。

② 早期診斷職業病，並改善作業環境。

③ 有助於鑑定感受性高的勞工。

④ 使有病之勞工及早接受治療。

---

4. 依勞工健康保護規則規定，雇主使勞工從事特別危害健康作業時，應建立健康管理資料，分級實施健康管理。請回答下列問題：

(1) 如何分級？

(2) 如何實施健康管理？**(94.11)**

(1) 勞工健康保護規則第 19 條：雇主使勞工從事特別危害健康作業時，應建立健康管理資料，並依下列規定分級實施健康管理：

① 第一級管理：特殊健康檢查或健康追蹤檢查結果，全部項目正常，或部分項目異常，但**經醫師綜合判定為無異常者**。

② 第二級管理：特殊健康檢查或健康追蹤檢查結果，部分或全部項目異常，經醫師綜合判定為**異常，而與工作無關者**。

③ 第三級管理：特殊健康檢查或健康追蹤檢查結果，部分或全部項目異常，經醫師綜合判定為**異常，而無法確定此異常與工作之相關性，應進一步請**職業醫學科專科**醫師評估者**。

④ 第四級管理：特殊健康檢查或健康追蹤檢查結果，部分或全部項目異常，**經醫師綜合判定為異常，且與工作有關者**。

(2) 如何實施健康管理：

① 屬於第二級管理以上者，應由**醫師註明其不適宜從事之作業**與其他應處理及注意事項；屬於第三級管理或第四級管理者，並應由**醫師註明臨床診斷**。

② 雇主對於第 1 項屬於**第二級管理者，應提供勞工個人健康指導**；第三級管理以上者，應請職業醫學科專科醫師實施健康追蹤檢查，必要時應實施疑似工作相關疾病之現場評估，且

應依評估結果重新分級，並將分級結果及採行措施依中央主管機關公告之方式通報。

③ 屬於**第四級管理者，經醫師評估現場仍有工作危害因子之暴露者，應採取危害控制及相關管理措施。**

④ 雇主實施上述健康追蹤檢查及診治，應將處理及醫療情形予以記錄，並保存十年以上。但游離輻射、粉塵、三氯乙烯、四氯乙烯等作業之勞工，其紀錄應保存三十年（勞工健康保護規則第 12 條）。

---

5. 依勞工健康保護規則規定，雇主對在職勞工，應依何種期限，定期實施一般健康檢查？職業安全衛生法規定之特別危害健康之作業有哪些，請列出七種。**(94.06)**

勞工健康檢查之種類及頻率：

(1) 一般健康檢查：

　① 檢查對象：在職勞工。

　② 檢查頻率（週期）：雇主對在職勞工，應就下列規定期限，定期實施一般健康檢查（勞工健康保護規則第 15 條）：

　(a)年滿 65 歲以上者，每年檢查一次。$(x \geq 65)$

　(b)40 歲以上未滿 65 歲者，每三年檢查一次。$(40 \leq x < 65)$

　(c)未滿 40 歲者，每五年檢查一次。$(x < 40)$

(2) 特殊體格檢查：

　① 檢查對象：依據「勞工健康保護規則」第 16 條，雇主使勞工從事特別危害健康作業，應於其受僱或變更其作業時實施之，但距上次檢查未逾一年者，得免實施。

　② 檢查頻率（週期）：一年。

(3) 特殊健康檢查：依據「勞工健康保護規則」第 16 條，雇主使在職勞工從事特別危害健康作業應實施之。

　① 檢查對象：在職勞工。

　② 檢查頻率（週期）：一年。

(4) 特別危害健康作業為

① 高溫作業勞工作息時間標準所稱之高溫作業。

② 勞工噪音暴露工作日八小時日時量平均音壓級在八十五分貝以上之噪音作業。

③ 游離輻射作業。

④ 異常氣壓危害預防標準所稱之異常氣壓作業。

⑤ 鉛中毒預防規則所稱之鉛作業。

⑥ 四烷基鉛中毒預防規則所稱之四烷基鉛作業。

⑦ 粉塵危害預防標準所稱之粉塵作業。

⑧ 有機溶劑中毒預防規則所稱之下列有機溶劑作業：

(a) 1，1，2，2-四氯乙烷。

(b) 四氯化碳。

(c) 二硫化碳。

(d) 三氯乙烯。

(e) 四氯乙烯。

(f) 二甲基甲醯胺。

(g) 正己烷。

---

6. **(1) 依職業安全衛生法令規定，雇主對於所僱勞工應實施體格檢查、一般健康檢查或特殊健康檢查，試分別敘述該三項檢查之意義。**

(2) 如健康檢查發現某位勞工因職業原因導致不能適應原有工作時，雇主應採取哪些適當措施？(99.07)

(1) 依照「職業安全衛生法施行細則」第 27 條規定，相關解釋如下：

① 體格檢查：係指於僱用勞工或變更其工作時，為識別勞工工作適性，考量其是否有不適合作業之疾病所實施之健康檢查。

② 一般健康檢查：指雇主對在職勞工，為發現健康有無異常，以提供適當健康指導、適性配工等健康管理措施，依其年齡於一定期間或變更其工作時所實施者。

③ 特殊健康檢查：指對從事特別危害健康作業之勞工，為發現健康有無異常，以提供適當健康指導、適性配工及實施分級管理等健康管理措施，依其作業危害性，於一定期間或變其工作時所實施者。

(2) 依「職業安全衛生法」第 21 條所規定，雇主發現勞工因職業原因致不能適應原有工作者，應參採醫師之建議，變更其作業場所、更換工作或縮短工作時間，並採取健康管理措施。

---

7. 甲公司員工達 1200 人，依勞工健康保護規則規定（該公司屬第一類事業，且無特危害健康作業），須僱用或特約從事勞工健康服務之醫護人員為其員工辦理臨廠健康服務，試問：

(1) 醫護人員應具哪些資格？

(2) 醫師臨廠服務之頻率為何？

(3) 醫護人員臨廠服務辦理之事項為何？（至少列舉 5 項）(100.03)

(1) 醫師應具下列資格之一：

① 職業醫學科專科醫師。

② 經中央主管機關指定之課程訓練合格。

護理人員應具下列資格之一：

① 經中央主管機關指定之課程訓練合格。

② 職業安全衛生教育訓練規則第 14-1 條之訓練合格。

(2) 依勞工健康保護規則之規定第一類事業醫師臨廠服務頻率如下：

勞工人數	人力配置或臨場服務頻率
300~999 人	1 次／月
1000~1999 人	3 次／月
2000~2999 人	6 次／月
3000~3999 人	9 次／月

勞工人數	人力配置或臨場服務頻率
4000~4999 人	12 次／月
5000~5999 人	15 次／月
6000 人以上	專任職業醫學科專科醫師一人

(3) 雇主應使醫護人員及勞工健康服務相關人員臨場服務辦理下列事項：

① 勞工體格（健康）檢查結果之分析與評估、健康管理及資料保存。

② 協助雇主選配勞工從事適當之工作。

③ 辦理健康檢查結果異常者之追蹤管理及健康指導。

④ 辦理未滿十八歲勞工、有母性健康危害之虞之勞工、職業傷病勞工與職業健康相關高風險勞工之評估及個案管理。

⑤ 職業衛生或職業健康之相關研究報告及傷害、疾病紀錄之保存。

⑥ 勞工之健康教育、衛生指導、身心健康保護、健康促進等措施之策劃及實施。

⑦ 工作相關傷病之預防、健康諮詢與急救及緊急處置。

⑧ 定期向雇主報告及勞工健康服務之建議。

⑨ 其他經中央主管機關指定公告者。

補充

依據勞工健康保護規則第 8 條規定：

雇主應使醫護人員會同勞工安全衛生及相關部門人員訪視現場，辦理下列事項：

(1) **辨識與評估**工作場所環境及**作業之危害。**

(2) **提出**作業環境**安全衛生設施改善規劃之建議。**

(3) **調查勞工健康情形與作業之關聯性**，並**對健康高風險勞工進行健康風險評估，採取必要之預防及健康促進措施。**

(4) **提供復工勞工之職能評估**、職務再設計或調整之諮詢及建議。

(5) **其他經中央主管機關指定公告者。**

8. **(1)** 事業單位應如何置急救人員？

　　(2) 前項急救人員不得有哪些健康缺失項目，以免妨礙急救事宜。（請至少列出 4 項）**(102.11)**

(1) 事業單位應參照工作場所大小、分布、危險狀況及勞工人數，備置足夠急救藥品及器材（應置於適當固定處所，至少每 6 個月定期檢查並保持清潔），並置合格急救人員辦理急救事宜。每一輪班次應至少置一人、勞工人數超過五十人者，每增加五十人，應再置一人，但事業單位每一輪班次僅一人作業，且已建置緊急連線裝置、通報或監視等措施者，不在此限。

急救人員因故未能執行職務時，雇主應即指定具第二項資格之人員，代理其職務。

(2) 急救人員應具下列資格之一，且不得有失聰、兩眼裸視或矯正視力後均在零點六以下、失能及健康不良等，足以妨礙急救情形：

① 醫護人員。

② 經職業安全衛生教育訓練規則所定急救人員之安全衛生教育訓練合格。

③ 緊急醫療救護法所定救護技術員。

9. 依勞工健康保護規則規定，雇主僱用勞工時，應就哪些規定項目實施一般體格檢查？（請列舉 10 項）**(103.03)**

雇主僱用勞工時，應就下列規定項目實施一般體格檢查：

(1) 作業經歷、既往病史、生活習慣及自覺症狀之調查。

(2) 身高、體重、腰圍、視力、辨色力、聽力、血壓及身體各系統或部位之理學檢查。

(3) 胸部 X 光（大片）攝影檢查。

(4) 尿蛋白及尿潛血之檢查。

(5) 血色素及白血球數檢查。

(6) 血糖、血清丙胺酸轉胺(ALT)、肌酸酐(creatinine)、膽固醇、三酸甘油酯之檢查、高密度脂蛋白膽固醇。

(7) 其他經中央主管機關指定之檢查。

---

10. 某未實施輪班制事業單位之勞工人數共 **1,055** 人，依勞工健康保護規則規定，請回答下述問題：

　(1) 應至少置多少位急救人員？

　(2) 急救人員不得有哪些健康不良項目，以免妨礙急救事宜？
　　（請列舉 **4** 項）

　(3) 需備置哪些急救藥品及器材？（請列舉 **4** 項）**(104.07)**

(1) 急救人員，每一輪班次應至少置 1 人，勞工人數超過 50 人者，每增加 50 人，應再置 1 人。1055/50=21.1，故需置急救人員 21 人。

(2) 急救人員不得有失聰、兩眼裸視或矯正視力後均在 0.6 以下與失能等體能及健康不良，足以妨礙急救事宜者。

(3) 事業單位應參照工作場所大小、分布、危險狀況及勞工人數，備置足夠急救藥品及器材如：優碘液、酒精液、血壓計、體溫計、紗布、繃帶等。

---

11. 請依勞工健康保護規則規定，回答下述問題：

　(1) 事業單位之同一工作場所，勞工總人數在多少人以上或從事特別危害健康作業之勞工總人數在多少人以上者，應視該場所之規模及性質，僱用從事勞工健康服務之護理人員，辦理臨場健康服務？

　(2) 何謂勞工健康服務相關人員？

　(3) 事業單位之同一工作場所，勞工總人數在 50 人至 299 人者，應視其規模及性質，特約醫護人員，辦理臨場健康服務，其中自 107 年 7 月 1 日起開始施行者，勞工總人數介於多少人之間？

(4) 僱用或特約之護理人員及勞工健康服務相關人員,在職教育訓練之訓練頻率及時間如何規定?課程內容如何規定?**(107.03)**

答

(1) 勞工健康保護規則第 3 條:事業單位之同一工作場所,勞工總人數在 300 人以上或從事特別危害健康作業之勞工總人數在 100 人以上者,應視該場所之規模及性質,分別依附表二與附表三所定之人力配置及臨場服務頻率,僱用或特約從事勞工健康服務之醫師及僱用從事勞工健康服務之護理人員(以下簡稱醫護人員),辦理臨場健康服務。

(2) 勞工健康服務相關人員:指具備心理師、職能治療師或物理治療師等資格,並經相關訓練合格者。

(3) 依據勞工健康保護規則第 4 條規定:事業單位勞工總人數在 200 人至 299 人者,自中華民國 107 年 7 月 1 日施行。

(4) 勞工健康保護規則第 8 條:雇主應使僱用或特約之醫護人員及勞工健康服務相關人員,接受下列課程之在職教育訓練,其訓練時間每 3 年合計至少 12 小時,且每一類課程至少 2 小時:
① 職業安全衛生相關法規。
② 職場健康風險評估。
③ 職場健康管理實務。

---

12. 某一橡膠製品工廠,只有常日班,僱用勞工 380 人,另有 A 公司派駐 30 人至該工廠,由 A 公司其中 1 人直接指揮;另有 B 公司派駐 10 人至該工廠,由該橡膠製品工廠之工作場所負責人指揮,以上總人員中共有 60 人從事特別危害健康作業。請依勞工健康保護規則規定,回答下列問題。
(1) 該工廠之勞工總人數為何?
(2) 該工廠應置急救人員多少人?
(3) 該工廠應僱用從事勞工健康服務之護理人員多少人?

(4) 該工廠僱用或特約職業醫學科專科醫師之臨場服務頻率為何？

(5) 急救藥品與器材應至少多久執行定期檢查？(107.07)

依據「勞工健康保護規則」第 3、9 條規定：

(1) 勞工總人數：指包含事業單位僱用之勞工及其他受工作場所負責人指揮或監督從事勞動之人員總數。故該工廠之勞工總人數為 420 人（橡膠製品工廠僱用勞工 380 人＋A 公司派駐 30 人＋B 公司派駐 10 人）。

(2) 急救人員，每一輪班次應至少置 1 人；其每一輪班次勞工總人數超過 50 人者，每增加 50 人，應再置 1 人。故該工廠應置急救人員至少 8 人。

(3) 該工廠（第一類事業、勞工總人數為 420 人、特別危害健康作業 60 人）應僱用從事勞工健康服務之護理人員 1 人。

(4) 該工廠（第一類事業、勞工總人數為 420 人）僱用或特約職業醫學科專科醫師之臨場服務頻率為 1 次／月。

(5) 急救藥品與器材，應置於適當固定處所，至少每個月定期檢查並保持清潔。

從事勞工健康服務之護理人員人力配置表

勞工作業別及總人數		特別危害健康作業勞工總人數			備註
		0-99	100-299	300 以上	一、勞工總人數超過 6000 人以上者，每增加 6000 人，應增加護理人員至少 1 人。 二、事業單位設置護理人員數達 3 人以上者，得置護理主管一人。
勞工總人數	1-299		1 人		
	300-999	1 人	1 人	2 人	
	1000-2999	2 人	2 人	2 人	
	3000-5999	3 人	3 人	4 人	
	6000 以上	4 人	4 人	4 人	

第 2 部分

13. 事業單位之同一工作場所，勞工總人數在＿＿＿以上或從事特別危害健康作業之勞工總人數在＿＿＿以上者，應視該場所之規模及性質，僱用或特約從事勞工健康服務之醫師及僱用從事勞工健康服務之護理人員，辦理臨場健康服務？(110.03)

300 人、100 人（勞工健康保護規則第 3 條）

14. 關於健康職場認證：

(1) 哪一項應該優於勞基法？

(2) 首要任務？

(3) 應該達到的三項為何？

(4) 還應該做到＿＿＿類＿＿＿項？(110.03)

(1) 職場菸害防制推動工作優於法令要求。

(2) 重點工作辦理情形：「健康需求評估」為必辦類別。

(3) 大型職場（300 人以上）「健康促進工作推動之範疇」：至少需達成「個人健康資源」類別、「生理健康工作環境」類別及「社會心理工作環境」評核的指標。

(4) 「健康促進活動辦理情形」：依據職場所調查之員工健康需求，至少辦理 3 類別「健康促進活動」（即 1 項）。

15. 1986 年渥太華憲章健康促進的五大行動綱領為何？(110.03)

(1) 建立健康的公共政策

(2) 創造支持性環境

(3) 強化社區行動

(4) 發展個人技巧

(5) 調整健康服務方向

UNIT 06 職業安全衛生教育訓練規則

1. 試述雇主對擔任下列工作之勞工，應依其工作性質至少多久需施以多少時間之職業安全衛生在職教育訓練。

    (1) 職業安全衛生管理人員。

    (2) 高壓氣體作業主管、營造作業主管及有害作業主管。

    (3) 各級業務主管。

    (4) 各營造作業、車輛系營建機械作業、高空工作車作業、缺氧作業、侷限空間作業及製造、處置或使用危險物、有害物作業之人員。

    (5) 一般勞工。(95.07, 97.07)

依據「職業安全衛生教育訓練規則」第 17 條及 17-1 條：雇主對擔任下列工作之勞工，應依其工作性質施以職業安全衛生在職教育訓練。

項次	工作性質	在職教育訓練時數
1	職業安全衛生業務主管	至少 6 hr/2y
2	職業安全衛生管理人員	至少 12 hr/2y
3	勞工健康服務護理人員	至少 12 hr/3y
4	高壓氣體作業主管、營造作業主管、有害作業主管	至少 6 hr/3y
5	勞工作業環境監測人員	至少 6 hr/3y
6	施工安全評估人員、製程安全評估人員	至少 6 hr/3y
7	具有危險性之機械或設備操作人員	至少 3 hr/3y
8	特殊作業人員	至少 3 hr/3y
9	急救人員	至少 3 hr/3y
10	各級管理指揮監督之業務主管	至少 3 hr/3y
11	職業安全衛生委員會成員	至少 3 hr/3y

第 2 部分

項次	工作性質	在職教育訓練週數及時數字
12	營造作業、車輛系營建機械作業、高空工作車作業、缺氧作業、局限空間作業及製造、處置或使用危險物、有害物作業之人員	至少 3 hr/3y
13	一般勞工	至少 3 hr/3y

2. 請列出七種人員，雇主應使其接受有害作業主管安全衛生教育訓練者？

答

依據職業安全衛生教育訓練規則第 10 條：雇主應使其接受有害作業主管安全衛生教育訓練者如下：

(1) 有機溶劑作業主管。

(2) 鉛作業主管。

(3) 四烷基鉛作業主管。

(4) 特定化學物質作業主管。

(5) 粉塵作業主管。

(6) 缺氧作業主管。

(7) 高壓室內作業主管。

(8) 潛水作業主管。

(9) 其他經中央主管機關指定之人員。

3. 某工廠有吊升荷重在 **3** 公噸以上之固定式起重機及荷重 **1** 公噸以上之堆高機各乙部，如該工廠僅有上述二機械，依職業安全衛生法法規規定，請問：

(1) 雇主對上述二種機械操作勞工應施以何種從事工作及預防災變所必要之安全衛生教育訓練？

(2) 雇主對上述之二種機械應如何實施自動檢查？

(3) 自動檢查之定期檢查紀錄事項為何？

(4) 定期檢查紀錄應保存幾年？**(92.11)**

答

(1) ① 吊升荷重在三公噸以上之固定式起重機操作人員應至少一人受危險性機械操作人員安全衛生教育訓練。

② 荷重在一公噸以上之堆高機操作人員應至少一人受特殊作業安全衛生教育訓練。

(2) 雇主對上述之二種機械應實施下列項目自動檢查：

① 荷重在一公噸以上之堆高機（參職業安全衛生管理辦法第 17 條）：

(a)每年就該機械之整體定期實施檢查一次。

(b)每月依下列規定項目定期實施檢查一次。

• 制動裝置、離合器及方向裝置。

• 積載裝置及油壓裝置。

• 頂篷及桅桿。

② 吊升荷重在三公噸以上之固定式起重機（參職業安全衛生管理辦法第 19 條）：

(a)每年就該機械之整體定期實施檢查一次。

(b)每月依下列規定定期實施檢查一次：

• 過捲預防裝置、警報裝置、制動器、離合器及其他安全裝置有無異常。

• 鋼索及吊鏈有無損傷。

• 吊鉤、抓斗等吊具有無損傷。

• 配線、集電裝置、配電盤、開關及控制裝置有無異常。

• 對於纜索、固定式起重機之鋼纜等及絞車裝置有無異常。

---

4. 某工廠新設立係適用職業安全衛生法之事業單位，雇用勞工 85 人，從事：(1)噴漆（有機溶劑作業），(2)軟焊（鉛）作業，(3)傳熱面積 80 平方公尺之鍋爐作業。依職業教育訓練規則規定，請問該事業單位應派員接受職業安全衛生教育訓練之項目及人數為何？(90.08)

(1) 乙種職業安全衛生業務主管之安全衛生教育訓練至少一人。

(2) 有機溶劑作業主管之安全衛生教育訓練至少一人。

(3) 鉛作業主管之安全衛生教育訓練至少一人。

(4) 乙級鍋爐操作人員至少一人。（傳熱面積：$50m^2 \leqq A < 500m^2$）

(5) 急救人員至少一人。

(6) 有機溶劑及鉛作業勞工之危害通識教育訓練。

(7) 一般職業安全衛生教育訓練 85 人。

---

5. 訓練單位於教育訓練結訓後多少日內應發給結業證書？並應將哪些文件至少保存 **3** 年？

依職業安全衛生教育訓練規則第 23、25 條之規定：訓練單位於教育訓練結訓後 15 日內，應發給訓練期滿證明，並將下列文件至少保存 3 年：

(1) 學員簽到紀錄。

(2) 受訓學員點名紀錄。

(3) 受訓學員成績冊。

(4) 受訓學員訓練期滿證明核發清冊或結業證書核發清冊。

---

6. 某一事業單位，其作業活動包括缺氧作業、**3** 公噸以上移動式起重機起重及吊掛作業、荷重在一公噸以上堆高機作業、高空工作車作業、局限空間作業，假如您是該事業之職業安全衛生管理人員，在擬訂職業安全衛生在職教育訓練計畫時，依職業安全衛生教育訓練規則規定：

(1) 應使該等作業勞工（含作業主管）接受何種職業安全衛生在職教育訓練。

(2) 上述之職業安全衛生在職教育訓練應每幾年實施一次？每次幾小時？**(98.11)**

(1) ① 有害作業主管訓練：包括缺氧作業主管。

　　② 具有危險性之機械或設備操作人員訓練：包括操作移動式起重機人員。

　　③ 特殊作業人員訓練：荷重在一公噸以上堆高機作業勞工及吊掛作業人員。

　　④ 一般安全衛生教育訓練：高空工作車、局限空間等作業人員。

(2) ① 有害作業主管在職訓練，每三年至少六小時。

　　② 特殊作業人員、具有危險性之機械或設備操作人員及高空工作車、局限空間等作業人員在職訓練，每三年至少三小時。

補充

職業安全衛生教育訓練規則第 17 條規定：

雇主對擔任下列工作之勞工，應依其工作性質施以職業安全衛生在職教育訓練：

(1) 職業安全衛生業務主管。

(2) 職業安全衛生管理人員。

(3) 勞工健康服務護理人員。

(4) 勞工作業環境監測人員。

(5) 施工安全評估人員及製程安全評估人員。

(6) 高壓氣體作業主管、營造作業主管及有害作業主管。

(7) 具有危險性之機械或設備操作人員。

(8) 特殊作業人員。

(9) 急救人員。

(10) 各級管理、指揮、監督之業務主管。

(11) 職業安全衛生委員會成員。

(12) 營造作業、車輛系營建機械作業、高空工作車作業、缺氧作業、局限空間作業及製造、處置或使用危險物、有害物作業之人員。

(13) 前述各款以外之一般勞工。

第 17-1 條　雇主對擔任前條第 1 項各款工作之勞工，應使其接受下列時數之安全衛生在職教育訓練：

一、第 1 款之勞工，每二年至少六小時。

二、第 2 款之勞工，每二年至少十二小時。

三、第 3 款之勞工，每三年至少十二小時。

四、第 4 款至第六款之勞工，每三年至少六小時。

五、第 7 款至第 13 款之勞工，每三年至少三小時。

7. 某工廠內設有殺菌鍋（容器內壓力已超過 1 大氣壓）及蒸汽鍋爐（傳熱面積為 350cm²）各一台，試回答下列問題：

(1) 依職業安全衛生教育訓練規則規定，其操作人員應分別經何種安全衛生教育訓練合格始得擔任？

(2) 該工廠最近新購 1 部高空工作車，依職業安全衛生管理辦法規定，每月應實施自動檢查的項目包括哪些？（至少列 2 項）(100.11)

(1) 依「職業安全衛生教育訓練規則」第 13 條規定：殺菌鍋及蒸汽鍋爐之操作人員應接受之安全衛生教育如下列：

① 殺菌鍋：應於事前使其接受丙級鍋爐操作人員之安全衛生教育訓練。（※容器內壓力超過 1 大氣壓）

② 蒸汽鍋爐：應使其接受特殊作業安全衛生教育訓練。（※傳熱面積未滿五十平方公尺者）

(2) 依「職業安全衛生管理辦法」第 15-2 條規定：雇主對高空工作車，應每月依下列規定定期實施檢查一次：

① 制動裝置、離合器及操作裝置有無異常。

② 作業裝置及油壓裝置有無異常。

③ 安全裝置有無異常。

※各種安全衛生教育訓練時數

1. 作業環境監測人員之安全衛生教育訓練時數：

(1) 甲級化學性因子作業環境監測人員(98hr)。

(2) 甲級物理性因子作業環境監測人員(79hr)。

(3) 乙級化學性因子作業環境監測人員(61hr)。

(4) 乙級物理性因子作業環境監測人員(56hr)。

2. 施工安全評估人員安全衛生教育訓練(76hr)。

3. 製程安全評估人員安全衛生教育訓練(82hr)。

4. 高壓氣體作業主管安全衛生教育訓練：

(1) 高壓氣體製造安全主任(22hr)。

(2) 高壓氣體製造安全作業主管(21hr)。

(3) 高壓氣體供應及消費作業主管(21hr)。

5. 各類型營造作業主管均為 18hr：

(1) 擋土支撐作業主管。

(2) 露天開挖作業主管。

(3) 模板支撐作業主管。

(4) 隧道等挖掘作業主管。

(5) 隧道等襯砌作業主管。

(6) 施工架及施工構台組配作業主管。

(7) 鋼構組配作業主管。

(8) 屋頂作業主管。

6. 各類型有害作業主管均為 18hr。

7. 工作場所急救人員，除醫護人員外，應接受急救人員教育訓練 18hr。

8. 危險性機械操作人員安全衛生教育訓練：

(1) 吊升荷重≧3 公噸之固定式起重機及吊升荷重≧1 公噸之斯達卡式起重機操作人員(38hr)。

(2) 吊升荷重≧3 公噸之移動式起重機操作人員(38hr)。

(3) 吊升荷重≧3 公噸之人字臂起重桿操作人員(38hr)。

(4) 軌道或升降路之高度在 20 公尺以上之營建用提升機操作人員(21hr)。

(5) 吊籠操作人員(26hr)。

9. 危險性設備操作人員安全衛生教育訓練：

(1) 鍋爐操作人員：

① 甲級鍋爐操作人員(60h)：傳熱面積≧$500m^2$。

② 乙級鍋爐操作人員(50hr)：$50m^2$≦傳熱面積＜$500m^2$。

③ 丙級鍋爐操作人員(39hr)：傳熱面積＜$50m^2$。

(2) 第一種壓力容器操作人員(35hr)。

(3) 高壓氣體特定設備操作人員(35hr)。

(4) 高壓氣體容器操作人員(35hr)。

第 **2** 部分

10. 特殊作業安全衛生教育訓練：
    (1) 小型鍋爐操作人員(18hr)。
    (2) 荷重≧1 公噸之堆高機操作人員(18hr)。
    (3) 吊升荷重＜3 公噸之固定式起重機、移動式起重機、人字臂起重桿等操作人員(18hr)。
    (4) 使用起重機具從事吊掛作業人員(18hr)。
    (5) 以乙炔熔接裝置或氣體集合裝置從事金屬之熔接、切斷或加熱作業人員(18hr)。
    (6) 火藥爆破作業人員(18hr)。
    (7) 胸高直徑 70 公分以上之伐木作業人員(15hr)。
    (8) 機械集材運材作業人員(24hr)。
    (9) 高壓室內作業人員(12hr)。
    (10) 潛水作業人員(18hr)。
11. 一般安全衛生教育訓練時數：
    (1) 新僱勞工或在職勞工於變更工作前依實際需要排定時數，不得少於 3 小時。但從事使用生產性機械或設備、車輛系營建機械、高空工作車、捲揚機等之操作及營造作業、缺氧作業、電焊作業等應各增列 3 小時；對製造、處置或使用危險物、有害物者應增列 3hr。
    (2) 各級業務主管人員於新僱或在職於變更工作前，應參照下列課程增列 6 小時：
    ① 安全衛生管理與執行。
    ② 自動檢查。
    ③ 改善工作方法。
    ④ 安全作業標準。

---

8. 雇主依職業安全衛生教育訓練規則規定，對新僱勞工或在職勞工於變更工作前，應使其至少接受 3 小時的必要安全衛生教育訓練，試問：
   (1) 對於從事哪些作業時，應再各增列 3 小時訓練課程？（至少列出 4 項）
   (2) 對於各級業務主管人員於新僱或在職於變更工作前，應增列幾小時課程？(103.03)

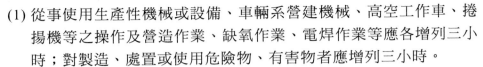

(1) 從事使用生產性機械或設備、車輛系營建機械、高空工作車、捲揚機等之操作及營造作業、缺氧作業、電焊作業等應各增列三小時；對製造、處置或使用危險物、有害物者應增列三小時。

(2) 各級業務主管人員於新僱或在職於變更工作前，應參照下列課程增列六小時：

　① 安全衛生管理與執行。

　② 自動檢查。

　③ 改善工作方法。

　④ 安全作業標準。

---

9. 乙影劇公司共有員工 525 人，承辦市政府跨年晚會活動，須搭設高度超過 5 公尺的舞台施工架，及使用吊升荷重 5 公噸以上之移動式起重機吊裝施工架，試問：

　(1) 乙公司應如何設置職業安全衛生管理組織及人員，並陳報勞動檢查機構備查？

　(2) 乙公司如將該舞台組裝交付承攬時，應要求承攬人所僱從事上述作業之勞工必須經過哪幾種職業安全衛生教育訓練合格，始可進場作業？（依職業安全衛生管理辦法、職業安全衛生教育訓練規則規定作答）(100.03)

(1) 乙公司屬於第三類事業單位，依法不需設置職業安全衛生管理單位但應置甲種職業安全衛生業務主管及職業安全衛生管理員各一人。（因超過 500 人）

(2) ① 施工架搭設：施工架組配作業主管應受營造作業主管之安全衛生教育訓練。

　② 吊升荷重在三公噸以上之移動式起重機操作人員應於事前使其接受具有危險性之機械操作人員之安全衛生教育訓練。

　③ 使用起重機具從事吊掛作業人員，應使其接受特殊作業安全衛生教育訓練。

10. 目前中央主管機關已經陸續公告勞工安全衛生教育訓練結訓測驗須採技術士技能檢定方式辦理之訓練種類,請至少列出 **4** 種。**(101.07)**

答

(1) 荷重在 1 公噸以上堆高機操作人員。
(2) 吊升荷重在 3 公噸以上固定式起重機操作人員。
(3) 吊升荷重在 3 公噸以上之移動式起重機操作人員。
(4) 乙級鍋爐操作人員。

11. 職業安全衛生教育訓練規則所規定之安全衛生教育訓練,大致可分為管理職類及技術職類,其中針對營造作業所訂定的主管類教育訓練有哪些?請列舉 **5** 項。**(102.03)**

答

依「職業安全衛生教育訓練規則」第 10 條規定,針對營造作業所訂定的主管類教育訓練如下:
(1) 擋土支撐作業主管。
(2) 露天開挖作業主管。
(3) 模板支撐作業主管。
(4) 隧道等挖掘作業主管。
(5) 隧道等襯砌作業主管。
(6) 施工架組配作業主管。
(7) 鋼構組配作業主管。
(8) 屋頂作業主管。(新增)
(9) 其他經中央主管機關指定之人員。

12.(1) 依職業安全衛生教育訓練規則對在職教育訓練規定,請說明勞工健康服務護理人員及急救人員各應接受之訓練頻率及時數。
　 (2) 雇主辦理急救人員在職教育訓練,應於幾日前檢附哪些文件,報請當地主管機關備查?**(102.07)**

(1) 依「職業安全衛生教育訓練規則」第 17-1 條規定：
　　① 勞工健康服務護理人員：每三年至少 12 小時。
　　② 急救人員：每三年至少三小時。
(2) 依「職業安全衛生教育訓練規則」第 22 條規定，雇主辦理急救
　　人員在職教育訓練，應於十五日前檢附下列文件，報請當地主管
　　機關備查。
　　① 教育訓練計畫報備書。
　　② 教育訓練課程表。
　　③ 講師概況。
　　④ 學員名冊。

---

13. 雇主對於哪些勞工，應使其接受特殊作業安全衛生教育訓練？
（請列舉 5 種）

依職業安全衛生訓練規則第 14 條：雇主對下列勞工，應使其接受特
殊作業安全衛生教育訓練：
(1) 小型鍋爐操作人員。
(2) 荷重在 1 公噸以上之堆高機操作人員。
(3) 吊升荷重在 0.5 公噸以上未滿 3 公噸之固定式起重機操作人員或
　　吊升荷重未滿 1 公噸之斯達卡式起重機操作人員。
(4) 吊升荷重在 0.5 公噸以上未滿 3 公噸之移動式起重機操作人員。
(5) 吊升荷重在 0.5 公噸以上未滿 3 公噸之人字臂起重桿操作人員。
(6) 使用起重機具從事吊掛作業人員。

14. 依職業安全衛生教育訓練規則規定，從事下列職務之勞工，雇主應使其接受何種安全衛生教育訓練？（單選，請以(1)A、(2)B⋯方式作答）(107.11)

(1) 擋土支撐作業主管	A：特殊作業教育訓練
(2) 有機溶劑作業主管	B：危險性機械操作人員教育訓練
(3) 荷重在 1 公噸以上之堆高機操作人員	C：危險性設備操作人員教育訓練
(4) 吊升荷重在 3 公噸以上之移動式起重機操作人員	D：營造作業主管教育訓練
(5) 高壓氣體特定設備操作人員	E：有害作業主管教育訓練
(6) 使用起重機具從事吊掛作業人員	F：高壓氣體作業主管教育訓練
(7) 屋頂作業主管	G：作業環境監測人員教育訓練
(8) 缺氧作業主管	
(9) 鍋爐操作人員	
(10) 吊籠操作人員	

 答

(1)D；(2)E；(3)A；(4)B；(5)C；(6)A；(7)D；(8)E；(9)C；(10)B。

15. 依職業安全衛生教育訓練規則規定，雇主對下列左欄工作之勞工，請從右欄選出應使其接受之安全衛生在職教育訓練時數。（單選，請以(1)A、(2)B、⋯方式作答）(107.11)

工作勞工	安全衛生在職教育訓練時數
(1)勞工健康服務護理人員	A.每 2 年至少 6 小時
(2)職業安全衛生業務主管	B.每 2 年至少 12 小時
(3)職業安全衛生管理人員	C.每 3 年至少 3 小時
(4)一般勞工	D.每 3 年至少 6 小時
(5)具有危險性機械或設備操作人員	E.每 3 年至少 12 小時

答

(1)E；(2)D；(3)B；(4)C；(5)C。

16. 一般安全衛生教育訓練課程有哪些？(110.03)

(1) 作業安全衛生有關法規概要。
(2) 職業安全衛生概念及安全衛生工作守則。
(3) 作業前、中、後之自動檢查。
(4) 標準作業程序。
(5) 緊急事故應變處理。
(6) 消防及急救常識暨演練。
(7) 其他與勞工作業有關之安全衛生知識。

17. 「0.4 公噸固定起重機」、「乙炔鋼瓶從事金屬之熔接」、「乙熔接裝置從事金屬之熔接」，以上三種要做哪一類教育訓練？(110.03)

(B)特殊作業、(C)一般教育訓練、(B)特殊作業。

18. 0.4 公噸固定起重機是「一般訓練」嗎？(110.03)

不是。
第三項吊升荷重在零點五公噸以上未滿三公噸之固定式起重機操作人員、或吊升荷重未滿一公噸之斯達卡式起重機操作人員，應接受特殊教育訓練。
（職業安全衛生教育訓練規則第 14 條）

19. 雇主對擔任下列工作之勞工，應依工作性質使其接受安全衛生在職教育訓練，時數各為多少？(110.03)

(1) 職業安全衛生業務主管→每二年至少六小時。

(2) 職業安全衛生管理人員→每二年至少十二小時。

(3) 勞工健康服務護理人員→每三年至少十二小時。

(4) 勞工作業環境監測人員→每三年至少六小時。

(5) 施工安全評估人員及製程安全評估人員→每三年至少六小時。

(6) 高壓氣體作業主管、營造作業主管及有害作業主管→每三年至少六小時。

(7) 具有危險性之機械或設備操作人員→每三年至少三小時。

(8) 特殊作業人員→每三年至少三小時。

(9) 急救人員→每三年至少三小時。

(10) 各級管理、指揮、監督之業務主管→每三年至少三小時。

(11) 職業安全衛生委員會成員→每三年至少三小時。

(12) 營造作業、車輛系營建機械作業、高空工作車作業、缺氧作業、局限空間作業及製造、處置或使用危害性化學品之人員→每三年至少三小時。

(13) 前述各款以外之一般勞工→每三年至少三小時。

---

20. 新僱勞工或在職勞工於變更工作前依實際需要排定時數，不得少於三小時，但從事使用生產性機械或設備、車輛系營建機械、＿＿＿、＿＿＿等之操作及＿＿＿、缺氧作業、＿＿＿等應各增列三小時。**(110.03)**

高空工作車、捲揚機、營造作業、電焊作業。

---

21. 工廠可以找哪些機構來做急救人員訓練？可以跟哪些單位合辦？**(110.03)**

辦理急救人員安全衛生教育訓練之急救訓練單位；應與中央衛生主管機關醫院評鑑合格或大專校院設有醫、護科系者合辦。

UNIT 07　危害性化學品標示及通識規則

單元重點

（原危險物與有害物標示及通識規則）

※ 重點條文內容（危害物改為危害性化學品，物質安全資料表改安全資料）

第 7 條	第 5 條標示之危害圖式形狀為直立四十五度角之正方形，其大小需能辨識清楚。圖式符號應使用黑色，背景為白色，圖式之紅框有足夠警示作用之寬度。
第 15 條	製造者、輸入者、供應者或雇主，應依實際狀況檢討安全資料表內容之正確性，適時更新，並至少每三年檢討一次。 前項安全資料表更新之內容、日期、版次等更新紀錄，應保存三年。
第 17 條	雇主為防止勞工未確實知悉危害性化學品之危害資訊，致引起之職業災害，應採取下列必要措施： 一、依實際狀況訂定危害通識計畫，適時檢討更新，並依計畫確實執行，其執行紀錄保存三年。 二、製作危害性化學品清單，其內容、格式參照附表五。 三、將危害性化學品之安全資料表置於工作場所易取得之處。 四、使勞工接受製造、處置或使用危害性化學品之教育訓練，其課程內容及時數依職業安全衛生教育訓練規則之規定辦理。 五、其他使勞工確實知悉危害性化學品資訊之必要措施。 前項第一款危害通識計畫，應含危害性化學品清單、安全資料表、標示、危害通識教育訓練等必要項目之擬訂、執行、紀錄及修正措施。

第2部分

1. 依「危害性化學品標示及通識規則」所稱危險物分為幾類？試分別寫出每類之二種物質。**(90.03)**

答

依據「危害性化學品標示及通識規則」第 2 條：危險物為符合國家標準 CNS15030，具有物理性危害者，分類如下：

(1) 爆炸性物質：
　① 硝化乙二醇、硝化甘油、硝化纖維及其他具有爆炸性質之硝酸酯類。
　② 三硝基苯、三硝基甲苯、三硝基酚及其他具有爆炸性質之硝基化合物。
　③ 過醋酸、過氧化丁酮、過氧化二苯甲醯及其他有機過氧化物。

(2) 著火性物質：
　① 易燃固體：係指硫化磷、赤磷、賽璐珞類等有易被外來火源所引燃迅速燃燒之固體。
　② 自燃物質：係指黃磷、二亞硫磺酸鈉、鋁粉末、鎂粉末及其他金屬粉末等有自行生熱或自行燃燒之固體或液體。
　③ 禁水性物質：係指金屬鋰、金屬鈉、金屬鉀、碳化鈣、磷化鈣及其他具有與水接觸能放出易燃氣體之物質。

(3) 氧化性物質：
　① 氯酸鉀、氯酸鈉及其他之氯酸鹽類。
　② 過氯酸鉀、過氯酸鈉、過氯酸銨及其他之過氯酸鹽類。
　③ 過氧化鉀、過氧化鈉、過氧化鋇及其他之無機過氧化物。
　④ 硝酸鉀、硝酸鈉、硝酸銨及其他之硝酸鹽類。
　⑤ 亞氯酸鈉及其他之固體亞氯酸鹽類。
　⑥ 次氯酸鈣及其他之固體次氯酸鹽類。

(4) 易燃液體：
　① 乙醚、汽油、乙醛、環氧丙烷、二硫化碳及其他之閃火點未滿－30°C 之物質。

② 正己烷、環氧乙烷、丙酮、苯、丁酮及其他之閃火點在－30°C 以上未滿 0°C 之物質。

③ 乙醇、甲醇、二甲苯、乙酸戊酯及其他之閃火點在 0°C 以上未滿 30°C 之物質。

④ 煤油、輕油、松節油、異戊醇、醋酸及其他之閃火點在 30°C 以上未滿 65°C 之物質。

(5) 可燃性氣體：

① 氫。

② 乙炔、乙烯。

③ 甲烷、乙烷、丙烷、丁烷。

④ 其他於一大氣壓下，15°C 時，具有可燃性之氣體。

(6) 爆炸性物品：

① 火藥：爆炸比較緩慢，以燃燒作用為主，並無顯著爆炸破壞作用之物品。

② 炸藥：爆發非常迅速，隨即發生強烈爆炸破壞作用之物品。

③ 爆劑：以硝酸銨等氧化劑為主成分，須置於封閉裝置內以雷管可引爆之混合物。

④ 引炸物：導火燃燒或爆炸用之物品。

⑤ 其他具有爆炸性之化工原料：指原料本身可直接爆炸或經引爆而爆炸者。

(7) 其他經中央主管機關指定公告者。

---

2. 解釋名詞：安全資料表(SDS)。

答

安全資料表簡稱 SDS，由於其簡要記載化學物質之特性，故屬於化學物質之說明書，為化學物質安全衛生管理之基本工具。

---

3. 試述安全資料表之用途。(92.11)

答

(1) 作為事業單位製造、處置、使用危害性化學品之必要設施，以及在管理上提供技術性資訊。
(2) 使勞工知道危害性化學品特性以及危害訓練時必要之具體資料。
(3) 平時處理及緊急應變的技術文獻資料。

4. 事業單位推動危害通識制度，應採取哪些措施？**(91.08, 92.03, 92.11, 94.03, 94.06)**

危害通識制度之五大工作（五大作為或措施）：
(1) 訂定危害通識計畫書。
(2) 製備危害性化學品清單。
(3) 標示危害性化學品。
(4) 提供安全資料表。
(5) 辦理勞工危害通識教育訓練。

5. 危害性化學品標示及通識規則規定，雇主對裝有危害性化學品之容器應如何標示？**(90.11, 105.11)**

依據「危害性化學品標示及通識規則」第 5 條：
雇主對裝有危害性化學品之容器，應明顯標示下列事項，必要時，輔以外文：
(1) 圖式。
(2) 內容：
　　① 名稱。
　　② 主要成分。
　　③ 警示語。
　　④ 危害警告訊息。
　　⑤ 危害防範措施。
　　⑥ 製造商或供應商之名稱、地址及電話。

補充

1. 容器容積在一百毫升以下者，得僅標示危害物質名稱、危害圖式及警示語。
2. 圖式形狀為直立 45 度角之正方形（菱形）。

★ 6. 依危害性化學品標示及通識規則規定，請問下列危害物質應標示之危害圖式為何？請以附圖各危害圖式之英文代號答題，不用畫圖。

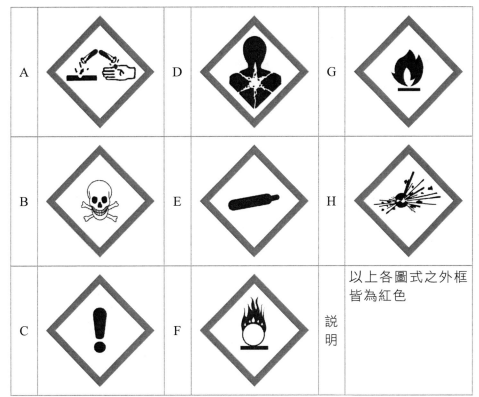

(1) 致癌物質第 2 級。
(2) 有機過氧化物 C 型。
(3) 加壓氣體之壓縮氣體。
(4) 不穩定爆炸物。
(5) 氧化性固體第 1 級。**(98.03)**

答

(1) D；(2) G（有機過氧化物 A 型、B 型，圖式則為 H）；(3) E；
(4) H；(5) F。

7. 一路發化學有限公司生產過程使用異丙醇、二甲苯及氮氣等化學物質，為防止勞工未確實知悉危害物質之危害資訊，而引起職業災害，應採取哪些必要措施？(99.11)

依危害性化學品標示及通識規則第 17 條規定：雇主為防止勞工未確實知悉危害物質之危害資訊，致引起之職業災害，應採取下列必要措施：

(1) 依實際狀況訂定危害通識計畫，適時檢討更新，並依計畫確實執行，其執行紀錄保存三年。

(2) 製作危害性化學品清單，其內容應含物品名稱、其他名稱、物質安全資料表索引碼、製造商或供應商名稱、地址及電話、使用資料及貯存資料等項目。

(3) 將危害性化學品之安全資料表置於工作場所易取得之處。

(4) 使勞工接受製造、處置或使用危害性化學品之教育訓練。

(5) 其他使勞工確實知悉危害性化學品資訊之必要措施。

8. 丙化學有限公司儲存及使用某一種化學物質，其容器危害標示如圖。依據危害性化學品標示及通識規則規定，此圖式可能代表危害物質之危害分類（例如：易燃氣體）為何？（至少列出 5 種，不含易燃氣體）(100.07)

易燃液體第 1、2、3 級、易燃固體第 1 級、第 2 級、自反應物質 B型、發火性液體、發火性固體、自熱物質、禁水性物質、有機過氧化物 C 型和 D 型、E 型和 F 型。

9. 依危害性化學品標示及通識規則規定，雇主應提供安全資料表，
   試回答下列問題：
   (1) 列出 4 種安全資料表之項目。
   (2) 若裝有危害性化學品之容器其容積在 100 毫升以下，得如何
   標示？**(101.11)**

(1) 安全資料表之項目如下：

① 物品與廠商資料	⑦ 安全處置與儲存方法	⑬ 廢棄處置方法
② 危害辨識資料	⑧ 暴露預防措施	⑭ 運送資料
③ 成分辨識資料	⑨ 物理及化學性質	⑮ 法規資料
④ 急救措施	⑩ 安定性及反應性	⑯ 其他資料
⑤ 滅火措施	⑪ 毒性資料	
⑥ 洩漏處理方法	⑫ 生態資料	

(2) 若裝有危害性化學品之容器之容積在一百毫升以下者，得僅標示
   名稱、危害圖式及警示語。

10. 依危害性化學品標示及通識規則規定，請問下列危害物質應標示
    之危害圖式為何？請以圖片中各危害圖式之英文代號答題，不用
    畫圖。

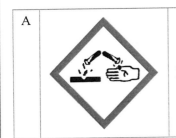
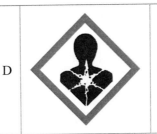

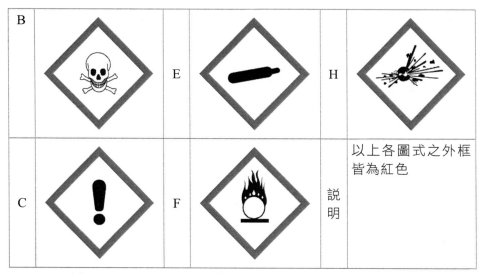

(1) 易燃氣膠。

(2) 嚴重損傷／刺激眼睛物質第 1 級。

(3) 自熱物質。

(4) 有機過氧化物 A 型。

(5) 致癌物質。**(102.07)**

 答

(1) G；(2) A；(3) G；(4) H；(5) D。

---

11. 危險物、有害物定義分別為何？**(110.03)**

 答

(1) 危險物：符合國家標準 CNS15030 分類，具有物理性危害者。

(2) 有害物：符合國家標準 CNS15030 分類，具有健康危害者。

（危害性化學品標示及通識規則第 2 條）

12. 雇主對裝有危害性化學品之容器,應明顯標示哪些內容?容器之容積在＿＿＿毫升以下者,得僅標示名稱、危害圖式及警示語。**(110.03)**

1. (1) 危害圖式。
   (2) 內容:
      ① 名稱。
      ② 危害成分。
      ③ 警示語。
      ④ 危害警告訊息。
      ⑤ 危害防範措施。
      ⑥ 製造者、輸入者或供應者之名稱、地址及電話。
2. 100 毫升。

13. 製造者、輸入者、供應者或雇主,應依實際狀況檢討安全資料表內容之正確性,適時更新,並至少每＿＿＿年檢討一次。前項安全資料表更新之內容、日期、版次等更新紀錄,應保存＿＿＿年?如何標示?**(110.03)**

3 年、3 年(危害性化學品標示及通識規則第 15 條)、45 度角之正方形。

14. 安全資料表應列內容項目有哪些?**(110.03)**

安全資料表內容:
(1) 化學品與廠商資料
(2) 危害辨識資料
(3) 成分辨識資料

(4) 急救措施

(5) 滅火措施

(6) 洩漏處理方法

(7) 安全處置與儲存方法

(8) 暴露預防措施

(9) 物理及化學性質

(10) 安定性及反應性

(11) 毒性資料

(12) 生態資料

(13) 廢棄處置方法

(14) 運送資料

(15) 法規資料

(16) 其他資料

08 危害物質相關法規

 單元重點

勞工作業環境監測實施辦法

※ 重點條文內容（修改增加之處）

第 2 條　　（定義略為修正）

本辦法用詞，定義如下：

一、作業環境監測：指為掌握勞工作業環境實態與評估勞工暴露狀況，所採取之規劃、採樣、測定及分析之行為。

二、作業環境監測機構：指依本辦法規定申請，並經中央主管機關認可，執行作業環境監測業務之機構（以下簡稱監測機構）。

三、臨時性作業：指正常作業以外之作業，其作業期間不超過三個月，且一年內不再重複者。

四、作業時間短暫：指雇主使勞工每日作業時間在一小時以內者。

五、作業期間短暫：指作業期間不超過一個月，且確知自該作業終了日起六個月，不再實施該作業者。

六、第三者認證機構：指取得國際實驗室認證聯盟相互認可協議，並經中央主管機關公告之認證機構。

七、認證實驗室：指經第三者認證機構認證合格，於有效限期期內，辦理作業環境監測樣本化驗分析之機構。

第 10 條　　雇主實施作業環境監測前，應就作業環境危害特性、監測目的及中央主管機關公告之相關指引，規劃採樣策略，並訂定含採樣策略之作業環境監測計畫（以下簡稱監測計畫），確實執行，並依實際需要檢討更新。

前項監測計畫，雇主應於作業勞工顯而易見之場所公告或以其他公開方式揭示之，必要時應向勞工代表說明。

雇主於實施監測十五日前，應將監測計畫依中央主管機關公告之網路登錄系統及格式，實施通報。但依前條規定辦理之作業環境監測者，得於實施後七日內通報。

第 10-1 條　　前條監測計畫，應包括下列事項：
　　　　　　　一、危害辨識及資料收集。
　　　　　　　二、相似暴露族群之建立。
　　　　　　　三、採樣策略之規劃及執行。
　　　　　　　四、樣本分析。
　　　　　　　五、數據分析及評估。

第 10-2 條　　附件檔案：
　　　　　　　事業單位從事特別危害健康作業之勞工人數在一百人以上，或依本辦法規定應實施化學性因子作業環境監測，且勞工人數五百人以上者，監測計畫應由下列人員組成監測評估小組研訂之：
　　　　　　　一、工作場所負責人。
　　　　　　　二、依職業安全衛生管理辦法設置之職業安全衛生人員。
　　　　　　　三、受委託之執業工礦衛生技師。
　　　　　　　四、工作場所作業主管。
　　　　　　　游離輻射作業或化學性因子作業環境監測依第 11 條規定得以直讀式儀器監測方式為之者，不適用前項規定。
　　　　　　　第 1 項監測計畫，雇主應使監測評估小組成員共同簽名及作成紀錄，留存備查，並保存三年。
　　　　　　　第 1 項第 3 款之技師不得為監測機構之人員，且以經附表二之一所定課程訓練合格者為限。
　　　　　　　前項訓練得由中央主管機關自行辦理，或由中央主管機關認可之專業團體辦理。

第 11 條　　　（新增）
　　　　　　　雇主實施作業環境監測時，應設置或委託監測機構辦理。但監測項目屬物理性因子或得以直讀式儀器有效監測之下列化學性因子者，得僱用乙級以上之監測人員或委由執業之工礦衛生技師辦理：
　　　　　　　一、二氧化碳。
　　　　　　　二、二硫化碳。
　　　　　　　三、二氯聯苯胺及其鹽類。
　　　　　　　四、次乙亞胺。
　　　　　　　五、二異氰酸甲苯。
　　　　　　　六、硫化氫。

七、汞及其無機化合物。

八、其他經中央主管機關指定公告者。

危害性化學品評估及分級管理辦法

第 2 條　　本辦法用詞，定義如下：

一、暴露評估：指以定性、半定量或定量之方法，評量或估算勞工暴露於化學品之健康危害情形。

二、分級管理：指依化學品健康危害及暴露評估結果評定風險等級，並分級採取對應之控制或管理措施。

第 4 條　　雇主使勞工製造、處置或使用之化學品，符合國家標準 CNS 15030 化學品分類，具有健康危害者，應評估其危害及暴露程度，劃分風險等級，並採取對應之分級管理措施。

第 8 條　　中央主管機關對於第 4 條之化學品，定有容許暴露標準，而事業單位從事特別危害健康作業之勞工人數在 100 人以上，或總勞工人數 500 人以上者，雇主應依有科學根據之之採樣分析方法或運用定量推估模式，實施暴露評估。

雇主應就前項暴露評估結果，依下列規定，定期實施評估：

一、暴露濃度低於容許暴露標準二分之一之者，至少每 3 年評估 1 次。

二、暴露濃度低於容許暴露標準但高於或等於其二分之一者，至少每年評估 1 次。

三、暴露濃度高於或等於容許暴露標準者，至少每 3 個月評估 1 次。

第 10 條　　雇主對於前 2 條化學品之暴露評估結果，應依下列風險等級，分別採取控制或管理措施：

一、第一級管理：暴露濃度低於容許暴露標準二分之一者，除應持續維持原有之控制或管理措施外，製程或作業內容變更時，並採行適當之變更管理措施。

二、第二級管理：暴露濃度低於容許暴露標準但高於或等於其二分之一者，應就製程設備、作業程序或作業方法實施檢點，採取必要之改善措施。

三、第三級管理：暴露濃度高於或等於容許暴露標準者，應即採取有效控制措施，並於完成改善後重新評估，確保暴露濃度低於容許暴露標準。

1. 勞工作業環境監測有物理性、化學性因子,請就:
   (1)監測場所;**(2)**監測項目;**(3)**監測期限;**(4)**保存年限。
   各舉兩例說明。**(86.12)**

答

依據「勞工作業環境監測實施辦法」第 8 條規定:

項次	作業場所	測定項目	測定期限
1	鍋爐間;鍛造、鑄造間;蒸汽操作;燒窯	綜合溫度熱指數	每 3 個月
2	鉛作業	鉛濃度	每 1 年
3	四烷基鉛作業	四烷基鉛濃度	每 1 年
4	設置中央管理方式之空氣調節設備之建築物室內作業場所	二氧化碳濃度	6 個月
5	坑內作業場所	粉塵、二氧化碳	6 個月
6	85 分貝以上噪音作業場所	噪音	6 個月
7	粉塵作業	粉塵濃度	6 個月
8	有機溶劑作業	有機溶劑濃度	6 個月
9	二氯聯苯胺及其鹽類…	—	6 個月
10	接近煉焦爐或於其上方從事煉焦之場所	溶於苯之煉焦爐生成物之濃度	6 個月

另解

1. 一般場所作業環境監測紀錄保存3年。
2. 粉塵之監測紀錄保存10年(勞工作業環境監測實施辦法第12條)。
3. 二氯聯苯胺及其鹽類、二甲氧基聯苯胺及其鹽類、α－萘胺及其鹽類、鈹及其化合物、氯乙烯、苯、石綿、煤焦油、三氧化二砷…等保存30年(勞工作業環境監測實施辦法第12條)。
4. 作業環境監測紀錄之內容:
   (1) 監測時間(年、月、日、時)。
   (2) 監測方法。

(3) 監測處所。（含位置圖）

(4) 監測條件。

(5) 監測項目。

(6) 監測結果。

(7) 監測人員姓名（含資格文號及簽名），委託測定時需包含監測機構名稱。

(8) 會同監測人員簽名。

(9) 依據監測結果採取之必要防範措施事項。

2. 依職業安全衛生法令規定，應實施作業環境監測之作業場所有哪些？(90.08, 91.11, 93.07)

職業安全衛生法施行細則第 17 條規定，應實施作業環境監測之作業場所如下：

(1) 設有中央管理方式之空氣調節設備之建築物室內作業場所。

(2) 坑內作業場所。

(3) 勞工噪音暴露工作日 8 小時日時量平均音壓級在 85 分貝以上之作業場所。

(4) 下列作業場所，經中央主管機關指定者：

　① 高溫作業場所。

　② 粉塵作業場所。

　③ 鉛作業場所。

　④ 四烷基鉛作業場所。

　⑤ 有機溶劑作業場所。

　⑥ 特定化學物質之作業場所。

(5) 其他經中央主管機關指定公告之作業場所。

3. (1) 依粉塵危害預防標準規定，雇主設置之局部排氣裝置，有關氣罩、導管、排氣機及排氣口之規定，分別為何？
   (2) 前項 4 種裝置中，哪一種有例外排除之規定？(102.11)

(1) 依粉塵危害預防標準 15 條：雇主設置之局部排氣裝置，應依下列之規定：
   ① 氣罩宜設置於每一粉塵發生源，如採外裝型氣罩者，應盡量接近發生源。
   ② 導管長度宜盡量縮短，肘管數應盡量減少，並於適當位置開啟易於清掃及測定之清潔口及測定孔。
   ③ 局部排氣裝置之排氣機，應置於空氣清淨裝置後之位置。
   ④ 排氣口應設於室外。
   ⑤ 其他經中央主管機關指定者。
(2) 特定粉塵發生源之局部排氣裝置設置過濾除塵方式或靜電除塵方式者，除外。

4. 依勞工作業環境監測實施辦法規定，雇主得自行僱用合格監測人員，以直讀式儀器監測之化學性因子包括哪些？（至少列舉 4 項）(103.11)

依勞工作業環境監測實施辦法第 11 條規定：
雇主實施作業環境監測時，應設置或委託監測機構辦理。但監測項目屬物理性因子或得以直讀式儀器有效監測之下列化學性因子者，得僱用乙級以上之監測人員或委由執業之工礦衛生技師辦理：
一、二氧化碳。
二、二硫化碳。
三、二氯聯苯胺及其鹽類。
四、次乙亞胺。
五、二異氰酸甲苯。

六、**硫化氫**。

七、**汞及其無機化合物**。

八、其他經中央主管機關指定公告者。

---

5. 某塑膠製品業於歲修期間，雇主使勞工進入儲槽之內部從事有機溶劑作業，依有機溶劑中毒預防規則，應遵守哪些規定？（請列舉 5 項）(104.07)

依有機溶劑中毒預防規則第 21 條：雇主使勞工於儲槽之內部從事有機溶劑作業時，應依下列規定：

(1) 派遣有機溶劑作業主管從事監督作業。

(2) 決定作業方法及順序於事前告知從事作業之勞工。

(3) 確實將有機溶劑或其混存物自儲槽排出，並應有防止連接於儲槽之配管流入有機溶劑或其混存物之措施。

(4) 前款所採措施之閥、旋塞應予加鎖或設置盲板。

(5) 作業開始前應全部開放儲槽之人孔及其他無虞流入有機溶劑或其混存物之開口部。

(6) 以水、水蒸汽或化學藥品清洗儲槽之內壁，並將清洗後之水、水蒸氣或化學藥品排出儲槽。

(7) 應送入或吸出三倍於儲槽容積之空氣，或以水灌滿儲槽後予以全部排出。

(8) 應以測定方法確認儲槽之內部之有機溶劑濃度未超過容許濃度。

(9) 應置備適當的救難設施。

(10) 勞工如被有機溶劑或其混存物汙染時，應即使其離開儲槽內部，並使該勞工清洗身體除卻汙染。

6. 某工廠有勞工 800 人，於製程中使用之化學品包括硫酸、三氯乙烯、硝酸、丙酮、鹽酸等。依勞工作業環境監測實施辦法規定，請回答下列問題：

(1) 監測計畫應由哪些人員組成監測評估小組研訂之？（請列舉 2 種人員）

(2) 監測評估小組研訂監測計畫後，應共同簽名及作成紀錄，並保存多少年？

(3) 該工廠所使用哪 2 種化學品之監測結果應保存 30 年？ **(104.11)**

(1) 作業環境監測實施辦法第 10-2 條：

事業單位從事特別危害健康作業之勞工人數在 100 人以上，或依本辦法規定應實施化學性因子作業環境監測，且勞工人數 500 人以上者，監測計畫應由下列人員組成監測評估小組研訂之：

① 工作場所負責人。

② 依職業安全衛生管理辦法設置之職業安全衛生人員。

③ 受委託之執業工礦衛生技師。

④ 工作場所作業主管。

(2) 監測計畫，雇主應使監測評估小組成員共同簽名及作成紀錄，留存備查，並保存三年。

(3) 三氯乙烯監測結果要保存三十年。

※補充：監測計畫，應包括下列事項：

(1) 危害辨識及資料收集。

(2) 相似暴露族群之建立。

(3) 採樣策略之規劃及執行。

(4) 樣本分析。

(5) 數據分析及評估。

7. 快樂化學公司指派勞工王大明進入儲存硫酸儲槽內部從事內襯檢查作業，依特定化學物質危害預防標準規定，請至少列舉 6 項應採取之措施。(100.11)

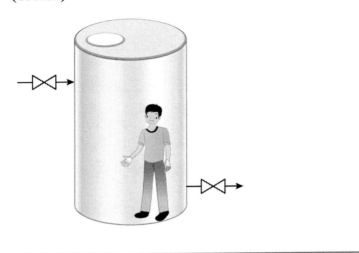

答

依照「特定化學物質危害預防標準」第 30 條規定，雇主對製造、處置或使用乙類物質、丙類物質或丁類物質之設備，或儲存可生成該物質之儲槽等，因改造、修理或清掃等而拆卸該設備之作業或必須進入該設備等內部作業時，應依下列規定：

(1) 派遣特定化學物質作業主管從事監督作業。

(2) 決定作業方法及順序，於事前告知從事作業之勞工。

(3) 確實將該物質自該作業設備排出。

(4) 為使該設備連接之所有配管不致流入該物質，應將該閥、旋塞等設計為雙重開關構造或設置盲板等。

(5) 依前款規定設置之閥、旋塞應予加鎖或設置盲板，並將「不得開啟」之標示揭示於顯明易見之處。

(6) 作業設備之開口部，不致流入該物質至該設備者，均應予開放。

(7) 使用換氣裝置將設備內部充分換氣。

(8) 以測定方法確認作業設備內之該物質濃度未超過容許濃度。

(9) 拆卸第 4 款規定設置之盲板等時，有該物質流出之虞者，應於事前確認在該盲板與其最接近之閥或旋塞間有否該物質之滯留，並採取適當措施。

(10) 在設備內部應置發生意外時能使勞工立即避難之設備或其他具有同等性能以上之設備。

(11) 供給從事該作業之勞工穿著不浸透性防護衣、防護手套、防護長鞋、呼吸用防護具等個人防護具。

雇主在未依前項第(8)款規定確認該設備適於作業前，應將「不得將頭部伸入設備內」之意旨，告知從事該作業之勞工。

---

8. 依缺氧症預防規則規定，某事業單位之雇主使勞工從事缺氧危險作業，請回答下列問題：

(1) 應將哪些注意事項公告於缺氧危險作業場所入口顯而易見處？（請列舉 3 項）

(2) 應置備哪 4 種設備供勞工緊急避難或救援人員使用？(106.03)

(1) 依缺氧症預防規則第 18 條規定：雇主使勞工於缺氧危險場所或其鄰接場所作業時，應將下列注意事項公告於作業場所入口顯而易見之處所，使作業勞工周知：

① 有罹患缺氧症之虞之事項。

② 進入該場所時應採取之措施。

③ 事故發生時之緊急措施及緊急聯絡方式。

④ 空氣呼吸器等呼吸防護具、安全帶等、測定儀器、換氣設備、聯絡設備等之保管場所。

⑤ 缺氧作業主管姓名。

(2) 第 27 條：雇主使勞工從事缺氧危險作業時，應置備空氣呼吸器等呼吸防護具、梯子、安全帶或救生索等設備，供勞工緊急避難或救援人員使用。

9. 下列何者化學物質應保存 30 年？(1)游離輻射、(2)粉塵、(3)氯乙烯、(4)甲醛、(5)石綿。**(110.03)**

(3)、(5)（勞工作業環境監測實施辦法第 12 條）

10. 雇主應依規定實施作業環境監測，其監測週期 6 個月有哪些？**(110.03)**

(1) 設有中央管理方式之空氣調節設備之建築物室內作業場所。
(2) 製造、處置或使用特定化學物質之作業場所。
(3) 粉塵作業場所。
(4) 坑內作業場所。
(5) 製造、處置或使用下列有機溶劑之作業場所。
(6) 煉焦爐上方或接近該爐作業之場所。
（勞工作業環境監測實施辦法第 7 條）

11. 雇主於實施監測＿＿日前，應將監測計畫依中央主管機關公告之網路登錄系統及格式，實施通報。但依前條規定辦理之作業環境監測者，得於實施後＿＿日內通報。**(110.03)**

15、7（勞工作業環境監測實施辦法第 10 條）

12. 實施監測計畫，應包含哪些事項？**(110.03)**

(1) 危害辨識及資料收集。
(2) 相似暴露族群之建立。
(3) 採樣策略之規劃及執行。

(4) 樣本分析。

(5) 數據分析及評估。

（勞工作業環境監測實施辦法第 10-1 條）

---

13. 事業單位從事特別危害健康作業之勞工人數在____人以上，或依本辦法規定應實施化學性因子作業環境監測，且勞工人數____人以上者，監測計畫應由下列人員組成監測評估小組研訂之：

(1) 工作場所負責人。

(2) 依職業安全衛生管理辦法設置之職業安全衛生人員。

(3) 執業工礦衛生技師。

(4) 工作場所作業主管。(110.03)

100、500。

---

14. 直讀式儀器可以使用在哪種化學物？(110.03)

二氧化碳、二硫化碳、二氯聯苯胺及其鹽類、次乙亞胺、二異氰酸甲苯、硫化氫、汞及其無機化合物、其他經中央主管機關指定公告者。（勞工作業環境監測實施辦法第 11 條）

---

15. 何謂通風不充分之室內作業場所？何謂作業時間短暫？勞工戴用輸氣管面罩連續作業時間，每次不得超過幾小時，並給予適當之休息時間？(110.03)

通風不充分之室內作業場所：指室內對外開口面積未達底面積之二十分之一以上或全面積之百分之三以上者。

作業時間短暫：指雇主使勞工每日作業時間在一小時以內。

勞工戴用輸氣管面罩之連續作業時間，每次不得超過一小時，並給予適當之休息時間。

16. 下列哪一個是第二種有機溶劑？(1)二氯乙烷、(2)二氯甲烷 (110.03)

(2)二氯甲烷。

17. 三氯乙烯跟四氯乙烯，何者為第一種有機溶劑？(110.03)

三氯乙烯。

18. 鉛中毒預防規則名詞解釋為何？（鉛化合物、鉛混合物、鉛混存物、鉛塵）(110.03)

鉛化合物：指氧化鉛類、氫氧化鉛、氯化鉛、碳酸鉛、矽酸鉛、硫酸鉛、鉻酸鉛、鈦酸鉛、硼酸鉛、砷酸鉛、硝酸鉛、醋酸鉛及硬脂酸鉛。

鉛混合物：指燒結礦、煙灰、電解漿泥及礦渣以外之鉛、鉛合金或鉛化合物與其他物質之混合物。

鉛混存物：指鉛合金、鉛化合物、鉛混合物。

鉛塵：指加工、研磨、加熱等產生之固體粒狀物及其氧化物如燻煙等。

（鉛中毒預防規則第 3 條）

19. 雇主使勞工從事第二條第二項第十款規定之作業，其設置整體換氣裝置之換氣量，應為每一從事鉛作業勞工平均每分鐘____立方公尺以上，每小時____立方公尺，五人____立方公尺？(110.03)

1.67、100.2、501(100.2×5)（鉛中毒預防規則第 32 條）

20. 雇主不得使勞工使用石綿或含有石綿占其重量超過百分之____之混合物從事吹噴作業。(110.03)

1%。

09 營造安全衛生設施標準

單元重點

※重點條文內容（修改增加之處）

第 1-1 條　　（新增）

本標準用詞，定義如下：

一、露天開挖：指於露天場所採人工或機械實施土、砂、岩石等之開挖，包括土木構造物、建築物之基礎開挖、地下埋設物之管溝開挖及整地等。

二、露天開挖作業：指露天開挖與開挖區及其鄰近處所相關之作業，包括測量、鋼筋組立、模板組拆、灌漿、管道及管路設置、擋土支撐組拆及搬運作業等。

第 3 條　　（新增第 2、3 項）

本標準規定之一切安全衛生設施，雇主應依下列規定辦理：

一、安全衛生設施於施工規劃階段須納入考量。

二、依營建法規等規定須有施工計畫者，應將安全衛生設施列入施工計畫內。

三、前二款規定，於工程施工期間須切實辦理。

四、經常注意與保養以保持其效能，發現有異常時，應即補修或採其他必要措施。

五、有臨時拆除或使其暫時失效之必要時，應顧及勞工安全及作業狀況，使其暫停工作或採其他必要措施，於其原因消失後，應即恢復原狀。

前項第 3 款之工程施工期間包含開工前之準備及竣工後之驗收、保固維修等工作期間。

第 18 條　　（新增第 3 項及屋頂作業主管辦理事項）

雇主使勞工從事屋頂作業時，應指派專人督導，並依下列規定辦理：

一、因屋頂斜度、屋面性質或天候等因素，致勞工有墜落、滾落之虞者，應採取適當安全措施。

二、於斜度大於三十四度（高底比為二比三）或滑溜之屋頂作業者，應設置適當之護欄，支承穩妥且寬度在四十公分以上之適當工作台及數量充分、安裝牢穩之適當梯子。但設置護欄有困難者，應提供背負式安全帶使勞工佩掛，並掛置於堅固錨錠、可供鉤掛之堅固物件或安全母索等裝置上。

三、於易踏穿材料構築之屋頂作業時，應先規劃安全通道，於屋架上設置適當強度，且寬度在三十公分以上之踏板，並於下方適當範圍裝設堅固格柵或安全網等防墜設施。但雇主設置踏板面積已覆蓋全部易踏穿屋頂或採取其他安全工法，致無踏穿墜落之虞者，不在此限。

於前項第 3 款之易踏穿材料構築屋頂作業時，雇主應指派屋頂作業主管於現場辦理下列事項：

一、決定作業方法，指揮勞工作業。

二、實施檢點，檢查材料、工具、器具等，並汰換不良品。

三、監督勞工確實使用個人防護具。

四、確認安全衛生設備及措施之有效狀況。

五、其他為維持作業勞工安全衛生所必要之設備及措施。

前項第 2 款之汰換不良品規定，對於進行拆除作業之待拆物件不適用之。

第 2 項指派屋頂作業主管之規定，自中華民國 104 年 7 月 3 日施行。

第 40 條　（第 1 項文字修正）

雇主對於施工構台、懸吊式施工架、懸臂式施工架、高度五公尺以上施工架、高度五公尺以上之吊料平台、升降機直井工作台、鋼構橋橋面板下方工作台或其他類似工作台等之構築及拆除，應依下列規定辦理：

一、事先就預期施工時之最大荷重，依結構力學原理妥為設計，置備施工圖說，並指派所僱之專任工程人員簽章確認強度計算書及施工圖說。但依營建法規等不須設置專任工程人員者，得由雇主指派具專業技術及經驗之人員為之。

二、建立按施工圖說施作之查驗機制。

三、設計、施工圖說、簽章確認紀錄及查驗等相關資料，於未完成拆除前，應妥存備查。

有變更設計時，其強度計算書及施工圖說應重新製作，並依前項規定辦理。

第 51 條　（新增第 2 項）

雇主於施工架上設置人員上下設備時，應依下列規定辦理：

一、確實檢查施工架各部分之穩固性，必要時應適當補強，並將上下設備架設處之立柱與建築物之堅實部分牢固連接。

二、施工架任一處步行至最近上下設備之距離，應在三十公尺以下。

1. 依營造安全衛生設施標準之規定，對於高度 2 公尺以上之工作場所，勞工作業有墜落之虞者，試說明雇主應依哪些規定訂定墜落災害防止計畫，採取適當墜落災害防止設施？(96.04, 97.07, 104.03)

依營造安全衛生設施標準第 17 條之規定：雇主對於高度 2 公尺以上之工作場所，勞工作業有墜落之虞者，應訂定墜落災害防止計畫，依下列風險控制之先後順序規劃並採取適當墜落災害防止設施：

(1) 經由設計或工法之選擇，盡量**使勞工於地面完成作業以減少高處作業項目**。

(2) 經由施工程序之變更，**優先施作永久構造物之上下升降設備或防墜設施**。

(3) **設置護欄、護蓋**。

(4) **張掛安全網**。

(5) **使勞工佩掛安全帶**。

(6) **設置警示線系統**。

(7) **限制作業人員進入管制區**。

(8) 對於因開放邊線、組模作業、收尾作業等及採取第(1)款至第(5)款規定之設施致增加其作業危險者，應訂定保護計畫並實施。

---

2. 依營造安全衛生設施標準之規定，試說明雇主使勞工鄰近河川、湖泊、海岸作業，勞工有落水之虞者，應辦理之事項為何？**(96.08)**

依營造安全衛生設施標準第 14 條之規定：雇主使勞工鄰近溝渠、水道、埤池、水庫、河川、湖潭、港灣、堤堰、海岸或其他水域場所作業，致勞工有落水之虞者，應依下列規定辦理：

(1) **設置防止勞工落水之設施或使勞工著用救生衣。**

(2) 於作業場所或其附近設置下列救生設備。但水深、水流及水域範圍等甚小，備置船筏有困難，且使勞工著用救生衣、提供易於攀握之救生索、救生圈或救生浮具等足以防止溺水者，不在此限：

① **依水域危險性及勞工人數，備置足敷使用之動力救生船、救**生艇、輕艇或救生筏；每艘船筏應配備長度 15 公尺，直徑 9.5 毫米之聚丙烯纖維繩索，且其上掛繫與最大可救援人數相同數量之救生圈、船及救生衣。

② **有湍流、潮流之情況，應預先架設延伸過水面且位於作業場所上方之繩索**，其上掛繫可支持拉住落水者之救生圈。

③ 可通知相關人員參與救援行動之**警報系統或電訊連絡設備**。

---

3. 依營造安全衛生設施標準之規定試說明工地露天開挖作業為防止地面之崩塌及損壞地下埋設物致有危害勞工之虞，應事前就作業地點從事哪些調查？**(96.11)**

依營造安全衛生設施標準第 63 條之規定：雇主僱用勞工從事露天開挖作業，為防止地面之崩塌及損壞地下埋設物致有危害勞工之虞，應事前就作業地點及其附近，**施以鑽探、試挖**或其他**適當方法從事調查**，其調查內容，應依下列規定：

(1) 地面形狀、地層、地質、鄰近建築物及交通影響情形等。

(2) 地面有否龜裂、地下水位狀況及地層凍結狀況等。

(3) 有無地下埋設物及其狀況。

(4) 地下有無高溫、危險或有害之氣體、蒸氣及其狀況。

依前項調查結果擬訂開挖計畫，其內容應包括開挖方法、順序、進度、使用機械種類、降低水位、穩定地層方法及土壓觀測系統等。

---

4. 依營造安全衛生設施標準之規定，請列出雇主對於施工構台及高度 5 公尺以上施工架之構築，應辦理事項？(97.03)

依營造安全衛生設施標準第 40 條之規定：

雇主對於**施工構台、懸吊式施工架、懸臂式施工架、高度五公尺以上施工架、高度五公尺以上之吊料平台、升降機直井工作台、鋼構橋橋面板下方工作台**或其他**類似工作台等**之構築及拆除，應依下列規定辦理：

(1) **事先就預期施工時之最大荷重，依結構力學原理妥為設計，置備施工圖說**，並指派所僱之專任工程人員簽章**確認強度計算書及施工圖說**。但依營建法規等不須設置專任工程人員者，得由雇主指派具專業技術及經驗之人員為之。

(2) **建立按施工圖說施作之查驗機制。**

(3) **設計、施工圖說、簽章確認紀錄**及**查驗等相關資料**，於未完成拆除前，**應妥存備查。**

有變更設計時，其強度計算書及施工圖說應重新製作，並依前項規定辦理。

---

5. 依營造安全衛生設施標準規定，雇主為防止勞工有遭受墜落危險之虞，對開口部分，如採用設置護蓋方式辦理，試列舉 5 項相關規定？(97.11)

依營造安全衛生設施標準第 21 條規定：

雇主設置之護蓋，應依下列規定辦理：（任選 5 項作答）

(1) 應具有能使人員及車輛安全通過之**強度**。

(2) 應以有效方法**防止滑溜、掉落、掀出或移動**。

(3) 供車輛通行者，**得以車輛後軸載重之二倍設計之**，並不得妨礙車輛之正常通行。

(4) **為柵狀構造者，柵條間隔不得大於 3 公分**。

(5) 上面**不得放置機動設備或超過其設計強度之重物**。

(6) **臨時性開口處使用之護蓋，表面漆以黃色並書以警告訊息**。

---

6. 張先生的舊公寓準備重新裝潢，便委由某土木包工業承攬施作室內磚造隔間牆之拆除，請問該土木包工業者對於磚牆之拆除，依營造安全衛生設施標準規定應採取哪 5 項安全措施？(101.07)

依據「營造安全衛生設施標準」第 161 條規定，雇主於拆除結構物之牆、柱或其他類似構造物時，應依下列規定辦理：

(1) **自上至下，逐次拆除**。

(2) **拆除無支撐之牆、柱**或其他類似構造物時，**應以適當支撐或控制，避免其任意倒塌**。

(3) **以拉倒方式進行拆除時，應使勞工站立於作業區外**，並防範破片之飛擊。

(4) **無法設置作業區時，應設置承受台、施工架或採取適當防範措施**。

(5) **以人工方式切割牆、柱**或其他類似構造物時，**應採取防止粉塵之適當措施**。

7. 依營造安全衛生設施標準規定訂定墜落災害防止計畫時，應採取下列災害防止措施，請列出其優先順序？（請以英文代號答題）**(102.07)**

A. 經由施工程序之變更，優先施作永久構造物之上下升降設備或防墜設施。

B. 使勞工佩掛安全帶。

C. 經由設計或工法之選擇，盡量使勞工於地面完成作業以減少高處作業項目。

D. 設置警示線系統、限制作業人員進入管制區。

E. 設置護欄、護蓋、安全網。

依「營造安全衛生設施標準」第 17 條規定，雇主訂定墜落災害防止計畫時，其採取災害防止措施應依下列優先順序：C→A→E→B→D。

8. 一般道路常見到露天開挖工程，對於開挖場所有地面崩塌或土石飛落之虞時，請依營造安全衛生設施標準規定，回答下列問題：

(1) 如垂直開挖深度達 **1.5** 公尺以上，雇主除應指定何人於現場指揮勞工作業？

(2) 雇主應依地質及環境狀況採取何種設施，以防止崩塌、倒塌或土石飛落？（至少列舉 4 種）**(102.11)**

(1) 依營造安全衛生設施標準 65 條規定：雇主使勞工從事露天開挖作業，為防止土石崩塌，應指定專人，於作業現場辦理下列事項。但垂直開挖深度達 1.5 公尺以上者，應指定露天開挖作業主管：

① 決定作業方法，指揮勞工作業。

② 實施檢點，檢查材料、工具、器具等，並汰換其不良品。

③ 監督勞工個人防護具之使用。

④ 確認安全衛生設備及措施之有效狀況。

⑤ 其他為維持作業勞工安全衛生所必要之措施。

(2) 營造安全衛生設施標準第 77 條：

雇主對於開挖場所有地面崩塌或土石飛落之虞時，應依地質及環境狀況，設置適當擋土支撐、反循環樁、連續壁、邊坡保護等方法或張設防護網等設施。

---

9. 營造工地有一高度 3 公尺之開口，工地主任為防止勞工發生墜落災害，欲於該處設置護蓋，依營造安全衛生設施標準規定，其設置之護蓋應如何辦理？（請列舉 5 項）**(103.03, 106.03)**

依營造安全衛生設施標準第 21 條規定：

雇主設置之護蓋，應依下列規定辦理：（任選 5 項作答）

(1) 應具有能使人員及車輛安全通過之強度。

(2) 應以有效方法防止滑溜、掉落、掀出或移動。

(3) 供車輛通行者，得以車輛後軸載重之二倍設計之，並不得妨礙車輛之正常通行。

(4) 為柵狀構造者，柵條間隔不得大於三公分。

(5) 上面不得放置機動設備或超過其設計強度之重物。

(6) 臨時性開口處使用之護蓋，表面漆以黃色並書以警告訊息。

---

10. 請依營造安全衛生設施標準規定，回答下列問題：

(1) 構築及拆除哪幾種施工架前，應事先就預期施工時之最大負荷—依結構力學原理妥為安全設計？

(2) 對前項構築及拆除之施工架，應指派所僱之專任工程人員簽章確認何種計算書及何種圖說？**(103.07)**

依營造安全衛生設施標準第 40 條：

雇主對於施工構台、懸吊式施工架、懸臂式施工架、高度五公尺以上施工架、高度五公尺以上之吊料平台、升降機直井工作台、鋼構橋橋面板下方工作台或其他類似工作台等之構築及拆除，應依下列規定辦理：

一、事先就預期施工時之最大荷重，依結構力學原理妥為設計，置備施工圖說，並指派所僱之專任工程人員簽章確認**強度計算書及施工圖說**。……

11.依營造安全衛生設施標準規定，雇主使勞工於斜度平緩（少於 34 度）且易踏穿材料構築之屋頂作業時，應採取何種措施？（註：但法條中所列「設置踏板面積已覆蓋全部易踏穿屋頂或採取其他安全工法」排除答案，不予計分）(103.11)

依營造安全衛生設施標準第 18 條規定：

雇主使勞工從事屋頂作業時，應指派專人督導，並依下列規定辦理：

一、因屋頂斜度、屋面性質或天候等因素，致勞工有墜落、滾落之虞者，應採取適當安全措施。

二、於斜度大於三十四度（高底比為二比三）或滑溜之屋頂作業者，應設置適當之護欄，支撐穩妥且寬度在四十公分以上之適當工作台及數量充分、安裝牢穩之適當梯子。但設置護欄有困難者，應提供背負式安全帶使勞工佩掛，並掛置於堅固錨錠、可供鉤掛之堅固物件或安全母索等裝置上。

三、於易踏穿材料構築之屋頂作業時，應先規劃安全通道，於屋架上設置適當強度，且寬度在三十公分以上之踏板，並於下方適當範圍裝設堅固格柵或安全網等防墜設施。但雇主設置踏板面積已覆蓋全部易踏穿屋頂或採取其他安全工法，致無踏穿墜落之虞者，不在此限。

（本題只答上列第三點即可）

12. 依營造安全衛生設施標準規定,試回答下列問題:
    (1) 雇主使勞工從事何種屋頂作業時,應指派屋頂作業主管於現場作業?
    (2) 該屋頂作業主管應辦理哪些事項?(請列舉 4 項)**(104.11)**

(1) 易踏穿材料構築屋頂作業時。
(2) 雇主應指派屋頂作業主管於現場辦理下列事項:
    ① 決定作業方法,指揮勞工作業。
    ② 實施檢點,檢查材料、工具、器具等,並汰換不良品。
    ③ 監督勞工確實使用個人防護具。
    ④ 確認安全衛生設備及措施之有效狀況。
    ⑤ 其他為維持作業勞工安全衛生所必要之設備及措施。

13. 依營造安全衛生設施標準規定,雇主對於何種施工架及工作台之構築及拆除,應事先就預期施工時之最大荷重,依結構力學原理妥為設計,置備施工圖說,並指派所雇之專任工程人員簽章確認強度計算書及施工圖說?(請列舉 5 種)**(105.07)**

依營造安全衛生設施標準第 40 條:雇主對於施工構台、懸吊式施工架、懸臂式施工架、高度 5 公尺以上施工架、高度 5 公尺以上之吊料平台、升降機直井工作台、鋼構橋橋面板下方工作台或其他類似工作台等之構築及拆除,應事先就預期施工時之最大荷重,依結構力學原理妥為設計,置備施工圖說,並指派所僱之專任工程人員簽章確認強度計算書及施工圖說。

14. 颱風過後某工廠廠房鐵皮板屋頂（裝有塑膠採光罩）損壞需要整修？此屋頂有踏穿墜落之虞，為防止勞工於屋頂作業時，因踏穿屋頂而發生墜落災害，雇主應在屋頂上方及下方分別設置哪些安全設備？(105.11)

依營造安全衛生設施標準第 18 條規定：於易踏穿材料構築之屋頂作業時，應先規劃安全通道，於屋架上設置適當強度，且寬度在 30 公分以上之踏板，並於下方適當範圍裝設堅固格柵或安全網等防墜設施。

15. 依營造安全衛生設施標準規定，請回答下列問題：
    (1) 護欄係由哪 4 項構件所組合而成？
    (2) 護欄前方幾公尺內之樓地板，不得堆放任何物料、設備？
       (106.07)

(1) 依營造安全衛生設施標準第 20 條規定：護欄，應具有高度九十公分以上之上欄杆、高度在三十五公分以上，五十五公分以下之中間欄杆或等效設備（以下簡稱中欄杆）、腳趾板及杆柱等構材。
(2) 護欄前方二公尺內之樓板、地板，不得堆放任何物料、設備，並不得使用梯子、合梯、踏凳作業及停放車輛機械供勞工使用。

16. 依營造安全衛生設施標準規定，就提供勞工使用安全帶之材料、錨錠、繫索、配件及使用，應依何規定辦理？（請列舉 5 項）
    (106.11)

依營造安全衛生設施標準第 23 條規定：雇主提供勞工使用之安全帶或安裝安全母索時，應依下列規定辦理：

(1) 安全帶之材料、強度及檢驗應符合國家標準。

(2) 安全帶或安全母索繫固之錨錠，至少應能承受每人二千三百公斤之拉力。

(3) 安全帶之繫索或安全母索應予保護，避免受切斷或磨損。

(4) 安全帶、安全母索及其配件、錨錠，在使用前或承受衝擊後，應進行檢查，有磨損、劣化、缺陷，不得再使用。

---

17. 某大樓新建工程，露天開挖地下室，開挖深度約 10 公尺，此開挖場所有地面崩塌或土石飛落之虞，請依營造安全衛生設施標準規定，回答下列問題：

(1) 應指定何人於作業現場指揮勞工作業？

(2) 應依地質及環境狀況設置何種適當設施，以防止崩塌或土石飛落？（列舉 4 項）(107.11)

(1) 營造安全衛生設施標準第 66 條：雇主使勞工從事露天開挖作業，為防止土石崩塌，應指定專人，於作業現場辦理下列事項。但垂直開挖深度達 1.5 公尺以上者，應指定露天開挖作業主管：

① 決定作業方法，指揮勞工作業。

② 實施檢點，檢查材料、工具、器具等，並汰換其不良品。

③ 監督勞工個人防護具之使用。

④ 確認安全衛生設備及措施之有效狀況。

⑤ 其他為維持作業勞工安全衛生所必要之措施。

(2) 營造安全衛生設施標準第 77 條：

雇主對於開挖場所有地面崩塌或土石飛落之虞時，應依地質及環境狀況，設置適當擋土支撐、反循環樁、連續壁、邊坡保護等方法或張設防護網等設施。

---

18. 營造安全衛生設施標準第 17 條墜落災害防止計畫為何？(110.03)

(1) 經由設計或工法之選擇，儘量使勞工於地面完成作業，減少高處作業項目。

(2) 經由施工程序之變更，優先施作永久構造物之上下設備或防墜設施。

(3) 設置護欄、護蓋。

(4) 張掛安全網。

(5) 使勞工佩掛安全帶。

(6) 設置警示線系統。

(7) 限制作業人員進入管制區。

---

19. 雇主依規定設置之護欄，應依下列規定辦理：

(1) 具有高度＿＿＿公分以上之上欄杆、中間欄杆或等效設備（以下簡稱中欄杆）、腳趾板及杆柱等構材；其上欄杆、中欄杆及地盤面與樓板面間之上下開口距離，應不大於＿＿＿公分。

(2) 以鋼管構成者，其上欄杆、中欄杆及杆柱之直徑均不得小於＿＿＿公分，杆柱相鄰間距不得超過＿＿＿公尺。

(3) 任何型式之護欄，其杆柱、杆件之強度及錨錠，應使整個護欄具有抵抗於上欄杆之任何一點，於任何方向加以＿＿＿公斤之荷重，而無顯著變形之強度。**(110.03)**

(1)90，55；(2)3.8，2.5；(3)75。

---

20. 臨時性開口處使用之護蓋，表面漆以＿＿＿色並書以警告訊息？供車輛通行者，得以車輛後軸載重之＿＿＿倍設計之，並不得妨礙車輛之正常通行？**(110.03)**

黃色、2倍（營造安全衛生設施標準第 21 條）

21. 水平安全母索錨定 2 邊間距多大？可放____條安全帶？最大拉力？(110.03)

10 公尺、1 條、2300 公斤（營造安全衛生設施標準第 23 條）

22. 安全帶之材料、強度及檢驗應符合國家標準 CNS____高處作業用安全帶、CNS 6701 安全帶（繫身型）、CNS____背負式安全帶、CNS 14253-1 全身背負式安全帶及 CNS 7535 高處作業用安全帶檢驗法之規定。(110.03)

7534、14253。

23. 水平安全母索之設置高度應大於____公尺。錨錠點與另一繫掛點間、相鄰二錨錠點間或母索錨錠點間之安全母索僅能繫掛____條安全帶。每條安全母索應僅提供一名勞工使用。但勞工作業或爬升位置之水平間距在____公尺以下者，得____人共用一條安全母索。(110.03)

3.8、1、1、2。

24. 雇主設置覆網攔截位能小於十二公斤‧公尺之高處物件時，應依下列規定辦理：

(1) 方形、菱形之網目任一邊長不得大於二公分，其餘形狀之網目，每一網目不得大於四平方公分，其強度應能承受直徑____公分、重____公斤之物體自高度____公尺處落下之衝擊力，其張掛方式比照第二十二條第一款之安全網規定。

(2) 覆網下之最低點應離作業勞工工作平面____公尺以上。(110.03)

(1) 45、75、1

(2) 2

（營造安全衛生設施標準第 27 條）

---

25. 雇主對於磚、瓦、木塊、管料、鋼筋、鋼材或相同及類似營建材料之堆放，應置放於穩固、平坦之處，整齊緊靠堆置，其高度不得超過____公尺，儲存位置鄰近開口部分時，應距離該開口部分____公尺以上。**(110.03)**

1.8、2（營造安全衛生設施標準第 35 條）

---

26. 雇主對於施工構臺、懸吊式施工架、懸臂式施工架、高度____公尺以上且立面面積達____平方公尺之施工架、高度____公尺以上之吊料平臺、升降機直井工作臺、鋼構橋橋面板下方工作臺或其他類似工作臺等之構築及拆除，應依下列規定辦理：

(1) 事先就預期施工時之最大荷重，應由所僱之專任工程人員或委由相關執業技師，依結構力學原理妥為設計，置備施工圖說及強度計算書，經簽章確認後，據以執行。

(2) 建立按施工圖說施作之查驗機制。**(110.03)**

7、330、7（營造安全衛生設施標準第 40 條）

---

27. 為防止模板倒塌危害勞工，高度在____公尺以上，且面積達____平方公尺以上之模板支撐，其構築及拆除，應委由相關執業技師，依結構力學原理妥為設計，置備施工圖說及強度計算書，經簽章確認後，據以執行。**(110.03)**

7、330（營造安全衛生設施標準第 131 條）

28. 雇主應規定施工架組配作業主管辦理下列事項遭受每十分鐘的平均風速達＿＿＿、四級以上地震、時雨量達＿＿＿公厘且日雨量達五十公厘以上之大雨、大雪等惡劣氣候實施作業導致危險之虞時，應即停止作業？**(110.03)**

每秒十公尺以上強風，15 公厘。

29. 雇主使勞工於高度二公尺以上施工架上從事作業時，應依下列規定辦理：

   (1) 應供給足夠強度之工作臺。

   (2) 工作臺寬度應在＿＿＿公分以上並鋪滿密接之踏板，其支撐點應有二處以上，並應綁結固定，使其無脫落或位移之虞，踏板間縫隙不得大於三公分。

   (3) 活動式踏板使用木板時，其寬度應在二十公分以上，厚度應在三點五公分以上，長度應在＿＿＿公尺以上；寬度大於三十公分時，厚度應在六公分以上，長度應在＿＿＿公尺以上，其支撐點應有＿＿＿處以上，且板端突出支撐點之長度應在＿＿＿公分以上，但不得大於板長十八分之一，踏板於板長方向重疊時，應於支撐點處重疊，重疊部分之長度不得小於＿＿＿公分。

   (4) 工作臺應低於施工架立柱頂點一公尺以上。**(110.03)**

(2) 40 公分

(3) 3.6 公尺、4 公尺、3 處、10 公分、20 公分

---

30. 施工架在適當之垂直、水平距離處與構造物妥實連接，其間隔在垂直方向以不超過＿＿公尺，水平方向以不超過＿＿公尺為限。獨立之施工架在該架最後拆除前，至少應有＿＿之踏腳桁不得移動，並使之與橫檔或立柱紮牢。**(110.03)**

5.5、7.5、1/3（營造安全衛生設施標準第 45 條）

---

31. 施工架的上下設備應距離＿＿公尺以下？**(110.03)**

30（營造安全衛生設施標準第 51 條）

---

32. 雇主對於懸吊式施工架，應依下列規定辦理：
  (1) 懸吊架及其他受力構件應具有充分強度，並確實安裝及繫固。
  (2) 工作臺寬度不得小於＿＿公分，且不得有隙縫。但於工作臺下方及側方已裝設安全網及防護網等，足以防止勞工墜落或物體飛落者，不在此限。
  (3) 吊纜或懸吊鋼索之安全係數應在＿＿以上，吊鉤之安全係數應在＿＿以上，施工架下方及上方支座之安全係數，其為鋼材者應在＿＿以上；其為木材者應在＿＿以上。**(110.03)**

(2)40
(3)10、5、2.5、5

33. 懸吊之鋼索，不得有下列情形之一：
    (1) 鋼索一撚間有_____以上素線截斷者。
    (2) 直徑減少達公稱直徑_____以上者。
    懸吊之鏈條，不得有下列情形之一：
    (1) 延伸長度超過該鏈條製造時長度_____以上者。
    (2) 鏈條斷面直徑減少超過該鏈條製造時斷面直徑_____以上者。
    (110.03)

(1)10%、(2)7%

(1)5%、(2)10%

34. 雇主對於棧橋式施工架，應依下列規定辦理：
    (1) 其寬度應使工作臺留有足夠運送物料及人員通行無阻之空間。
    (2) 棧橋應架設牢固以防止移動，並具適當之強度。
    (3) 不能構築_____層以上。
    (4) 構築高度不得高出地面或地板_____公尺以上者。**(110.03)**

(3)2、(4)4（營造安全衛生設施標準第 57 條）

35. 雇主對於鋼管施工架之設置，應依下列規定辦理：
    (1) 使用國家標準 CNS_____型式之施工架，應符合國家標準同等以上之規定。
    (2) 鋼管施工架單管施工架及框式施工架其水平及垂直間距各為多少？**(110.03)**

(1) CNS 4750
(2) 單管水平 5.5 公尺、垂直 5 公尺；框式水平 8 公尺、垂直 9 公尺
（營造安全衛生設施標準第 59 條）

36. 雇主對於框式鋼管式施工架之構築，應依下列規定辦理：最上層及每隔＿＿＿層應設置水平樑。(110.03)

五（營造安全衛生設施標準第 61 條）

37. 露天開挖事前調查內容為何？(110.03)

調查內容，應依下列規定：

(1) 地面形狀、地層、地質、鄰近建築物及交通影響情形等。

(2) 地面有否龜裂、地下水位狀況及地層凍結狀況等。

(3) 有無地下埋設物及其狀況。

(4) 地下有無高溫、危險或有害之氣體、蒸氣及其狀況。

依前項調查結果擬訂開挖計畫，其內容應包括開挖方法、順序、進度、使用機械種類、降低水位、穩定地層方法及土壓觀測系統等。

（營造安全衛生設施標準第 63 條）

38. 雇主僱用勞工以人工開挖方式從事露天開挖作業，其自由面之傾斜度，應依下列規定辦理：

由砂質土壤構成之地層，其開挖面之傾斜度不得大於水平＿＿＿與垂直＿＿＿之比（35 度），其開挖面高度應不超過＿＿＿公尺。

(110.03)

1.5、1、5。

39. 雇主僱用勞工從事露天開挖作業，其開挖垂直最大深度應妥為設計；其深度在＿＿＿公尺以上，使勞工進入開挖面作業者，應設擋土支撐。**(110.03)**

1.5。

---

40. 擋土支撐倒塌原因為何？**(110.03)**

雇主對於擋土支撐之構築，應依下列規定辦理：
(1) 依擋土支撐構築處所之地質鑽探資料，研判土壤性質、地下水位、埋設物及地面荷載現況，妥為設計，且繪製詳細構築圖樣及擬訂施工計畫，並據以構築之。
(2) 構築圖樣及施工計畫應包括樁或擋土壁體及其他襯板、橫檔、支撐及支柱等構材之材質、尺寸配置、安裝時期、順序、降低水位之方法及土壓觀測系統等。
(3) 擋土支撐之設置，應於未開挖前，依照計畫之設計位置先行打樁，或於擋土壁體達預定之擋土深度後，再行開挖。

---

41. 營造安全衛生設施標準第 74 條，擋土支撐作業主管辦理事項為何？**(110.03)**

雇主對於擋土支撐組配、拆除作業，應指派擋土支撐作業主管於作業現場辦理下列事項：
(1) 決定作業方法，指揮勞工作業。
(2) 實施檢點，檢查材料、工具、器具等，並汰換其不良品。
(3) 監督勞工確實使用個人防護具。
(4) 確認安全衛生設備及措施之有效狀況。
(5) 前二款未確認前，應管制勞工或其他人員不得進入作業。
(6) 其他為維持作業勞工安全衛生所必要之設備及措施。

42. 雇主於擋土支撐設置後開挖進行中，除指定專人確認地層之變化外，並於每週或於____級以上地震後，或因大雨等致使地層有急劇變化之虞，或觀測系統顯示土壓變化未按預期行徑時，實施檢查。(110.03)

　　四。

43. 雇主以鋼管施工架為模板支撐之支柱時，應依下列規定辦理：
   (1) 鋼管架間，應設置交叉斜撐材。
   (2) 於最上層及每隔____層以內，模板支撐之側面、架面及每隔五架以內之交叉斜撐材面方向，應設置足夠強度之水平繫條。(110.03)

　　五。

44. 雇主對於置有容積____立方公尺以上之漏斗之混凝土拌合機，應有防止人體自開口處捲入之防護裝置、清掃裝置與護欄。(110.03)

　　一（營造安全衛生設施標準第 140 條）

45. 雇主於鋼構組配作業進行組合時，應逐次構築永久性之樓板，於最高永久性樓板上組合之骨架，不得超過____層。(110.03)

　　八（營造安全衛生設施標準第 150 條）

46. 雇主對於物料之搬運，應儘量利用機械以代替人力，凡＿＿公斤以上物品，以人力車輛或工具搬運為原則，＿＿公斤以上物品，以機動車輛或其他機械搬運為宜；運輸路線，應妥善規劃，並作標示。**(110.03)**

答

40、500（營造安全衛生設施標準第 155 條）

UNIT 10 鍋爐及壓力容器安全規則

 1. 請說明鍋爐操作人員於操作過程中應注意事項？**(93.11, 94.03, 96.08)**

答

依據鍋爐及壓力容器安全規則第 22 條規定：雇主應使鍋爐操作人員實施下列事項：

(1) **監視壓力、水位、燃燒狀態等運轉狀態**，並**確認安全閥、壓力表及其他安全裝置無異狀**。

(2) 避免急劇負荷變動之現象。

(3) 保持**汽壓在最高使用壓力以下**。

(4) 保持**安全閥之功能正常**。

(5) 每日**檢點水位測定裝置**之功能一次以上。

(6) 適當**沖放鍋爐水，確保鍋爐水質**。

(7) 保持**給水裝置**功能正常。

(8) **檢點及調整低水位燃燒遮斷裝置**、火燄檢出裝置及其他自動控制裝置，以**保持功能正常**。

(9) 以上各款發現有異狀時，應即採取適當措施。

2. 作業勞工進入鍋爐（含燃燒室）或煙道內部，從事鍋爐之清洗修理、保養作業時應注意事項為何？

 答

依據鍋爐及壓力容器安全規則第 11 條之規定：

(1) 將**鍋爐或煙道適當冷卻**。

(2) **實施鍋爐或煙道內部之通風換氣**。

(3) **鍋爐或煙道內部使用之移動電線**，應為**可撓性雙重絕緣電纜**或具同等以上絕緣效力及強度者；移動電燈應裝設適當護罩。

(4) **與其他使用中之鍋爐或壓力容器有管連通者**，應**確實隔斷或阻斷**。

(5) **設置監視人員，保持連絡，如有災害發生之虞者，即採取必要措施**。

3. 依高壓氣體勞工安全規則規定，特定高壓氣體包含哪 5 類？ **(106.03)**

依高壓氣體勞工安全規則第 3 條規定：本規則所稱特定高壓氣體，係指高壓氣體中之壓縮氫氣、壓縮天然氣、液氧、液氨及液氯、液化石油氣。

4. 小型鍋爐定義為何？第一種壓力容器定義為何？**(110.03)**

小型鍋爐，指鍋爐合於下列規定之一者：
(1) 最高使用壓力（表壓力，以下同）在每平方公分一公斤以下或零點一百萬帕斯卡(MPA)以下，且傳熱面積在一平方公尺以下之蒸汽鍋爐。
(2) 最高使用壓力在每平方公分十公斤以下或一百萬帕斯卡(MPA)以下，且傳熱面積在十平方公尺以下之貫流鍋爐。

第一種壓力容器，指合於下列規定之一者：
(1) 接受外來之蒸汽或其他熱媒或使在容器內產生蒸氣加熱固體或液體之容器，且容器內之壓力超過大氣壓。
(2) 因容器內之化學反應、核子反應或其他反應而產生蒸氣之容器，且容器內之壓力超過大氣壓。

5. 鍋爐各等級人員執照能用的範圍，與鍋爐主管之資格為何？ **(110.03)**

(1) 各鍋爐之傳熱面積合計在五百平方公尺以上者，應指派具有甲級鍋爐操作人員資格者擔任鍋爐作業主管。但各鍋爐均屬貫流式者，得由具有乙級以上鍋爐操作人員資格者為之。

(2) 各鍋爐之傳熱面積合計在五十平方公尺以上未滿五百平方公尺者，應指派具有乙級以上鍋爐操作人員資格者擔任鍋爐作業主管。但各鍋爐均屬貫流式者，得由具有丙級以上鍋爐操作人員資格為之。

(3) 各鍋爐之傳熱面積合計未滿五十平方公尺者，應指派具有丙級以上鍋爐操作人員資格者擔任鍋爐作業主管。

前項鍋爐之傳熱面積合計方式，得依下列規定減列計算傳熱面積：

(1) 貫流鍋爐：為其傳熱面積乘十分之一所得之值。

(2) 對於以火焰以外之高溫氣體為熱源之廢熱鍋爐：為其傳熱面積乘二分之一所得之值。

UNIT 11 高壓氣體勞工安全規則

1. 所謂高壓氣體，係指在常溫下，表壓力達每平方公分 **10** 公斤以上之壓縮氣體或溫度在 **35°C** 時之壓力可達每平方公分 **10** 公斤以上之壓縮氣體。**(90.03)**

高壓氣體之分類：高壓氣體勞工安全規則第 2 條

(1) 就壓縮氣體而言：在常溫下，壓力達 $10\text{Kg}/\text{cm}^2$ 以上。或在 35°C 時，壓力可達 $10\text{Kg}/\text{cm}^2$ 以上。

(2) 就壓縮乙炔氣而言：在常溫下，壓力達 $2\text{Kg}/\text{cm}^2$ 以上。或在 15°C 時，壓力可達 $2\text{Kg}/\text{cm}^2$ 以上。

(3) 就液化氣體而言：在常溫下，壓力達 $2\text{Kg}/\text{cm}^2$ 以上。或壓力達 $2\text{Kg}/\text{cm}^2$ 時之溫度在 35°C 以下。

(4) 溫度在 35°C 時，壓力超過 $0\text{Kg}/\text{cm}^2$ 以上之液化氣體中之液化氰化氫、液化溴甲烷、液化環氧乙烷或其他中央主管機關指定之液化氣體。

2. 各儲存能力於＿＿＿噸以上設備，應於其四周設置可防止液化氣體漏洩時，流竄至他處之防液堤或其他同等設施？以毒性氣體為冷媒氣體之冷媒設備，其承液器內容積在＿＿＿公升以上？**(110.03)**

1000、10000（高壓氣體勞工安全規則第 37 條）

UNIT 12 起重升降機具安全規則

1. 請依起重升降機具安全規則，說明下列名詞之定義（意義）：
   (1) 吊升荷重及具有伸臂之起重機之吊升荷重。
   (2) 具有伸臂之移動式起重機之額定荷重。
   (3) 具有吊臂之吊籠之積載荷重。
   (4) 吊籠之容許下降速率。**(93.07)**

依據起重升降機具安全規則第 4 條～第 8 條：
(1) ① 吊升荷重：係指依固定式起重機、移動式起重機、人字臂起重桿等之構造及材質，所**能吊升之最大荷重**。
   ② 具有伸臂之起重機之吊升荷重，應依其伸臂於最大傾斜角、最短長度及於伸臂之支點與吊運車位置為最接近時計算之。
   ③ **具有吊桿之人字臂起重桿之吊升荷重，應依吊桿於最大傾斜角時計算之。**
(2) ① 額定荷重：在未具伸臂之固定式起重機或未具吊桿之人字臂起重桿，係指自吊升荷重扣除吊鉤、抓斗等吊具之重量所得之荷重。
   ② 具有伸臂之固定式起重機、移動式起重機之額定荷重，應依其構造及材質、伸臂之傾斜角及長度、吊運車之位置，決定其足以承受之最大荷重後，扣除吊鉤、抓斗等吊具之重量所得之荷重。
(3) ① 積載荷重：在升降機、簡易提升機、營建用提升機或未具吊臂之吊籠，係指依其構造及材質，於搬器上乘載人員或荷物上升之最大荷重。
   ② 具有吊臂之吊籠之積載荷重，係指於其最小傾斜角狀態下，依其構造、材質，於其工作台上乘載人員或荷物上升之最大荷重。
(4) 容許下降速率：係指於吊籠工作台上加予相當於積載荷重之重量，使其下降之最高容許速率。

2. 試寫出起重機類經常發生災害種類五種及其原因，並再列舉其重要之安全裝置五種及說明其功能。**(97.07)**

答

(1) 起重機類經常發生災害種類及其原因：
　① 負重墜落：由於吊索斷裂、綑綁或吊掛方法失當。
　② 機體翻倒：由於過負荷、操作過猛、支撐不當。
　③ 吊桿折斷：由於碰撞、傷痕、仰負過高。
　④ 人體墜落：由於檢修中未加防護。
　⑤ 感電：由於在高壓電路旁工作。

(2) 起重機類重要之安全裝置及其功能：
　① 過捲揚預防裝置：起重機類起重設備之吊具為防止與吊架或捲揚胴接觸碰接，應有防止過度捲揚鋼索之裝置，以預防起重設備過度捲揚所引起之鋼索斷裂之危害。
　② 過負荷預防裝置：過負荷預防裝置有機械式、油壓式、電氣式及電子式等多種，係為防止倒轉力距大於安定力距時之傾倒或免除吊桿折斷之危險。
　③ 制動器：為一種能將起重機（或吊車）運動之能量吸收之裝置，有電磁式、電動油壓式、渦流式、機械式等。
　④ 安全閥：液壓動力起重機，應使用防止過度升高之安全閥，俾於升降過度時可將壓力洩放。
　⑤ 吊鉤防滑裝置：吊鉤於起吊及放下時最易脫鉤，造成荷件翻倒之傷害事件，此可由防滑舌片加以預防。

 3. 試列舉出移動式起重機的安全裝置。**(96.11, 99.11)**

 答

移動式起重機之安全裝置包含：
(1) 過捲預防裝置。
(2) 過捲預防警報裝置。
(3) 過負荷預防裝置。

(4) 吊鉤防止脫落裝置。

(5) 走行警報裝置。

(6) 控制荷重或伸臂下降所必要之制動裝置。

---

4. 何謂「型式驗證」？你如何得知某台機械、器具已經通過了「型式驗證」？**(89.03, 92.11)**

(1) 型式驗證：為使職業安全衛生法施行細則第 8 條所指定之機械、器具之產品品質穩定、安全符合標準、安全功能之維持等目的，針對機械的特別規定所辦理之法定檢查；在「機械設備器具安全標準」裡有詳細之規定，規範了製造人和使用的雇主。

(2) 型式驗證之程序：由申請人將機械的安全性能有關部分之圖面、性能結構說明書面文件，向型式驗證機構提出申請，型式驗證機構受理申請後，應依據圖說進行檢定，必要時可以就實物作安全性能測試。

(3) 型式驗證結果之處理：經型式檢定合格者張貼合格標籤（銘板）於機械上，並發給合格證明書；不合格者以書面說明理由退還申請人，並要求申請人於期限內修改機械再送審。所以，只要在機械上有張貼合格標籤（銘板）者，表示該台機械已經通過了「型式驗證」。

---

5. 何謂型式檢查及型式驗證？

(1) 型式檢查：係指對於**危險性機械或設備之製造或修改**，其製造人應於事前**填具「型式檢查申請書」**，並**檢附**載有申請檢查之**危險性機械或設備型式、強度計算基準及組配圖**、製造過程之必要檢驗設備概要、主任設計者學經歷概要、**施工負責人學經歷概要等書件**，向**所在地檢查機構申請**檢查。未經檢查合格者，不得製造或修改。

(2) 型式驗證：係指**衝剪機械、手推刨床、木材加工用圓盤鋸、堆高機、研磨機及其他**經中央**主管機關指定之機械、器具**，應由申請人於**使用前**就與「**機械設備器具安全標準**」相關部分之**圖面、性能及結構說明書等書面文件**，向**中央主管機關指定型式驗證機構提出「型式驗證」申請**。經檢定確認符合安全標準規定者，應將合格之標誌（銘板）張貼於該機械或器具並發給證明書。雇主不得設置不符合中央主管機關所定安全標準之機械、器具，供勞工使用。

---

6. 依起重升降機具安全規則規定，雇主對於移動式起重機之使用，以吊物為限，不得乘載或吊升勞工從事作業。但從事貨櫃裝卸、船舶維修、高煙囪施工等尚無其他安全作業替代方法，或臨時性、小規模、短時間、作業性質特殊，經採取防止墜落等措施者，不在此限。請問上述但書所定之防止墜落措施，應辦理事項包括哪四項？**(97.07)**

依起重升降機具安全規則第 35 條規定：雇主對於前項但書所定防止墜落措施，應辦理事項如下：

(1) 以**搭乘設備乘載或吊升**勞工，並**防止其翻轉及脫落**。

(2) **使勞工佩戴安全帶**或安全索。

(3) **搭乘設備自重加上搭乘者、積載物等之最大荷重，不得超過該起重機作業半徑所對應之額定荷重之百分五十**。

(4) **搭乘設備下降時，採動力下降之方法**。

> 7. 乙電子公司為一廠辦大樓,最近擬新設一台升降機供員工作業及訪客使用,
>   (1) 請問該升降機之檢查及管理歸哪一機關主管?
>   (2) 該公司想採用吊籠來清洗大樓外牆,請問人員在清洗作業中,雇主應採取哪些安全管理措施?(至少列舉 4 項)(請依起重升降機具安全規則相關規定作答)(99.07)

(1) 新設供員工作業及訪客使用之升降機之檢查及管理,依據「起重升降機具安全規則」第 106 條規定:建築物供公眾、營業、住宅、住商混合、行政機關、事務所及廠辦大樓使用,設置之升降機,與停車設備用升降機及其他非專供廠場勞工作業用升降機,依建築法規定由**建築主管機關檢查及管理**。

(2) 依據「起重升降機具安全規則」第 100 至 105 條規定:雇主採用吊籠作業時,應採取安全管理措施如下列:

① 雇主於吊籠之**工作台上,不得設置或放置腳墊**、梯子等供勞工使用。

② 雇主於吊籠**運轉中,應禁止操作人員擅離操作位置**。

③ 雇主對勞工於吊籠工作台上作業時,應**使勞工佩戴適當之安全帶及安全帽**。

④ 雇主於吊籠使用時,**應禁止無關人員進入作業場所下方之危險區域,並設置警告標示**。

⑤ 雇主對**吊籠於強風、大雨、大雪等惡劣氣候,勞工作業有發生危險之虞時,應禁止工作**。

⑥ 雇主使用吊籠作業時,於**夜間或光線不良之場所,應提供安全作業所必要之照度**。

8. **(1)** 何謂升降機之積載荷重？

   (2) 某一牽引式載貨用升降機其搬器內淨長 **2.2** 公尺、淨寬 **2.0** 公尺，試問該升降機在設計時其積載荷重至少應取多少公斤？（請列出計算過程）**(99.07)**

(1) 依據起重升降機具安全規則第 7 條規定：本規則所稱積載荷重，在**升降機、簡易提升機、營建用提升機或未具吊臂之吊籠**，指依其**構造及材質，於搬器上乘載人員或荷物上升之最大荷重。**

(2) 依據升降機安全檢查構造標準第 29 條規定：

載貨用或病床用升降機之搬器之積載荷重值公式 $\omega = 250 \times A$

積載荷重值 ω（公斤）搬器底面積 A（平方公尺）

$\omega = 250 \times (2.2 \text{ m} \times 2 \text{ m}) = 250 \times (4.4 \text{ m}^2) = 1100 \text{ Kg}$

經計算後得知，該升降機在設計時其積載荷重至少應取 1100 公斤。

9. 丙工廠因業務需要，擬於廠內新設一座吊升荷重為 **20** 公噸之架空式起重機，請回答與該架空式起重機之相關問題：

   (1) 簡要說明架空式起重機吊升荷重與額定荷重之定義。

   (2) 該事業單位須向檢查機構申請何種檢查？**(100.03)**

(1) ① 吊升荷重：係指依**固定式起重機、移動式起重機之構造及材質，所能吊升之最大荷重。**

   ② 額定荷重：係指自**吊升荷重扣除吊鉤、抓斗等吊具之重量所得之荷重。**

(2) 應填具固定式起重機竣工檢查申請書，**檢附相關文件向所在地勞動檢查機構申請竣工檢查。**

10. 雇主對於固定式起重機之使用，以吊物為限，不得乘載或吊升勞工從事作業。但從事之作業尚無其他安全作業替代方法，或臨時性、小規模、短時間、作業性質特殊，經採取防止墜落等措施者，不在此限。依起重升降機具安全規則規定，有關此防止墜落措施，請至少列出 4 項搭乘設備應規定或辦理之事項。(100.11)

依據起重升降機具安全規則第 20 條規定：雇主對於固定式起重機搭乘設備，應依下列規定辦理：

(1) **搭乘設備應有足夠強度**，其使用之材料不得有影響構造強度之損傷、變形或腐蝕等瑕疵。

(2) **搭乘設備周圍設置高度 90 公分以上之扶手**，並設中欄杆及腳趾板。

(3) 搭乘設備之**懸吊用鋼索或鋼線之安全係數應在 10 以上**；吊鏈、吊帶及其支點之安全係數應在 5 以上。

(4) **依搭乘設備之構造及材質，計算積載之最大荷重**，並於搭乘設備之**明顯易見處，標示自重及最大荷重**。

11. 使用移動式起重機從事作業中，常易發生翻倒、被夾、感電等危害，為防止上述危害，依起重升降機具安全規則規定，雇主應於事前調查哪些事項，以採取相關必要措施？(101.11)

依照「起重升降機具安全規則」第 29 條規定，雇主對於移動式起重機，為防止其作業中發生翻倒、被夾、感電等危害，應事前調查該**起重機作業範圍之地形、地質狀況、作業空間、運搬物重量與所用起重機種類、型式及性能等，並適當決定及採必要措施**。

12. 某一工程公司欲使用中型移動式起重機吊升人員從事電線拆除作業，試依起重升降機具安全規則規定，回答下列問題：

(1) 何謂中型移動式起重機？

(2) 對於移動式起重機之使用，應以吊物為限，不得乘載或吊升勞工從事作業。但在垂直高度 **20** 公尺以上之高處，從事性質特殊的作業及採取相關防護措施情形下，允許得乘載或吊升勞工從事作業，請問該但書規定為何？**(103.03)**

(1) 中型移動式起重機：指吊升荷重在零點五公噸以上未滿三公噸之移動式起重機。

(2) 參考第 6 題。

---

13. 依起重升降機具安全規則規定，對於移動式起重機之使用，以吊物為限，不得乘載或吊升勞工從事作業，若在特殊條件下，得以搭乘設備乘載或吊升勞工時，該搭乘設備應符合哪些規定？（請列舉 2 項）**(104.07)**

依起重升降機具安全規則第 36 條規定：移動式起重機搭乘設備，應依下列規定辦理：

(1) 搭乘設備應有足夠強度，其使用之材料不得有影響構造強度之損傷、變形或腐蝕等瑕疵。

(2) 搭乘設備周圍設置高度 90 公分以上之扶手，並設中欄杆及腳趾板。

(3) 搭乘設備之懸吊用鋼索或鋼線之安全係數應在 10 以上；吊鏈、吊帶及其支點之安全係數應在 5 以上。

(4) 依搭乘設備之構造及材質，計算積載之最大荷重，並於搭乘設備之明顯易見處，標示自重及最大荷重。

14. 依起重升降機具安全規則規定，雇主使用移動式起重機（搭乘設備已經專業機構簽認合格）乘載或吊升勞工從事超過 20 公尺處作業，係指哪些已採取防止墜落措施之特殊情況？（例如臨時性，請列舉 4 種）(106.11)

雇主對於移動式起重機之使用，以吊物為限，不得乘載或吊升勞工從事作業。但從事貨櫃裝卸、船舶維修、高煙囪施工等尚無其他安全作業替代方法，或臨時性、小規模、短時間、作業性質特殊，經採取防止墜落等措施者，不在此限。

15. 中型固定式起重機可吊升重量？(110.03)

中型固定式起重機：指吊升荷重在零點五公噸以上未滿三公噸之固定式起重機或未滿一公噸之斯達卡式起重機。（起重升降機具安全規則第 3 條）

16. 固定式起重機荷重試驗之值，指將相當於該起重機額定荷重____之荷重？(110.03)

1.25 倍（起重升降機具安全規則第 10 條）

17. 雇主對於固定式起重機之設置，其有關結構空間應依下列規定：除不具有起重機桁架及未於起重機桁架上設置人行道者外，凡設置於建築物內之走行固定式起重機，其最高部（集電裝置除外）與建築物之水平支撐、樑、橫樑、配管、其他起重機或其他設備之置於該走行起重機上方者，其間隔應在____公尺以上？其桁架之人行道與建築物之水平支撐、樑、橫樑、配管、其他起重機或

其他設備之置於該人行道之上方者，其間隔應在＿＿＿公尺以上？走行固定式起重機或旋轉固定式起重機與建築物間設置之人行道寬度，應在＿＿＿公尺以上？固定式起重機之駕駛室（台）之端邊與通往該駕駛室（台）之人行道端邊或起重機桁架之人行道端邊與通往該人行道端邊之間隔，應在＿＿＿公尺以下。但勞工無墜落之虞者，不在此限？(110.03)

0.4、1.8、0.6、0.3。

18.雇主對於固定式起重機之使用，以吊物為限，不得乘載或吊升勞工從事作業，搭乘設備自重加上搭乘者、積載物等之最大荷重，不得超過該起重機作業半徑所對應之額定荷重之百分之＿＿＿？(110.03)

五十（起重升降機具安全規則第 19 條）

19.固定式起重機荷重試驗之值，指將相當於該起重機額定荷重＿＿＿倍之荷重？中型固定式起重機安定性試驗，指在逸走防止裝置、軌夾裝置等停止作用狀態中，且使該起重機於最不利於安定性之條件下，將相當於額定荷重＿＿＿倍之荷重置於吊具上所實施之試驗？(110.03)

1.25 倍、1.27 倍（起重升降機具安全規則第 24 條）

20. A 公司要維修煙囪障礙燈需更換，跟 B 公司租借起重機，但是沒有通訊設備，且在 100 公尺高的煙囪更換障礙燈，應搭乘圖 A 或圖 B 之設備？(110.03)

圖 A

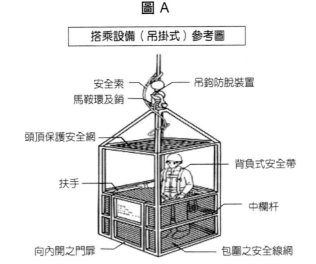

搭乘設備（吊掛式）參考圖

圖 B

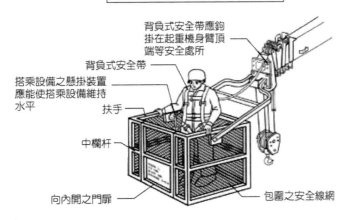

搭乘設備（直結式）參考圖

答

應選圖 A（起重升降機具安全規則第 35 條）

21. 焚化廠員工未戴安全帽、安全帶作業，應由誰負責規勸指導？自動檢查由誰執行？**(110.03)**

職安業務主管負責規勸指導、承攬商執行自動檢查。

22. 雇主對於移動式起重機之使用，以吊物為限，不得乘載或吊升勞工從事作業。但從事＿＿＿、船舶維修、＿＿＿等尚無其他安全作業替代方法，或＿＿＿、＿＿＿、＿＿＿、作業性質特殊，經採取防止墜落等措施者，不在此限。**(110.03)**

貨櫃裝卸、高煙囪施工、臨時性、小規模、短時間（起重升降機具安全規則第 35 條）

23. 起重機載人作業前，應先以預期最大荷重之荷物，進行試吊測試，將測試荷物置於搭乘設備上，吊升至最大作業高度，保持＿＿＿分鐘以上？**(110.03)**

5 分鐘（起重升降機具安全規則第 38 條）

13 危險性機械及設備安全檢查規則

 單元重點

機械設備器具安全標準

第 2 條　　本標準適用之機械、設備或器具如下：
　　　　　一、本法施行細則第十二條規定者。
　　　　　二、中央主管機關依本法第八條第一項規定公告者。
　　　　　前項機械、設備或器具之構造、性能及安全防護，不得低
　　　　　於本標準之規定。

第 82 條　堆高機之貨叉、柱棒等裝載貨物之裝置（以下簡稱貨叉
　　　　　等），應符合下列規定：
　　　　　一、材料為鋼材，且無顯著損傷、變形及腐蝕者。
　　　　　二、在貨叉之基準承重中心加以最大荷重之重物時，貨叉
　　　　　　　所生應力值在該貨叉鋼材降伏強度值之三分之一以
　　　　　　　下。
　　　　　產製或輸入堆高機，非屬新製品，且其既有貨叉符合國際
　　　　　標準 ISO 5057 規定者，得不受前項第二款之限制。

第 84 條　駕駛座採用升降方式之堆高機，應於其駕駛座設置扶手及
　　　　　防止墜落危險之設備。
　　　　　使用座式操作之堆高機，應符合下列規定：
　　　　　一、駕駛座應使用緩衝材料，使其於走行時，具有不致造
　　　　　　　成駕駛者身體顯著振動之構造。
　　　　　二、配衡型堆高機及側舉型堆高機之駕駛座，應配置防止
　　　　　　　車輛傾倒時，駕駛者被堆高機壓傷之安全帶、護欄或
　　　　　　　其他防護設施。

第 111-1 條　交流電焊機用自動電擊防止裝置之構造及性能，應符合國
　　　　　家標準 CNS 4782。

1. **(1)** 危險性機械（至少三種）之檢查種類為何？（可列表）
   (2) 危險性設備（至少二種）之檢查種類為何？（可列表）
   (3) 危險性機械（至少三種）之檢查合格使用有效期限為何？
   (4) 危險性設備（至少二種）之檢查合格使用有效期限為何？
   (90.08)

(1) 危險性機械之檢查種類表

	型式檢查	定期檢查	變更檢查	重新檢查	既有檢查	竣工檢查	使用檢查	最長有效期限
固定式起重機	✓	✓	✓	✓	✓	✓		2 年
移動式起重機	✓	✓	✓	✓	✓		✓	2 年
人字臂起重桿	✓	✓	✓	✓	✓	✓		2 年
營建用升降機	✓	✓	✓	✓	✓	✓		1 年
營建用提升機	✓	✓	✓	✓	✓	✓		2 年
吊籠	✓	✓	✓	✓	✓		✓	1 年

(2) 危險性設備之檢查種類表

	熔接檢查	構造檢查	竣工檢查	定期檢查	變更檢查	重新檢查	既有檢查	最長有效期限
鍋爐	✓	✓	✓	✓	✓	✓	✓	1 年（註1）
壓力容器	✓	✓	✓	✓	✓	✓	✓	1 年
高壓氣體特定設備	✓	✓	✓	✓	✓	✓	✓	1 年
高壓氣體容器	✓	✓	✓	✓	✓	✓	✓	5 年（註2）

註 1： 發電容量 2 萬千瓦以上發電用鍋爐及發電用第一種壓力容器之檢查合格證有效期限最長得為二年。

註 2： 高壓氣體容器之定期檢查期限自一年至五年不等。自構造檢查合格日起算未滿十五年者，每五年檢查一次以上；十五年以上未滿二十年者，每二年檢查一次以上；二十年以上者每一年檢查一次以上。

2. 請依危險性機械及設備安全檢查規則規定，回答下列問題：
   (1) 於吊籠檢查合格證有效期限屆滿前多久，應填具吊籠定期檢查申請書，向檢查機構申請定期檢查？
   (2) 於變更吊籠哪些裝置或構造時，需填具吊籠變更檢查申請書及變更之圖件，向檢查機構申請變更檢查？（請列舉 4 項）
   (103.03)

(1) 依危險性機械及設備安全檢查第 67 條規定：雇主於吊籠檢查合格證有效期限屆滿前一個月，應填具吊籠定期檢查申請書，向檢查機構申請定期檢查；逾期未申請檢查或檢查不合格者，不得繼續使用。

(2) 依危險性機械及設備安全檢查第 69 條規定：雇主變更吊籠左列各款之一時，應填具吊籠變更檢查申請書及變更部分之圖件，向檢查機構申請變更檢查：
   ① 工作台。
   ② 吊臂及其他構造部分。
   ③ 升降裝置。
   ④ 制動裝置。
   ⑤ 控制裝置。
   ⑥ 鋼索或吊鏈。
   ⑦ 固定方式。

3. 有關動力衝剪機械的安全防護，除安全護圍外，請列舉 5 種安全裝置。**(103.07)**

依機械設備器具安全標準第 6 條之規定，動力衝剪機械的安全裝置如下：

(1) 連鎖防護式安全裝置：滑塊等在閉合動作中，能使身體之一部無介入危險界限之虞。

(2) 雙手操作式安全裝置：

　① 安全一行程式安全裝置：在手指按下起動按鈕、操作控制桿或操作其他控制裝置（以下簡稱操作部），脫手後至該手達到危險界限前，能使滑塊等停止動作。

　② 雙手起動式安全裝置：以雙手作動操作部，於滑塊等閉合動作中，手離開操作部時使手無法達到危險界限。

(3) 感應式安全設置：滑塊等在閉合動作中，遇身體之一部接近危險界限時，能使滑塊等停止動作。

(4) 拉開式或掃除式安全裝置：滑塊等在閉合動作中，遇身體之一部介入危險界限時，能隨滑塊等之動作使其脫離危險界限。

前項各款之安全裝置，應具有安全機能不易減損及變更之構造。

---

4. 依危險性機械及設備安全檢查規則規定，鍋爐有哪些情事者，應由所有人或雇主向檢查機構申請重新檢查？（請列出 5 項）**(106.07)**

依危險性機械及設備安全規則第 89 條規定：鍋爐有下列各款情事之一者，應由所有人或雇主向檢查機構申請重新檢查：

(1) 從外國進口。

(2) 構造檢查、重新檢查、竣工檢查或定期檢查合格後，經閒置一年以上，擬裝設或恢復使用。

(3) 經禁止使用，擬恢復使用。

(4) 固定式鍋爐遷移裝置地點而重新裝設。

(5) 擬提升最高使用壓力。

(6) 擬變更傳熱面積。

5. 如果你是危險性機械或設備之管理人員，對於不堪使用或因故擬不再使用之危險性機械或設備，依規定該如何處理？事後可否再申請使用？(107.07)

危險性機械及設備安全檢查規則第 163 條：雇主對於不堪使用或因故擬不再使用之危險性機械或設備，**應填具廢用申請書向檢查機構繳銷檢查合格證**。

前項危險性機械或設備經辦妥廢用申請者，**雇主不得以任何理由申請恢復使用**。

6. 機械、設備器具有哪些？有效期限分別為多少年？(110.03)

(1) 固定式起重機：吊升荷重在三公噸以上之固定式起重機或一公噸以上之斯達卡式起重機。

(2) 移動式起重機：吊升荷重在三公噸以上之移動式起重機。

(3) 人字臂起重桿：吊升荷重在三公噸以上之人字臂起重桿。

(4) 營建用提升機：設置於營建工地，供營造施工使用之升降機。

(5) 營建用升降機：導軌或升降路高度在二十公尺以上之營建用提升機。

(6) 吊籠：導軌或升降路高度在二十公尺以上之營建用提升機。

檢查合格最長有效期限：

(1) 固定式起重機：2 年

(2) 移動式起重機：2 年

(3) 人字臂起重桿：2 年

(4) 營建用提升機：2 年

(5) 營建用升降機：1 年

(6) 吊籠：1 年

7. 固定式起重機檢查合格證最長＿＿＿年？第一種壓力容器檢查合格證最長＿＿＿年？**(110.03)**

2 年、1 年。

8. 堆高機應設置符合下列規定之頂篷。但堆高機已註明限使用於裝載貨物掉落時無危害駕駛者之虞者，不在此限：

   (1) 頂篷強度足以承受堆高機最大荷重之＿＿＿倍之值等分靜荷重。其值逾四公噸者為四公噸。

   (2) 上框各開口之度或長度不得超過＿＿＿公分。

   (3) 駕駛者以座式操作之堆高機，自駕駛座上面至頂下端之距離，在＿＿＿公分以上？

   (4) 駕駛者以立式操作之堆高機，自駕駛座底板至頂篷上框下端之距離，在＿＿＿公尺以上？**(110.03)**

2 倍、16 公分、95 公分、1.8 公尺（機械設備器具安全標準第 79 條）

14 職業安全衛生管理系統

 1. 試以聯合國勞工組織所頒布之職業安全衛生管理系統指引(ILO-OSH 2001)，說明職業安全衛生管理系統之五大要素為何？(96.08, 101.03)

ILO OSH-MS 2001 職業安全衛生管理系統之五大要素如下：

政策
1. 職業安全衛生政策。
2. 員工參與。

組織設計
1. 責任與義務。
2. 能力與訓練。
3. 職業安全衛生管理系統文件化。
4. 溝通。

規劃與實施
1. 先期審查。　　　　　　　　　2. 系統規劃、建立與實施。
3. 職業安全衛生目標。　　　　　4. 預防與控制措施。
5. 變更管理。　　　　　　　　　6. 緊急應變措施。
7. 採購。　　　　　　　　　　　8. 承攬。

評估
1. 績效監督與量測。
2. 調查與工作有關的傷害、不健康、疾病和事故及其對安全衛生績效影響。
3. 稽核。
4. 管理階層審查。

改善措施
1. 預防與矯正措施。
2. 持續改善。

第2部分

2. 請解釋下列名詞：
   (1) 矯正措施。
   (2) 預防措施。
   (3) 8 小時日時量平均容許濃度。
   (4) 局限空間。
   (5) ppm。**(97.11)**

(1) 矯正措施：能有效改正不符合狀況或減輕其衝擊至容許範圍內之相關措施。

(2) 預防措施：能有效預防該異常狀況再度發生或確保該狀況能夠減輕並保持在容許範圍之內的相關措施。

(3) 8 小時日時量平均容許濃度：指空氣中某有害物質的濃度，在此濃度下，以每日工作 8 小時，一週工作 5 天，大部分健康勞工不致產生不良影響。

(4) 局限空間：非供勞工在其內部從事經常性作業勞工進出方法受限制且無法以自然通風來維持充分、清淨空氣之空間。

(5) ppm(parts per million)：百萬分之一 $(v/v, 10^{-6})$，氣態有害物之濃度表示法，25°C，一大氣壓條件下，標準狀態下每立方公尺空氣中所含有氣態汙染物的立方公分數 $(1/10^6)$。

3. 依我國職業安全衛生管理系統**(TOSHMS)**指引中之「預防與控制措施」項目要求，事業單位應建立及維持適當的程序，以持續辨識和評估各種影響員工安全衛生的危害及風險，試依優先順序說明其預防及控制措施。**(98.07)**

組織應建立及維持適當的程序，以持續辨識和評估各種影響員工安全衛生的危害及風險，並依下列優先順序進行預防和控制：
(1) 消除危害及風險。
(2) 經由工程控制或管理控制從源頭控制危害及風險。

(3) 設計安全的作業制度，包括行政管理措施將危害及風險的影響減到最低。

(4) 當綜合上述方法仍然不能控制殘餘的危害及風險時，雇主應免費提供適當的個人防護具，並採取措施確保防護具的使用和維護。

---

4. 工作場所風險評估是用來辨識和瞭解工作環境及作業活動過程可能出現的危害，並避免或降低這些危害對人員造成職業災害之風險。如以一家勞工超過 1000 人以上之汽車生產工廠而言，試回答下列問題：

   (1) 其執行風險評估的適當時機為何？

   (2) 請協助該工廠訂出紀錄風險評估結果所需的表單？

   （請參考中央主管機關發布之「風險評估技術指引」作答）

   (100.03)

答

(1) 執行風險評估的時機，例如：

   ① 建立安全衛生管理計畫或職業安全衛生管理系統時。

   ② 新的化學物質、機械、設備、或作業活動等導入時。

   ③ 機械、設備、作業方法或條件等變更時。

(2) 風險評估表（標準版）

公司名稱	部門	評估日期	評估人員	審核者			
1.作業／流程名稱	2.辨識危害及後果（危害可能造成後果之情境描述）	3.現有防護設施	4.評估風險			5.降低風險所採取之控制措施	6.控制後預估風險
			嚴重度	可能性	風險等級		嚴重度　可能性　風險等級

5. 以交流電焊從事鋼板材質圓筒型儲槽（內徑 2.4 公尺）之製造，作業項目有電焊及儲槽組裝作業，請分別說明該 2 項作業之主要危害，並分別提出至少 3 項防止對策。**(99.11)**

答

(1) ① 電焊作業之主要危害：感電危害和電弧光輻射的危害。
　　② 其防止對策：
　　(a)設置自動電擊防止裝置、漏電斷路器等安全裝置。
　　(b)加強個人防護措施及確實配戴防護具。
　　(c)電線不可破皮。
(2) ① 儲槽組裝作業之主要危害：缺氧危害和墜落危害。
　　② 其防止對策：
　　(a)設現場監督人員。
　　(b)確實配戴個人防護。
　　(c)確實執行通風換氣及環境測定。

6. 祥好油漆公司指派勞工李小玲從事甲苯與二甲苯拌合作業，作業前已做好整理整頓及清潔工作，您是勞工安全衛生管理員，試列出現場除火災爆炸外之主要的安全與健康危害各 1 項？該項應採取哪些主要工程改善措施？（試列出 3 項）**(100.11)**

答

(1) 甲苯與二甲苯拌合作業，現場除火災爆炸外之主要的安全與健康危害如下列：

　　① 安全危害：靜電感電危害。

　　② 健康危害：有機溶劑中毒。

(2) 甲苯與二甲苯拌合作業其安全與健康危害主要的工程改善措施，如下列：

　　① 安全危害－靜電感電危害：

　　(a)攪拌設備接地。

　　(b)降低攪拌作業速度。

　　(c)使用靜電消除器。

　　(d)增加作業現場濕度。

　　② 健康危害－有機溶劑中毒：

　　(a)於攪拌作業場所設置密閉設備。

　　(b)於攪拌作業場所設置局部排氣裝置。

　　(c)人員於隔離區作業。

　　(d)設置濃度自動監測及警告裝置，減少人員暴露。

---

7. 某石化工廠，勞工人數達 350 人，已建置及推動職業安全衛生管理系統多年，最近擬向中央主管機關提出職業安全衛生管理系統績效之認可。依事業單位職業安全衛生管理系統績效認可作業要點規定，必須檢附職業安全衛生管理系統績效自評表，請至少列出 7 項自評項目。**(101.07)**

職業安全衛生管理系統績效自評表自評項目如下：

(1) 安全衛生政策。

(2) 危害辨識、評估及風險控制。

(3) 重大風險之作業管制。

(4) 變更管理。

(5) 採購管理。

(6) 承攬管理。

(7) 作業環境監測。

(8) 事件通報與統計。

(9) 職場健康管理及健康促進。

8. 適當的執行風險評估，可協助廠場建置完整妥適的勞工安全衛生管理計畫或職業安全衛生管理系統，有效預防或減少災害發生。試依中央主管機關公告之相關技術指引，說明風險評估之作業流程。(102.07)

依「風險評估技術指引」第四點說明風險評估之作業流程如下列：

(1) 辨識出所有的作業或工程。

(2) 辨識危害及後果。

(3) 確認現有防護設施。

(4) 評估危害的風險。

(5) 決定降低風險的控制措施。

(6) 確認採取控制措施後的殘餘風險。

(7) 其他相關事項。

9. 工程施工者，應於施工規劃階段實施風險評估，對於不可接受之風險，則採取降低風險之控制措施，防止施工時，發生職業災害。請寫出 5 種降低風險之控制措施類型？(106.11)

(1)消除風險。(2)源頭管理。(3)工程改善。(4)行政管理。(5)個人防護具。

10. 以交流電焊機從事鋼質圓筒型儲槽（內徑 3 公尺）之製造，分別對電焊作業之感電危害、儲槽組裝作業之墜落危害，各提出 3 項防止對策。(106.11)

(1) 電焊機感電預防：
　① 設備加裝防電擊裝置、漏電斷路器、接地。
　② 絕緣握把。
　③ 作業人員使用個人防護具（絕緣手套）。
(2) 儲槽墜落預防：
　① 設置安全上下設備。
　② 開口處設置護欄、護蓋。
　③ 作業人員使用個人防護具（安全帶及母索）。

11. 某工廠為了整修柴油槽，使 1 名勞工在槽頂從事人孔電焊作業，現場負責人於施工前辨識出此作業有感電的危害。試問：(1)針對此感電的危害，提出三種預防感電之安全衛生設施？(2)除感電的危害之外，還有哪二個安全主要危害？(110.03)

(1) 柴油槽要接地、電焊機要裝自動電擊防止裝置、電動機具要裝漏電斷路器。
(2) 墜落危害、火災爆炸。

12. ISO 45001 包括 PDCA 及系統構造為何？(110.03)

答

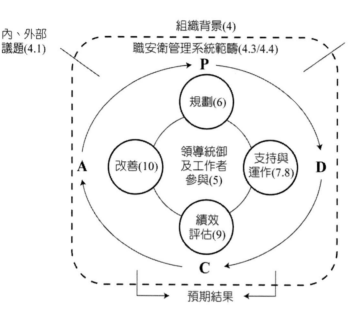

13. ISO 45001 名詞解釋：文件化資訊、監督、稽核、風險、危害、
政策、績效、量測、事故、適任性。(110.03)

答

文件化資訊：組織需要管制和維持的資訊及其媒介。

監督：決定系統、過程或活動之現況。

稽核：為獲得稽核證據並對其進行客觀的評估，以確保滿足稽核準
則的程度所進行的系統的、獨立的並形成文件的過程。

風險：不確保性的影響。

危害：潛在會造成人員傷害及有礙健康之來源。

政策：由最高管理者正式表述的組織的意圖和方向。

績效：可量測的結果。

量測：確定數值的過程。

事故：因工作或在工作過程中引發的可能或已經造成了傷害和健康損害的情況。（有些人將發生了傷害和健康損害的事件稱之為「事故」）

14. 內外部議題有哪些？(110.03)

「外部」議題如：

(1) 文化、社會、政治、法規、財務、技術、經濟、自然環境及市場競爭，不論其是否為國際、國家、區域性或地方的。

(2) 引入新競爭對手、承商、再承攬商、供應者、合作夥伴及提供者、新技術、新法令及新職業的出現。

(3) 產品之新知識及其對安全與健康的影響。

(4) 影響組織之產業或行業相關的驅動力及趨勢。

(5) 與外部利害相關者之關係，以及觀點與價值觀。

(6) 任何上述議題相關的改變。

「內部」議題如：

(1) 治理、組織架構、角色及當責。

(2) 政策、目標及其達成之策略。

(3) 依據資源、知識及適任性（如：資本、時間、人力資源、過程、系統及技術）所理解的能力。

(4) 資訊系統、資訊流通及決策過程（正式及非正式的）。

(5) 引入新的產品、物料、服務、工具、軟體、工作場所及設備。

(6) 與工作者的關係，以及觀點與價值觀。

(7) 組織文化。

(8) 組織採用之標準、指導網要及模式。

(9) 契約關係之形式及範圍，例如：外包的活動。

(10) 工作時間的安排。

(11) 工作條件。

(12) 任何上述議題相關的改變。

15. 工作者哪些要參與、哪些是諮詢？(110.03)

答

參與：

(1) 決定其諮詢及參與之機制。

(2) 鑑別危害及評鑑風險與機會。

(3) 決定消除危害及降低職業安全衛生風險之措施。

(4) 決定適任性要求、訓練需求、訓練及評估訓練。

(5) 決定需溝通之事項及執行方式。

(6) 決定管制措施及其有效的實施與使用。

(7) 調查事故及不符合事項，並決定矯正措施。

諮詢：

(1) 決定利害相關者之需求及期望。

(2) 建立職業安全衛生政策。

(3) 若適用，指派組織之角色、責任及職權。

(4) 決定如何履行法規要求事項及其他要求事項。

(5) 設定職業安全衛生目標及規劃如何達成目標。

(6) 決定適用於外包、採購及承攬商之管制措施。

(7) 決定需監督、量測及評估之事項。

15 工作安全分析與安全觀察

1. 試述工作安全分析之定義？(90.05)

(1) 工作安全分析是「工作分析」與「預知危險」的結合。

(2) 工作安全分析是主管人員藉觀察屬下工作步驟，分析作業實況，以發掘作業場所之潛在危險與危害，而事先提出防範災害發生的安全作業方法。

2. 工作安全分析之目的，為發現潛在的危險或可能危害而加以控制，分析時應特別考慮及注意哪方面之潛在危害因子？(92.11, 95.11)

(1) 人的方面：不安全主體是人，人的知識、經驗、意願、身體狀況、精神狀況等，都是造成人為失誤的主要因素。

(2) 方法方面：作業程序、步驟、工作方法等，都是影響工作安全的重要因素。

(3) 機械方面：作業中所需使用的機械、設備、器具與工具等有無安全裝置，有無保養維護或定期檢查等都需加以考量。

(4) 材料方面：作業中所需使用之物料、材料，都應在工作安全分析表上列明，以便於作業前可檢查是否齊全有無缺陷。

(5) 環境方面：作業場所之空間情形、安全狀況、空氣、濕度、噪音、照明條件、安全標示、危險有害物標示等，都是影響作業安全關鍵因素。

3. 試述安全觀察的意義？並列舉說明應受安全觀察的作業五種？(90.11, 93.11)

(1) 安全觀察的意義：安全觀察是各級主管人員，在作業場所實施定期性、臨時性或計畫性的觀察作業人員不安全動作或作業，以及不安全設備或環境，並立即導正，以防止職業災害發生的行為。

(2) 應受安全觀察的作業：

① 傷害頻率高者：失能傷害頻率高的作業，表示事故發生的機率很高，應優先加以觀察。

② 傷害嚴重率高者：有些作業事故發生後，失能傷害損失工作日數很高，甚至造成死亡事故，也應優先觀察。

③ 曾發生事故者：有些作業在別單位曾發生過事故，亦應優先觀察。

④ 有潛在危險者：有些作業本身具有潛在危險性，稍一疏忽就會造成傷害，應予以觀察。

⑤ 臨時性的或非經常性的：臨時性的或非經常性的工作，工作人員較不熟悉，易生事故。

4. 試說明安全作業標準之功用。(94.03, 95.07)

(1) 安全作業標準之定義：係經由工作安全分析，建立正確的作業程序，以消除不安全的因素，確保作業安全的標準。

(2) 安全作業標準之功用：

① 防範作業場所危害發生。

② 選擇適當作業人員。

③ 確定作業所需的設備、工具、防護具。

④ 作為安全教導的依據。

⑤ 作為安全觀察的參考。

⑥ 作為災害調查的參考。

⑦ 提升作業人員對安全的參與。

5. **(1)** 工作安全分析之意義為何？

   (2) 在訂定工作安全分析時，須將工作分解成數個步驟，試簡述有關工作步驟分解的方法為何？

   (3) 試簡述工作安全分析表修訂之時機為何？ **(95.03)**

(1) 工作安全分析之意義：（參見本單元第 1.題）

(2) 工作步驟分解的方法：

　① 選擇一個有經驗、能力強的工人操作工作。由他的示範，可得工作分解的基礎。

　② 觀察他進行工作，並列出每一個主要的基本步驟，並說明每一基本步驟的目的或意義。

　③ 與被觀察者及有關的作業勞工討論並核對每一個步驟。

　④ 修正或改進。

(3) 工作安全分析表修訂之時機：

　① 發生事故時，分析表應就事故原因予以修改或增刪。

　② 工作程序變更時應即修訂。

　③ 工作方法改變時亦應重新分析，以符合實際需要。

6. 事業單位為避免勞工發生失誤操作危害，可針對事業的各項作業進行工作安全分析，分別建立其安全作業標準，請問：

   (1) 依法令規定，擬定安全作業標準係屬何者之責任？

   (2) 擬定一份五欄式安全作業標準應包含哪五個要項？

   (3) 依法令規定，擬定安全作業標準後如何實施教導？ **(97.03, 105.03)**

(1) 擬定安全作業標準為領班之責，因領班最清楚整個安全作業程序及細節。

(2) 以研磨作業為例，安全作業標準如下：

工作步驟	工作方法	不安全因素	安全措施	事故處理
1. 著用安全維護具	1-1 穿著安全鞋。 1-2 裝用安全玻璃於砂輪機上。 1-3 戴用安全眼鏡。	-	-	-
2. 使用前檢查	2-1 檢查輪罩及砂輪有無裂痕及缺角。 2-2 先用低速測試音響有無破綻，再作高速運轉試驗。	2-1 砂輪破裂碎片會傷及人身。	2-1 砂輪若有破裂或缺角應換新。	2-1 受傷人員應急救送醫治療。
3. 研磨工具	3-1 用鉗子夾牢零件研磨，若不用鉗子夾手指或手掌可能觸及旋轉之砂輪而受傷。 3-2 研磨時應將工作物托架鉗牢。 3-3 按工作大小選擇適當大小之砂輪且研磨時不可戴用手套。	3-1 工作因研磨發熱放開而墜落傷及腳部。 3-2 不用鉗子夾，手部觸及砂輪而受傷。 3-3 戴用手套研磨可能傷到手指而不自知。	3-1 不宜研磨過久，發燙時用水冷卻。 3-2 小件工作物須用鉗子夾牢才能研磨。 3-3 禁止戴手套研磨。	-
4. 完工收拾工作	4-1 停止砂輪機運轉，切掉電源。 4-2 整理工件、場地及防護具。	-	-	-

(3) 依照安全作業標準步驟依序實施。

7. 在實務上，一般常提到所謂標準作業程序(SOP)，而在工安方面所強調是安全作業標準(Safety Operation Standard)，試問在訂定安全作業標準之前必須進行何項分析？其進行之 4 項主要程序為何？**(100.11, 103.03)**

答

(1) 在訂定安全作業標準之前必須進行「工作安全分析」(Job Safety Analysis)。

(2) 進行工作安全分析之主要程序如下列：
　① 決定要分析工作的名稱：需要作安全分析的工作宜加選擇，不能漫無限制或沒有範圍，否則徒然造成人力物力之浪費。
　② 將工作分解成幾個步驟：將要分析的工作按實施先後次序分成幾個主要步驟，如此無論如何複雜的工作均可一目瞭然。
　③ 發現潛在危險及可能的危害：應仔細找出每一個基本步驟之潛在危險及可能的危害及可能發生之事故。
　④ 決定安全工作方法：針對每個基本步驟之潛在危險及可能的危害及可能發生之事故，工作安全分析人員應仔細的逐一尋求防止事故之對策，可參考有關安全衛生法令規定擬定安全有效確切可行的對策。

8. 事業單位為避免勞工因操作失誤而發生職業災害，應針對高風險作業製作安全作業標準，其製作程序可分成哪 5 項？（**10** 分）**(106.07)**

答

安全作業標準之製作一般可分為下列 5 項程序：

(1) 列出作業種類、名稱及方式：由工作安全分析或風險評估結果之作業項目而來。

(2) 確認工作步驟：針對主要危害工作項目及其範圍，逐步拆解詳列工作步驟。

(3) 研擬危險關鍵之作業：依工作安全分析結果，對於每項工作步驟，研擬危險關鍵之作業。

(4) 研擬安全的工作方法：依工作安全分析結果，針對危險關鍵之作業，訂定安全的工作方法。

(5) 規劃安全確認事項：依工作安全分析結果，針對安全的工作方法，訂定安全確認事項。

配合題

9. 槽車作業安全工作分析，所應對安全工作方法為何？(110.03)

可能發生之事故或危害：

(1) 槽車駕駛失誤或煞車失靈撞擊輸酒設備致酒精洩漏。

(2) 槽車排氣管末裝設滅焰裝置駛進入儲槽區，形成引火源。

(3) 槽車駕駛失誤，輪胎滑落邊溝卡住，車輛傾斜車內酒精溢出

(4) 卸料過程中發現油槽接口管線破損，導致洩漏酒精。

(5) 槽車駕駛進入儲槽區時撞傷工作人員。

安全工作方法：

(1) 現場指派工作人員監視及檢查。

(2) 機械設備檢查、保養、教育訓練。

(3) 進入槽區有引導人員管制。

---

(1) 槽車駕駛失誤或煞車失靈撞擊輸酒設備致酒精洩漏。→(3)進入槽區有引導人員管制。

(2) 槽車排氣管末裝設滅焰裝置駛進入儲槽區，形成引火源。→(1)現場指派工作人員監視及檢查。

(3) 槽車駕駛失誤，輪胎滑落邊溝卡住，車輛傾斜車內酒精溢出。→(2)機械設備檢查、保養、教育訓練。

(4) 卸料過程中發現油槽接口管線破損，導致洩漏酒精。→(2)機械設備檢查、保養、教育訓練。

(5) 槽車駕駛進入儲槽區時撞傷工作人員。→(3)進入槽區有引導人員管制。

10. 請問有時候會在工作表內加上照片的是哪一種表單？(110.03)

安全作業標準。

11. 工作安全分析步驟，由左至右排列出來。

工作名稱→工作步驟→工作方法→不安全因素→安全措施→事故處理。

UNIT 16 勞工衛生與職業病預防概論

 1. 勞工的疾病要判定其為職業病至少應滿足哪些條件（即職業病認定原則）？ **(92.03, 93.07, 94.11)**

答

職業病認定原則：
(1) 有病的證據。
(2) 有暴露危害因子之證據。
(3) 合乎時序性（先暴露後致病）。
(4) 合乎科學上一致性。
(5) 大致上排除其他非職業原因所引起之疾病。

 2. 勞工懷疑自己罹患職業病，欲向雇主申請職災補償時，有關職業疾病之鑑定程序為何？ **(90.03, 95.07, 96.08, 96.11, 97.11, 104.07)**

答

(1) 勞工疑有職業疾病，應經醫師診斷，取得職業疾病診斷書，得認定為職業疾病。
(2) 勞雇之一方對於職業疾病診斷有異議時，得檢附有關資料，向當地主管機關申請認定。
(3) 當地主管機關對於職業疾病認定有困難，或勞雇之一方對當地主管機關之認定結果有異議時，得檢附有關資料，向中央主管機關（勞動部職業疾病鑑定委員會）申請鑑定。
(4) 經中央主管機關鑑定後，勞資雙方應依鑑定結果處理。如尚有疑議，得循司法途徑提出民事訴訟。

3. 試述危害因子種類有哪些？各舉三個實例。**(91.05, 97.07)**

(1) 物理性危害：
    ① 溫濕異常。
    ② 噪音。
    ③ 振動。
    ④ 採光照明。
    ⑤ 異常氣壓。
    ⑥ 游離輻射：α射線、β射線、γ射線、X射線、中子射線。
    ⑦ 非游離輻射：
    (a)紅外線：物體之表面溫度越高發出的紅外線越強。
       健康危害：白內障。
    (b)紫外線：因電焊或其他強光設備而產生。
       健康危害：皮膚癌。
    (c)微波：利用水分子共振產生熱能，對內部臟器造成傷害。
    (d)雷射：單波長之射線，具有高能量不易散射之特性。
(2) 化學性危害因子：
    ① 有機溶劑：依其毒性分三種，第一種有機溶劑毒性最大，第
       三種最小。對肝功能有影響。
    ② 鉛。
    ③ 粉塵：游離二氧化矽之塵肺症，為目前職業病之最大宗。
    ④ 特定化學物質：
    (a)甲類：致癌物質，除研究外不得使用。
    (b)乙類：疑似致癌物質，需申請並符合相關安全衛生方得使
       用。
    (c)丙類：導致一般急慢性中毒物質，依其特性訂定管理規範。
    (d)丁類：易漏洩物質，以強酸強鹼居多。
    ⑤ 缺氧。
    ⑥ 四烷基鉛：有鉛汽油之主要添加劑。垂腕症。

第 **2** 部分

(3) 生物性危害因子：
　① 寄生蟲。
　② 黴菌。
　③ 細菌。
　④ 病毒。

(4) 人因工程性危害：人因工程的主要目的在於促進作業場所之安全衛生、效率與舒適性。
　① 不當操作姿勢下操作設備引起下背部痛。
　② 長期負重造成脊椎傷害。
　③ 高重複性動作造成腕隧道症候群。

---

4. 試列舉三項事業單位為預防禽流感而對勞工進行健康狀況監控時之注意事項。**(95.03)**

(1) 若曾去過禽流感疫區或是疑似有禽流感汙染的環境，一週後出現發燒、呼吸系統或是眼睛感染的結膜炎等必須立即就醫。

(2) 個人若有不適時，應立即向建康照護單位反應，告知是否曾經暴露於禽流感中，並通知服務機構的安全衛生單位。

(3) 高風險暴露勞工個人若有發燒等不舒服感覺時，建議全天待在家中，直到發燒狀況解除，或經診斷不是由 A 型流感所感染。

5. 勞工從事下列作業時，會引起哪些危害，試從下表中選出其代號：

A	熱痙攣
B	腕隧道症候群
C	貧血
D	塵肺症
E	肝癌
F	肺癌
G	過敏性氣喘
H	電眼炎
I	白指病
J	減壓症

(1) 局部振動。
(2) 高溫作業。
(3) 熔接作業。
(4) 高壓室內作業。
(5) 電腦終端作業。
(6) 二異氰酸甲苯作業。
(7) 鉛作業。
(8) 氯乙烯作業。
(9) 噴砂（石英砂）作業。
(10) 煉焦作業。**(96.04)**

(1) 局部振動→I。

(2) 高溫作業→A。

(3) 熔接作業→H。

(4) 高壓室內作業→J。

(5) 電腦終端作業→B。

(6) 二異氰酸甲苯作業→G。

(7) 鉛作業→C。

(8) 氯乙烯作業→E。

(9) 噴砂（石英砂）作業→D。

(10) 煉焦作業→F。

6. 工作場所中有許多會導致勞工產生職業壓力之可能來源試根據：
   (1) 作業環境危害種類及**(2)** 工作內容特性，各舉出五項職業壓力源。

於職業場所中，會導致從業人員產生職業壓力的可能來源，大體可分為組織內職業壓力源及組織外職業壓力源二大類。前者包括兩項：

(1) 職業場所的作業環境危害種類包括：噪音、採光、通風、溫度、化學物、輻射線、擁擠、振動等。

(2) 工作內容特性：
　　① 工作負荷量。
　　② 工作步調。
　　③ 時效性。
　　④ 精密性。
　　⑤ 工作安全。
　　⑥ 挑戰性。
　　⑦ 單調重複性。

---

7. 試舉出由下列危害因子所造成的職業病（由 B 列選出）

A 危害因子									
1.	振動	2.	紫外線	3.	高溫	4.	一氧化碳	5.	汞
6.	鉛	7.	氯乙烯	8.	甲醇	9.	二異氰酸甲苯	10.	正己烷

B 職業病									
a.	白手病	b.	肝病	c.	白內障	d.	肝血管肉瘤	e.	鼻中隔穿孔
f.	氣喘	g.	貧血	h.	痛痛病	i.	多發性神經病變	j.	熱衰竭
k.	血中缺氧	l.	視神經炎	m.	水俁病				

答

1.	振動	a.	白手病	6.	鉛	g.	貧血
2.	紫外線	c.	白內障	7.	氯乙烯	d.	肝血管肉瘤
3.	高溫	j.	熱衰竭	8.	甲醇	l.	視神經炎
4.	一氧化碳	k.	血中缺氧	9.	二異氰酸甲苯	f.	氣喘
5.	汞	m.	水俁病	10.	正己烷	i.	多發性神經病變

8. 為防範 H_1N_1 新型流感等傳染病，雇主應提供肥皂等供勞工洗手。請說明洗手五步驟依序為何？(98.07)

(1) 濕：以乾淨自來水沖濕雙手，擦上肥皂或洗手液。

(2) 搓：兩手心互相摩擦，自手背至手指搓揉，搓揉手掌及手背，擦洗指尖，徹底清潔手部至少 20 秒。

(3) 沖：刷洗雙手至手叉至少 20 秒。

(4) 捧：捧水將水龍頭清洗乾淨。

(5) 擦：取紙巾擦乾雙手，再以紙巾墊手旋轉水龍頭，以免再度汙染。

9. 依世界衛生組織(WHO)之致癌物分類，第一類(Group 1)為致癌物，第三類(Group 3)為目前尚無足夠的動物或人體資料，以供分類該物質是否為人類致癌物。請區別下列各項為上述之 Group 1 或 Group 3：

(1) 含酒精性飲料(alcoholic beverages)。

(2) 咖啡因(caffeine)。

(3) 太陽輻射(solar radiation)。

(4) 吸菸(tobacco smoking)。

(5) 二甲苯(xylenes)。(98.11)

除吸菸屬 Group 1 外，其餘都屬 Group 3。

10. 一氧化碳與二氧化碳皆為窒息性物質，其中二氧化碳被歸類為單純性之窒息性物質，而一氧化碳則非屬單純性之窒息性物質。請問：
   (1) 何謂單純性之窒息性物質？
   (2) 一氧化碳未被歸類為單純性之窒息性物質之主要原因？
   (99.07)

(1) 所謂單純性之窒息性之物質係指物質本身無毒或毒性小，因大量存在而排擠並降低空氣中氧氣的含量，使人體呼吸氧氣不足而窒息，主要有氮氣、氬氣、甲烷、乙烯、二氧化碳等。

(2) 一氧化碳未被歸類為單純性之窒息性物質之主要原因為一氧化碳與血液中的血紅素的結合力為氧氣的 200~250 倍，因此人體一但吸入一氧化碳便會取代氧氣搶先與血紅素結合，對血紅蛋白產生毒害作用，而形成一氧化碳血紅素(COHb)，降低血紅素帶氧能力，這時體內組織無充足含氧，因而使細胞組織含氧不足而產生窒息；因其機轉為「化學性窒息」，故未被歸類為單純性之窒息性物質。

11. 下列左欄為有害物，請從右邊疾病欄中選出可能導致之相關疾病（單選），答法如 **5E**、**2B**（作答參考，非正確答案）。**(101.03)**

有害物		疾病	
1	石綿	A	失明
2	甲醇	B	中樞神經中毒
3	四烷基鉛	C	白血病
4	苯	D	皮膚癌
5	煤焦油	E	肺癌

1. E；2. A；3. B；4. C；5. D。

12. 以下項目(1)至(10)，請列出與右列項目 A 至 J 相關性最大者。
　　（本題各小項均為單選，答題方式如(1)A、(2)B…）(105.07)

(1) 凍傷		A	X光
(2) 振動		B	電磁波
(3) 綜合溫度熱指數		C	低溫作業
(4) 異常氣壓		D	白指症
(5) 游離輻射		E	輻射熱
(6) 非游離輻射		F	聽力損失
(7) 噪音		G	空氣溫度
(8) 米燭光		H	照度
(9) 乾球溫度		I	高溫作業
(10) 黑球溫度		J	潛水夫病

(1)C；(2)D；(3)I；(4)J；(5)A；(6)B；(7)F；(8)H；(9)G；(10)E。

13. 勞工從事下列作業時，分別會引起下表所列何種危害？
　　(1)局部振動；(2)高溫作業；(3)熔接作業；(4)高壓室內作業；(5)電腦輸入作業；(6)抽血作業；(7)鉛作業；(8)氯乙烯作業；(9)噴砂（石英砂）作業；(10)煉焦作業。（本題各小項均為單選，答題方式如(1)A...(2)B...，複選不計分）(106.11)

A	熱痙攣	F	肺癌
B	腕道症候群	G	針扎
C	貧血	H	眼睛疼痛
D	塵肺症	I	白指病
E	肝癌	J	減壓症

(1)I；(2)A；(3)H；(4)J；(5)B；(6)G；(7)C；(8)E；(9)D；(10)F。

14. 職業病之認定為相當專業之過程。請說明於本國要被認定為職業病必須要滿足哪 5 項原則。**(107.07)**

本國要被認定為職業病必須要滿足下列 5 項原則：

(1) 工作者確實有病徵，且工作場所中有害因子應確實存在。

(2) 必須曾暴露於存在有害因子之環境。

(3) 發病期間與症狀及有害因子之暴露期間有時序之關係。

(4) 病因不屬於非職業上之因素所引起。

(5) 文獻上曾記載症狀與危害因子之關係。

15. 下列由生物性危害所引起之疾病及其續發症，其相對應之工作性質或工作場所為何？病毒性肝炎、退伍軍人症、登革熱（瘧疾）、漢他病毒出血熱、後天免疫缺乏症候群(AIDS) (110.03)

職業病	工作性質、工作場所
病毒性肝炎	醫療保健服務業工作人員因針扎、噴濺等途徑，或其他因工作暴露人體血液、體液導致感染之後所致。
退伍軍人症	從事冷卻水塔維修、漩渦水療等有感染該疾病之虞的工作場所。
登革熱（瘧疾）	限於因職務性質所需，在蚊蟲聚集的草叢水渠等地『例行、經常性、規律地』工作之人員。
漢他病毒出血熱	從事經常接觸嚙齒類動物之工作或工作於嚙齒類動物出沒頻繁等有感染該疾病之工作場所。
後天免疫缺乏症候群(AIDS)	接觸到沾染後天免疫系統缺乏症候群患者血液或體液（精液、陰道分泌物、母乳）接觸黏膜或皮膚傷口而傳染。

17 職業災害防止計畫

1. 職業災害防止計畫的內容應包含哪些要項,始構成完整的計畫架構?(91.08)

答

職業災害防止計畫之架構要項:

(1) 依據。

(2) 目的。

(3) 計畫期間。

(4) 基本方針:亦就是本計畫之重點所在。

(5) 計畫目標:為了達成計畫目標,就必須要貫徹執行。

(6) 計畫項目:在基本方針與目標確定後,就要定出計畫項目。

(7) 實施細目:在計畫項目下,就實際需要分別訂出具體可行之施行細目。

(8) 實施要領:包括實施方法、程序、週期等。

(9) 實施單位及人員:每個實施細目要規定由何單位及何人實施,才能落實計畫。

(10) 預定工作進度:每一個實施細目要規定其工作進度,使相關人員有所遵循而如期達成任務。

(11) 需要經費:執行計畫所必須之經費預算。

(12) 備註。

2. 擬定職業災害防止計畫的方法,依其編製程序(順序)可以分成過程?(94.11)

答

職業災害防止計畫之編製程序：

(1) 擬具基本方針及計畫目標草案共同會商：勞工安全衛生管理單位或勞工安全衛生管理人員於每一年度開始前依據過去一年有關工作情況及職業災害發生情形等資料，擬具職業災害防止計畫之基本方針及計畫目標草案，陳請雇主邀集各有關部門主管會商決定。

(2) 分工研擬計畫之各項內容：勞工安全衛生管理單位或勞工安全衛生管理人員應請各部門主管依據決定之基本方針及計畫目標，研擬各該部門之職業災害防止計畫之計畫項目、實施細目、實施要領、實施單位及人員、預定工作進度、需用經費等，送由勞工安全衛生管理單位或勞工安全衛生管理人員彙整為整體計畫草案。

(3) 會商討論定案：整體職業災害防止計畫彙整完成後，陳請雇主邀集各有關部門主管會商定案。

(4) 細部計畫編擬核定實施：整體職業災害防止計畫定案後，應請各有關部門訂定細部計畫，陳請雇主核定後依法實施。

18 職業災害調查處理與統計

1. 某造紙公司指派勞工甲、乙清理密閉汙水處理槽（人孔直徑 80 公分），甲、乙二人進入槽內後不久昏倒，槽外勞工丙、丁二人發現災害後立即入槽搶救，唯不幸亦均罹難於內，該槽經測定結果，空氣中氧氣含量為 10%、硫化氫濃度為 200ppm，試就本災害分析事故發生之直接、間接及基本原因？並說明類似災害之防範對策。**(93.07)**

(1) 災害發生原因分析：

　① 直接原因：

　(a)槽內空氣中氧氣含量為 10%（缺氧），未達法定 18%之標準。

　(b)槽內硫化氫濃度超過容許濃度標準 10ppm 而中毒。

　② 間接原因：

　(a)不安全動作（行為）：

- 勞工進入前未確認侷限空間是否安全（未實施通風及作業環境監測）。
- 進入搶救之人員未配戴呼吸防護具。
- 未落實夥伴作業系統（未留一人在槽外擔任監視、連絡）。
- 作業及搶救人員皆未緊繫安全繩索及將安全繩索之一端固定在槽外。

　(b)不安全環境（情況）：

- 未設置氧氣含量及有害氣體濃度自動偵測系統。

　③ 基本原因：

　(a)未設置缺氧作業主管。

　(b)未實施密閉空間作業之自動檢查。

　(c)未訂定安全衛生工作守則。

　(d)未實施安全衛生教育訓練。

(e)未實施工作安全分析及未訂定安全作業標準。

(f)未實施安全教導。

(2) 預防類似災害之防範對策:依據「職業安全衛生設施規則」154條:

① 應事先測定並確認無爆炸、中毒及缺氧等危險。

② 應使勞工佩掛安全帶及安全索等防護具。

③ 應於進口處派人監視,以備發生危險時營救。

④ 規定工作人員以由槽桶上方進入為原則。

---

2. 某工廠自液化石油氣槽車卸收石油氣(L.P.G)至球形槽,操作人員(均依規定接受從事工作及預防災變所必要之安全衛生教育訓練)因作業人員不在現場,司機代為操作,幫浦運轉後不久,液相高壓軟管接頭突然鬆脫,**L.P.G** 漏洩形成一片白煙霧,五分鐘後起火爆炸,造成現場勞工三人重傷,槽車燒燬,假設你是該工廠職業安全管理師,試就本職業災害可能原因列出,說明其理由,並提出可行之改善建議(該槽車設有超流閥及手動式緊急遮斷閥)**(92.03)**

(1) 災害經過:

① 石油氣槽車卸收石油氣之合格人員不在現場。

② 槽車司機任意自行操作,有違規定。

③ 液相高壓軟管接頭不良,未做好自動檢查。

④ L.P.G 外洩,遇著火源而發生火災爆炸,並造成人傷車燬。

(2) 災害原因:

① 直接原因:L.P.G 外洩,遇著火源而發生火災爆炸,致造成人傷車燬。

② 間接原因:

(a)不安全動作(行為):

• 合格操作人員擅離崗位。

• 司機未經許可,自行操作。

• 液相高壓軟管接頭使用前未依規定做好自動檢查。

• 未派監視人員。

(b)不安全環境（情況）：

• 切斷開關失效。

• 作業場所接近火源。

• 未設置消防系統（含自動滅火系統）。

(c)基本原因：

• 軟管未實施自動檢查及經常保養維護之防範措施。

• 未設置警報裝置。

• 人員管理及管制不良。

• 未訂定安全衛生工作守則。

• 未實施安全衛生教育訓練。

(3) 可能之著火源：電器、吸菸、摩擦、機械火花或其他著火源。

(4) 改善建議：

① 嚴格管制合格操作人員操作。

② 加強自動檢查及維護保養。

③ 作業場所遠離火源，並採取適當隔離措施。

④ 設置自動警報裝置及自動監測系統與消防系統。

⑤ 訂定安全衛生工作守則及標準作業程序，並要求全員遵守規定。

---

3. 某建設公司之營造工程僱用員工 50 人，未設勞工安全衛生管理員，亦未實施自動檢查，82 年 12 月 30 日派楊大為、李安全二人前往新店市某三樓外牆拆除模板，該工地施工架（鷹架）距地面 7 公尺，開口處未設護欄，公司未發給楊、李二人安全帶、安全帽，以撬拆模，楊員不慎從開口處墜落地面，經李員緊急暫時處理並送醫急救仍不治死亡。試以工作安全分析，試分析其職業災害原因。

 答

(1) 直接原因：施工架開口處未設護欄，楊員由此墜落地面，經送醫急救仍不治死亡。

(2) 間接原因：

① 不安全動作（行為）：

(a)未實施自動檢查。

(b)楊、李二人未戴安全帽，亦未繫安全帶。

② 不安全環境（情況）：

(a)施工架開口處未設護欄。

(b)公司未發安全帽及安全帶給楊、李二人。

(c)未設置急救人員。

(3) 基本原因：

① 不遵守職業安全衛生法暨相關法令之規定。

② 未訂定安全衛生工作守則。

③ 未實施安全教導。

④ 未設置職業安全衛生管理及施工架作業主管。

4. 某工地僱用勞工人數 **50** 人，有一位勞工從 **10** 公尺高之施工架上墜落地面死亡，經檢查結果發現施工架之工作台未設護欄，且勞工未配掛雇主所提供之安全帶，另雇主未設職業安全衛生人員，未實施自動檢查及勞工安全衛生教育訓練，試就災害發生實況，將職業災害發生之直接原因、間接原因及基本原因分別說明 **(92.07, 93.07)**

(1) 直接原因：有一位勞工從 10 公尺高之施工架上墜落地面死亡。

(2) 間接原因：不安全的行為（動作）及不安全的狀況（環境）。

　　① 不安全的行為：未配掛雇主所提供之安全帶。

　　② 不安全的狀況：施工架之工作台未設護欄。

(3) 基本原因：安全政策及決心等之管理缺陷。

　　① 業主未落實職業安全衛生法令之相關規定。

　　② 未訂定安全衛生工作守則。

　　③ 未實施自動檢查及職業安全衛生教育訓練。

　　④ 未設職業安全衛生人員。

5. 一個事業單位推行 **4E** 政策，有助於消除不安全的狀況及不安全的行為，何謂 **4E** 政策？

(1) 工程(Engineering)。

(2) 教育(Education)。

(3) 執行(Enforcement)。

(4) 熱心(Enthuse)。

6. 假如你是某事業單位之勞工安全衛生管理人員，工廠發生勞工死亡職業災害，廠長指派你調查災害原因，並就災害原因加以分析提出報告。請以一流程圖表示災害之調查、原因分析及改善之步驟。**(103.03)**

答

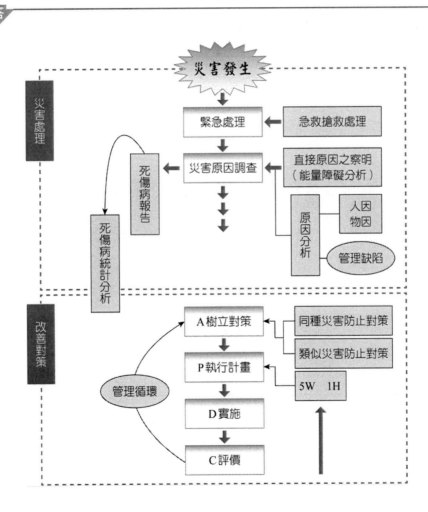

7. 職業災害原因可分為 **A**：直接原因、**B**：間接原因、**C**：基本原因。請問下列原因分屬上述何者？請依序回答。（本題各小項均為單選，答題方式如**(1)A**、**(2)A**……）

   (1) 自動檢查未確實。

   (2) 鋼構上墜落致死。

   (3) 未於高架鋼樑作業處設置防墜設備。

   (4) 未採取協議連繫調整巡視等承攬管理。

   (5) 未實施勞工安全衛生教育訓練。**(105.07)**

　(1)C；(2)A；(3)B；(4)C；(5)C。

8. 如圖所示，某工地有 3 名已確實配戴安全帽及著安全鞋之勞工，配合移動式起重機從事鋼材吊運作業（一樓吊升至二樓板），為作業需要，臨時拆除一側之護欄。請舉出 5 點圖示中明確之不安全之狀況或行為。**(107.03)**

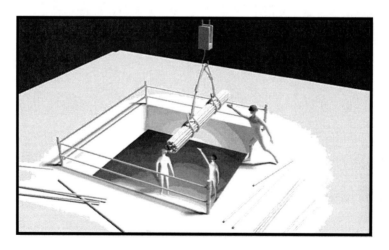

圖示中明確之不安全之狀況或行為如下列：

(1) 雇主對於起重機具之吊鉤（未有防滑蛇片），未有防止吊舉吊物體脫落之裝置。

(2) 雇主對於起重機具之運轉，未於運轉時實施吊掛作業半徑管制人員進出管制。

(3) 距離開口前 2 公尺內不得堆放鋼材等物料。

(4) 當鋼材吊運移動過程中，勞工以手碰觸吊運之鋼材。

(5) 開口臨時將護欄設備拆除，未採取使勞工使用安全帶等防止墜落之措施。

(6) 吊料作業無指揮手有物料撞擊（物體飛落及撞擊人員之虞）。

9. 如下圖所示，工地之模板工人使用高度約 **1.6** 公尺之合梯，從事模板組立作業。

請列舉 5 項圖示中有違反法規之不安全之狀況或行為。**(107.07)**

(1) 職業安全衛生設施標準第 224 條：雇主對於高度在 2 公尺以上之工作場所邊緣及開口部份，勞工有遭受墜落危險之虞者，應設有適當強度之圍欄、握把、覆蓋等防護措施。

(2) 職業安全衛生設施標準第 228 條：勞工於高差超過 1.5 公尺以上之場所作業時，應設置能使勞工安全上下之設備。

(3) 職業安全衛生設施標準第 230 條：合梯兩梯腳間有金屬等硬質繫材扣牢並應禁止勞工站立於頂板作業。

(4) 營造安全衛生設施標準第 5 條：雇主對於工作場所暴露之鋼筋、鋼材、鐵件、鋁件及其他材料等易生職業災害者，應採取彎曲尖端、加蓋或加裝護套等防護設施。

(5) 營造安全衛生設施標準第 11 條：雇主對於進入營繕工程工作場所作業人員，應提供適當安全帽，並使其正確戴用。

---

10. 職業災害的原因（就下列狀況選出「基本原因、直接原因、間接原因」）共 7 個選項：

(1) 沒有戴安全帽

(2) 沒有握扶手

(3) 下班聚餐喝酒

(4) 硝酸爆炸

(5) 現場未設置作業主管

(6) 員工沒有執行教育訓練

(7) 機器沒有設安全鎖(110.03)

直接原因：(4)

間接原因：(1)、(2)、(3)、(7)

基本原因：(5)、(6)

直接原因：罹災者接觸或暴露於能量、危險物或有害物。

間接原因：不安全狀態或不安全行為。

基本原因：由於潛在管理系統的缺陷，造成管理上的缺失，進而導致不安全行為或不安全狀態的產生，最後因人員接觸或暴露於有害物質，造成意外事故的發生。

19 安全衛生測定儀器

> 請說明檢知管之監測原理？可否重複使用？誤差範圍如何？應如何保存？**(93.07)**

(1) 檢知管之測定原理：
　① 檢知管通入試料空氣時，其中如有擬監測之氣體存在，則與檢知劑反應，從氣體的入口逐漸現出著色層。
　② 一定量的試料空氣，以一定速度通入檢知管，測定終了時，著色層的長度與該氣體的濃度相對應。故可從其長度知道試料空氣中的氣體濃度。
(2) 一支檢知管只能使用一次，不能使用相反方向再測定一次。
(3) 以一經認可的檢知管量測氣體濃度，所得結果之誤差範圍應在 ±25% 之內。
(4) 檢知管保存溫度最好小於 30°C，避免日光直接照射。通常低溫儲藏能延長大多數檢知管的使用壽命。

20 墜落災害防止

 1. 試說明四種會發生墜落之虞之場所或作業，並分別說明其預防墜落之方法？**(91.05, 93.03, 95.11, 100.11)**

答

(1) 雇主對於高度在 2 公尺以上之工作場所邊緣及開口部分，勞工有遭受墜落危險之虞者，應設有適當強度之圍欄、握把、覆蓋等防護措施（職業安全衛生設施規則第 224 條）。

(2) 雇主對於在高度 2 公尺以上之處所進行作業（但工作台之邊緣及開口部分等，不在此限），勞工有墜落之虞者，應以架設施工架或其他方法設置工作台（職業安全衛生設施規則第 225 條）。

(3) 雇主對勞工於石綿板、鐵皮板、瓦、木板、茅草、塑膠等材料構築之屋頂從事作業時，為防止勞工踏穿墜落，應於屋架上設置適當強度且寬度在 30 公分以上之踏板或裝設安全護網（職業安全衛生設施規則第 227 條）。

(4) 雇主對於以船舶運輸勞工前往作業場所時，不得超載，且應備置足夠數量救生衣、救生用具或採取其他方法，以防止勞工落水遭致危害（職業安全衛生設施規則第 233 條）。

(5) 雇主對於水上作業勞工有落水之虞時，應使勞工穿著救生衣，設置監視人員及救生設備（職業安全衛生設施規則第 234 條）。

(6) 雇主對於勞工有墜落危險之場所，應設置警告標示，並禁止與工作無關之人員進入（職業安全衛生設施規則第 232 條）。

(7) 雇主對勞工於高差超過 1.5 公尺以上之場所作業時，應設置能使勞工安全上下之設備（職業安全衛生設施規則第 228 條）。

2. 使用移動式施工架從事作業，為預防人員發生墜落災害，其作業安全應注意事項為何？**(93.07, 94.06)**

答

(1) 應設置升降用梯或其他安全上下之設備。

(2) 細長形施工架應設置控索。

(3) 在作業中施工架應予固定，不能搖動。

(4) 施工架移動時，先要認清地面狀況及確認有無障礙物。

(5) 施工架上有作業人員時，不得移動。

---

3. 請列舉 5 項戴用工地安全帽時應遵守之事項。(96.08)

戴用工地安全帽時應遵守之事項：

(1) 工地安全帽必須經檢驗合格。

(2) 重量輕。

(3) 適合頭型。

(4) 適合作業型態。

(5) 安全帽必須是可用狀態。

(6) 安全帽須戴好並扣好帽帶。

(7) 帽殼與帽帶之間應保持一定之間隙。

---

4. 高架作業未設置平台、護欄等設備而已採取必要安全措施，其高度在五公尺以上者，請問是否正確？(110.03)

否。高架作業，係指雇主使勞工從事之下列作業：一、未設置平台、護欄等設備而已採取必要安全措施，其高度在二公尺以上者。二、已依規定設置平台、護欄等設備，並採取防止墜落之必要安全措施，其高度在五公尺以上者。

---

5. 露天作業自勞工站立位置，半徑＿＿＿公尺範圍內最低點之地面或水面起至勞工立足點平面間之垂直距離？(110.03)

3 公尺。

高度之計算方式依下列規定：一、露天作業場所，自勞工站立位置，半徑三公尺範圍內最低點之地面或水面起至勞工立足點平面間之垂直距離。二、室內作業或儲槽等場所，自勞工站立位置與地板間之垂直距離。（高架作業勞工保護措施標準第 3 條）

---

6. 高架作業勞工保護措施表準規定，分別於下列不同項次對應之休息時間為何？**(110.03)**

雇主使勞工從事高架作業時，應減少工作時間，每連續作業二小時，應給予作業勞工下列休息時間：

(1) 高度在二公尺以上未滿五公尺者，至少有二十分鐘休息。

(2) 高度在五公尺以上未滿二十公尺者，至少有二十五分鐘休息。

(3) 高度在二十公尺以上者，至少有三十五分鐘休息。（高架作業勞工保護措施標準第 4 條）

21 電氣安全

1. 試述電氣火災之種類（有五種），並列舉二種預防措施。

(1) 電氣火災發生之原因（種類）：
　① 過電流：過載、短路、漏電。
　② 電弧、電氣火花：高壓放電火花、接點動作時之微小火花。
　③ 接觸不良。
　④ 電熱器、電氣乾燥箱等使用或裝置不良。
　⑤ 靜電火花。

(2) 電氣火災之預防對策：
　① 電線於電路中不得超過其安全電流（安培容量）。
　② 電線、電器設備接續應確實，避免接觸不良。
　③ 電氣開關設備周圍不得放置易燃物。
　④ 電路開關保險絲不得任意換粗，或以銅線、鐵線替代。
　⑤ 電氣配線與建築物間應保持適當安全距離。
　⑥ 檢查電線、電氣器具絕緣有無損傷，包紮不良等，以防止漏電。
　⑦ 於適當處所裝用漏電斷路器。
　⑧ 有爆炸之虞的危險場所，應裝用防爆型電氣設備。

2. 試述感電事故發生之原因及其預防對策，各列舉五種類。(90.08, 91.03, 95.07)

(1) 感電事故發生之原因：
　① 電氣作業中觸及帶電部位。
　② 電氣設備漏電並觸及漏電處。

③ 電氣配線絕緣被覆老化、損傷，觸及露出電線或破損之電氣設備帶電部分。

④ 接近高壓、特高壓電路未保持安全距離而引電者。

⑤ 其他：作業時觸及燈座或工作燈裸露燈頭，以及電焊作業觸及夾柄等。

(2) 感電事故之防止對策：

① 小電壓法或降低電壓。

② 遙控操作方式。

③ 非接地配電方式。

④ 電氣設備接地。

⑤ 裝設漏電斷路器。

⑥ 電氣設備定期檢查。

⑦ 電氣作業時採取適當安全措施。

⑧ 其他防止感電措施：如交流電焊機裝置自動電擊防止裝置。

3. **(1)** 請略述電路短路事故的原因。

(2) 請說明過電流之原因有哪三類？**(91.11, 94.03)**

(1) 短路(short circuit)是電線間的絕緣破壞、絕緣不良、裸電線等彼此直接碰觸或經由其他導電體（金屬物）相碰，造成大電流，產生強烈的電弧或火花。其原因如下：

① 電纜、電線等絕緣物自然劣化。

② 電纜、電線等施工不良。

③ 變壓器、電動機等電氣設備裝置或製造不良。

④ 碍子自然劣化或製造不良。

(2) 過電流之原因：

① 由於過載而發生過電流：因電氣設備、電線等電流量過載而產生過熱現象引起電氣火災。

② 由於短路而發生過電流：電路中因為不正確的連接方式或設備零件的故障，引起電路短路所釋放出來的過電流。

③ 由於接地不良（漏電）而發生過電流：因設備未接地或接地不良，導致故障迴路阻抗較大，使故障電流過小而無法及時啟動過電流保護裝置而使設備受損，在故障迴路中的高阻抗點可能會發生火花而導致火災或爆炸。

4. 請敘述接地之目的為何？並請說明接地的故障發生原因？

(1) 接地之目的：

① 防止感電：用電設備之帶電部分與外殼間，若因絕緣不良或劣化而使外殼對地間有了電位差，稱為漏電；嚴重漏電時可能使工作人員受到傷害。防止感電的最簡單方法，便是將設備的非帶電金屬外殼實施接地，使外殼的電位接近大地或與大地相等。由於人體的電阻、鞋子電阻及地板電阻的差異，所以能夠承受的電壓隨著人、地而不同，通常人類不致感電死亡的電壓界限約為 24~65 伏特。

② 防止電氣設備損壞：由於雷擊、開關突波、接地故障及諧振等原因而使線路發生異常電壓，此等異常電壓可能導致電氣設備之絕緣劣化，形成短路而燒毀。但若系統實施接地，則可抑制此類異常電壓。

③ 提高系統之可靠度：若系統實施接地時，可保護電驛迅速隔離故障電路，讓其他電路能夠繼續正常供電。

④ 防止靜電感應：若電氣設備上累積靜電荷時，可利用接地線導至大地。

(2) 接地故障原因：

① 碍子、電線、電纜絕緣、開關、變壓器等自然劣化。

② 品質不良、施工不良、及保養不良。

5. 電氣接地之種類有哪些？又其接地電阻規定值分別為多少？**(95.11)**

接地線種類及接地電阻：

(1) 特種地線：接地電阻 10Ω 以下。

(2) 第一種地線：接地電阻 25Ω 以下。

(3) 第二種地線：接地電阻 50Ω 以下。

(4) 第三種地線：適用於低壓用電設備接地。

　　① 對地電壓 150 伏特以下時，電阻 100Ω 以下。

　　② 對地電壓 151~300 伏特時，電阻 50Ω 以下。

　　③ 對地電壓 301 伏特以上時，電阻 10Ω 以下。

 6. 試述靜電可能引起之危害？並說明其預防對策。**(90.08, 90.11, 94.06, 100.07, 102.03)**

(1) 靜電災害：

　　① 放電火花引起火災爆炸：放電能量 $(E) = \dfrac{1}{2}(CV^2)$

　　② 電擊、感電。

　　③ 因電擊、感電而引起之墜落、被捲、被夾…二次傷害。

(2) 靜電災害之防止對策：

　　① 設備接地。

　　② 增加相對濕度。

　　③ 抑制或減少物體、流體之摩擦與剝離（限制速度）。

　　④ 使用抗靜電材料。

　　⑤ 使用靜電消除器：中和帶靜電物體的電荷。

　　⑥ 防止人體帶電，穿著靜電鞋、靜電作業衣。

7. 依職業安全衛生設施規則規定，哪些作業為避免感電災害應加裝漏電斷路器？(92.07, 93.07)

雇主對於下列作業應加裝漏電斷路器：
(1) 使用對地電壓超過 150V 以上之移動式或攜帶式電動機具。
(2) 於濕潤場所、鋼板上或鋼筋上等導電性良好場所使用移動式或攜帶式電動機具及臨時用電設備。
(3) 為防止因漏電而生感電危害，應於各該電路設置適合其規格具有高敏感度能確實動作之感電防止用漏電斷路器，但裝置有困難時應將機具外殼依規定接地。

8. 解釋名詞：防止漏電之漏電斷路器(96.04)

於額定能力內，電路發生過電流時，能自動切斷該電路，而不致損及本體之過電流保護器。

9. 依職業安全衛生法之規定，何種狀況下需使用：
(1) 自動電擊防止裝置。
(2) 感電防止漏電斷路器，試分別敘述之。

(1) 雇主對勞工於良導體機器設備內之狹小空間，或於鋼架等致有觸及高導電性接地物之虞之場所，作業時所使用之交流電焊機，應有自動電擊防止裝置。
(2) 對於使用對地電壓在 150V 以上之移動式或攜帶式電動具，或於濕潤場所，鋼板上或鋼筋上等導電性良好場所使用移動式或攜帶式電動機具及臨時用電設備，為防止因漏電而生感電危害，應於各該電路設置適合其規格，具有高敏感度，能確實動作之感電防止用漏電斷路器。

10. 請列舉五項活線作業及接近活線作業時，應注意哪些事項？

活線作業及接近活線作業時，應注意下列事項：

(1) 使作業勞工戴用絕緣用防護具，並於有接觸或接近該電路部分設置絕緣用防護設備。

(2) 使作業勞工使用活線作業用器具。

(3) 使作業勞工使用活線作業絕緣工作台及其他裝備，並不得使勞工身體或其使用中之工具、材料等導電體接觸或接近有使勞工感電之虞之電路或帶電體。

(4) 設置監督人員負責指揮。

(5) 應將作業期間、作業內容、作業之電路告知勞工。

11. 試述自動電擊防止裝置如何防止感電？何種情況下作業應有自動電擊防止裝置？

(1) 自動電擊防止裝置：使電焊機二次側迴線電壓僅在電弧發生時間內上升至作電壓，電弧一旦中斷，二次迴線電壓即自動降至 25V 以下。

(2) 在良導體機器設備內之狹小空間或 2 公尺以上之鋼架上作業時所用之交流電焊機作業，應使用自動電擊防止裝置。

12. 試述五種停電作業安全措施？(90.11)

五種停電作業安全措施如下：

(1) 開路之開關於作業中，應上鎖或標示「禁止送電」、「停電作業中」或設置監視人員監視之。

(2) 開路後之電路如含有電力電纜、電力電容器等致電路有殘留電荷引起危害之虞者，應以安全方法確實放電。

(3) 開路後之電路藉放電消除殘留電荷後，應以檢電器具檢查，確認其已停電，且為防止該停電電路與其他電路之混觸、或因其他電路之感應、或其他電源之逆送電引起感電之危害，應使用短路接地器具確實短路，並加接地。

(4) 前款停電作業範圍如為發電或電氣設備或開關場所之一部分時，應將該停電作業範圍以藍帶或網加圍，並懸掛「停電作業區」標誌。

(5) 前項作業終了送電時，應事先確認從事作業等之勞工無感電之虞，並於拆除短路接地器具與紅藍帶或網及標誌後為之。

---

13. 為預防感電災害，常採取各項電氣接地措施，試說明何謂系統接地及設備接地。(101.03)

系統接地：整個電氣系統，電氣開關分電盤總開關箱，皆實施接地工程，設置端子排拉綠色線至接地點。

設備接地：電氣設備，只要是使用電力的機械或產品，它的金屬外殼皆必須以一條綠色線拉到電氣開關箱內的接地銅排，以防電氣產品漏電時電傷使用人員。

---

14. 火災爆炸危險區域劃分使用之電氣機械、器具或設備，應具有防爆性能構造，請列舉 5 種電氣設備防爆構造。(102.07)

(1) 耐壓防爆構造。
(2) 油浸防爆構造。
(3) 內壓防爆構造。
(4) 加強安全防爆構造。
(5) 本質安全防爆構造。

15. 防爆電器規格與外殼標示為何？**(110.03)**

答

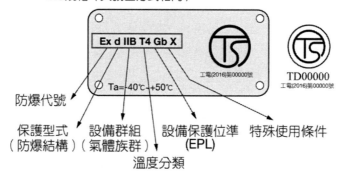

防爆規格標示

IEC規格（與我國方式相同）

Ex d IIB T4 Gb X

Ta=-40℃~+50℃

工電(2016)第00000號

TD00000
工電(2016)第00000號

防爆代號

保護型式　　設備群組　　設備保護位準　特殊使用條件
（防爆結構）（氣體族群）　　（EPL）

溫度分類

16. 防爆電氣設備是否需安全資訊申報登錄？**(110.03)**

答

要。

17. 第三種接地（**110V、220V** 電阻為多少歐姆）？**(110.03)**

答

對地電壓：

150 以下：100Ω 以下

151V~300V：50Ω

以下

301V 以上：10Ω 以下

18. 漏電斷路器的種類有哪些？**(110.03)**

高感度型：

高速型：額定感度電流（毫安）：3、15、30

動作時間：額定感度電流 0.1 秒內

延時型：額定感度電流（毫安）：3、15、30

動作時間：額定感度電流 0.1 至 2 秒

中感度型：

高速型：額定感度電流（毫安）：50、100、200

動作時間：額定感度電流 0.1 秒內

延時型：額定感度電流（毫安）：300、500、1000

動作時間：額定感度電流 0.1 至 2 秒

備註：漏電斷路器之最小動作電流，係額定感度電流 50%以上之電流值。

19. 雇主為避免漏電而發生感電危害，應依下列狀況，於各該電動機具設備之連接電路上設置適合其規格，具有高敏感度、高速型，能確實動作之防止感電用漏電斷路器：

(1) 使用對地電壓在____伏特以上移動式或攜帶式電動機具。

(2) 於含水或被其他導電度高之液體濕潤之潮濕場所、金屬板上或鋼架上等導電性良好場所使用移動式或攜帶式電動機具。

(110.03)

150（職業安全衛生設施規則第 243 條）

UNIT 22 個人防護具

1. 職業安全衛生設施規則對雇主供給勞工使用之個人防護具或防護器具，有哪些維持防護具或防護器具能用、可用、堪用之一般原則性規定？**(92.03, 96.11)**

雇主供給勞工使用之個人防護具或防護器具，應依職業安全衛生設施規則第 277 條規定辦理：

(1) 保持清潔，並予必要之消毒。

(2) 經常檢查，保持其性能，不用時並妥予保存。

(3) 防護具或防護器具應準備足夠使用之數量，個人使用之防護具應置備與作業勞工人數相同或以上之數量，並以個人專用為原則。

(4) 如對勞工有感染疾病之虞時，應置備個人專用防護器具，或作預防感染疾病之措施。

2. **(1)** 缺氧、中毒場所應使用何種呼吸防護具？

    (2) 請依職業安全衛生相關法規定，試說明下列各項作業之勞工應配戴何種防護器具？ **a.**高度二公尺以上之高架作業；**b.**電焊、氣焊從事熔接、熔斷等作業；**c.**缺氧作業；**d.**皮膚與化學性物質接觸多的作業。**(90.11)**

    (3) 試述下列場所應使用呼吸器之種類？ **a.**鉛；**b.**有機溶劑；**c.**缺氧作業。**(96.11)**

(1) 高度二公尺以上之高處作業：安全帶、安全帽及其他必要之防護具。

(2) 電焊、氣焊從事熔接、熔斷等作業：安全面罩、防護眼鏡及防護手套等。

(3) 皮膚與化學性物質接觸多的作業：不浸透性防護衣、防護手套、防護靴、防護鞋等適當防護具，或塗敷用防護膏。

(4) 缺氧作業：輸氣管口（面）罩、空氣呼吸器、氧氣呼吸器。

(5) 中毒場所：防毒口（面）罩、氧氣呼吸器。

(6) 鉛作業：

　① 燻煙：燻煙防塵口罩。

　② 粉塵：一般防塵口罩。

(7) 有機溶劑作業：

　① 低濃度：有機溶劑防毒口罩、半面式濾毒罐防毒面具。

　② 高濃度：輸氣管面罩、空氣呼吸器、全面式濾毒罐防毒面具。

---

3. 依缺氧症預防規則規定，使勞工從事缺氧危險作業時，應置何種防護器具，供勞工緊急避難或救援人員使用？(93.03)

依「缺氧症預防規則」第 27 條規定：雇主使勞工從事缺氧危險作業時，應置備空氣呼吸器等呼吸防護具、梯子、安全帶或救生索等設備，供勞工緊急避難或救援人員使用。

---

4. 選用安全帽應留意之事項有哪些？請列明。(91.11, 93.11)

(1) 適用於作業性質：不同種類之作業或場所，應選用適合該作業或場所防護之安全帽。

(2) 經檢驗合格：應選用經政府機構檢驗合格標示者。

(3) 適合頭部之形狀。

(4) 重量要輕：不要過重造成勞工之頭部壓力與負擔大。

5. 請說明使用空氣呼吸器時應確認及注意之事項。(92.11)

(1) 確認空氣瓶內之空氣量。

(2) 確認高壓導管之接續狀況是否良好。

(3) 確認警報裝置之動作是否靈敏。

(4) 確認面體、輸器管等有無破損。

(5) 確認呼器閥之狀況是否良好。

(6) 檢查面體與顏面之密合度是否良好。

(7) 確認調整器之動作狀況。

(8) 使用中隨時確認殘存之空氣量在 20%以上，或壓力指針在 30 Kg/cm² 以上。

(9) 警報時或空氣瓶殘存壓力未達 30 Kg/cm² 應即停止作業，退避至安全處所。

(10) 用後應即清理、保養、充填並妥善保管。

6. 請說明防塵口罩選用時應特別注意事項為何？(93.03)

(1) 粉塵捕集效率在 95%以上，吸（排）氣之壓損在 8mm H_2O 以下。

(2) 於捕集 100mg 粉塵之試驗時，其吸氣壓損上升值應能維持在 16mm H_2O 以下者。

(3) 排氣閥氣體流動漏洩率試驗結果，應能滿足下列之式：

A≦B－95 其中，A 表示排氣閥氣體流動洩漏率之最大值(%)。

B 表示粉塵捕集效率(%)。

(4) 適合使用者臉面的形狀及尺寸之面體。

(5) 考慮作業內容與強度，選用適合的重量。

(6) 考慮環境中粉塵的發生狀況，作業時的暴露危險性程度，盡可能選用高捕集效率，且低洩漏率者。

7. 防塵口罩檢點時應確認之要項為何？何狀況下應考慮廢棄？

(1) 防塵口（面）罩檢點時應確認之要項：

　① 確認過渡材是否乾燥，放置於一定場所，有否汙穢、收縮、破損或變形。

　② 確認面體有否破損、汙穢或老化。

　③ 確認繫帶是否尚有彈性，有否破損，長度是否適當。

　④ 確認排氣閥的動作是否正常，有否龜裂或附著異物。

(2) 考慮廢棄狀況如下：

　① 濾材為防塵口罩中之靈魂，其壽命究竟多長頗難決定，一般認為在呼吸側已漏出粉塵時。

　② 粉塵濃度在平均 $10\,mg/m^3$ 程度時，大致為三個月程度。

　③ 吸氣壓損增大，致不易吸氣時就應加以廢棄。

8. **(1) 試述個人防護器具為安全之目的，在保管時應注意事項為何？(90.11)**

(2) 個人防護具平時保管時需特別考量與留意事項為何？(92.03)

(1) 應儲放在不受日曬之場所。

(2) 應儲放在通風良好之場所。

(3) 應盡量避免接近高溫物體。

(4) 不可與腐蝕性液體、有機溶劑、油脂類、化妝品、酸類等一併儲放在同一室內。

(5) 受砂或泥土汙穢時，應以水洗乾淨，置放陰涼場所，使它自然風乾後存放。

(6) 受汗水汙穢時，應予洗滌乾淨，充分乾燥後存放。

9. 試列舉五項選擇呼吸防護具應先確認之事項。(95.03)

(1) 有害物質之種類。

(2) 是否有缺氧之可能。

(3) 是否會立即危及生命或健康。

(4) 有害物在空氣中之濃度為何？

(5) 有害物之物性、化性及毒性。

(6) 是否具刺激性作用，如對眼、鼻、皮膚等。

(7) 是否會引起火災、爆炸。

(8) 是否有設置必要之工程控制設備。

(9) 是否有令人憎惡之味道存在，或其他物理條件。

(10) 是否須配戴其他的防護具，如：安全眼鏡、防護衣等。

(11) 勞工工作進行速度、工作範圍、移動情形。

(12) 各項呼吸防護具之特性及限制。

10. 呼吸防護具有哪些？在缺氧及中毒場所可使用哪些防護具？

(1) 以供氣原理區分：濾毒罐過濾空氣的濾清式面罩及利用分離的空氣供給裝置，供應清淨空氣的空氣供應式面罩。以口罩本體加以區分：密合式面罩及不形成負壓之寬鬆式頭罩兩類。

(2) 在救火中，逃生或缺氧環境下，僅能使用正壓式自給式呼吸防護具，使勞工從事缺氧危險作業時，應置下列防護器具供勞工緊急避難或救援人員使用：

① 雇主使勞工從事缺氧危險作業，未能依第 5 條或第 9 條規定實施換氣時，應置備適當且數量足夠之空氣呼吸器等呼吸防護具，並使勞工確實戴用。

② 雇主使勞工從事缺氧危險作業，勞工有因缺氧致墜落之虞時，應供給該勞工使用之梯子、安全帶或救生索，並使勞工確實使用。

③ 雇主使勞工從事缺氧危險作業時，應置備空氣呼吸器等呼吸防護具、梯子、安全帶或救生索等設備，供勞工緊急避難或救援人員使用。

④ 雇主應於缺氧危險作業場所置救援人員，於其擔任救援作業期間，應提供並使其使用空氣呼吸器等呼吸防護具，中毒場所則使用濾毒罐。

11. 請列舉 5 項戴用工地安全帽時應遵守之事項。**(96.08, 98.07)**

戴用工地安全帽時應遵守之事項：

(1) 工地安全帽必須符合國家標準。

(2) 重量輕。

(3) 適合頭型。

(4) 適合作業型態。

(5) 安全帽必須是可用狀態。

(6) 安全帽須正戴並扣好帽帶。

(7) 帽帶與帽殼間應保持一定之間隙。

12. 試列舉 5 種應考慮使用呼吸防護具之場合。**(96.04)**

考慮使用呼吸防護具之場合如下：

(1) 採用工程控制設備，仍無法有效預防化學危害。

(2) 因製程之限制無法設計有效之工程設施。

(3) 緊急應變現場處理時。

(4) 局限空間如入槽作業、缺氧作業時。

(5) 從事臨時性作業、作業時間短暫、作業期間短暫作業等非例行作業時。

13. 請問 N95 防塵口罩所稱之「N」及「95」各代表何種意義？(97.11)

N95 是 NIOSH 認證的 9 種防塵口罩中的一種，N 代表其材質僅適用於過濾非油性粉塵，95 代表其過濾效能達至少達 95%效能。

14. (1) 請至少列出 5 種不同防護類型之手套。

(2) 作業環境有使用氫氟酸、硝酸、硫酸，某作業人員感覺手指疼痛，並發現手套疑似有裂縫。您如何對該傷患做緊急處置？(101.07)

(1) 常見的防護手套有：

① 一般作業用手套（例如棉質或皮革）。

② 處理化學品用手套。

③ 耐熱用手套。

④ 耐寒用手套。

⑤ 防切割用手套。

⑥ 防震用手套。

⑦ 電器用手套。

(2) ① 盡速用緩和流動的溫水沖洗患部 20~30 分鐘以上。

② 沖洗時並脫掉汙染的衣物、鞋子以及皮飾品（如錶帶、皮帶）。

③ 不要中斷沖洗。

④ 迅速將患者送至醫療單位。

⑤ 須將汙染的衣物、鞋子以及皮飾品，完全除汙後再使用或丟棄。

23 火災爆炸之防止

★ 1. 解釋名詞：
   (1) 沸點。
   (2) 自然發熱(spontaneous heating)。
   (3) 發火溫度。
   (4) 燃燒（爆炸）界限(explosive range)。(90.08)
   (5) 著火點(Fire point)，燃燒點(Burning point)。(90.05)
   (6) 閃火點(Flash point)。(90.05)
   (7) 爆炸（燃燒）下限。(90.08)
   (8) 衝擊感度(Sensibility)。(90.08)
   (9) 最低著火能量(Minimum ignition energy)。(95.03)

(1) 沸點：沸點是液體之蒸汽壓力到達大氣壓力時之液體溫度，亦即是液體沸騰時之溫度。沸點越低者，其揮發性越大，越易釋放出蒸汽，引發火災之危險性越高。

(2) 自然發熱(spontaneous heating)：可燃性物質在常溫下，有自然發熱之現象，係因與空氣中之氧氣產生氧化反應而產生熱，倘其發熱速度較散熱為快時，則溫度將逐漸升高至自燃溫度而引發自燃作用。

(3) 發火溫度：可燃性物質不自他處獲得火焰或電氣火花等火種引燃情形下，可自行在空氣中維持燃燒的最低溫度。

(4) 燃燒（爆炸）界限(explosive range)：指易燃液體之蒸汽、可燃性氣體與空氣混合後，遇有火源可產生燃燒。其在空氣中可燃燒之最高百分比稱之為燃燒上限(UEL)，最低百分比稱之為燃燒下限(LEL)，燃燒上、下限間稱為燃燒界限(Flammable limit)或範圍。

(5) 著火點(Fire point)，燃燒點(Burning point)：易燃性液體表面蒸發所釋出的蒸汽，在空氣中擴散形成可燃的混合氣體，其濃度相當爆炸下限，遇到火種即刻燃燒，火焰歷久不滅，此時該物質的最低溫度稱之為著火點，也可稱為燃燒點。

第2部分

(6) 閃火點(Flash point)：易燃性液體表面蒸發所釋出的蒸汽，在空氣中擴散形成可燃的混合氣體，其濃度相當爆炸下限，遇到火種可閃爍起火，但火焰不能繼續燃燒，此時該物質的最低溫度稱之為閃火點。

(7) 爆炸（燃燒）下限：指易燃性液體之蒸汽、可燃性氣體與空氣混合後，遇有火源可產生燃燒。其在空氣中可燃燒之最低百分比稱之為燃燒下限(LEL)，其單位以%表示。

(8) 衝擊感度(Sensibility)：為使爆炸性物質起爆，最初加諸於爆炸性物質之衝擊或摩擦能之最低值，稱之為衝擊感度。

(9) 最低著火能量(Minimum ignition energy)：指以明火點燃可燃性氣體與空氣之混合氣，並能使其著火引燃所需之最低明火能量。

2. **(1) 火災種類？各種滅火方法？各種火災之適用滅火劑？**
   (2) 請說明火災之種類及各種滅火方法？(94.07)
   (3) 試述各種火災之滅火方法？(94.03)
   (4) 請問火災滅火之方法有哪些？試述其滅火之原理，並各舉二例說明之。(90.03, 91.03, 93.03)
   (5) 試述火災之四種滅火原理或方法？並各舉一例說明之。(95.11)

(1) 火災之種類及其適用之滅火劑：

火災種類	性質	適用滅火器
甲 (A)類火災 （固體火災）	一般可燃性固體引起之火災，如：木材、紙張、塑膠、紡織品等。	消防水、泡沫、ABC 類乾粉。
乙 (B)類火災 （液體火災）	可燃性液體如：汽油、溶劑、油脂類與可燃性氣體如：液化石油氣、溶解乙炔氣等所引起之火災。	泡沫、二氧化碳、鹵化烷、ABC 類乾粉、BC 類乾粉。

火災種類	性質	適用滅火器
丙 (C)類火災 （電氣火災）	通電之電氣設備所引起之火災，必須使用不導電之滅火劑予以撲滅者。但電源切斷後視同甲、乙兩類火災處理。	二氧化碳、鹵化烷、ABC 類乾粉、BC 類乾粉。
丁 (D)類火災 （金屬火災）	可燃性金屬所引起之火災，如：鉀、鈉、鋰、鎂等。	D 類乾粉。

(2) 火災滅火之方法及其滅火之原理：

① 隔離法：將燃燒中之物質移開或斷絕其供應，使受熱面減少，以削弱火勢或阻止延燒以達滅火之目的。例：

(a)防火巷、防火牆及防火門之設置。

(b)油料洩露著火，可迅速關閉進料口，停止輸送，或將燃燒物移至安全地點，以斷絕油料供應。

② 冷卻法：將燃燒物冷卻，以降低熱能，使火熄滅。例：

(a)水冷卻，水是最常見最有效的冷卻劑。

(b)車輛或工廠設備之防焰器設計。

③ 窒息法：減少燃燒中的氧氣含量，以達到窒息火焰的效果。例：

(a)燃燒面不大之火災可以用沙覆蓋滅火。

(b)油料火災時，一般以泡沫覆蓋滅火。

④ 抑制法：除去燃燒反應中之自由基，以達到滅火之功能。例：

(a)海龍(Halon)系統滅火。

(b)乾粉滅火器滅火。

---

3. 滅火的方法中有冷卻法和抑制法，請說明：

(1) 它們在滅火原理上的不同之處。

(2) 分別簡述該二方法可使用之滅火劑例子。

(1) ① 冷卻法：將燃燒之熱能加以吸收，使其溫度降低，以達滅火目的。

　　② 抑制法：將連鎖反應中的游離基加以吸收，以切斷其連鎖反應的進行，而達到滅火的目的。

(2) 舉例：

　　① 冷卻法：水、CO_2。

　　② 抑制法：加入鹵化烷、乾粉滅火劑、泡沫滅火劑。

---

4. 解釋下列名詞：

(1) 高度危險工作場所。

(2) 低度危險工作場所。

(3) 中度危險工作場所。

(1) 高度危險工作場所：一般可燃性物質固體物質倉庫之高度超過 5.5 公尺者，或可燃性液體物質之閃火點未超過 60°C 之作業場所、可燃性氣體製造使用之場所、石化作業場所。

(2) 低度危險工作場所：有可燃性物質存在，但其存量少，延燒範圍小，僅形成小型火災。

(3) 中度危險工作場所：一般可燃性物質固體物質倉庫之高度未超過 5.5 公尺者，或可燃性液體物質之閃火點超過 60°C 之作業場所、輕工業作業場所、通用倉庫等。

---

5. 使用可燃性氣體測定器測定時，如指針指在 **30%LEL** 位置，而該可燃性氣體之爆炸下限(**LEL**)如為 **1%**時，則此氣體在環境中之濃度約為多少%？（應列出算式）**(102.03)**

氣體濃度＝爆炸下限濃度×測定器讀值

氣體濃度＝1%×30%＝0.3%

經計算後得知此氣體在環境中之濃度為 0.3%

若單位為 ppm 則變成 3000ppm。

6. 工廠之丙烯儲槽氣體大量洩漏（其氣體密度大於空氣），洩漏範圍尚局限於廠內，請問如何處理，以避免引起火災爆炸而使災害擴大？（至少列舉 5 項）(103.11)

(1) 關斷洩漏源。
(2) 人員疏散。
(3) 關斷所有可能火源。
(4) 灑水以降低溫度。
(5) 實施整體換氣加強通風。
(6) 測定氧氣及危害物濃度。

7. 靜電之火花放電，使可燃性氣體、易燃液體蒸氣或粉塵發生火災爆炸，請列舉 5 種預防靜電災害之方法。(106.03)

預防靜電災害之方法如下：設備接地、增加濕度、空氣離子化、使用靜電中和器、使用防靜電鞋。

8. 火災爆炸危險區域劃分使用之電氣機械、器具或設備，應具有防爆性能構造，請列舉 5 種電氣設備防爆構造。(106.11)

(1) 耐壓型防爆構造：將電器設備整體或一部份做成封閉構造。在全封閉構造器殼內部發生爆炸時，能承受內部發生爆炸時之爆炸壓力。
(2) 正壓型防爆構造：將電氣設備放入封閉的器殼內並充填壓力於周圍的新鮮空氣或惰性氣體以驅除爆發性氣體。
(3) 油入型防爆構造：將電氣設備正常操作時會產生電弧、火花或可能成為點火源的發生高溫部份浸入油中，使油面上的易爆氣體不會被點燃之構造。

(4) 本質安全型防爆構造：電氣設備在正常運轉或意外故障時，即使產生火花、電弧或熱效應也不會引燃指定之易爆性氣體。

(5) 加強安全型防爆構造。

---

9. 為防止餐飲業者廚房使用桶裝液化石油氣(LPG)發生火災爆炸，請就設施面及管理面各列舉 2 項預防作為。(107.03)

 答

(1) 設施面預防作為如下列：
　　① 使用場所通風狀況。
　　② 桶裝液化石油氣容器應加設固定措施。
　　③ 裝設氣體漏氣警報器及緊急自動遮斷裝置。
　　④ 桶裝液化石油氣容器設置於戶外但有適當遮陽措施。
　　⑤ 桶裝液化石油氣容器與火源距離適當距離。

(2) 管理面預防作為如下列：
　　① 人員教育訓練。
　　② 定期維護管線。
　　③ 每日測漏。
　　④ 擬訂桶裝液化石油氣容器作業標準。
　　⑤ 限量儲放。
　　⑥ 非經關閉鋼瓶閥並卸下管線禁止搬運。

---

10. 燃燒三要素包括 A：可燃物、B：助燃物、C：引火源。請問下列火災爆炸預防措施分別控制上述何者？請依序回答。（本題各小項均為單選，答題方式如(1)A、(2)B…）(107.07)

(1) 嚴禁煙火。
(2) 設置防爆電器。
(3) 加氮封。
(4) 加強通風排氣。
(5) 減少紙箱儲存。

 答

(1)C；(2)C；(3)B；(4)A；(5)A。

---

11. 使可燃性氣體或易燃液體蒸氣發生火災爆炸，請列舉 5 種火源。
    (107.11)

明火、靜電、煙火、熔接或金屬之加熱、高溫設備機械。

---

12. 解釋名詞。**(110.03)**

閃火點：使揮發性物質在空氣中能蒸發形成可燃混合物的最低溫度
　　　　適用於評估液體燃料的特性及危險性。遇火會閃火，但不
　　　　會繼續燃燒。

著火點：燃料開放式火源點火後，能持續至少燒的溫度，與閃火點
　　　　不同處在於「持續至少 5 秒鐘燃燒」，同一物質發火點一般
　　　　而言比閃火點高約 10°C。遇火會閃火，但會繼續燃燒。

閃燃：係指室內起火後，火勢逐漸擴大過程中，因燃燒所生之可燃
　　　性氣體，蓄積於天花板附近，此種氣體與空氣混合，正好進
　　　入燃燒範圍且達燃點之際，一舉引火形成巨大之火苗，使室
　　　內頓時成為火海之狀態。

著火溫度：使物質在溫常壓中能自動地蒸發形成可燃混合物的最低
　　　　　溫度，不必有外來熱源（火焰或火花），一旦點燃後，即
　　　　　能持續燃燒。此最低溫度，需有足夠的能量克服燃燒反
　　　　　應所需的活化能。一般而言，當空間氧氣的分壓增加
　　　　　時，此最低溫度將降低，所以更危險。

---

13. 滅火種類有哪些？什麼滅火方式最經濟？**(110.03)**

火災類別	燃燒性質	滅火方法	滅火種類
A	普通火災	隔離法	水（最經濟）
B	油類火災	窒息法	泡沫
C	電器火災	冷卻法	二氧化碳
D	金屬火災	抑制法（中斷連鎖）	特殊化學乾粉

14. 請填出五個防爆設備英文代碼。(110.03)

耐壓防爆(D)
安全增強防爆(E)
內壓防爆(P)
本質安全防爆(I)
油入防爆(O)
充填防爆(Q)
模注耐壓防爆(M)
特殊防爆(S)

15. 火災或爆炸之危險性中，越大越危險及越小越危險者各為何？

越大越危險者：
燃燒範圍（爆炸範圍）、蒸氣壓、燃燒速度、燃燒熱、火焰傳播速度
等。
越小越危險者：
燃燒下限（爆炸下限）值、閃火點、沸點、比熱、最小著火能量、
導電性。

UNIT 24 通風與換氣

第 2 部分

 1. **(1)** 試述何謂整體換氣裝置？其使用之場合為何？**(92.03)**

　　(2) 適合使用整體換氣裝置之場合有哪些？**(93.07, 95.07)**

　　(3) 整體換氣裝置換氣能力如何表示？**(92.03)**

(1) 整體換氣裝置：指藉動力稀釋已發散之有害汙染物之設備。

(2) 整體換氣裝置使用之場合：

　　① 產生之有害物質毒性較低之作業場所。

　　② 有害物質產生速率較小之作業場所。

　　③ 有害物質之發生源均勻廣泛。

　　④ 有害物質之發生源遠離作業者呼吸域時。

(3) 整體換氣裝置之換氣能力以其換氣量（立方公尺／分）大小表示。

2. 局部排氣裝置係由哪幾部分所組成？並繪其構造簡圖**(96.11)**

局部排氣裝置的基本組成包括：氣罩、導管、空氣清淨裝置與排氣機。氣罩依發生源與氣罩之相關位置及汙染物之發生狀態，可分多種，其中以包圍式氣罩最為有效。

導管包括汙染空氣自氣罩空氣清淨裝置至排氣機之運輸管路（吸氣導管）及自排氣機至排氣口之搬運管路（排氣導管）之兩大部分。

空氣清淨裝置係由吸氣捕集空氣汙染物質排出於室外前，以物理或化學方法自氣流中予以卻除之裝置。空氣清淨裝置有去除粉塵、塵埃等之除塵裝置及去除氣體、蒸氣等之廢氣處理裝置。

排氣機為局部排氣裝置之動力來源，其功能在使導管內外產生不同之壓力以此帶動氣流。一般常用之排氣機有軸流式與離心式二種。前者排氣量大、靜壓低、形體較小、可置於導管內，適於低靜壓局部排氣裝置。

後者有自低靜壓至高靜壓範圍，但形體較大為其缺點。

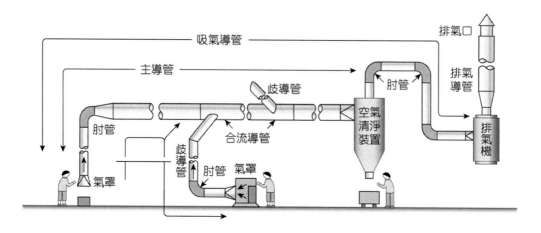

3. 請說明局部排氣裝置之氣罩裝設凸緣之時機及目的？**(90.03, 92.07)**

(1) 局部排氣裝置之氣罩裝設凸緣之時機：為使局部排氣裝置之氣罩有效控制有害物於氣罩口逸走，任何形式局部排氣裝置之氣罩均應裝設凸緣。

(2) 局部排氣裝置之氣罩裝設凸緣之目的：
   ① 減少排氣風量損耗（20%至 50%）及降低壓力損失(50%)。
   ② 對於外部擾亂氣流具有阻擋作用。
   ③ 可獲得較大控制風速，有效控制有害物於氣罩口逸走。

4. 試列舉局部排氣裝置之除塵裝置六種。

(1) 重力沉降室：以重力方式使粉塵自然墜落者。

(2) 慣性集塵機：將含有粉塵之空氣衝擊於面板面，塵粒則因慣性衝向衝擊面失去速度，自行沉降而被捕集。

(3) 離心分離機：利用離心力分離者。

(4) 濕式集塵機：噴射液滴或液膜，使粉塵質量增加，可因慣性及擴散作用而將粉塵從氣流中移除之除塵方法。

(5) 靜電集塵機：利用靜電使粉塵附著於電極。

(6) 袋式濾塵機：利用濾布、濾芯等濾材除卻粉塵。

---

5. 通風之主要目的為何？請說明之。**(93.03, 95.07)**

(1) 維持作業場所之舒適。

(2) 排除作業場所空氣中之有害物質。

(3) 稀釋作業產生之有害物質。

(4) 防止火災或爆炸事故之發生。

(5) 維持作業場所空氣之良好品質。

(6) 供給補充之新鮮空氣。

---

6. 空氣在風管內流動會產生摩擦損失及擾動損失。請問：在計算局部排氣裝置壓力損失時，哪些損失屬於摩擦損失？哪些損失屬於擾動損失？**(94.03)**

(1) 摩擦損失：空氣克服局限其風管內部表面之阻力而流動，因此有部分能量用以克服此等摩擦而變為熱逸失；風管越粗糙，空氣流動速度越大者，此種壓力損失越大。風管內之摩擦損失量與下列因素有關：

① 與風管長度成正比。

② 與風管直徑大小成反比。

③ 與流速平方成正比。

(2) 擾動損失：為流速改變及流向改變所造成之壓力損失，稱為擾動損失。包括：

① 彎管之壓力損失：彎管彎曲之角度越大，壓力損失越大。

② 縮管、擴管之壓力損失：直徑變化或縮擴之角度越大，壓力損失越大。

③ 合流管之壓力損失：合流之角度越大，支導管之壓力損失越大。

④ 排氣口之壓力損失：由風管之輸送風速減至近於零風速造成之壓力損失。

⑤ 進入氣罩之壓力損失：因流速、流向改變及擾流引起之壓力損失，隨著氣罩型式及開口型式不同而不同。

⑥ 通過空氣清淨裝置之壓力損失。

---

7. 針對一般中央空調系統 **60** 公分×60 公分之進氣口(air supply)，其風量之測定有 **2** 種方式，請簡述之。**(101.11)**

風量之測定之方式如下列：

(1) 風速測定法：

　　① 針對方形進氣口測定位置予以規劃，以截面積加以平均等分為方格（每方格寬度須小於 15 公分）。

　　② 使用熱線風速計、熱偶風速計等風速計測量各個進氣口方格之風速(Vi)。

　　③ 將各進氣口方格之風速加總後除以進氣口方格數目，求得具代表性之平均風速(Va)。

　　④ 使用 $Q(m^3/min) = 60 \times Va(m/s) \times A(m^2)$ 公式，求得風量。

(2) 壓力測定法：

　　① 針對方形進氣口測定位置予以規劃，以截面積加以平均等分為方格（每方格寬度須小於 15 公分）。

　　② 使用皮氏管壓力計、文氏管壓力計等壓力計測量各個進氣口方格之動壓(Pv)。

　　③ 使用 $V_a = 4.04\sqrt{PV}$ 公式，將動壓(Pv)換算得出各個進氣口方格之風速(Vi)。

④ 將各進氣口方格之風速加總後除以進氣口方格數目,求得具代表性之平均風速(Va)。

⑤ 使用 $Q(m^3 / min) = 60 \times Va(m/s) \times A(m^2)$ 公式,求得風量。

---

8. 有害物控制設備包括 A.包圍型氣罩、B.外裝型氣罩及 C.吹吸型換氣裝置。請問下列各圖示分屬上述何者?請依序回答。(本題各小項均為單選,答題方式如(1)A、(2)B…)(104.03)

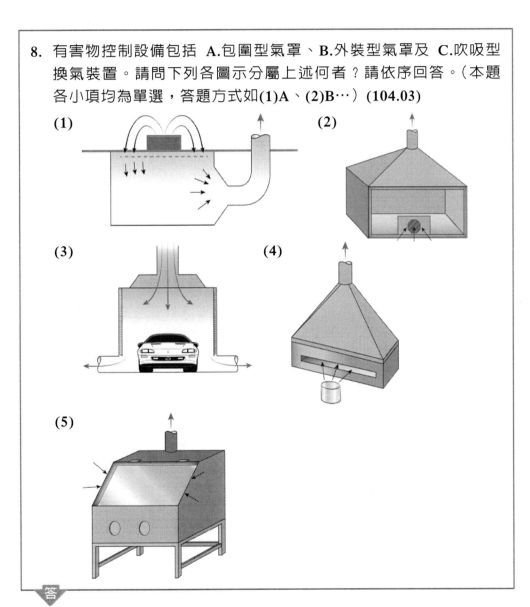

答

(2)(5)是 A.包圍型氣罩、(3)是 C.吹吸型換氣裝置、(1)(4)是 B.外裝型氣罩。

9. 某廠房有一正常運作之吸氣導管，請回答下列問題：

   (1) 此導管之全壓為正值或負值 7？

   (2) 請指出以下圖示可分別測得全壓、動壓或靜壓。（本題各項均為單選，答題方式如：**A=全壓、B=動壓、c=靜壓**）**(105.11)**

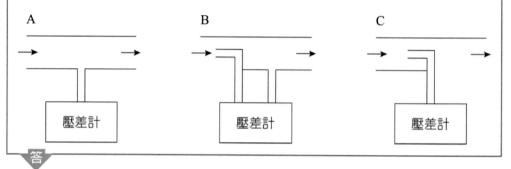

A   B   C

壓差計   壓差計   壓差計

答

(1) 負壓；

(2) A＝靜壓，B＝全壓，C＝動壓。

10. 在一般工作場所中，下列數值增加後，工作者安全衛生條件或該安全衛生設施之效能會變好或變差？（答題方式請依：**(1)**變好**(2)**變差…。）**(107.03)**

   (1) 口罩之粉塵穿透率。

   (2) 口罩之防護係數。

   (3) 口罩之密合度。

   (4) 外裝式氣罩與有害物發生之距離。

   (5) 通風導管之曲率半徑。

   (6) 通風導管 2 條導管合流處之角度。

   (7) 氣罩進入損失係數。

   (8) 氣罩進入係數。

   (9) 太子樓與地板之溫差。

   (10) 生物安全櫃等級。

答

(1)變差。(2)變好。(3)變好。(4)變差。(5)變好。

(6)變差。(7)變差。(8)變好。(9)變差。(10)變好。

11. 請列出以下氣罩型式排氣量之估計公式。（單選，請以(1)A、
    (2)B…方式作答）(107.11)

    (1) 單一狹縫式　　　　　　　A. $0.75v(10X^2+A)$
    (2) 外裝型　　　　　　　　　B. $1.4PvX$
    (3) 有凸緣之外裝型　　　　　C. $2.6\ LvX$
    (4) 崗亭式　　　　　　　　　D. $3.7\ LvX$
    (5) 懸吊式　　　　　　　　　E. $v(5X^2+A)$
    　　　　　　　　　　　　　　F. $v(10X^2+A)$
    　　　　　　　　　　　　　　G. vA

    各公式的代號：v 為捕捉點風速，X 為氣罩開口與捕捉點距離，
    A 為氣罩開口面積，P 為作業面周長，L 為氣罩開口長邊邊長。

    (1)D；(2)F；(3)A；(4)G；(5)B。

12. 下列各情境，何者可使用(A)整體換氣即可，何者應使用(B)局部
    排氣？(110.03)

    (1) 工作場所的區域大，不是隔離的空間。
    (2) 在一隔離的工作場所或有限的工作範圍。
    (3) 有害物的毒性高或為放射性物質。
    (4) 有害物產生量少且毒性相當低，允許其布在作環境空氣中。
    (5) 有害物發生源分布區域大，且不易設置氣罩時。
    (6) 有害物進入空氣中的速率快，且無規律。
    (7) 有害物進入空氣中的速率相當慢，且較有規律。
    (8) 含有害物的空氣產生量不超過通風用空氣量。
    (9) 產生大量有害物的工作場所。
    (10) 工作者與有害物發生源距離足夠遠，使得工作者暴露濃度不
         致超過容許濃度標準。

    (1)A；(2)B；(3)B；(4)A；(5)A；(6)B；(7)A；(8)A；(9)B；(10)A。

13. 各式氣罩所對應的公式為何？(110.03)

各式氣罩對應其公式：
(1) 包圍式或崗亭式：$Q = AV$
(2) 外裝式或懸吊式：$Q = 1.4PVH$
(3) 側方外裝式無凸緣：$Vc(10x^2 + A)$
(4) 側方外裝式附有凸緣：$0.75Vc(10x^2 + A)$
(5) 側方外裝式設於桌上或地板上：$Vc(5x^2 + A)$
(6) 側方外裝式設於桌上或地板上附有凸緣：$0.5Vc(10x^2 + A)$
(7) 多狹縫型（槽溝型）：$5 \times L \times Vc$
(8) 單一狹縫型：$3.7 \times L \times Vc$
(9) 多狹縫型：$5 \times L \times Vc$
(10) 點熱源接收式氣罩（低）：$QZ = 4.84\ Zg$

14. 由下方測定示意圖，分別指出靜壓、動壓、全壓各是哪一個？(110.03)

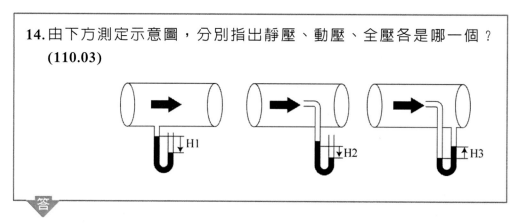

左：靜壓、中：動壓、右：全壓

UNIT 25 物理性危害預防

---

1. 何謂綜合溫度熱指數(WBGT)？並列出計算方法。(94.11)

高溫作業環境評估指標：

綜合溫度熱指數(Web Bulb Globe Temperature, WBGT)，其計算公式如下：

(1) 室內或戶外無日照時：WBGT＝0.7×NWB＋0.3×GT

(2) 戶外有日照時：WBGT＝0.7×NWB＋0.2×GT＋0.1×DB

 ① NWB（自然濕球溫度）：指乾球溫度計外包裹白色紗布潤濕後所測得之溫度，代表空氣溫度、相對濕度及風速等之綜合效應。

 ② DB（乾球溫度）：由乾球溫度計測得之乾球溫度，代表單純空氣溫度之效應，即所謂空氣溫度。

 ③ GT（黑球溫度）：指利用直徑 15 公分之中空黑色銅球，中央插入溫度計所測得之溫度，代表輻射熱之效應。

---

2. 試簡答下列各題：

(1) 維持作業場所舒適之溫濕四要素。

(2) 綜合溫度熱指數單位及 WBGT＝0.7×NWB＋0.2×GT＋0.1×DB。(90.03, 93.03)

(1) 維持作業場所舒適之溫濕四要素：

 ① 空氣溫度。

 ② 空氣濕度。

 ③ 空氣流動速度（風速）。

 ④ 輻射熱。

(2) 參考本單元第 1.題。

3. **(1)** 勞工甲於高溫作業場所從事作業，勞工甲之作業屬中度工作，當其時量平均綜合溫度熱指數值為 **30.0°C**，依高溫作業勞工作息時間標準第 5 條（如下表），其實際作業及休息時間應如何分配？

每小時作息時間比例	時量平均綜合溫度熱指數值°C		
	重工作	中度工作	輕工作
連續作業	25.9	28	30.6
75%作業　25%休息	27.9	29.4	31.4
50%作業　50%休息	30.0	31.1	32.2
25%作業　75%休息	32.1	32.6	33.0

(2) 高溫作業場所應每三個月定期測定綜合溫度熱指數一次以上，請列舉實施綜合溫度熱指數測定之項目三項。

(1) 每小時作息時間分配比例為：50%實際作業時間及 50%休息時間。（實際作業時間 30 分鐘，休息時間 30 分鐘）

(2) 測定之項目三項：自然濕球溫度、黑球溫度、乾球溫度。

4. 為避免高溫作業對勞工之身體產生危害，需有哪些配備（防護措施）及行政管理方法？

(1) 防護措施：
　① 增加熱源溫度。
　② 以通風設備將熱排出。
　③ 設置隔熱設施：將熱源施以絕緣保護或隔熱牆等設備。

(2) 行政管理方法：
　① 新僱勞工應有一週之熱適應。即第一日高溫工作環境占全部工作時間之 20%，依次每日增加 20%。
　② 充分供應飲用水及食鹽。

③ 勞工每日工作時間不得超過 6 小時。

④ 室內作業溫度在 37°C 以上時，應使勞工停止作業。

⑤ 有高血壓、心臟病、肝疾病、消化性潰瘍、內分泌失調、無汗症、腎疾病等患者，不宜從事高溫作業。

⑥ 從事高溫作業前，應經指定項目之特殊體格檢查；從事高溫作業期間每年應實施指定項目之特殊體格檢查。

⑦ 人工濕潤工作場所，濕球溫度超過 27°C，或濕球與乾球溫度相差 1.4°C 以下時，應立即停止人工濕潤。

⑧ 每三個月測定一次 WBGT。

⑨ 提供熱防護衣具。（黑球溫度達 50°C 以上）

---

5. 預防熱暴露危害，在輻射熱與對流熱方面各有哪些工程改善方法？

(1) 在輻射熱方面的工程改善方法：

　① 設置熱屏障，避免勞工在熱源直接輻射範圍內。

　② 熱爐或高溫爐壁的絕熱、保溫。

　③ 熱源覆以金屬反射簾幕如鋁箔。

　④ 穿著反射圍裙，尤其面對熱源時更需。

　⑤ 遮蓋或覆蓋身體裸露在外的部分。

(2) 在對流熱方面的工程改善方法：

　① 降低作業環境空氣溫度。

　② 降低流經皮膚熱空氣的流速。

---

6. 解釋名詞：8 小時日時量平均音壓級。

Time Weighted Average Sound Pressure Level, L_{TWA}

以分貝表示；$L_{TWA} = (16.61 \times \log D) + 90$，if $L_{TWA} > 90$

則表示已超出容許限值，違反現行法令規定，需進行噪音工程控制或縮短作業時間。其中

$$D = (t_1 \div T_1) + (t_2 \div T_2) + \cdots + (t_n \div T_n) \text{ 表示工作日噪音暴露劑量}$$

t_n：相對音壓位準之實際暴露時間

T_n：相對音壓位準之容許暴露時間

---

7. 如何預防作業場所噪音之危害？請就工程改善及行政管理列出可行之施。**(90.08, 91.11, 96.11)**

(1) 工程改善：

① 設置吸音板等吸音設備，減低反射音波。

② 變更製程、設備，採用低噪音機械及材料。

③ 設隔音罩、隔音牆等隔離噪音。

④ 消除機械鬆動現象。

⑤ 減少物料之摩擦、衝擊。

⑥ 降低流體流速或加裝消音設備。

⑦ 減少對振動面之作用力，並減小振動面積。

(2) 行政管理：

① 定期實施聽力檢查，可及早發現聽力是否受損。

② 控制勞工於高噪音場所暴露時間。如不易控制時，亦可採取輪班制。

③ 勞工 8 小時日時量平均音壓級超過 85 分貝或暴露劑量超過 50%時，雇主應使勞工戴用有效之耳塞、耳罩等噪音防護具。

④ 噪音超過 90 分貝之工作場所，應標示並公告噪音危害之預防事項，使勞工周知。

---

8. 決定振動大小之因素有哪些？**(91.03)**

健康效應主要取決於下列四種物理量：

(1) 振幅：振動幅度越大，對人體傷害越大。

(2) 頻率：全身振動頻率（$\frac{1}{3}$ 八音度頻帶中心頻率）在 1~80Hz 之間較敏感。

(3) 振動方向：垂直振動所造成對人體之危害大於水平運動。

(4) 暴露時間：暴露者暴露時間越長，傷害越大。

---

9. 依法令規定，應實施物理性因子作業環境監測之場所有哪些？

(1) 於噪音之室內作業場所，其勞工工作日時量平均音壓級超過 85 分貝時。

(2) 下列之一作業場所，其勞工工作日時量平均綜合溫度熱指數超過中央主管機關規定值時：

　① 於鍋爐房或鍋爐間從事工作之作業場所。

　② 灼熱鋼鐵或其他金屬條塊壓軋及鍛造之作業場所。

　③ 鑄造間處理融熔鋼鐵或其他金屬之作業場所。

　④ 鋼鐵或其他金屬類物料加熱或熔煉之作業場所。

　⑤ 處理搪瓷、玻璃、電石及熔爐高溫熔料之作業場所。

　⑥ 蒸汽火車、輪船機房從事工作之作業場所。

　⑦ 從事蒸汽操作、燒窯等之作業場所。

　⑧ 其他經中央主管機關指定者。

---

10. 解釋名詞：

　(1) 游離輻射。

　(2) 非游離輻射。

(1) 游離輻射：能使物質產生游離現象之輻射能，稱為游離輻射。(90.03)

　① 游離輻射種類：

　(a) 高能量之電磁波：

　• γ-ray：來自原子核內的電磁波型游離輻射，穿透能力強。

- X-ray：來自原子核外電子運動所產生的電磁波型游離輻射穿透能力極強。

(b)粒子型輻射：

- α-ray：α 粒子是氦元素的原子核 (He^{2+})，對物質的穿透能力很差，幾乎一張紙就可以擋住任何 α 粒子。
- β-ray：在物質中的穿透能力，較 α 粒子為佳。
- 中子射線。

② 游離輻射之危害：游離輻射對人體主要危害器官為造血器官，如骨骼、脾臟、淋巴以及性腺等，長期低劑量暴露，可能造成細胞染色體突變或引發致癌作用。

③ 游離輻射安全防護三原則：(93.11)

(a)時間：盡量減少暴露時間。

(b)距離：盡量遠離輻射源。

(c)屏蔽：必要時用含鉛之屏障阻隔輻射線。

(2) 非游離輻射：能量不足以使物質產生游離帶電的輻射。

① 非游離輻射之危害：

(a)紅外線：常由灼熱物體產生，如眼睛經常直視紅熱物體易導致白內障，在高溫作業場所常有紅外線產生。紅外線能夠通過眼球而聚焦在視網膜上，如果突然的照射後，可能產生非常嚴重的視網膜燒傷，形成眼睛的視覺盲點。

(b)紫外線：會破壞眼角膜，引起角膜炎，一般是因電焊工人不戴防護眼鏡，直視電弧焊接所造成，通常稱為「電弧眼」(arceye)，皮膚暴露過久會導致紅斑甚至皮膚癌，焊接作業為最常暴露之行為，故應戴護目鏡等防護具。

(c)微波：微波對水分之熱效應極強，並可穿透肌肉組織造成深部蛋白質之凝結，對眼睛亦可造成白內障。眼睛與睪丸是對微波最敏感的器官，高強度的微波暴露甚至會使眼睛產生白內障及局部皮膚的燒傷。

(d)雷射：雷射之波長範圍廣，故能量差異很大，而其光束可以是連續波雷射或是脈衝式雷射，一般皆具高度熱效應，故被照射後會產生類似燒傷之結果，但傷處可能面積小而深。

② 非游離輻射安全防護：

(a)從事暴露於紅外線及紫外線之工作場所，應配戴護目鏡，著防護衣，但輻射不強時可以一般衣物代替。

(b)微波及雷射場所應加以標示，以免人員誤入。必要時設置空調系統增加熱散失，可以減少熱危害。有光過敏反應的人，盡量不要暴露在此環境中。同時，雷射應注意控制其射出方向，場所應標示且人員應配戴護目鏡。

---

11. **(1)** 異常氣壓危害預防標準所稱之異常氣壓作業種類為何？ **(92.07)**

(2) 試述異常氣壓作業之種類及異常氣壓作業可能引起之危害。 **(90.05)**

(1) 異常氣壓作業之種類：

① 高壓室內作業：指沉箱施工法或壓氣潛盾施工法及其他壓氣施工法中，於表壓力超過大氣壓力之作業室或豎管內部實施之作業。

② 潛水作業：指使用潛水器具之水肺或水面供氣設備等，於水深超過 10 公尺之水中實施之作業。

(2) 異常氣壓作業可能引起之危害：

① 空氣栓塞症：例如肺泡破裂引起氣胸。

② 減壓症：亦稱之為潛水夫病或是沉箱症。

(a)第一型減壓症：感覺疲倦，皮膚紅斑，關節疼痛。

(b)第二型減壓症：以神經及肺部的症狀較常見。

(c)慢性型減壓症：

• 中樞神經之慢性傷害症：記憶力喪失、行動遲緩、行為異常。

• 異壓性骨壞死。

第 **2** 部分

12. 為避免局部振動危害，在工程控制方面有哪些方法？**(98.11)**

避免局部振動工程控制方法包括：

(1) 使用低振動工具。

(2) 使用防振手套。

(3) 採用振動絕緣材料。

(4) 良好的工作習慣。

(5) 加強維修。

13. **(1)** 一般而言，人體有哪 **3** 種排出體熱之方式？

   (2) 熱危害主要有熱中暑、熱衰竭、熱痙攣 **3** 項，今有一勞工有熱危害，症狀為皮膚乾熱且乏汗，請問該勞工可能有上述哪一種熱危害？

   (3) 請問上述勞工有無可能導致死亡，並說明理由。**(99.11)**

(1) 體內之熱可藉由血液循環、呼吸、流汗、內分泌及體溫調節系統來與環境進行熱交換。

(2) 勞工有熱危害，症狀為皮膚乾熱且乏汗，該勞工可能有熱中暑。

(3) 熱中暑：當人體調節體溫機能喪失，且體溫持續上升至能承受之臨界溫度時即發生中暑，中暑之主要症狀為皮膚乾且熱、發紅、有斑點、乏汗、若體溫上升太高將導致死亡。

14. 距離一雷達天線 **1** 公尺所測得之電磁波通量密度(flux density)為 **90mW/cm²**。在距離雷達天線為 **3** 公尺時之電磁波通量密度應為多少 **mW/cm²**？（應列出計算過程）**(102.07)**

因電磁波通量密度與面積（距離的平方）成反比，即越遠電磁波通量密度越小，經距離雷達天線為 3 公尺時之電磁波通量密度應為

$$90mW/cm^2 \times \left(\frac{1}{3}\right)^2 = 10mW/cm^2 \text{。}$$

15. 依高溫作業勞工作息時間標準規定，回答下列問題：

   (1) 高溫作業為勞工工作日時量平均綜合溫度熱指數達該標準連續作業規定值以上之作業。請列舉三項該標準所定之高溫作業。

   (2) 請說明(1)之作業中，不適用之操作方式。

   (3) 請說明(2)情況不適用之原因。(104.03)

依高溫作業勞工作息時間標準第 2 條規定：

(1) 本標準所定高溫作業，為勞工工作日時量平均綜合溫度熱指數達第 5 條連續作業規定值以上之下列作業：

   ① 於鍋爐房從事之作業。

   ② 灼熱鋼鐵或其他金屬塊壓軋及鍛造之作業。

   ③ 於鑄造間處理熔融鋼鐵或其他金屬之作業。

   ④ 鋼鐵或其他金屬類物料加熱或熔煉之作業。

   ⑤ 處理搪瓷、玻璃、電石及熔爐高溫熔料之作業。

   ⑥ 於蒸汽火車、輪船機房從事之作業。

   ⑦ 從事蒸汽操作、燒窯等作業。

   ⑧ 其他經中央主管機關指定之高溫作業。

(2) 不適用之操作方式為已採取自動化操作方式。

(3) 因勞工無暴露熱危害之虞者。

16. 溫濕四要素為何？(110.03)

氣溫、濕度、輻射熱、熱對流。

17. 耐氧試驗：指對從事異常氣壓作業勞工在高壓艙以每平方公分＿
＿公斤（六十呎）之壓力，使其呼吸純氧三十分鐘之試驗。
(110.03)

1.8（異常氣壓危害預防標準第 3 條）

18. 熱中暑及熱衰竭的症狀及處置為何？**(110.03)**

種類	原因	症狀	護理措施
中暑	體溫調節中樞失調，致無法排汗	血壓上升、頭痛、頭暈、噁心皮膚潮紅且乾燥、呼吸快而弱、脈搏快又強	移至陰涼處、補充電解質、散熱、休息（平躺抬高頭）、送醫
熱衰竭	大量出汗導致水分、鹽分流失過多，進而出現脫水	血壓降低、臉色蒼白、皮膚濕冷、脈搏快且弱化	移至陰涼處、補充電解質、散熱、休息（垂頭仰臥，抬高雙腳）、送醫

19. 紅外線、紫外線、可見光、微波及無線電波，以上五項請按穿透
率大小排列。**(110.03)**

頻率越高能量越大。紫外線＞可見光＞紅外線＞微波＞無線電波

UNIT　26 化學危害預防　

---

1. 解釋名詞：
(1) ppm。(90.03, 90.11)
(2) mg/m³。(90.11)

(1) ppm：為百萬分之一單位，係指溫度在 25°C、一大氣壓條件下，每立方公尺空氣中氣狀有害物之立方公分數（參勞工作業場所容許暴露標準第 5 條）。

(2) mg/m³：為每立方公尺毫克數，係指溫度在 25°C、一大氣壓條件下，每立方公尺空氣中粒狀或氣狀有害物之毫克數（參勞工作業場所容許暴露標準第 6 條）。

補充

　　f/cc：為立方公分根數，係指溫度在 25°C、一大氣壓條件下，每立方公分纖維之根數。

---

2. 解釋名詞：
(1) 暴露。(90.03)
(2) 可呼吸性粉塵。

(1) 暴露：任何化學物質要對人體產生作用，首先應具有暴露。所謂暴露係指人們在作業環境中接觸某些物質或在該環境中與此等化學物質共存，即為暴露；如：使用有機溶劑作業時，即暴露在其所產生之蒸汽中。

(2) 可呼吸性粉塵：係指可透過離心式或水平析出式等分粒裝置所測得之粒徑者。

第 **2** 部分

補充

1. 總粉塵：係指未使用分粒裝置所測得之粒徑者。
2. 石綿粉塵係指纖維長度在 5 微米以上，長寬比在 3 以上之粉塵。

★ 3. 解釋名詞：
　　(1) 8 小時日時量平均容許濃度。**(85.04, 87.10, 90.08)**
　　(2) 短時間時量平均容許濃度。**(83.12)**
　　(3) 時量平均濃度。**(84.04)**

答

(1) 8 小時日時量平均容許濃度 $(PEL-TWA_{8hr})$：勞工每天工作 8 小時，一般勞工重複暴露此濃度以下，不致有不良反應者。
(2) 短時間時量平均容許濃度 $(PEL-STEL_{15min})$：一般勞工連續暴露在此濃度以下任何 15 分鐘，不致有不可忍受之刺激、或慢性或不可逆之組織病變、或麻醉昏暈作用、事故增加之傾向或工作效率之降低者。
(3) 時量平均濃度(TWA)：$TWA = (\Sigma c_i t_i) \div T$。where $T = \Sigma t_i$
　　c_i：第 i 次某有害物空氣中濃度；t_i：第 i 次工作時間。

 補充

　　最高容許濃度 $(PEL-C)$：不得使一般勞工有任何時間超過此濃度之暴露，以防勞工不可忍受之刺激或生理病變者。

★ 4. 依勞工作業場所容許暴露標準所稱之第一種、第二種、第三種、第四種粉塵分別為何？**(94.11)**

 答

(1) 第一種粉塵：含游離二氧化矽 10%以上之礦物性粉塵。

(2) 第二種粉塵：未滿 10% 游離二氧化矽之礦物性粉塵。

(3) 第三種粉塵：石綿纖維。

(4) 第四種粉塵：厭惡性粉塵。

---

5. 我國勞工作業場所容許暴露標準所稱之容許濃度種類為何？如有兩種或兩種以上有害物混合後，若無相乘或獨立效應時，應如何評估？**(90.08, 94.06, 95.03, 96.06)**

(1) 容許濃度有下列三種（勞工作業場所容許暴露標準第 3 條）：

　① 8 小時日時量平均容許濃度 $(PEL-TWA_{8hr})$。

　② 短時間時量平均容許濃度 $(PEL-STEL_{15min})$。

　③ 最高容許濃度 $(PEL-C)$。

(2) 二種以上有害物混合後，其評估方法：「容許暴露標準」第 9 條：作業環境空氣中有二種以上有害物存在而其相互間效應非屬於相乘效應或獨立效應時，應視為相加效應，並依下列規定計算：

$S = \Sigma(C_i \div PEL-TWAi)$，if $S > 1$ 時，即屬超過規定。

C_i：第 i 種有害物成分之時量平均濃度；$PEL-TWAi$：第 i 種有害物成分之容許濃度。

---

6. 若作業場所中，有化學性因子作業環境監測結果，如何才符合規定？**(91.03)**

依「勞工作業場所容許暴露標準」第 8 條規定：

勞工作業環境空氣中有害物之濃度應符合下列規定：

(1) 全程工作日之時量平均濃度不得超過相當 8 小時日時量平均容許濃度。

(2) 任何一次連續 15 分鐘內之平均濃度不得超過短時間時量平均容許濃度。

(3) 任何時間均不得超過最高容許濃度。

7. **(1)** 試述空氣中粒狀有害物之濃度表示方法？
   (2) 有害物之濃度表示方法為何？（單位有哪些）
   (3) 請寫出有機溶劑氣體濃度之單位？
   (4) 請問下列各項之單位為何？
   　　　a.可吸入性粉塵；b.甲苯、二甲苯之濃度；c.鉻酸之濃度

(1) 粒狀有害物之濃度表示方法：

　　(a) mg/m^3

　　(b) f/cc

(2) 有害物之濃度表示方法：

　　① 氣體及蒸汽等氣狀有害物之濃度表示方法：

　　(a) $ppm(cm^3/m^3)$

　　(b) mg/m^3

　　(c) 百分率(%)：$1\% = 10000ppm$

(3) 有機溶劑氣體濃度： ppm 或 mg/m^3

(4) 下列各項之單位

　　(a) 可吸入性粉塵： mg/m^3 或 f/cc（石綿纖維）

　　(b) 甲苯、二甲苯之濃度： ppm 或 mg/m^3

　　(c) 鉻酸之濃度： mg/m^3

8. **(1)** 何謂 8 小時日時量平均容許濃度？
   (2) 容許濃度使用上應注意事項為何？**(96.11, 98.03)**

(1) 8 小時日時量平均容許濃度 $(PEL - TWA_{8hr})$：勞工每天工作 8 小時，一般勞工重複暴露此濃度以下，不致有不良反應者。

(2) 容許濃度使用上應注意事項如下：

　　① 不可用於加班的情況。

　　② 不能因工作時間改變，而任意調高其環境濃度。

③ 不可用於判斷是否引起職業疾病之根據。

④ 不可用於作為一般大氣環境之標準。

⑤ 不可用作毒性與危害性相對值指標。

9. 一氧化碳與二氧化碳皆為窒息性物質,其中二氧化碳被歸類為單純性之窒息性物質,而一氧化碳則非屬單純性之窒息性物質。請問:

(1) 何謂單純性之窒息性物質?

(2) 一氧化碳未被歸類為單純性之窒息性物質之主要原因?**(99.07)**

(1) 所謂單純性之窒息性之物質係指物質本身無毒或毒性小,因大量存在而排擠並降低空氣中氧氣的含量,使人體呼吸氧氣不足而窒息,主要有氮氣、氬氣、甲烷、乙烯、二氧化碳等。

(2) 一氧化碳未被歸類為單純性之窒息性物質之主要原因為一氧化碳與血液中的血紅素的結合力為氧氣的 200~250 倍,因此人體一但吸入一氧化碳便會取代氧氣搶先與血紅素結合,對血紅蛋白產生毒害作用,而形成一氧化碳血紅素(COHb),降低血紅素帶氧能力,這時體內組織無充足含氧,因而使細胞組織含氧不足而產生窒息;因其機轉為「化學性窒息」,故未被歸類為單純性之窒息性物質。

10. 勞工作業環境空氣中粉塵之粒徑大小,會影響其化學性危害程度。試問:

(1) 同一種粉塵,較大粒徑與較小粒徑者,何者之化學性危害較高?

(2) 其原因為何?(至少列出 2 項)**(100.07)**

(1) 同一種粉塵較小粒徑者化學危害較高。

(2) 原因粒徑越小越易進入呼吸道及停留時間較長,故危害越高。

11. 防止有害物質危害之方法，可從 **A.**發生源、**B.**傳播途徑、及 **C.** 暴露者等三處著手，請問下列各方法分屬上述何者？請依序回答。（本題各小項均為單選，答題方式如：**(1)A、(2)B…**）

(1) 設置整體換氣裝置。
(2) 設置局部排氣裝置。
(3) 製程之密閉。
(4) 實施職業安全衛生教育訓練。
(5) 擴大發生源與接受者之距離。
(6) 以低毒性、低危害性物料取代。

(7) 實施輪班制度，減少暴露時間。
(8) 製程之隔離。
(9) 使用正確有效之個人防護具。
(10) 變更製程方法、作業程序。**(102.03)**

(1)B；(2)A；(3)A；(4)C；(5)B；(6)A；(7)C；(8)A；(9)C；(10)A。

---

12. 針對化學性因子危害之預防，可從發生源、傳播路徑及暴露者採取對策，試列出 5 項有關傳播路徑方面之對策。**(102.11)**

路徑方面對策如下：
(1) 保持廠場清潔。
(2) 裝置整體換氣。
(3) 採自動化、遙控化。
(4) 設置自動偵測裝置。
(5) 擴大勞工與危害源距離。
(6) 良好之維護計劃。

---

13. 下列勞工作業環境中空氣有害物，請由 **A.**活性碳吸附管、**B.**矽膠吸附管、**C.**吸收液、**D.**混合纖維素酯濾紙、**E.**聚氯乙烯濾紙等 5 項中，選定最適當採樣介質：（本題各項均為單選，答題方式如：**(1)A、(2)B…**）。

(1)正己烷；(2)重金屬粉塵；(3)可呼吸性粉塵；(4)硫化氫；(5)苯胺。**(103.03)**

(1)A；(2)D；(3)E；(4)C；(5)B。

14. 針對化學性因子危害之預防，可從發生源、傳播路徑及暴露者採取對策，試列出 5 項有關「發生源」方面之對策。(104.07)

答

(1) 以低毒性、低危害物料取代。

(2) 作業方法、作業變更。

(3) 製程之密閉、隔離。

(4) 濕式作業。

(5) 局部排氣。

(6) 適當之維護保養計劃。

15. 短時間時量平均容許濃度？(110.03)

答

容許濃度	變量係數	備註
未滿 1	3	表中容許濃度氣狀物以 ppm、粒狀物以 mg/m^3、石綿 f/cc 為單位。
1 以上，未滿 10	2	
10 以上，未滿 100	1.5	
100 以上，未滿 1000	1.25	
1000 以上	1	

（勞工作業場所容許暴露標準第 3 條）

16. 請依四用氣體偵測器中用來偵測可燃性氣體之元件，回答「是」或「否」。

(1) 四用氣體偵測器可測可燃性氣體濃度。

(2) 四用氣體偵測器可測爆炸下限。

(3) 可燃性濃度越濃，反應時間越長。(110.03)

答

(1)是、(2)是、(3)否。

17. 請解釋以下名詞：**(1)煙燻、(2)霧滴、(3)粉塵、(4)煙塵。(110.03)**

(1) 燻煙：金屬元素或其氧化物之氣態或蒸氣凝結物(<1UM)，如電焊。

(2) 霧滴：懸浮於空氣中之液體小滴或潮濕之固體，如硫酸霧滴、鹽酸霧滴。

(3) 粉塵：固體粒子浮游於空氣中者粒徑在 10 UM 以下者少部附著於氣管，可排出粒徑在 0.1UM 則進入肺部沉著，如乳膠粉。

(4) 煙塵：含碳物質不完全燃燒所生成之氣膠混合物(<1M)，如香菸。

18. 特定化學設備，指製造或處理、置放、使用____類第一種物質、____類物質之固定式設備。**(110.03)**

丙、丁（特定化學物質危害預防標準第 8 條）

19. 局部排氣裝置注意事項為何？**(110.03)**

雇主依特化物質標準規定設置之局部排氣裝置，依下列規定：

(1) 氣罩應置於每一氣體、蒸氣或粉塵發生源；如為外裝型或接受型之氣罩，則應接近各該發生源設置。

(2) 應盡量縮短導管長度、減少彎曲數目，且應於適當處所設置易於清掃之清潔口與測定孔。

(3) 設置有除塵裝置或廢氣處理裝置者，其排氣機應置於各該裝置之後。

(4) 排氣口應置於室外。

(5) 於製造或處置特定化學物質之作業時間內有效運轉，降低空氣中有害物濃度。

20.雇主使勞工處置、使用丙類第一種物質或丁類物質之合計在＿＿＿公升以上時，應置備該物質等漏洩時能迅速告知有關人員之警報用器具及除卻危害之必要藥劑、器具等設施。(110.03)

100。

21.雇主不得使勞工使用石綿或含有石綿占其重量超＿＿＿之混合物從事吹噴作業？(110.03)

1%（特定化學物質危害預防標準第 43 條）

22.化學物品、危害物暴露管制濃度 100ppm 場所內有 50ppm、80ppm、100ppm、120ppm，如何做化學品分級管理？(110.03)

50ppm、80ppm 為第二級管理；100ppm、120ppm 為第三級管理。

23.有機溶劑分級管理丙酮容許濃度為 100ppm，則 30ppm、50ppm、80ppm、100ppm 分別為第幾級管理？(110.03)

30ppm 為第一級管理；50ppm、80ppm 為第二級管理；100ppm 為第三級管理。（危害性化學品評估及分級管理辦法第 10 條）

24.桶槽洩漏屬於什麼類型洩漏？(110.03)

次要洩漏。任何情況下，正常時不太可能發生，只有不正常時會偶爾發生且只發生短時間。

第 2 部分

25. 窒息性氣體與毒性氣體如何辨識？(110.03)

答

窒息性氣體：一氧化碳、氰酸、氮氣、氫氣、甲烷氣。
毒性氣體：二氧化硫、二氧化氮、氯氣、氨氣。

26. 請問下圖 a、b、c 曲線分別代表前述哪一類氣膠？分別為多少微米？(110.03)

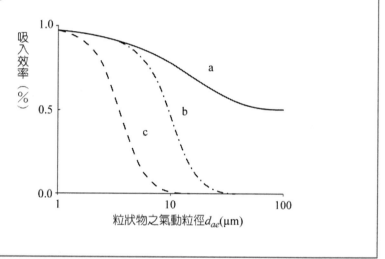

答

a 曲線代表可吸入性氣膠、b 曲線代表胸腔性氣膠、c 曲線代表可呼吸性氣膠；100 微米、10 微米、4 微米。

UNIT 27 急 救

1. 何謂心肺復甦術？心肺復甦術適合於何種情況使用？(94.11)

答

心肺復甦術(Cardio-Pulmonary Resuscitation, CPR)

(1) 意義：是以人工呼吸的方式以維持呼吸功能及以人工胸外按摩，維持心臟跳動的方法，來維持及挽救患者的生命。

(2) 適應症：個案突發或意外事故造成呼吸、心跳停止時使用。

2. 試說明勞工休克時應如何實施急救。(95.03)

答

休克處理方式：

(1) 避免搬動，維持安靜的環境。

(2) 維持平躺姿勢，下肢微抬高，以改善腦及心臟血循環量。

(3) 注意皮膚的顏色變化。（若改善則由蒼白逐漸變有血色）

(4) 觀查血壓、脈搏、呼吸的次數。

(5) 個案清醒，且沒有嘔吐情況下，給予適量口服液。

(6) 保持呼吸道(Air-way)通暢，必要時給予氧氣(O_2)。

(7) 快速補充液體，以期增加血液循環量。

(8) 注意尿量及尿比重（正常比重為 1.01~1.02），以防止腎臟的病變。

(9) 注意個案的保暖，以維持個案的體溫。

3. 骨折後要先固定再止血？骨折固定是以固定器材固定前後兩個關節處？(110.03)

骨折後要先止血再固定；體骨折固定是以固定器材連接傷處前後兩個關節。

4. CPR 民眾版步驟為何？CPR 速度每分鐘幾下、應往下壓幾公分？(110.03)

(1) 確認現場安全
(2) 叫：呼叫以及拍肩確認患者意識
(3) 叫：大聲呼救、撥打 119、設法取得 AED
(4) C：胸部按壓
(5) A：打開呼吸道
(6) B：2 次人工呼吸
(7) D：使用 AED

胸部按壓：利用上半身重量垂直向下壓，施力點集中在掌根部位。下壓深度 5 至 6 公分，按摩速度每分鐘 100 到 120 下（約每秒 2 下）。請勿中斷胸部按壓超過 10 秒鐘。

5. AED 貼片位置大概應貼於何處？請選下圖 A~K 選項。**(110.03)**

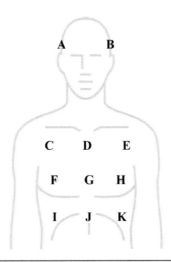

答

C、K

右側電擊片應貼胸骨右側（介於頸骨下與右乳頭上方）

左側電擊片應貼左乳頭左外側（電擊片上緣要距離左腋窩下約 10~15 公分）

6. AED 使用方式為何？**(110.03)**

答

開＞貼＞插＞電

7. 大型休閒場所：平均單日有＿＿＿名民眾出入之電影片映演場所（戲院、電影院）；旅宿場所：客房房間超過＿＿＿間之旅館、飯店；大型公眾浴場或溫泉區：旺季期間平均單日有＿＿＿人次出入之大型公眾浴場、溫泉區。**(110.03)**

答

3000 人、250 人、100 人。

UNIT **28 其他**

1. 緊急應變計畫之主要內容，除了法令要求事項外，為使計畫架構趨於完整，請列舉五個要項。**(96.04)**

緊急應變計畫之主要內容包括：

(1) 緊急應變組織系統編組表及緊急應變組織系統圖。

(2) 緊急應變流程圖。

(3) 緊急通報程序及內容。

(4) 緊急應變器材及疏散規劃。

(5) 急救醫療設施與傷者送醫程序。

2. 試簡述下列名詞：

   (1) 高空工作車。

   (2) 壓氣施工法。

   (3) 漏電斷路器。

   (4) 擋土支撐。**(96.04)**

(1) 高空工作車：由作業台及升降裝置所構成而能達成上升、下降之功能，且具有動力而能自行移動於非特定場所，供高處作業施工或檢修等作業使用之機械，適用於飛機餐勤補給、飛機修護保養、路燈橋樑修護等作業。

(2) 壓氣施工法：乃以壓縮機將空氣置入侷限空間之作業區域內，以防止地層水因間隙水壓而滲入作業區，並造成土壤軟化或產生異常出水、崩塌等問題，俾利於施工作業之一種方法。

(3) 漏電斷路器：於額定能力內，電路發生過電流時，能自動切斷該電路，而不致損及本體之過電流保護器。

(4) 擋土支撐：擋土支撐作業係為了防止周圍地層崩塌以確保地下開挖之作業得以順利進行之臨時構造作業。雇主僱用勞工從事露天開挖作業，其垂直開挖最大深度應妥為設計，如其深度在 1.5 公尺以上且有崩塌之虞者，應設擋土支撐。

---

3. 推動職場健康促進有許多優點，請依下列對象各提出 3 項益處：
   (1) 企業組織。
   (2) 員工。**(100.11)**

(1) 推動職場健康促進對企業組織之益處如下列：
   ① 提升工作效率及服務品質。
   ② 減少雇主健康及醫療保險支出。
   ③ 減少工作意外、降低病假率。
   ④ 增進員工向心力及士氣。
   ⑤ 提升企業形象和競爭力。
(2) 推動職場健康促進對員工之益處如下列：
   ① 有助員工瞭解及關心自我的身心狀態。
   ② 幫助員工養成良好生活型態及健康行為。
   ③ 增加就業滿意度。
   ④ 增加維護健康的技巧與知識。
   ⑤ 提升工作效率及士氣。

---

4. 試依職業安全衛生法令解釋下列名詞：
   (1) 車輛機械。
   (2) 總和傷害指數。
   (3) 特別危害健康之作業。
   (4) 職業災害定義中所稱「職業上原因」。**(102.07)**

(1) 車輛機械：係指能以動力驅動且自行活動於非特定場所之車輛、車輛系營建機械、堆高機等。

(2) 總和傷害指數：失能傷害頻率(FR)與失能傷害嚴重率(SR)相乘積除以一千的平方根。

(3) 特別危害健康之作業：係指「職業安全衛生法施行細則」第 17 條規定之作業。

　① 高溫作業。

　② 噪音作業。

　③ 游離輻射作業。

　④ 異常氣壓作業。

　⑤ 鉛作業。

　⑥ 四烷基鉛作業。

　⑦ 粉塵作業。

　⑧ 有機溶劑作業，經中央主管機關指定公告者。

　⑨ 製造、處置或使用特定化學物質之作業，經中央主管機關指定公告者。

　⑩ 黃磷之製造、處置或使用作業。

　⑪ 聯吡啶或巴拉刈之製造作業。

　⑫ 其他經中央主管機關指定之作業。

(4) 職業災害定義中所稱「職業上原因」：係指隨作業活動所衍生，於勞動上一切必要行為及其附隨行為而具有相當因果關係者。

5. 依職業促發腦血管及心臟疾病（外傷導致者除外）之認定參考指引，請列舉 5 種促發此類疾病之工作負荷型態。**(102.07)**

依「職業促發腦血管及心臟疾病（外傷導致者除外）之認定參考指引」內容說明，職場可能造成過勞之工作負荷型態如下列：

(1) 不規律的工作。

(2) 工作時間長的工作。

(3) 經常出差的工作。

(4) 輪班工作或夜班工作。

(5) 作業環境（異常溫度環境、噪音、時差）。

(6) 伴隨精神緊張的工作。

---

6. 雇主使勞工於缺氧危險場所作業時，應將哪些注意事項公告於該作業場所入口明顯處，使作業勞工周知？（請列出 5 項）**(101.11)**

依照「缺氧症預防規則」第 18 條之規定，雇主使勞工於缺氧危險場所或其鄰接場所作業時，應將下列注意事項公告於作業場所入口顯而易見之處所，使作業勞工周知：

(1) 有罹患缺氧症之虞之事項。

(2) 進入該場所時應採取之措施。

(3) 事故發生時之緊急措施及緊急聯絡方式。

(4) 空氣呼吸器等呼吸防護具、安全帶等、測定儀器、換氣設備、聯絡設備等之保管場所。

(5) 缺氧作業主管姓名。

---

7. 依職業促發腦血管及心臟疾病（外傷導致者除外）之認定參考指引，評估工作負荷與過勞之相關，應考量勞工於發病前是否有異常的事件、短期工作過重、長期工作過重三要件。請說明此三要件，分別係指勞工發病前多少期間內之工作負荷。**(101.07)**

判斷工作負荷三標準：

(1) 長期工作過重：

　① 發病前 1 個月，加班超過 92 小時。

　② 發病前 2 到 6 個月，月平均加班 72 小時。

　③ 發病前 1 到 6 個月，月平均加班超過 37 小時。

(2) 短期工作過重：

　① 發病前 1 天工作時間過長。

第 **2** 部分

② 前 1 週常態性工時過長。

③ 工作型態與負荷造成精神緊張。

(3) 異常事件：

① 突發性極度緊張、驚嚇、恐懼等。

② 對身體造成突發或難以預測的強烈負荷。

③ 急遽且顯著的環境變動。

---

8. 某公司內部擬建立、實施及維持符合職業安全衛生管理系統相關規範要求之採購管理制度，試依採購管理技術指引所定原則，回答下列問題：

(1) 採購大致可分為哪 **3** 類？

(2) 在請購及交貨驗收階段應分別考量之安全衛生事項為何？
(101.11)

(1) 採購大致可分為下列三類：

① 工程採購：係指在地面上下新建、增建、改建、修建、拆除構造物與其所屬設備及改變自然環境之行為，包括建築、土木、水利、環境、交通、機械、電氣、化工及其他經主管機關認定之工程。

② 財物採購：係指各種物品（生鮮農漁產品除外）、材料、設備、機具與其他動產、不動產、權利及其他經主管機關認定之財物。

③ 勞務採購：係指專業服務、技術服務、資訊服務、研究發展、營運管理、維修、訓練、勞力及其他經主管機關認定之勞務。

(2) 在請購及交貨驗收階段應分別考量之安全衛生事項如下列：

① 請購階段：請購單位在提出工程、財物或勞務等採購之前，應先確認是否有安全衛生上之需求，並將其納入請購單或契約中。

② 交貨驗收階段：對所採購之財物，在驗收時除須確認符合採購所需之規格外，亦應確保其在卸貨、搬運及儲放等過程中之安全衛生問題；且對所採購之工程、財物或勞務在使用前，應有達成及符合安全衛生法規最低標準之作法，當安全衛生要求均符合相關規定，方可正式使用。

---

9. 緊急應變組織可依事業單位實際人力及必要之緊急狀況編組，請問緊急應變組織除應變指揮中心外，一般包括哪五個編組？
   (103.07)

緊急應變一般包含五組如下：

(1) 通報組
　　① 成立臨時管制／通報中心。
　　② 適當進行場所內廣播。
　　③ 協助指揮官掌握災情與救災進度之相關資訊，與請求支援事項。
　　④ 協助傳達指揮官之指示，連絡緊急應變小組及支援單位。

(2) 滅火組
　　① 防止災害擴大。
　　② 現場危害之移除。
　　③ 協助消防隊救災。
　　④ 重要儀器設備搶救復歸。
　　⑤ 使用適當之消防滅火器材、設備撲滅火災。
　　⑥ 冷卻火場周圍設備、物品，以遮斷隔絕火勢漫延。

(3) 避難組
　　① 成立臨時管制中心。
　　② 設置現場隔離及安全警告標示設置，並實施警戒。
　　③ 災區現場交通管制。管制人員、車輛未經許可，不得進入管制區。
　　④ 引導廠外支援單位進入至災變現場加入救災工作。

⑤ 引導及管制各區域、樓層人員，依指示疏散路線疏散。

⑥ 人員清查。

(4) 安全防護組

① 設備器材之支援。

② 內、外部支援救援設備器材之清點與管控。

③ 善後物品復原及清點。

④ 協助指揮官進行災情判斷及指揮。

(5) 救護組

① 成立緊急救護中心。

② 傷患救助及住院安排。

---

10. 某事業單位進行職場健康促進活動，其中勞工 A 身高 170 公分，體重 65 公斤。勞工 B 身高 160 公分，體重 62 公斤。

(1) 請計算此 2 位勞工之身體質量指數(BMI)。（應列出計算過程）

(2) BMI 正常範圍在 18.5 至 24 之間。請問有哪位勞工需進行肥胖及體重控制？(104.11)

BMI＝（體重）（公斤）／（身高）^{2}（公尺）

BMI＝$65/(1.7)^2 = 22.49$

BMI＝$62/(1.6)^2 = 24.22 > 24$

B 勞工需進行肥胖及體重控制。

---

11. 某金屬加工製造工廠，勞工需從事**(1)**高架作業、**(2)**重體力勞動作業，請說明從事上述作業應減少或縮短工作時間之規定。**(105.03)**

從事重體力勞動作業時，應考慮勞工之體能負荷情形，減少工作時間給予充分休息，休息時間每小時不得少於 20 分鐘。

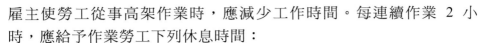

雇主使勞工從事高架作業時，應減少工作時間。每連續作業 2 小時，應給予作業勞工下列休息時間：

(1) 高度在 2 公尺以上未滿 5 公尺者，至少有 20 分鐘休息。

(2) 高度在 5 公尺以上未滿 20 公尺者，至少有 25 分鐘休息。

(3) 高度在 20 公尺以上者，至少有 35 分鐘休息。

---

12. 依職業安全衛生設施規則規定，雇主供給勞工使用之呼吸防護具，其選擇與使用應依國家標準 CNS 14258 Z3035 辦理。請回答在下表所列條件時，是否可使用列舉之呼吸防護具。可使用者請答○，不可使用者請答×。（答題方式如：(1)○、(2)○…）(105.03)

作業環境汙染危害型態與程度	呼吸式防護具功能分類		
	無動力淨氣式呼吸防護具		供氣式呼吸防護具
	防塵面具	防毒面具	正壓壓縮空氣開放式自攜呼吸器
氧含量高於 18%，粒狀汙染物濃度不致立即對生命健康造成危害	(1)	(2)	(3)
氧含量不明或低於 18%，且有害物濃度不明或可能立即對生命健康造成危害	(4)		(5)

答

(1)○；(2)×；(3)×；(4)×；(5)○。

---

13. 防止物理性、化學性或生物性有害物之方法，可從 A：發生源、B：傳播途徑及 C：暴露者等 3 方面著手。請問下列各方法分屬上述何者？請依序回答。（本題各小項均為單選，答題方式如 (1)A、(2)B…）

(1) 使用生物安全櫃。

(2) 使用空氣簾幕以保護工作者。

(3) 自動監測裝置。

(4) 濕式作業。

(5) 除濕。

(6) 戴用個人劑量計。

(7) 整體換氣。

(8) 滅菌。

(9) 廠場整潔。

(10) 執行適當之個人防護具維護計畫。**(105.03)**

(1)A；(2)B；(3)B；(4)B；(5)A；(6)C；(7)B；(8)A；(9)B；(10)C。

---

14. 某公司為實施緊急應變，編組緊急應變組織，除應變指揮官及應變指揮小組外，緊急應變組織可有哪些編組？（列舉 5 項）**(105.11)**

應變組織架構以功能來分，一般可分為五大部分：

① 指揮組：不論大小，每一事件之應變都應有此功能，應變指揮官是最先排定而且是最後才撤離的職位，應變指揮官負責整個事件的管理，若需要，得設輔助指揮官與協助人員。當應變指揮官面對的狀況很複雜時，更需要設置現場輔助指揮官。

② 操作組：指導與協調事件中所有戰術的操作，包括現場負責人的督導。

③ 計畫組：收集、評估、分析與使用有關事件發展與資源運用等資訊，計畫組可能包括狀況監控小組、資源監控小組、紀錄小組、動員解除小組，以及各種科技專家。

④ 後勤組：在事件中提供應變組織各組所需之設施、服務與材料。當事件擴大、變得複雜或時間拖長時，後勤需求將隨之增加。

⑤ 財務組：記錄所有事件的花費並評估該事件的直間接財務損失，但財務的考量在大部分的事件應變行動中通常不是一個主要的因子。

15. 依今年度健康職場認證推動方案，事業單位如欲取得健康啟動標章，其重點工作辦理情形中，健康需求評估為必辦類別。該方案中提供的評估及瞭解員工健康需求之方法為何？（請列出 5 項）**(106.07)**

健康需求評估內容方法包括：
(1) 分析職業傷病發生情形。
(2) 觀察員工作業方式。
(3) 分析健康檢查結果。
(4) 辦理活動後的意見回饋。
(5) 問卷調查（如調查員工是否有職場壓力的問題、調查員工有興趣的健康議題）。
(6) 訪談。
(7) 勞工代表提出。

16. 請問下圖為什麼標章？**(110.03)**

TD00000

TS 安全標章。

17. 機械或設備取得標章的流程順序為何？**(110.03)**

(1) 取得安全標準文件
(2) 檢驗證明文件上網登錄
(3) 取得登錄資料
(4) 製作安全合格標章
(5) 貼在機械或設備

18. 報檢人義務人定義，何謂輸入者、委託者、產製者、銷售者？
(110.03)

商品之報驗義務人如下：
(1) 商品在國內產製時，為商品之產製者或輸出者。但商品委託他人產製，並以在國內有住所或營業所之委託者名義，於國內銷售或輸出時，為委託者。
(2) 商品在國外產製時，為商品之輸入者。但商品委託他人輸入，並以在國內有住所或營業所之委託者名義，於國內銷售時，為委託者。
(3) 商品之產製者、輸出入者、委託產製或委託輸出入者不明或無法追查時，為銷售者。
前項所稱產製者，包括具有下列情形之一者：
(1) 組裝者：商品由個別零組件予以組裝銷售。
(2) 修改者：符合檢驗規定之商品於進入市場前，為銷售目的而修改。
（商品檢驗法第 8 條、機械類產品型式驗證實施及監督管理辦法第 3 條）

19. 給生產廠場或倉儲場所，執行取樣檢驗、查核產銷紀錄完整性及製造階段產品安全規格一致性，問是否為產品監督？給執行其於經銷、生產、倉儲、勞動、營業之場所或其他場所之產品檢驗或調查，問是否為市場查驗？(110.03)

是、是（機械設備器具監督管理辦法第 2 條）

20. 辦理市場查驗原因？(110.03)

中央主管機關或勞動檢查機構，得因下列事由之一者，辦理市場查驗：

(1) 檢舉人、工作者或勞工團體反映。

(2) 產品發生災害事故，致有損害工作者生命、身體、健康或財產之虞。

(3) 依據其他資訊來源認有查驗之必要。

21. 請問依業務需要，執行產品之購樣、取樣之檢驗或調查的有哪些機構／機關？(110.03)

中央主管機關、勞動檢查機構及本法第八條第一項之型式驗證機構，得依業務需要，執行產品之購樣、取樣之檢驗或調查。（機械設備器具監督管理辦法第 4 條）

22. 機器設備型式認證，宣告其產品符合安全標準，應採取哪些方式佐證？(110.03)

(1) 委託經中央主管機關認可之檢定機構實施型式檢定合格。

(2) 委託經國內外認證組織認證之產品驗證機構審驗合格。

(3) 製造者完成自主檢測及產品製程一致性查核,確認符合安全標準。

防爆燈具、防爆電動機、防爆開關箱、動力衝剪機械、木材加工用圓盤鋸及研磨機,以採前項第一款規定之方式為限。(機械設備器具安全資訊申報登錄辦法第 4 條)

23. 中央主管機關指定之機械設備型式驗證期限年限為幾年?
(110.03)

3 年。

24. 承攬管理之作業流程為何?(110.03)

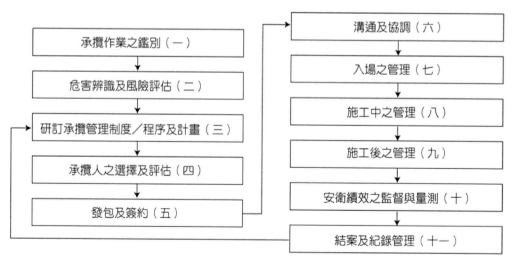

承攬作業之鑑別(一)

危害辨識及風險評估(二)

研訂承攬管理制度/程序及計畫(三)

承攬人之選擇及評估(四)

發包及簽約(五)

溝通及協調(六)

入場之管理(七)

施工中之管理(八)

施工後之管理(九)

安衛績效之監督與量測(十)

結案及紀錄管理(十一)

25. 變更管理之作業流程為何？(110.03)

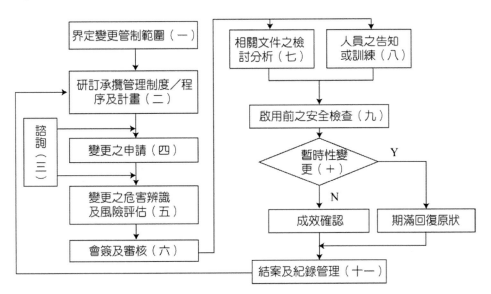

26. 呼吸防護具選用流程為何？(110.03)

答

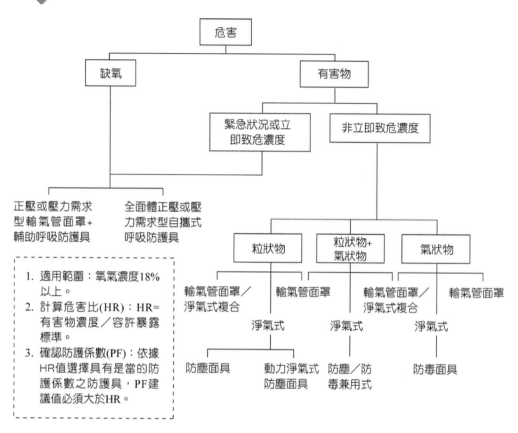

1. 適用範圍：氧氣濃度18%以上。
2. 計算危害比(HR)：HR＝有害物濃度／容許暴露標準。
3. 確認防護係數(PF)：依據HR值選擇具有是當的防護係數之防護具，PF建議值必須大於HR。

27. 安全帽構造為何？(110.03)

答

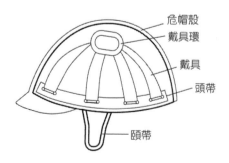

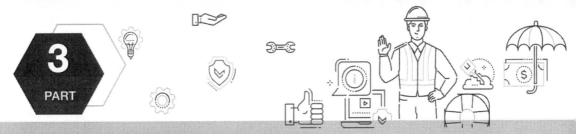

PART 3

近年學科試題彙整及解析

▶ 108 年 03 月 18 日技能檢定試題（第 86 次）

單選題：

( )1. 依職業安全衛生設施規則規定，低壓係指多少伏特以下之電壓？ ①220　②600　③380　④110。

( )2. 將災害發生要素有系統地以一定之順序、型態分析各要素間之關係的方法，為下列何者？　①危害評估分析法　②檢核表　③初步危害分析法　④故障樹分析法。

( )3. 依勞工保險條例規定，普通事故保險之分類及其給付種類，不包括下列何者？　①傷病　②失能　③生育　④醫療。

( )4. 依 107.6.13 新修公布之公職人員利益衝突迴避法（以下簡稱本法）規定，公職人員甲與其關係人下列何種行為不違反本法？　①關係人丁經政府採購法公告程序取得甲服務機關之年度採購標案　②甲承辦案件時，明知有利益衝突之情事，但因自認為人公正，故不自行迴避　③配偶乙以請託關說之方式，請求甲之服務機關通過其名下農地變更使用申請案　④甲要求受其監督之機關聘用兒子乙。

( )5. 操作下列何種機具設備較不會產生局部振動源？　①鏈鋸　②破碎機　③簡易型捲揚機　④氣動手工具。

( )6. 依危險性工作場所審查及檢查辦法規定，事業單位向檢查機構申請審查及檢查丙類工作場所，檢查機構對一般高壓氣體製造設施實施檢查，下列何者非屬一般高壓氣體製造設施之應檢查事項？　①緊急電源　②機械設備之護圍　③通報設備　④境界線、警戒標示。

( )7. 某工廠新設 1 台冷卻風扇，要發掘作業潛在的危險及可能的危害，最好使用下列何種方法？　①工作安全分析　②安全觀察　③教育訓練　④自動檢查。

( )8. 下列使用重製行為，何者已超出「合理使用」範圍？　①將著作權人之作品及資訊，下載供自己使用　②將講師的授課內容錄音供分贈友人　③直接轉貼高普考考古題在 FACEBOOK　④以分享網址的方式轉貼資訊分享於 BBS。

( )9. 如果發現某勞工昏倒於一曾置放醬油之儲槽中，下列何措施不適當？　①未穿戴防護具，迅速進入搶救　②打 119 電話　③準備量測氧氣濃度　④準備救援設備。

( )10. 接地之目的為何？　①節省電力　②防止感電　③防止絕緣破壞　④防止短路。

( )11. 勞工在何種情況下，雇主得不經預告終止勞動契約？　①不服指揮對雇主暴力相向者　②經常遲到早退者　③確定被法院判刑 6 個月以內並諭知緩刑超過 1 年以上者　④非連續曠工但 1 個月內累計達 3 日以上者。

( )12. 將要與不要的物品加以區分，是指 5S 中之下列何者？　①清潔　②整理　③整頓　④清掃。

( )13. 對於正方形抽氣口，離其開口中心 1 倍邊長處之風速，約會降為該抽氣口表面風速的幾分之一？　①2　②20　③10　④4。

( )14. 雇主對物料處置方式，下列何者錯誤？　①不得影響照明　②纖維纜繩已斷一股子索者，不得使用　③不得阻礙交通　④從事載貨台裝卸貨物其高差在 2 公尺以上者，才需提供勞工安全上下之設備。

( )15. 以手推車搬運物料時，裝載之重心應儘量在何處？　①上部　②任意部位　③下部　④中部。

( )16. 以作業場所整體換氣的角度而言，分離式冷氣機室內機的換氣效果如何？　①視冷氣機排氣量而定　②視作業場所氣積而定　③幾近於 0　④視室內外溫差而定。

( )17. 從事局限空間作業如有危害勞工之虞，應於作業場所顯而易見處公告注意事項，公告內容不包括下列何者？　①現場監視人員電話　②應經許可始得進入　③進入該場所應採取之措施　④緊急應變措施。

( )18. 下列何種法律未規定承攬作業有關事項？　①職業災害勞工保護法　②職業安全衛生法　③勞動基準法　④勞工保險條例。

( )19. 判斷自動電擊防止裝置是否失效，可以使用三用電錶量測電焊機二次側之接點或焊接夾頭，主要量測下列何者？　①電流　②電容　③電阻　④電壓。

( )20. 對於經常使用手部從事劇烈局部振動作業時，易造成下列何種職業病？　①皮膚病　②高血壓　③中風　④白指症。

( )21. 下列何種開發行為若對環境有不良影響之虞者，應實施環境影響評估：A.開發科學園區；B.新建捷運工程；C.採礦。　①ABC　②AC　③BC　④AB。

( )22. 一般而言，水中溶氧量隨水溫之上升而呈下列哪一種趨勢？ ①不一定 ②增加 ③不變 ④減少。

( )23. 勞動場所發生職業災害，災害搶救中第一要務為何？ ①搶救罹災勞工迅速送醫 ②24 小時內通報勞動檢查機構 ③災害場所持續工作減少損失 ④搶救材料減少損失。

( )24. 依危害性化學品標示及通識規則規定，安全資料表應具有幾項內容？ ①16 ②12 ③6 ④8。

( )25. 下列哪一項水質濃度降低會導致河川魚類大量死亡？ ①生化需氧量 ②二氧化碳 ③溶氧 ④氨氮。

( )26. 集合式住宅的地下停車場需要維持通風良好的空氣品質，又要兼顧節能效益，下列的排風扇控制方式何者是不恰當的？ ①結合一氧化碳偵測器，自動啟動／停止控制 ②設定每天早晚二次定期啟動排風扇 ③淘汰老舊排風扇，改裝取得節能標章、適當容量高效率風扇 ④兩天一次運轉通風扇就好了。

( )27. 依職業安全衛生設施規則規定，通道傾斜度原則上應在多少度以下？ ①30 ②50 ③40 ④20。

( )28. 預防職業病最根本的措施為何？ ①實施定期健康檢查 ②實施僱用前體格檢查 ③實施作業環境改善 ④實施特殊健康檢查。

( )29. 依機械設備器具安全資訊申報登錄辦法規定，申報者完成登錄後，登錄內容有變更者，應自事實發生日起幾日內，申請變更登錄？ ①40 ②20 ③30 ④10。

( )30. 廠場整潔的 5S 運動不包含下列何種？ ①整頓 ②環保 ③整理 ④教養。

( )31. 下列何種洗車方式無法節約用水？ ①利用機械自動洗車，洗車水處理循環使用 ②用水桶及海綿抹布擦洗 ③用水管強力沖洗 ④使用有開關的水管可以隨時控制出水。

( )32. 有關一般工地用安全帽及機車用安全帽之使用原則，下列何者正確？ ①僅在工地可戴機車用安全帽 ②兩者可互用 ③僅乘機車時可戴工地用安全帽 ④兩者不可互用。

( )33. 某廠商之商標在我國已經獲准註冊，請問若希望將商品行銷販賣到國外，請問是否需在當地申請註冊才能受到保護？ ①不一定，需視商品希望行銷販賣的國家是否為 WTO 會員國 ②否，因為我國申請註冊之商標權在國外也會受到承認 ③是，因為商標權註冊採取屬地保護原則 ④不一定，需視我國是否與商品希望行銷販賣的國家訂有相互商標承認之協定。

( )34. 使用防毒口罩目的為下列何者？　①美觀　②預防缺氧　③預防中毒　④保暖。

( )35. 職業災害調查處理，對於設備故障未修理及維修不良之不安全狀態，屬下列何者？　①防護具、服裝等的缺陷　②設備之放置、作業場所的缺陷　③設備本身的缺陷　④設備之防護措施的缺陷。

( )36. 從事車床頭座外部之長件工件加工時，應預防下列何種危害？　①高熱潤滑油　②墜落危險　③冷卻不足　④因離心力導致工件彎曲的危害。

( )37. 下列有關危害辨識之敘述何者正確？　①以往事故已經發生過者無須再辨識　②應指定勞工單獨限時完成　③事業單位應依職業安全衛生法規要求，選擇適合方法執行危害辨識　④無須參考作業環境監測之結果。

( )38. 依勞動基準法規定，勞工遭受職業災害後，雇主之職業災害補償原則為下列何者？　①視勞工有無過失決定補償與否　②視雇主有無過失決定補償與否　③視勞工是否提出要求決定補償與否　④不論雇主有無過失責任，均應予以補償。

( )39. 依職業安全衛生設施規則規定，雇主對於勞工經常作業之室內作業場所，採自然換氣時，其窗戶及其他開口部分等可直接與大氣相通之開口部分面積，應為地板面積之多少以上？　①1/30　②1/10　③1/40　④1/20。

( )40. 下列何者不是勞工健康保護規則規定，雇主於僱用勞工時，應實施一般體格檢查之規定項目？　①胸部 X 光（大片）攝影檢查　②血色素及白血球數檢查　③肺功能檢查　④尿蛋白及尿潛血之檢查。

( )41. 依就業保險法規定，有關保險給付，不包括下列何者？　①失業給付　②育嬰留職停薪津貼　③提早就業獎助津貼　④職業病生活津貼。

( )42. 依勞工作業環境監測實施辦法規定，雇主應於採樣或測定後多少日內，完成監測結果報告？　①15　②45　③7　④14。

( )43. 施工架斜籬主要在於預防下列何種災害？　①墜落　②倒崩塌　③捲夾　④物體飛落。

( )44. 職業安全衛生管理系統所強調的 P-D-C-A 管理循環，係指哪些管理功能？　①程序－執行－改進－考核　②規劃－發展－確認－改進　③規劃－實施－檢查－改進　④計畫－檢討－執行－回饋。

( )45. 在組織中，下列何種不是心理或行為所引起協調與溝通不良的原因？　①刻板印象　②飲食差異　③文化差異　④知覺差異。

( )46. 下列何者不是推動職業安全衛生管理系統之目的？ ①強化組織自主管理 ②維護環境生態 ③降低職業災害 ④持續改善安全衛生管理績效。

( )47. 甲公司之受雇人 A，因執行業務，觸犯營業秘密法之罪，除依規定處罰行為人 A 外，得對甲公司進行何種處罰？ ①拘役 ②褫奪公權 ③罰金 ④有期徒刑。

( )48. 為了節能及兼顧冰箱的保溫效果，下列何者是錯誤或不正確的做法？ ①食物存放位置紀錄清楚，一次拿齊食物，減少開門次數 ②冰箱內上下層間不要塞滿，以利冷藏對流 ③冰箱內食物擺滿塞滿，效益最高 ④冰箱門的密封壓條如果鬆弛，無法緊密關門，應儘速更新修復。

( )49. 下列何者非安全衛生運動設計的理念？ ①關懷安全 ②保障勞工生命安全與健康 ③雇主的利益 ④尊重生命。

( )50. 下列何者為「工作分析」與「預知危險」的結合，是一種簡單定性的風險管理方法？ ①工作風險分析 ②風險評估 ③安全觀察 ④工作安全分析。

( )51. 在工程上，控制器應採用下列何種人為失誤危害防制規劃？ ①合適的工作 ②合適的制度 ③合適的時間 ④防呆安全設計。

( )52. 依優先管理化學品之指定及運作管理辦法規定，下列何者為優先管理化學品？ ①鐵 ②銀 ③硫化氫 ④氯氣。

( )53. 需要的物品要能很快的拿到，是指 5S 中之下列何者？ ①整頓 ②清潔 ③整理 ④清掃。

( )54. 溫室氣體減量及管理法中所稱：一單位之排放額度相當於允許排放 ①1 公噸 ②1 立方米 ③1 公斤 ④1 公擔 之二氧化碳當量。

( )55. 依危害性化學品評估及分級管理辦法規定，評量或估算勞工暴露於化學品之健康危害情形之暴露評估方法，下列何者有誤？ ①半定量 ②半定性 ③定量 ④定性。

( )56. 小狗在道路或其他公共場所便溺時，應由何人負責清除？ ①主人 ②警察 ③土地所有權人 ④清潔隊。

( )57. 職業災害調查處理，對於危險物品混合存放之不安全動作，屬下列何者？ ①安全措施不履行 ②定點存放 ③製造危險之狀態 ④使安全裝置失效。

( )58. 減輕皮膚燒傷程度之最重要步驟為何？ ①立即刺破水泡 ②儘速用清水沖洗 ③立即在燒傷處塗抹油脂 ④在燒傷處塗抹麵粉。

第 **3** 部分

( )59. 依職業安全衛生設施規則規定，下列有關固定梯使用應符合之條件，何者有誤？ ①踏條應等間隔 ②應有防止梯子移位之措施 ③不得有妨礙工作人員通行的障礙物 ④梯腳與地面之角度應在75度以上。

( )60. 局部排氣裝置連接氣罩與排氣機之導管為下列何者？ ①吸氣導管 ②主導管 ③排氣導管 ④肘管。

複選題：

( )61. 施工架依構造可區分為下列哪幾種？ ①懸臂式 ②懸吊式 ③長柱式 ④系統式。

( )62. 有關機械之連鎖式防護，下列敘述哪些錯誤？ ①防護未裝上，機械仍可起動 ②要用人工配合，其效果才顯著 ③要有光電裝置才有用 ④防護失效時，機械不可起動。

( )63. 關於綜合溫度熱指數監測，下列敘述哪些有誤？ ①熱不均勻場所應測至少 3 種不同高度，例如頭部、腹部、腳踝，再加以算術平均 ②自然濕球溫度計於測定前 15 分鐘要以蒸餾水將包覆之紗布充分潤濕 ③電子直讀式綜合溫度熱指數監測裝置的黑球直徑為 2 英吋 ④黑球溫度計之溫度計球部需插入黑球內部至其球心位置。

( )64. 依特定化學物質危害預防標準規定，雇主對特定化學管理設備，為早期掌握其異常化學反應等之發生，應設適當之計測裝置，包括下列哪些？ ①溫度計 ②濕度計 ③壓力計 ④流量計。

( )65. 下列哪些措施可以提昇通風換氣效能？ ①縮短抽氣口與有害物發生源之距離 ②包圍式氣罩改裝為捕捉式氣罩 ③吹吸式氣罩改為外裝式氣罩 ④氣罩加裝凸緣(flange)。

( )66. 下列哪些是電線絕緣劣化的可能原因？ ①熱 ②濕度 ③氧化作用 ④還原作用。

( )67. 依危害性化學品標示及通識規則規定，下列敘述哪些正確？ ①安全資料表更新紀錄，應保存 5 年 ②安全資料表有 16 項內容 ③危害圖示符號應使用黑色，背景為白色 ④容器容積 100 毫升以下，得僅標示名稱危害圖示及警示語。

( )68. 依職業安全衛生設施規則規定，下列哪些屬雇主應於明顯易見之處所標明，並禁止非從事作業有關之人員進入之工作場所？ ①高架作業之場所 ②有害物超過容許濃度之場所 ③處置大量高熱物體或顯著濕熱之場所 ④氧氣濃度未滿18%之場所。

( )69. 依職業安全衛生管理辦法規定，雇主訂定職業安全衛生管理計畫，應要求下列何者執行？ ①雇主 ②負責指揮、監督之有關人員 ③職業安全衛生人員 ④各級主管。

( )70. 製造者為維護商業機密之必要，而保留揭示危害物質成分之名稱等資料時，應檢附下列哪些文件，報中央主管機關核定？ ①危害性分類說明與證明 ②經濟利益評估 ③商業營業秘密之證明 ④所採取之對策。

( )71. 風險是由危害事件之下列那兩項之組合，以判定風險等級？ ①可能性 ②嚴重度 ③辨識度 ④控制性。

( )72. 下列哪些屬於雙向溝通之條件？ ①傾聽 ②主觀 ③瞭解 ④講述。

( )73. 關於粉塵監測，下列敘述哪些有誤？ ①目前作業環境監測可呼吸性粉塵之方法，主要是在採集總粉塵的濾紙匣入口加裝符合要求的旋風分徑器 ②胸腔性粉塵(thoracic dust)氣動粒徑中位值為 10 微米，因此主要採用 PM10 採樣裝置進行監測 ③IOM 採樣器是用來採集可吸入性粉塵 ④可呼吸微粒採樣器接受曲線氣動直徑中位值為 4 微米。

( )74. 依職業安全衛生教育訓練規則規定，雇主對下列哪些勞工，應使其接受特殊作業安全衛生教育訓練？ ①高空工作車操作人員 ②火藥爆破作業人員 ③小型鍋爐操作人員 ④潛水作業人員。

( )75. 下列哪些為有機溶劑中毒預防規則所列之第二種有機溶劑？ ①乙醚 ②異丙醇 ③丙酮 ④汽油。

( )76. 依職業安全衛生設施規則規定，針對物料搬運，下列敘述哪些正確？ ①300 公斤以上物品，以機動車輛或其他機械搬運為宜 ②運輸路線，應妥為規劃，並作標示 ③40 公斤以上之物品，以人力車輛或工具搬運為原則 ④應儘量利用機械以代替人力。

( )77. 依營造安全衛生設施標準規定，使勞工於易踏穿材料構築之屋頂作業時，為防止屋頂踏穿災害，應有哪些安全衛生設施？ ①護欄 ②安全網 ③安全通道 ④適當強度、寬度之踏板。

( )78. 依新化學物質登記管理辦法規定，新化學物質之登記類型可區分為下列哪些？ ①少量登記 ②無須登記 ③標準登記 ④簡易登記。

( )79. 電氣火災可以使用下列何種滅火劑滅火？ ①ABC 乾粉 ②水 ③化學性泡沫 ④二氧化碳。

( )80. 依職業安全衛生法施行細則規定，下列何者為職業安全衛生管理計畫內容所包含之事項？ ①緊急應變措施 ②重複性作業促發肌肉骨骼疾病之預防 ③機械、設備或器具之管理 ④安全衛生作業標準。

解答及解析

1.(2) 2.(4) 3.(4) 4.(1) 5.(3) 6.(2) 7.(1) 8.(2) 9.(1) 10.(2)
11.(1) 12.(2) 13.(3) 14.(4) 15.(3) 16.(3) 17.(1) 18.(4) 19.(4) 20.(4)
21.(1) 22.(4) 23.(1) 24.(1) 25.(3) 26.(4) 27.(1) 28.(3) 29.(3) 30.(2)
31.(3) 32.(4) 33.(3) 34.(3) 35.(3) 36.(4) 37.(3) 38.(4) 39.(4) 40.(3)
41.(4) 42.(2) 43.(4) 44.(1) 45.(2) 46.(2) 47.(3) 48.(3) 49.(3) 50.(4)
51.(4) 52.(4) 53.(1) 54.(1) 55.(2) 56.(1) 57.(3) 58.(2) 59.(4) 60.(1)
61.(124) 62.(123) 63.(12) 64.(134) 65.(14)
66.(123) 67.(234) 68.(234) 69.(24) 70.(1234)
71.(12) 72.(134) 73.(24) 74.(234) 75.(123)
76.(234) 77.(234) 78.(134) 79.(14) 80.(134)

1. 低於 600 伏特是低壓，高於 22800 伏特是特高壓。

12. 要與不要分開叫整理，前者物歸定位叫整頓，不要的丟掉叫掃除。

22. 水中溶氧與溫度成反比。

52. 黃磷、氯氣、苯胺等化學品。

60. 氣罩與排氣機這一段是吸氣導管，排氣其後是排氣導管。

63. 不是算術平均、不是 15 分應是 30 分。

67. 保存 3 年。

76. 是 500 公斤，不是 300 公斤。

79. 水及泡沫有水分，不宜。

▶ 108 年 07 月 15 日技能檢定試題（第 87 次）

單選題：

( )1. 某醫院（醫療保健服務業）僱用勞工人數 215 人，應如何置管理人員？　①職業安全衛生業務主管 1 人、職業安全管理師及勞工衛生管理師各 1 人以上　②職業安全衛生業務主管 1 人　③職業安全衛生業務主管 1 人及職業安全管理師（或勞工衛生管理師）1 人以上　④職業安全衛生業務主管 1 人及職業安全衛生管理員 1 人。

( )2. 下列何者為有機溶劑中毒預防規則所列之第一種有機溶劑？　①四氯化碳　②甲苯　③異丙醇　④丙酮。

( )3. 「聖嬰現象」是指哪一區域的溫度異常升高？　①西太平洋表層海水　②西印度洋表層海水　③東印度洋表層海水　④東太平洋表層海水。

( )4. 下列何種裝置可以預防木材加工用圓盤鋸鋸切木條時反撥？　①光電監視　②手工具送料　③自動護罩　④撐縫片。

( )5. 某公司員工因執行業務，擅自以重製之方法侵害他人之著作財產權，若被害人提起告訴，下列對於處罰對象的敘述，何者正確？　①僅處罰侵犯他人著作財產權之員工　②員工只要在從事侵犯他人著作財產權之行為前請示雇主並獲同意，便可以不受處罰　③僅處罰雇用該名員工的公司　④該名員工及其雇主皆須受罰。

( )6. 依勞工保險條例施行細則規定，下列敘述何者有誤？　①被保險人因遭遇傷害在請假期間者，不得退保　②保險人應至少每 3 年精算 1 次普通事故保險費率　③同時具備參加勞工保險及公教人員保險條件者，僅得擇一參加之　④被保險人離職時，投保單位應於離職第 2 天填具退保申報表送交保險人。

( )7. 依勞動基準法施行細則規定，勞工因職業災害死亡，雇主應於幾日內給予其遺屬喪葬費？　①5　②3　③15　④10　日。

( )8. 溫室氣體減量及管理法所稱主管機關，在中央為下列何單位？　①行政院環境保護署　②經濟部能源局　③國家發展委員會　④衛生福利部。

( )9. 三用電錶量測電流時，電錶需與待測電路保持下列何種情形才可量測？　①並聯　②並排　③串聯　④串並聯。

( )10. 以 C 代表音速，f 代表頻率，λ 代表波長，下列敘述何者正確？ ①f＝C×λ ②3 者彼此之間無關係 ③C＝λ×f ④λ＝C×f。

( )11. 依職業安全衛生法規定，事業單位工作場所如發生職業災害，應由下列何者會同勞工代表實施調查、分析及作成紀錄？ ①縣市政府 ②勞動檢查機構 ③警察局 ④雇主。

( )12. 大樓電梯為了節能及生活便利需求，可設定部分控制功能，下列何者是錯誤或不正確的做法？ ①加感應開關，無人時自動關燈與通風扇 ②電梯設定隔樓層停靠，減少頻繁啟動 ③電梯馬達加裝變頻控制 ④縮短每次開門／關門的時間。

( )13. 小禎離開異鄉就業，來到小明的公司上班，小明是當地的人，他應該： ①小禎非當地人，應該不容易相處，不要有太多接觸 ②多關心小禎的生活適應情況，如有困難加以協助 ③小禎是同單位的人，是個競爭對手，應該多加防範 ④不關他的事，自己管好就好。

( )14. 關於個人資料保護法規之敘述，下列何者「錯誤」？ ①非公務機關亦應維護個人資料之正確，並主動或依當事人之請求更正或補充 ②外國學生在臺灣短期進修或留學，也受到我國個資法的保障 ③公務機關執行法定職務必要範圍內，可以蒐集、處理或利用一般性個人資料 ④間接蒐集之個人資料，於處理或利用前，不必告知當事人個人資料來源。

( )15. 依危險性機械及設備安全檢查規則規定，國內新製完成之高壓氣體容器，應先經下列何種檢查合格？ ①構造檢查 ②竣工檢查 ③定期檢查 ④重新檢查。

( )16. 局部排氣裝置連接氣罩與排氣機之導管為下列何者？ ①肘管 ②主導管 ③排氣導管 ④吸氣導管。

( )17. 依高壓氣體勞工安全規則規定，除丙烯腈、氨、氯、光氣、氟等 19 種毒性氣體外，所謂其他毒性氣體係指其容許濃度在多少 ppm 以下之氣體？ ①400 ②100 ③200 ④300。

( )18. 某縣有一事業單位因違反職業安全衛生法規，經勞動部予以罰鍰處分，該事業單位如有不服，得依法向下列何機關提起訴願？ ①台灣省政府 ②行政院 ③當地縣政府 ④勞動部。

( )19. 依職業安全衛生設施規則規定，作業場所夜間自然採光不足，以人工照明補足，鍋爐房、升降機、更衣室、廁所等照明應達多少米燭光以上？ ①100 ②20 ③300 ④50。

( )20. 事業單位所訂安全衛生工作守則報請勞動檢查機構備查公告實施，其效力所及，下列敘述何者正確？ ①已離職之勞工仍應遵行 ②效力不及於當初未表同意之勞工 ③效力及於在職之全體勞工 ④公告實施後，新受僱之勞工如不同意亦不受拘束。

( )21. 行（受）賄罪成立要素之一為具有對價關係，而作為公務員職務之對價有「賄賂」或「不正利益」，下列何者「不」屬於「賄賂」或「不正利益」？ ①送百貨公司大額禮券 ②招待吃米其林等級之高檔大餐 ③開工邀請公務員觀禮 ④免除債務。

( )22. 經由工作安全分析，建立正確工作程序，以消除工作時的不安全行為，設備與環境，確保工作安全的標準，稱為下列何者？ ①安全作業標準 ②安全觀察 ③工作安全分析 ④風險管理。

( )23. 依起重升降機具安全規則規定，為防止油壓式起重機油壓缸內油壓過高發生危險，應有下列何種安全裝置？ ①安全閥 ②緊急剎車 ③警報裝置 ④過捲預防裝置。

( )24. 有關職場菸害防制，下列何項措施較能產生戒菸誘因？ ①開設戒菸課程或戒菸班 ②門診戒菸轉介 ③透過健康風險評估提高勞工健康認知 ④無菸職場宣導。

( )25. 防塵口罩選用原則，下列敘述何者有誤？ ①重量愈輕愈好 ②吸氣阻抗愈低愈好 ③視野愈小愈好 ④捕集效率愈高愈好。

( )26. 職業災害發生模式中，以某一要素為基源，由此一要素衍生一新要素，此一新要素再衍生另一新要素，各要素分別為次一要素之原因，由此等要素間連鎖發展並逐次擴大規模形成災害，此為下列何種模式？ ①聚合型 ②集中型 ③複合型 ④連鎖型。

( )27. 雇主對於室內作業場所設置有發散大量熱源之熔融爐、爐灶時，應採取防止勞工熱危害之適當措施，下列何者不正確？ ①將熱空氣直接排出室外 ②隔離 ③換氣 ④灑水加濕。

( )28. 國內錳作業工廠曾發生下列何種職業病？ ①巴金森氏症候群 ②痛痛病 ③鼻中膈穿孔 ④水俁症。

( )29. 下列何者非為選用防毒口罩應留意事項？ ①須經檢定合格 ②面體完整密合度 ③氣候因素 ④面罩有廣闊視野。

( )30. 高速公路旁常見有農田違法焚燒稻草，除易產生濃煙影響行車安全外，也會產生下列何種空氣污染物對人體健康造成不良的作用？ ①懸浮微粒 ②臭氧(O) ③二氧化碳(CO) ④沼氣。

( )31. 依職業安全衛生設施規則規定，為防止墜落災害，有關固定梯應注意事項，下列敘述何者正確？ ①踏條與牆壁間之淨距不得超過15 公分 ②梯長連續超過 6 公尺時，應每隔 12 公尺以下設一平台 ③未設護籠或其他保護裝置，應每隔 9 公尺以下設一平台 ④梯之頂端應突出板面 60 公分以上。

( )32. 下列有關職業安全衛生教育訓練之辦理方式，下列敘述何者有誤？ ①對於已取得資格之不同職類勞工，應定期分別使其接受在職教育訓練 ②事業單位不具辦理資格，應指派勞工至職業訓練機構受訓 ③訓練單位辦理鍋爐操作人員教育訓練，應向當地主管機關報備 ④雇主對於小型鍋爐操作人員，應使其接受特殊作業安全衛生教育訓練。

( )33. 以檢知管監測空氣中有害物之濃度，其監測原理為濃度與內裝吸附劑之何者有關？ ①變色所需的時間 ②顯色層長度 ③顯色層顏色維持的時間 ④顯色之顏色種類。

( )34. 依營造安全衛生設施標準規定，對於磚、瓦、木塊或相同及類似材料應整齊緊靠堆置，其高度最高不得超過幾公尺？ ①1.8 ②2 ③1.5 ④1。

( )35. 依職業安全衛生設施規則規定，勞工經常作業之室內作業場所，除設備及自地面算起高度超過 4 公尺以上之空間不計外，每一勞工原則上應有多少立方公尺以上之空間？ ①10 ②7 ③5 ④3。

( )36. 於拆除建築物或構造物時，為確保作業安全，下列敘述何者有誤？ ①拆除順序應由下而上逐步拆除 ②有飛落、震落之物件，優先拆除 ③不得同時在不同高度之位置從事拆除 ④拆除進行中予以灑水，避免塵土飛揚。

( )37. 事業單位各部門提出之自動檢查執行計畫，係由下列何者彙整？ ①雇主 ②職業安全衛生人員 ③勞工代表 ④人事主管。

( )38. 從事局限空間作業如有危害之虞，應訂定危害防止計畫，前述計畫不包括下列何者？ ①危害之確認 ②緊急應變措施 ③主管巡檢方式 ④通風換氣實施方式。

( )39. 下列哪一種氣體較易造成臭氧層被嚴重的破壞？ ①氮氧化合物 ②二氧化硫 ③氟氯碳化物 ④二氧化碳。

( )40. 由機械方法造成懸浮於空氣中的固體微粒為下列何者？ ①煙霧 ②霧滴 ③燻煙 ④粉塵。

( )41. 下列何者非屬休克的可能症狀？　①臉色潮紅　②自訴寒冷，甚至發抖　③噁心、嘔吐　④呼吸快而淺。

( )42. 一般人生活產生之廢棄物，何者屬有害廢棄物？　①廚餘　②廢日光燈管　③鐵鋁罐　④廢玻璃。

( )43. 依職業安全衛生管理辦法規定，局部排氣裝置應多久定期實施檢查1次？　①每月　②每半年　③每三個月　④每年。

( )44. 下列何者非屬職場健康促進與推廣之項目？　①指認呼喚運動　②戒菸計畫　③壓力紓解　④下背痛預防。

( )45. 一般而言，離心式排氣機的進氣與排氣氣流方向為何？　①反方向　②依作業場所特性做調整　③同方向　④垂直。

( )46. 依職業安全衛生法施行細則所定職業安全衛生管理計畫，包括幾款安全衛生事項？　①16　②10　③12　④14。

( )47. 雇主僱用勞工時，對實施一般體格檢查，下列何者非規定之檢查項目？　①既往病史及作業經歷之調查　②胸部 X 光（大片）攝影檢查　③血色素及白血球數檢查　④心電圖檢查。

( )48. 施工架斜籬主要在於預防下列何種災害？　①倒崩塌　②墜落　③捲夾　④物體飛落。

( )49. 依職業安全衛生法規定，在高溫場所工作之勞工，雇主不得使其每日工作時間超過多少小時？　①6　②4　③7　④5。

( )50. 不當抬舉導致肌肉骨骼傷害，或工作點／坐具高度不適導致肌肉疲勞之現象，可稱之為下列何者？　①不安全環境　②被撞事件　③不當動作　④感電事件。

( )51. 有關建築之外殼節能設計，下列敘述何者有誤？　①做好屋頂隔熱設施　②宜採用全面玻璃造型設計，以利自然採光　③大開窗面避免設置於東西日曬方位　④開窗區域設置遮陽設備。

( )52. 家庭用電最大宗來自於　①吹風機　②電視　③空調及照明　④電腦。

( )53. 下列何者為職業安全衛生管理辦法規定，應實施重點檢查之機械或設備？　①起重設備　②防護具　③消防設備　④局部排氣裝置。

( )54. 溝通協調可以活化安全教育成效，比課堂上的講授更具功效，下列何者非屬溝通協調之主要項目？　①安全接談　②安全規避　③安全會議　④安全協談。

( )55. 使用合梯作業時，高度達多少公尺以上，必須設置工作台或使用安全帶等防墜措施？　①1.5　②1.8　③1　④2。

( )56. 所謂失能傷害係指損失日數在多少日以上？ ①1 ②3 ③4 ④2。

( )57. 事業單位勞工人數未滿幾人者，其應置之職業安全衛生業務主管，得由事業經營負責人或其代理人擔任？ ①10 ②50 ③30 ④100。

( )58. 腕道症候群常發生於下列何種作業？ ①第一種壓力容器作業 ②堆高機作業 ③電腦鍵盤作業 ④潛水作業。

( )59. 依勞工健康保護規則規定，醫護人員臨場服務應辦理之事項，不包含下列何者？ ①協助選配勞工從適當工作 ②健康促進之策劃與實施 ③定期辦理健康檢查 ④健康諮詢與急救處置。

( )60. 有關承攬管理責任，下列敘述何者正確？ ①原事業單位交付廠商承攬，如不幸發生承攬廠商所僱勞工墜落致死職業災害，原事業單位應與承攬廠商負連帶補償責任 ②承攬廠商應自負職業災害之賠償責任 ③勞工投保單位即為職業災害之賠償單位 ④原事業單位交付承攬，不需負連帶補償責任。

複選題：

( )61. 製造者為維護商業機密之必要，而保留揭示危害物質成分之名稱等資料時，應檢附下列那些文件，報中央主管機關核定？ ①所採取之對策 ②經濟利益評估 ③危害性分類說明與證明 ④商業營業秘密之證明。

( )62. 依危險性機械及設備安全檢查規則規定，下列那些危險性設備設置完成時應向檢查機構申請竣工檢查？ ①高壓氣體特定設備 ②高壓氣體容器 ③鍋爐 ④第一種壓力容器。

( )63. 依職業安全衛生法施行細則規定，下列那些為職業安全衛生管理計畫內容所包含之事項？ ①緊急應變措施 ②重複性作業促發肌肉骨骼疾病之預防 ③機械、設備或器具之管理 ④安全衛生作業標準。

( )64. 下列那些參數數值增加時，可以減少局部排氣裝置之壓力損失？ ①合流管合流角度 ②氣罩壓力損失係數 ③氣罩進入係數 ④肘管曲率半徑。

( )65. 一般平頂式鋼筋混凝土工業廠房之屋頂遮陽措施，下列敘述那些有誤？ ①如發現覆蓋物溫度過高，應儘速更換 ②可覆蓋針織網，為降低吸熱，儘量避免使用黑色材料 ③覆蓋物下方儘量緊貼屋

頂，以避免熱空氣蓄積在覆蓋物與屋頂之間　④覆蓋物優先選用無縫物，可完全遮掉陽光，避免選用網狀材料。

(　)66. 下列那些為製作工作安全分析程序之要項？　①辨識出潛在的危害　②製作安全衛生作業標準　③決定安全的工作方法　④將工作步驟分解。

(　)67. 依新化學物質登記管理辦法規定，新化學物質之登記類型可區分為下列那些？　①少量登記　②標準登記　③無須登記　④簡易登記。

(　)68. 關於急救，下列敘述那些有誤？　①前臂嚴重出血，以直接加壓並抬高過心臟仍流血時，可壓迫近心端肱動脈止血　②強酸、強鹼中毒時，應立即給患者喝大量水以稀釋毒物並進行催吐　③2 人前後抬搬運傷患時，前後抬者應同腳齊步前進　④休克是人的有效血循環量不足的一種情況，它會造成組織與器官血液灌注不足，因而影響細胞功能。

(　)69. 有關機械之連鎖式防護，下列敘述那些有誤？　①要有光電裝置才有用　②防護失效時，機械不可起動　③要用人工配合，其效果才顯著　④防護未裝上，機械仍可起動。

(　)70. 依危險性工作場所審查及檢查辦法規定，下列那幾類工作場所之雇主應使勞工作業 45 日前，向當地勞動檢查機構申請審查及檢查？　①乙　②丙　③丁　④甲。

(　)71. 依職業安全衛生教育訓練規則規定，雇主對擔任下列那些工作性質勞工，每 3 年至少 3 小時接受安全衛生在職教育訓練？　①職業安全衛生業務主管　②急救人員　③特殊作業人員　④危險性之機械或設備操作人員。

(　)72. 有害物危害預防對策可由其發生源、傳播路徑及暴露者三方面著手，以下那些是從傳播路徑著手？　①作業場所 5S　②濕式作業　③整體換氣　④安全衛生教育訓練。

(　)73. 依危險性機械及設備安全檢查規則規定，危險性設備鍋爐於國內新造至使用應實施下列那些檢查？　①重新檢查　②構造檢查　③熔接檢查　④竣工檢查。

(　)74. 依危害性化學品標示及通識規則規定，下列敘述那些正確？　①安全資料表更新紀錄，應保存 5 年　②安全資料表有 16 項內容　③危害圖示符號應使用黑色，背景為白色　④容器容積 100 毫升以下，得僅標示名稱危害圖示及警示語。

( )75. 施工架依構造可區分為下列那幾種？ ①系統式 ②懸臂式 ③懸吊式 ④長柱式。

( )76. 依雇主對於工作用階梯之設置，應符合下列那些規定？ ①梯級面深度不得小於 15 公分 ②如在原動機與鍋爐房中，或在機械四周通往工作台之工作用階梯，其寬度不得小於 40 公分 ③應有適當之扶手 ④斜度不得大於 60 度。

( )77. 有關事業單位工作場所發生勞工死亡職業災害之處理，下列敘述那些正確？ ①非經許可不得移動或破壞現場 ②應於 8 小時內報告勞動檢查機構 ③事業單位應即採取必要措施 ④於當月職業災害統計月報表陳報者，得免 8 小時內報告。

( )78. 雇主對勞工於以石綿板、鐵皮板、瓦、木板、茅草、塑膠等材料構築之屋頂或於以礦纖板、石膏板等材料構築之夾層天花板從事作業時，為防止勞工踏穿墜落，應採取下列那些設施？ ①於屋架或天花板下方可能墜落之範圍，裝設堅固格柵或安全網等防墜設施 ②指定專人指揮或監督該作業 ③規劃安全通道，於屋架或天花板支架上設置適當強度且寬度在 30 公分以上之踏板 ④指定屋頂作業主管指揮或監督該作業。

( )79. 下列那些為模板支撐倒塌可能之原因？ ①可調鋼管支柱與貫材及底座、腳部未固定 ②支撐底部沉陷 ③可調鋼管支柱連接使用 ④未設置足夠強度之水平繫條。

( )80. 下列那些屬感電防止對策？ ①接地方式 ②隔離或遙控方式 ③安全電壓法 ④增加電路之對地電壓。

解答及解析

1.(2) 2.(1) 3.(4) 4.(4) 5.(4) 6.(4) 7.(2) 8.(1) 9.(3) 10.(3)

11.(4) 12.(4) 13.(2) 14.(4) 15.(1) 16.(4) 17.(3) 18.(2) 19.(1) 20.(3)

21.(3) 22.(1) 23.(1) 24.(3) 25.(3) 26.(4) 27.(4) 28.(1) 29.(3) 30.(1)

31.(4) 32.(2) 33.(2) 34.(1) 35.(1) 36.(1) 37.(2) 38.(3) 39.(3) 40.(4)

41.(1) 42.(2) 43.(4) 44.(1) 45.(4) 46.(1) 47.(4) 48.(2) 49.(1) 50.(3)

51.(2) 52.(3) 53.(4) 54.(2) 55.(1) 56.(1) 57.(1) 58.(3) 59.(3) 60.(1)

61.(1234) 62.(134) 63.(134) 64.(34) 65.(1234)

66.(134) 67.(124) 68.(23) 69.(134) 70.(12)

71.(234)　　72.(13)　　　73.(234)　　74.(234)　　75.(123)

76.(134)　　77.(123)　　78.(134)　　79.(1234)　　80.(123)

1. 醫院為第二類事業單位 300 人以下不需設職業安全衛生管理單位，但需設置主管。

2. 四氯化碳、三氯乙烯、二硫化碳為第一種有機溶劑。

6. 被保險人死亡、離職、退會、結（退）訓者，投保單位應於死亡、離職、退會、結（退）訓之當日填具退保申報表送交保險人。

17. 高壓氣體壓力容器規則第 4 條：「本規則所稱可燃性氣體，係指丙烯腈、丙烯醛、乙炔、乙醛、氨、一氧化碳、乙烷、乙胺、乙苯、乙烯、氯乙烷、氯甲烷、氯乙烯、環氧乙烷、環氧丙烷、氰化氫、環丙烷、二甲胺、氫、三甲胺、二硫化碳、丁二烯、丁烷、丁烯、丙烷、丙烯、溴甲烷、苯、甲烷、甲胺、二甲醚、硫化氫及其他爆炸下限在百分之十以下或爆炸上限與下限之差在百分之二十以上之氣體。」

高壓氣體壓力容器規則第 6 條：「本規則所稱毒性氣體，係指丙烯腈、丙烯醛、二氧化硫、氨、一氧化碳、氯、氯甲烷、氯丁二烯、環氧乙烷、氰化氫、二乙胺、三甲胺、二硫化碳、氟、溴甲烷、苯、光氣、甲胺、硫化氫及其他容許濃度（係指勞工作業環境空氣中有害物質容許濃度標準規定之容許濃度。）在百萬分之二百以下之氣體。」

31. 職業安全衛生設施規則第 37 條：雇主設置之固定梯，應依下列規定：

一、　具有堅固之構造。

二、　應等間隔設置踏條。

三、　踏條與牆壁間應保持十六點五公分以上之淨距。

四、　應有防止梯移位之措施。

五、　不得有妨礙工作人員通行之障礙物。

六、　平台用漏空格條製成者，其縫間隙不得超過三公分；超過時，應裝置鐵絲網防護。

七、　梯之頂端應突出板面六十公分以上。

34. 營造安全衛生設施標準第 35 條：「雇主對於磚、瓦、木塊或相同及類似材料之堆放，應置放於穩固、平坦之處，整齊緊靠堆置，其高度不得超過一點八公尺，儲存位置鄰近開口部分時，應距離該開口部分二公尺以上。」

36. 營造安全衛生設施標準第 157 條：雇主於拆除構造物時，應依下列規定辦理：
　　一、　不得使勞工同時在不同高度之位置從事拆除作業。但具有適當設施足以維護下方勞工之安全者，不在此限。
　　二、　拆除應按序由上而下逐步拆除。
　　三、　拆除之材料，不得過度堆積致有損樓板或構材之穩固，並不得靠牆堆放。
　　四、　拆除進行中，隨時注意控制拆除構造物之穩定性。
　　五、　遇強風、大雨等惡劣氣候，致構造物有崩塌之虞者，應立即停止拆除作業。
　　六、　構造物有飛落、震落之虞者，應優先拆除。
　　七、　拆除進行中，有塵土飛揚者，應適時予以灑水。
　　八、　以拉倒方式拆除構造物時，應使用適當之鋼纜或纜繩，並使勞工退避，保持安全距離。
　　九、　以爆破方法拆除構造物時，應具有防止爆破引起危害之設施。
　　十、　地下擋土壁體用於擋土及支持構造物者，在構造物未適當支撐，或以板樁支撐土壓前，不得拆除。
　　十一、拆除區內禁止無關人員進入，並明顯揭示。

64. 氣罩壓力損失＝氣罩壓力損失係數 x 動壓＝動壓／進入係數 ^{2}

70. 甲丁類 30 日，乙丙類 45 日。

76. 職業安全衛生設施規則第 29 條：雇主對於工作用階梯之設置，應依下列之規定：
　　一、　如在原動機與鍋爐房中，或在機械四周通往工作台之工作用階梯，其寬度不得小於五十六公分。
　　二、　斜度不得大於六十度。
　　三、　梯級面深度不得小於十五公分。
　　四、　應有適當之扶手。

▶108 年 11 月 04 日技能檢定試題（第 88 次）

單選題：

( )1. 以下何者不是發生電氣火災的主要原因？　①漏電　②電器接點短路　③電纜線置於地上　④電氣火花。

( )2. 下列何者非為防範有害物食入之方法？　①穿工作服　②有害物與食物隔離　③不在工作場所進食或飲水　④常洗手。

( )3. 依職業安全衛生教育訓練規則規定，雇主對新僱勞工或在職勞工於變更工作前，應使其接受適於各該工作必要之安全衛生教育訓練，並應將計畫、受訓人員名冊、簽到紀錄、課程內容等實施資料保存幾年？　①1　②2　③3　④4。

( )4. 依營造安全衛生設施標準規定，工作臺、作業面開口部分之護欄，其高度應在多少公分以上？　①60　②70　③105　④90。

( )5. 下列何者非模板支撐作業常見災害類型？　①墜落　②物體飛落　③倒崩塌　④爆炸。

( )6. 高效率燈具如果要降低眩光的不舒服，下列何者與降低刺眼眩光影響無關？　①燈具的遮光板　②採用間接照明　③光源下方加裝擴散板或擴散膜　④光源的色溫。

( )7. 依職業安全衛生設施規則規定，雇主對於廚房應設何種通風換氣裝置，以排除煙氣及熱？　①自然換氣　②未規定　③氣樓　④機械排氣。

( )8. 阿哲是財經線的新聞記者，某次採訪中得知 A 公司在一個月內將有一個大的併購案，這個併購案顯示公司的財力，且能讓 A 公司股價往上飆升。請問阿哲得知此消息後，可以立刻購買該公司的股票嗎？　①可以，這是我努力獲得的消息　②可以，有錢大家賺　③可以，不賺白不賺　④不可以，屬於內線消息，必須保持記者之操守，不得洩漏。

( )9. 依職業安全衛生法規定，下列何種情形得處 3 年以下有期徒刑？①鍋爐使用超過規定期間，未經再檢查合格而繼續使用致發生勞工死亡之職業災害　②雇主僱用勞工時未施行體格檢查　③未設置安全衛生組織或管理人員　④未對勞工施以從事工作所必要之安全衛生教育訓練。

( )10. 下列何種法律未規定承攬管理有關事項？　①勞工保險條例　②職業災害勞工保護法　③勞動基準法　④職業安全衛生法。

( )11. 依職業安全衛生設施規則規定，雇主對於餐廳面積，應以同時進餐之人數每人在多少平方公尺以上為原則？　①0．3　②0．7　③1　④0.5。

( )12. 採集鉛塵時，其採樣介質一般為下列何者？　①活性碳　②混合纖維素酯濾紙　③矽膠　④吸收液。

( )13. 下列何者不會減少溫室氣體的排放？　①減少使用煤、石油等化石燃料　②開發太陽能、水能等新能源　③增高燃煤氣體排放的煙囪　④大量植樹造林，禁止亂砍亂伐。

( )14. 依職業安全衛生法規定，中央主管機關指定之事業，雇主應多久填載職業災害統計，報請勞動檢查機構備查？　①每年　②每三個月　③每半年　④每月。

( )15. 流行病學實證研究顯示，輪班、夜間及長時間工作與心肌梗塞、高血壓、睡眠障礙、憂鬱等的罹病風險之相關性一般為何？　①可正可負　②正　③無　④負。

( )16. 甲君為獲取乙級技術士技能檢定證照，行賄打點監評人員要求放水之行為，可能構成何罪？　①不違背職務行賄罪　②背信罪　③詐欺罪　④違背職務行賄罪。

( )17. 依勞工作業環境監測實施辦法規定，下列敘述何者有誤？　①粉塵之監測紀錄應保存 10 年　②雇主應自行實施作業環境監測，不得委外　③雇主於實施監測 15 日前，應將監測計畫實施通報　④監測計畫內容應包括樣本分析。

( )18. 預防樓地板開口墜落最有效的防護方式為下列何者？　①設置足夠強度的覆蓋　②拉警示帶　③使用安全帶　④設警語。

( )19. 有關建築之外殼節能設計，下列敘述何者有誤？　①做好屋頂隔熱設施　②宜採用全面玻璃造型設計，以利自然採光　③大開窗面避免設置於東西日曬方位　④開窗區域設置遮陽設備。

( )20. 依特定化學物質危害預防標準規定，有關氯氣處置作業場所吸菸及飲食之規定，下列何者正確？　①吸菸及飲食皆可　②可吸菸，不可飲食　③吸菸及飲食皆不可　④可飲食，不可吸菸。

( )21. 依職業安全衛生設施規則規定，設置之固定梯長超過 6 公尺時，應每隔多少公尺以下設一平台？　①6　②8　③7　④9。

( )22. 燃燒氣體或其他高溫氣體流通於管外，而加熱於管內或鼓胴內之水，此種鍋爐稱為下列何者？　①可尼西型鍋爐　②煙管式鍋爐　③水管式鍋爐　④機車型鍋爐。

(　)23. 若欲降低工作者實際暴露噪音量 5 分貝，在考量 50%安全係數下，應選用 NRR 值多少分貝的耳塞？ 　①17 　②12 　③5 　④10。

(　)24. 下列何者非屬工作安全分析中「潛在的危險」？ 　①不安全設備 　②不安全環境 　③不安全行為 　④天災。

(　)25. 依機械設備器具監督管理辦法規定，中央主管機關或勞動檢查機構執行領有型式驗證合格證明書產品之市場查驗，發現有檢驗不合格之情形者，應通知何單位追蹤調查不合格原因及製作訪談紀錄，並依相關規定辦理？ 　①司法機關 　②地方主管機關 　③警察機關 　④原型式驗證機構。

(　)26. 防護具選用為職業災害預防之第幾道防線？ 　①最後一道 　②第一道 　③第二道 　④第三道。

(　)27. 依營造安全衛生設施標準規定，勞工於屋頂作業，其屋頂斜度大於多少度或滑溜時，應設置適當之護欄？ 　①32 　②30 　③34 　④25。

(　)28. 減輕皮膚燒傷程度之最重要步驟為何？ 　①在燒傷處塗抹麵粉 　②立即在燒傷處塗抹油脂 　③儘速用清水沖洗 　④立即刺破水泡。

(　)29. 依營造安全衛生設施標準之安全網設置規定，除鋼構組配作業外，工作面至安全網架設平面之攔截高度，不得超過多少公尺？ 　①7 　②9 　③5 　④3。

(　)30. 下列有關危害辨識之敘述何者正確？ 　①無須參考作業環境監測之結果 　②事業單位應依職業安全衛生法規要求，選擇適合方法執行危害辨識 　③應指定勞工單獨限時完成 　④以往事故已經發生過者無須再辨識。

(　)31. 職業災害調查處理，對於設備故障未修理及維修不良之不安全狀態，屬下列何者？ 　①設備之放置、作業場所的缺陷 　②防護具、服裝等的缺陷 　③設備本身的缺陷 　④設備之防護措施的缺陷。

(　)32. 依缺氧症預防規則規定，下列何者不屬於缺氧危險場所？ 　①密閉相當期間之鋼製鍋爐內部，其內壁為不鏽鋼製品 　②曾置放酵母之釀造設備內部 　③曾滯留雨水之坑井內部 　④長期間未使用之沉箱內部。

(　)33. 機械安全防護中，下列何種安全裝置具有發生異常時，可迅即停止其動作並維持安全之功能？ 　①緊急停止裝置 　②一行程一停止裝置 　③自動吹洩安全裝置 　④自動電擊防止裝置。

( )34. 鉛回收工廠中之冶煉爐（爐溫 1500℃），易因高溫而使鉛以下列何種形態存在？ ①蒸氣 ②金屬燻煙 ③霧滴 ④纖維。

( )35. 依營造安全衛生設施標準規定，從事露天開挖作業，其垂直開挖最大深度在幾公尺以上者，應設擋土支撐？ ①3 ②1.5 ③2 ④5。

( )36. 上班性質的商辦大樓為了降低尖峰時段用電，下列何者是錯的？ ①電梯設定隔層停止控制，減少頻繁啟動 ②白天有陽光照明，所以白天可以將照明設備全關掉 ③使用儲冰式空調系統減少白天空調電能需求 ④汰換老舊電梯馬達並使用變頻控制。

( )37. 二異氰酸甲苯對人體會造成危害，它屬於何種物質？ ①麻醉性物質 ②致癌性物質 ③窒息性物質 ④致過敏性物質。

( )38. 「垃圾強制分類」的主要目的為：A.減少垃圾清運量 B.回收有用資源 C.回收廚餘予以再利用 D.變賣賺錢？ ①ACD ②ABCD ③BCD ④ABC。

( )39. 製程安全評估定期實施辦法所稱製程修改，不包括下列何者？ ①對適用工作場所之製程化學品之變更 ②製程操作人員異動 ③製程設備之變更 ④製程操作程序之變更。

( )40. 依危害性化學品標示及通識規則規定，液化氣體標示之危害圖式，其符號應使用下列何種顏色？ ①黑色 ②綠色 ③黃色 ④藍色。

( )41. 依營造安全衛生設施標準規定，下列有關模板支撐構築作業之敘述，何者不正確？ ①模板支撐之支柱應設置足夠強度之縱向、橫向之水平繫條，以防止支柱移動 ②對曲面模板，應以繫桿控制模板之沉陷 ③模板支撐以樑支持時，於樑與樑之間得以鋼筋為繫條 ④鋼管施工架為模板支撐之支柱時，模板支撐之側面、架面及交叉斜撐材面之方向，每層應設置足夠強度之水平繫條。

( )42. 何謂水足跡，下列何者是正確的？ ①水循環的過程 ②每人用水量紀錄 ③消費者所購買的商品，在生產過程中消耗的用水量 ④水利用的途徑。

( )43. 依勞動基準法規定，下列何者屬不定期契約？ ①臨時性或短期性的工作 ②季節性的工作 ③特定性的工作 ④有繼續性的工作。

( )44. 有關臺灣職業安全衛生管理系統指引，下列敘述何者錯誤？ ①採預防職災的理念 ②系統化的管理制度 ③目的在強化自主管理，持續改善安全衛生績效 ④為重點式的管理。

(　)45. 局部排氣裝置之動力源，係指下列何者？　①氣罩　②排氣機　③導管　④排氣口。

(　)46. 貪污治罪條例所稱之「賄賂或不正利益」與公務員廉政倫理規範所稱之「餽贈財物」，其最大差異在於下列何者之有無？　①利害關係　②補助關係　③隸屬關係　④對價關係。

(　)47. 為建立良好之公司治理制度，公司內部宜納入何種檢舉人制度？　①不告不理制度　②吹哨者（whistleblower）管道及保護制度　③告訴乃論制度　④非告訴乃論制度。

(　)48. 為防止脫水機中物料從缸口飛出傷人，下列敘述何者正確？　①有下降作用，必須將蓋子打開　②有爬升作用，必須將蓋子打開　③有爬升作用，必須將蓋子關閉　④有下降作用，必須將蓋子關閉。

(　)49. 以人力自地面抬舉物品時應儘量利用人體之何部位？　①肩肌　②手肌　③腳肌　④腿肌。

(　)50. 於使用空氣呼吸器時，應隨時確認殘存之空氣是在 20%以上，或壓力指針在多少 kg/cm^2 以上？　①20　②30　③10　④15。

(　)51. 需要的物品要能很快的拿到，是指 5S 中之下列何者？　①整理　②清潔　③清掃　④整頓。

(　)52. 雇主對坑內或儲槽內部作業之通風，下列何者不符職業安全衛生設施規則規定？　①坑內作業場所設置適當之機械通風設備　②儲槽內部作業場所以自然換氣能充分供應必要之空氣量即可　③儲槽內部作業場所設置適當之機械通風設備　④坑內作業場所以自然換氣能充分供應必要之空氣量即可。

(　)53. 下列何種物質是危害性化學品標示及通識規則中指定之危險物？　①氧化性物質　②毒性物質　③腐蝕性物質　④致癌物質。

(　)54. 下列何者非為危害眼睛之因素？　①飛濺之粒子　②有害光線　③熔融金屬　④噪音。

(　)55. 依職業安全衛生管理辦法規定，勞工人數在多少人以下之事業單位，得以安全衛生管理執行紀錄或文件代替職業安全衛生管理計畫？　①100　②300　③50　④30。

(　)56. 下列何者非勞動檢查法明定之勞動檢查事項範圍？　①勞動基準法令規定之事項　②勞工保險、勞工福利、就業服務及其他相關法令　③職業安全衛生法令規定之事項　④食品安全衛生法令規定之事項。

( )57. 為維持施工架之穩定，預防倒塌，對於施工架下列何者不正確？ ①應有荷重限制 ②連接混凝土模板支撐 ③應設置繫牆桿、壁連座 ④設置斜撐材。

( )58. 為降低個人暴露，可藉控制有害物發生源達成，下列何者屬於此類控制方法？ ①減少工時 ②使用防護具 ③替代 ④整體換氣。

( )59. 下列哪一種氣體較易造成臭氧層被嚴重的破壞？ ①二氧化碳 ②氮氧化合物 ③氟氯碳化物 ④二氧化硫。

( )60. 每個人日常生活皆會產生垃圾，下列何種處理垃圾的觀念與方式是不正確的？ ①廚餘回收堆肥後製成肥料 ②可燃性垃圾經焚化燃燒可有效減少垃圾體積 ③垃圾分類，使資源回收再利用 ④所有垃圾皆掩埋處理，垃圾將會自然分解。

複選題：

( )61. 施工架依構造可區分為下列那幾種？ ①懸吊式 ②懸臂式 ③長柱式 ④系統式。

( )62. 依職業安全衛生教育訓練規則規定，雇主對下列哪些勞工，應使其接受特殊作業安全衛生教育訓練？ ①高空工作車操作人員 ②潛水作業人員 ③火藥爆破作業人員 ④小型鍋爐操作人員。

( )63. 有關事業單位訂定安全衛生工作守則之規定，下列哪些正確？ ①應依職業安全衛生法及有關規定訂定適合其需要者 ②應報經當地勞工主管機關認可 ③會同勞工代表訂定 ④應報經勞動檢查機構備查後公告實施。

( )64. 下列那些為燃燒四要素？ ①連鎖反應 ②燃料 ③燃燒上下限 ④閃火點。

( )65. 中暑死亡率遠高於熱衰竭，因此需要分辨兩者徵狀。下列哪些屬於中暑徵狀？ ①體溫上升到攝氏 38 度 ②皮膚表面乾熱而非濕冷 ③脈搏快而強慢慢轉快而弱 ④臉色蒼白而非潮紅。

( )66. 下列那些屬於雙向溝通之條件？ ①講述 ②瞭解 ③傾聽 ④主觀。

( )67. 依職業安全衛生法規定，健康檢查發現勞工有異常情形者，雇主應採取下列那些措施？ ①更換工作或縮短工作時間 ②變更勞工作業場所 ③健康管理 ④予以解僱。

( )68. 職業災害統計，有關失能傷害之損失日數，包括下列哪些？ ①受傷當日 ②受傷後經過之工廠停工日 ③受傷後經過之星期日 ④受傷後經過之休假日。

（　）69. 依職業安全衛生設施規則規定，下列那些屬雇主應於明顯易見之處所標明，並禁止非從事作業有關之人員進入之工作場所？　①高架作業之場所　②有害物超過容許濃度之場所　③處置大量高熱物體或顯著濕熱之場所　④氧氣濃度未滿 18% 之場所。

（　）70. 依職業安全衛生管理辦法規定，事業單位達到何種規定以上者應設職業安全衛生管理單位？　①第二類事業之事業單位勞工人數 500 人　②第二類事業之事業單位勞工人數 300 人　③第一類事業之事業單位勞工人數 200 人　④第一類事業之事業單位勞工人數 100 人。

（　）71. 一般平頂式鋼筋混凝土工業廠房之屋頂遮陽措施，下列敘述那些有誤？　①可覆蓋針織網，為降低吸熱，儘量避免使用黑色材料　②如發現覆蓋物溫度過高，應儘速更換　③覆蓋物下方儘量緊貼屋頂，以避免熱空氣蓄積在覆蓋物與屋頂之間　④覆蓋物優先選用無縫物，可完全遮掉陽光，避免選用網狀材料。

（　）72. 依職業安全衛生設施規則規定，下列那些屬車輛系營建機械？　①挖土斗　②堆高機　③鏟土機　④推土機。

（　）73. 下列那些方法是降低風險的控制措施？　①工作許可　②危害辨識　③教育訓練　④個人防護具。

（　）74. 風險是由危害事件之下列那兩項之組合，以判定風險等級？　①可能性　②控制性　③辨識度　④嚴重度。

（　）75. 依勞工健康保護規則規定，下列那些屬於特別危害健康作業？　①苯作業　②正己烷作業　③游離輻射作業　④氨作業。

（　）76. 依機械設備器具監督管理辦法規定，產品監督係指於生產廠場或倉儲場所之執行下列那些情形？　①查核產銷紀錄完整性　②取樣檢驗　③檢核相關技術文件　④市場查驗。

（　）77. 身體質量指數(BMI)之計算公式中包含下列那些？　①身高　②臀圍　③腰圍　④體重。

（　）78. 可採取那些方法避免過度暴露於極低頻電磁場？　①抵銷電磁場以減量　②屏蔽磁場輻射量　③減少暴露時間　④減少輻射源。

（　）79. 下列那些為製作工作安全分析程序之要項？　①決定安全的工作方法　②辨識出潛在的危害　③製作安全衛生作業標準　④將工作步驟分解。

（　）80. 依危害性化學品標示及通識規則規定，下列敘述那些正確？　①安全資料表更新紀錄，應保存 5 年　②安全資料表有 16 項內容　③

危害圖示符號應使用黑色，背景為白色　④容器容積 100 毫升以下，得僅標示名稱危害圖示及警示語。

解答及解析

1.(3)　2.(1)　3.(3)　4.(4)　5.(4)　6.(4)　7.(4)　8.(4)　9.(1)　10.(1)
11.(3)　12.(2)　13.(3)　14.(4)　15.(2)　16.(4)　17.(2)　18.(1)　19.(2)　20.(3)
21.(4)　22.(3)　23.(1)　24.(4)　25.(4)　26.(1)　27.(3)　28.(3)　29.(1)　30.(2)
31.(3)　32.(1)　33.(1)　34.(2)　35.(2)　36.(2)　37.(4)　38.(4)　39.(2)　40.(1)
41.(3)　42.(4)　43.(4)　44.(4)　45.(2)　46.(4)　47.(2)　48.(3)　49.(4)　50.(2)
51.(4)　52.(2)　53.(1)　54.(4)　55.(4)　56.(4)　57.(2)　58.(3)　59.(4)　60.(4)
61.(124)　　62.(234)　　63.(134)　　64.(12)　　65.(23)
66.(123)　　67.(123)　　68.(234)　　69.(234)　　70.(24)
71.(1234)　　72.(134)　　73.(134)　　74.(14)　　75.(123)
76.(12)　　77.(14)　　78.(1234)　　79.(124)　　80.(234)

9. 有死亡就 3 年以下徒刑。

11. 職業安全衛生設施規則第 322 條：雇主對於廚房及餐廳，應依下列規定辦理：

一、 餐廳、廚房應隔離，並有充分之採光、照明，且易於清掃之構造。

二、 餐廳面積，應以同時進餐之人數每人一平方公尺以上為原則。

12. 矽膠及有機溶劑是針對氣體採樣。

$23.5 \times 2 = 10$

$10 + 7 = 17$

7 為 NIOSH 建議聽力防護具使用時的安全考量值。

27. 營造安全衛生設施標準第 18 條：雇主使勞工從事屋頂作業時，應指派專人督導，並依下列規定辦理：

一、 因屋頂斜度、屋面性質或天候等因素，致勞工有墜落、滾落之虞者，應採取適當安全措施。

二、 於斜度大於三十四度（高底比為二比三）或滑溜之屋頂作業者，應設置適當之護欄，支承穩妥且寬度在四十公分以上之適

當工作臺及數量充分、安裝牢穩之適當梯子。但設置護欄有困難者，應提供背負式安全帶使勞工佩掛，並掛置於堅固錨錠、可供鉤掛之堅固物件或安全母索等裝置上。

29. 營造安全衛生設施標準第 22 條：雇主設置之安全網，應依下列規定辦理：

一、 安全網之材料、強度、檢驗及張掛方式，應符合國家標準 CNS 14252 Z2115 安全網之規定。

二、 工作面至安全網架設平面之攔截高度，不得超過七公尺。

35. 營造安全衛生設施標準第 71 條：雇主僱用勞工從事露天開挖作業，其垂直開挖最大深度應妥為設計，如其深度在一點五公尺以上者，應設擋土支撐。

57. 營造安全衛生設施標準第 45 條：雇主為維持施工架及施工構臺之穩定，應依下列規定辦理：

一、 施工架及施工構臺不得與混凝土模板支撐或其他臨時構造連接。

二、 以斜撐材作適當而充分之支撐。

62. 職業安全衛生教育訓練規則第十四條：雇主對下列勞工，應使其接受特殊作業安全衛生教育訓練：

一、 小型鍋爐操作人員。

二、 荷重在一公噸以上之堆高機操作人員。

三、 吊升荷重在零點五公噸以上未滿三公噸之固定式起重機操作人員或吊升荷重未滿一公噸之斯達卡式起重機操作人員。

四、 吊升荷重在零點五公噸以上未滿三公噸之移動式起重機操作人員。

五、 吊升荷重在零點五公噸以上未滿三公噸之人字臂起重桿操作人員。

六、 使用起重機具從事吊掛作業人員。

七、 以乙炔熔接裝置或氣體集合熔接裝置從事金屬之熔接、切斷或加熱作業人員。

八、 火藥爆破作業人員。

九、 胸高直徑七十公分以上之伐木作業人員。

十、 機械集材運材作業人員。

第3部分

十一、高壓室內作業人員。

十二、潛水作業人員。

69. 職業安全衛生設施規則第 299 條：雇主應於明顯易見之處所設置警告標示牌，並禁止非與從事作業有關之人員進入下列工作場所：

一、 處置大量高熱物體或顯著濕熱之場所。

二、 處置大量低溫物體或顯著寒冷之場所。

三、 具有強烈微波、射頻波或雷射等非游離輻射之場所。

四、 氧氣濃度未達百分之十八之場所。

五、 有害物超過勞工作業場所容許暴露標準之場所。

六、 處置特殊有害物之場所。

七、 遭受生物病原體顯著污染之場所。

75. 苯、正己烷、游離輻射都會致癌，健康檢查紀錄要保存 30 年。

▶ 109 年 03 月 16 日技能檢定試題（第 89 次）

單選題：

(　)1. 依高溫作業勞工作息時間標準規定，下列何者為輕工作？　①鍋爐房從事作業者　②走動中提舉或推動一般重量物體者　③以坐姿或立姿進行手臂部動作以操縱機器者　④鏟、掘、推等全身運動之工作者。

(　)2. 灌注、卸收危險物於液槽車、儲槽、油桶等之設備，有因靜電引起爆炸或火災之虞者，應採取之安全措施或去除靜電之裝置，下列何者錯誤？　①使用除電劑　②加濕　③接地　④漏電斷路器。

(　)3. 依職業安全衛生設施規則規定，噪音超過多少分貝之工作場所，應標示並公告噪音危害之預防事項，使勞工周知？　①90　②85　③95　④80。

(　)4. 下列何者不是能源之類型？　①電力　②熱傳　③蒸汽　④壓縮空氣。

(　)5. 若欲降低工作者實際暴露噪音量 5 分貝，在考量 50%安全係數下，應選用 NRR 值多少分貝的耳塞？　①10　②17　③12　④5。

(　)6. 為了保護環境，政府提出了 4 個 R 的口號，下列何者不是 4R 中的其中一項？　①再循環　②再創新　③再利用　④減少使用。

(　)7. 二氧化氮屬下列何種物質？　①致肺纖維化物質　②低溶解度肺刺激物質　③麻醉性物質　④高溶解度物質。

(　)8. 依職業安全衛生設施規則規定，多少公斤以上之物品宜以人力車輛或工具搬運為原則？　①40　②50　③45　④55。

(　)9. 輸送帶的使用，要注意下列何者？　①切勿使用穀物輸送　②預防感電、夾捲事故　③操作人員必須考取執照　④只能處理乾燥性物料。

(　)10. 為了節能與降低電費的需求，家電產品的正確選用應該如何？　①優先選用取得節能標章的產品　②設備沒有壞，還是堪用，繼續用，不會增加支出　③選用高功率的產品效率較高　④選用能效分級數字較高的產品，效率較高，5 級的比 1 級的電器產品更省電。

(　)11. 依起重升降機具安全規則規定，對於吊籠之使用，下列何者有誤？　①在強風、大雨等惡劣氣候有發生危險之虞，應禁止工作　②運轉中禁止操作人員擅離操作位置　③不得超過積載荷重　④放置腳墊供勞工使用。

( )12. 基於節能減碳的目標，下列何種光源發光效率最低，不鼓勵使用？
①省電燈泡 ②LED 燈泡 ③白熾燈泡 ④螢光燈管。

( )13. 依女性勞工母性健康保護實施辦法規定，下列何者有誤？ ①對於有害輻射散布場所之工作，應依游離輻射防護安全標準之規定辦理 ②作業場所空氣中暴露濃度為容許暴露標準 1/2 以上者，屬第三級管理 ③血中鉛濃度為 20μg/dl 以上者，屬第三級管理 ④作業場所應進行風險評估，區分風險等級，並實施分級管理。

( )14. 下列關於營業秘密的敘述，何者不正確？ ①營業秘密得全部或部分讓與他人或與他人共有 ②營業秘密所有人得授權他人使用其營業秘密 ③受雇人於非職務上研究或開發之營業秘密，仍歸雇用人所有 ④營業秘密不得為質權及強制執行之標的。

( )15. 依營造安全衛生設施標準規定，對於磚、瓦、木塊或相同及類似材料應整齊緊靠堆置，其高度最高不得超過幾公尺？ ①1.5 ②2 ③1.8 ④1。

( )16. 下列何者是職場健康促進與推廣之主要概念？ ①工程控制 ②預防 ③投藥 ④治療。

( )17. 目前市售導煙機搭配廚房抽油煙機使用，此操作模式屬下列何種氣罩？ ①外裝式 ②吹吸式 ③接收式 ④包圍式。

( )18. 依營造安全衛生設施標準規定，對於置放於高處且有飛落之虞，位能超過幾公斤‧公尺之物件，應予以固定之？ ①60 ②24 ③12 ④100。

( )19. 依危險性工作場所審查及檢查辦法規定，乙類工作場所之申請期限為作業幾日前？ ①45 ②30 ③60 ④15。

( )20. 下列何者非屬防止搬運事故之一般原則？ ①儘量增加搬運距離 ②以機動車輛搬運 ③採取適當之搬運方法 ④以機械代替人力。

( )21. 依機械類產品型式驗證實施及監督管理辦法規定，報驗義務人有下列情事者不會遭中央主管機關廢止型式驗證合格證明書？ ①驗證合格產品因瑕疵造成重大傷害或危害 ②遭勞動檢查機構移送司法機關處分 ③經購樣、取樣檢驗結果不符合型式驗證實施標準 ④經限期提供型式驗證合格證明書、技術文件或樣品，無正當理由拒絕提供或屆期仍未提供。

( )22. 依有機溶劑中毒預防規則規定，勞工戴用輸氣管面罩之連續作業時間，每次不得超過多少小時？ ①1 ②3 ③0.5 ④2。

( )23. 對於事業單位有違反勞動法令規定之檢查結果，勞動檢查機構應於幾日內以書面通知立即改正或限期改善？ ①8 ②5 ③15 ④10。

( )24. 所謂失能傷害係指損失日數在多少日以上？ ①3 ②2 ③4 ④1。

( )25. 溝通的過程模式之流程包含 1.解碼 2.編碼 3.管道 4.接收者 5.傳送者，其正確的流程排列為下列何者？ ①52314 ②43125 ③25314 ④53214。

( )26. 依勞工作業環境監測實施辦法規定，鉛作業場所應多久實施作業環境監測 1 次以上？ ①每年 ②每月 ③每日 ④每半年。

( )27. 下列何者不是線路過電流的原因？ ①短路 ②斷線 ③超負荷 ④漏電。

( )28. 對於「稽核」之敘述，下列何者正確？ ①僅部分書面文件 ②組織無需建立定期稽核程式 ③在系統建置流程中屬於準備期的工作範疇 ④稽核範圍包含系統各要素之評估。

( )29. 人體墜落是屬於何種危害因子？ ①生物性 ②人因性 ③物理性 ④化學性。

( )30. 依職業安全衛生法施行細則規定，會同訂定安全衛生工作守則及參與實施職業災害調查分析之勞工代表的推派或推選，依優先順序，其第一優先為下列何者？ ①由工會推派 ②由全體員工推選 ③由雇主派任 ④由勞資會議之勞方代表推選。

( )31. 下列何者不是勞工健康保護規則規定，雇主於僱用勞工時，應實施一般體格檢查之規定項目？ ①胸部 X 光（大片）攝影檢查 ②血色素及白血球數檢查 ③肺功能檢查 ④尿蛋白及尿潛血之檢查。

( )32. 於使用空氣呼吸器時，應隨時確認殘存之空氣是在 20％以上，或壓力指針在多少 kg/cm² 以上？ ①15 ②20 ③30 ④10。

( )33. 依職業安全衛生設施規則規定，移動梯之寬度應在多少公分以上？ ①20 ②30 ③15 ④25。

( )34. 上下班的交通方式有很多種，其中包括：A.騎腳踏車；B.搭乘大眾交通工具；C.自行開車，請將前述幾種交通方式之單位排碳量由少至多之排列方式為何？ ①BAC ②ACB ③CBA ④ABC。

( )35. 對於食入性中毒患者，下列何種狀況宜給予催吐？ ①誤食大量安眠藥 ②誤食腐蝕性物質 ③口腔或咽喉部有疼痛或灼熱感 ④已昏迷。

( )36. 陳先生到機車行換機油時，發現機車行老闆將廢機油直接倒入路旁的排水溝，請問這樣的行為是違反了 ①道路交通管理處罰條例 ②飲用水管理條例 ③職業安全衛生法 ④廢棄物清理法。

( )37. 廚房設置之排油煙機為下列何者？ ①吹吸型換氣裝置 ②整體換氣裝置 ③排氣煙囪 ④局部排氣裝置。

( )38. 在職業安全衛生管理系統之項目中，下列何者係針對事故發生時，能提供作業現場人員必要的資訊，並採取急救、醫療救援、消防及疏散等措施與步驟？ ①變更管理 ②緊急應變措施 ③調害調查與分析 ④稽核措施。

( )39. 雇主對使用中之施工架應實施檢查，依職業安全衛生法令規定，下列何者有誤？ ①每次停工之復工前，亦應實施檢查 ②每當惡劣氣候侵襲後應實施檢查 ③至少應每月檢查 1 次 ④應由極富經驗之工程人員事前依營造安全衛生設施標準及其他安全規定檢查後，始得使用。

( )40. 依衛生福利部公告的 2015 民眾版心肺復甦術參考指引摘要表，心肺復甦術(CPR)之胸部按壓，每分鐘應該要幾次？ ①100~120 ②1~2 ③12~15 ④72。

( )41. 下列何者「不」屬於職業素養的範疇？ ①職業知識技能 ②正確的職業價值觀 ③良好的職業行為習慣 ④獲利能力。

( )42. 一般作業勞工戴用之安全帽多採用何種材質？ ①鋼鐵 ②輕金屬 ③橡膠 ④合成樹脂。

( )43. 依職業安全衛生教育訓練規則規定，新僱勞工所接受之一般安全衛生教育訓練，不得少於幾小時？ ①1 ②3 ③2 ④0.5。

( )44. 針對在我國境內竊取營業秘密後，意圖在外國、中國大陸或港澳地區使用者，營業秘密法是否可以適用？ ①無法適用 ②可以適用，但若屬未遂犯則不罰 ③能否適用需視該國家或地區與我國是否簽訂相互保護營業秘密之條約或協定 ④可以適用並加重其刑。

( )45. 依職業安全衛生設施規則規定，以塑膠袋為袋裝容器構成之積垛，高度在 2 公尺以上者，積垛與積垛間下端之距離應保持多少公分以上？ ①15 ②10 ③20 ④25。

( )46. 下列何者非安全作業標準修訂的時機？ ①風險評估有不可忍受風險時 ②違反安全作業標準規定時 ③事故發生時 ④製程改變時。

(　)47. 依用戶用電設備裝置規則規定，高感度形漏電斷路器之額定作動電流在多少毫安培(mA)以下？　①30　②20　③50　④40。

(　)48. 依職業安全衛生設施規則規定，對於從事熔接、熔斷、金屬之加熱及其他使用明火之作業或有發生火花之虞之作業時，不得以下列何種氣體作為通風換氣之用？　①氮氣　②二氧化碳　③氧氣　④一氧化碳。

(　)49. 依勞動基準法規定，主管機關或檢查機構於接獲勞工申訴事業單位違反本法及其他勞工法令規定後，應為必要之調查，並於幾日內將處理情形，以書面通知勞工？　①14　②30　③20　④60。

(　)50. 三用電錶量測電壓時，電錶需與待測電路保持下列何種情形才可量測？　①串聯　②並排　③串並聯　④並聯。

(　)51. 我國中央勞工行政主管機關為下列何者？　①經濟部　②內政部　③勞工保險局　④勞動部。

(　)52. 溫室氣體減量及管理法所稱主管機關，在中央為下列何單位？　①國家發展委員會　②行政院環境保護署　③經濟部能源局　④衛生福利部。

(　)53. 某工程由甲營造公司承建，甲營造公司再將其中之施工架組配及拆除交由乙公司施作，則甲公司就職業安全衛生法而言是何者？　①再承攬人　②原事業單位　③承攬人　④業主。

(　)54. 不安全動作、不安全設備是屬於職業災害發生的何種原因？　①直接原因　②間接原因　③基本原因　④不確定原因。

(　)55. 有關一般工地用安全帽及機車用安全帽之使用原則，下列何者正確？　①僅在工地可戴機車用安全帽　②僅乘機車時可戴工地用安全帽　③兩者不可互用　④兩者可互用。

(　)56. 在五金行買來的強力膠中，主要有下列哪一種會對人體產生危害的化學物質？　①乙醛　②乙苯　③甲苯　④甲醛。

(　)57. 在缺氧危險而無火災、爆炸之虞之場所應不得戴用下列何種呼吸防護具？　①氧氣呼吸器　②輸氣管面罩　③空氣呼吸器　④濾罐式防毒面罩。

(　)58. 下列有關智慧財產權行為之敘述，何者有誤？　①商標權是為促進文化發展為目的，所保護的財產權之一　②原作者自行創作某音樂作品後，即可宣稱擁有該作品之著作權　③製造、販售仿冒品不屬於公訴罪之範疇，但已侵害商標權之行為　④以 101 大樓、美麗華百貨公司做為拍攝電影的背景，屬於合理使用的範圍。

( )59. 依職業安全衛生管理辦法規定，雇主對鍋爐應就規定事項多久實施定期檢查 1 次？ ①每 2 年 ②每月 ③每日 ④每年。

( )60. 依職業安全衛生設施規則規定，特高壓係指超過多少伏特之電壓？ ①161000 ②69000 ③11400 ④22800。

複選題：

( )61. 有關工作場所作業安全，下列敘述那些正確？ ①機械運轉中從事上油作業 ②佩戴適合之防護具 ③毒性及腐蝕性物質存放在安全處所 ④有害揮發性物質隨時加蓋。

( )62. 依勞動檢查法規定，下列敘述那些正確？ ①無故拒絕勞動檢查，處新台幣 3 萬元以上 15 萬元以下罰鍰 ②事業單位應於違規場所顯明易見處，公告檢查結果 14 日以上 ③勞動檢查機構接獲勞工申訴後，應於 14 日內將檢查結果通知申訴人 ④執行職業災害檢查，不得事先通知事業單位。

( )63. 依危害性化學品標示及通識規則規定，下列敘述那些正確？ ①安全資料表更新紀錄，應保存 5 年 ②容器容積 100 毫升以下，得僅標示名稱危害圖示及警示語 ③危害圖示符號應使用黑色，背景為白色 ④安全資料表有 16 項內容。

( )64. 依勞工健康保護規則規定，下列那些屬於特別危害健康作業？ ①正己烷作業 ②氨作業 ③苯作業 ④游離輻射作業。

( )65. 依危險性機械及設備安全檢查規則規定，危險性設備鍋爐於國內新造至使用應實施下列那些檢查？ ①構造檢查 ②竣工檢查 ③重新檢查 ④熔接檢查。

( )66. 電氣火災可以使用下列那些滅火劑滅火？ ①化學性泡沫 ②二氧化碳 ③水 ④ABC 乾粉。

( )67. 依職業安全衛生設施規則規定，下列敘述那些有誤？ ①勞工從事局部振動作業，其水平及垂直各方向局部振動最大加速度為 4 m/s^2，其每日容許暴露時間為 4 小時以上，未滿 8 小時 ②勞工工作場所因機械設備所發生之聲音為 A 權噪音音壓級 95 分貝，工作日容許暴露時間為 3 小時 ③勞工在工作場所暴露於連續性噪音在任何時間不得超過 140 分貝 ④噪音超過 90 分貝之工作場所，應標示並公告噪音危害之預防事項，使勞工周知。

( )68. 職業安全衛生管理計畫之製作，須訂定計畫目標，以達到最佳的安全衛生績效，對於計畫目標須有那些特性？ ①可達成的 ②模糊的 ③越高越好 ④可量測的。

( )69. 下列那些措施可以提昇通風換氣效能？ ①縮短抽氣口與有害物發生源之距離 ②氣罩加裝凸緣(flange) ③包圍式氣罩改裝為捕捉式氣罩 ④吹吸式氣罩改為外裝式氣罩。

( )70. 下列那些等級的生物安全實驗室門口應張貼生物安全危害標示？ ①第一等級 ②第三等級 ③第二等級 ④第四等級。

( )71. 下列那些為防止高處作業人員發生墜落災害之有效人員管理方法？ ①構築無墜落之虞作業環境 ②選認適合高處作業勞工 ③限制身體精神狀況不良勞工作業 ④指派作業主管於作業現場指揮、監督。

( )72. 依起重升降機具安全規則規定，雇主不得以有下列那些情形之鋼索，供起重吊掛作業使用？ ①直徑減少未達公稱直徑 7%者 ②鋼索一撚間素線截斷未達 10%者 ③有顯著變形或腐蝕者 ④已扭結者。

( )73. 依重體力勞動作業勞工保護措施標準規定，下列那些為重體力勞動作業？ ①以站立姿勢從事伐木作業 ②以人力拌合混凝土之作業 ③坑內人力搬運作業 ④以人力搬運或揹負重量在 35 公斤物體之作業。

( )74. 依職業安全衛生設施規則規定，下列那些屬車輛系營建機械？ ①堆高機 ②鏟土機 ③挖土斗 ④推土機。

( )75. 依職業安全衛生法規定，健康檢查發現勞工有異常情形者，雇主應採取下列那些措施？ ①健康管理 ②更換工作或縮短工作時間 ③予以解僱 ④變更勞工作業場所。

( )76. 依危險性機械及設備安全檢查規則規定，下列那些危險性設備設置完成時應向檢查機構申請竣工檢查？ ①鍋爐 ②高壓氣體容器 ③第一種壓力容器 ④高壓氣體特定設備。

( )77. 依職業安全衛生管理辦法規定，雇主訂定職業安全衛生管理計畫，應要求下列何者執行？ ①負責指揮、監督之有關人員 ②雇主 ③各級主管 ④職業安全衛生人員。

( )78. 依機械設備器具監督管理辦法規定，產品監督係指於生產廠場或倉儲場所之執行下列那些情形？ ①市場查驗 ②查核產銷紀錄完整性 ③取樣檢驗 ④檢核相關技術文件。

( )79. 有關機械之連鎖式防護，下列敘述那些有誤？ ①要有光電裝置才有用 ②防護失效時，機械不可起動 ③防護未裝上，機械仍可起動 ④要用人工配合，其效果才顯著。

( )80. 關於急救，下列敘述那些有誤？　①下肢骨折的傷患經急救固定後，最好用擔架搬運　②遇有骨折或脫臼時，應速將受傷部位復位，再固定　③被虎頭蜂螫到後，應儘速除去螫針　④成人心肺復甦術，胸外按壓速率每分鐘約 100 次。

解答及解析

1.(3)　2.(4)　3.(1)　4.(2)　5.(2)　6.(2)　7.(2)　8.(1)　9.(2)　10.(1)

11.(4)　12.(3)　13.(3)　14.(3)　15.(3)　16.(2)　17.(2)　18.(3)　19.(1)　20.(1)

21.(2)　22.(1)　23.(4)　24.(4)　25.(1)　26.(1)　27.(2)　28.(4)　29.(3)　30.(1)

31.(3)　32.(3)　33.(2)　34.(4)　35.(1)　36.(4)　37.(4)　38.(2)　39.(3)　40.(1)

41.(4)　42.(4)　43.(2)　44.(4)　45.(2)　46.(2)　47.(1)　48.(3)　49.(4)　50.(4)

51.(4)　52.(2)　53.(2)　54.(2)　55.(3)　56.(3)　57.(4)　58.(3)　59.(2)　60.(4)

61.(234)　　62.(13)　　63.(234)　　64.(134)

65.(124)　　66.(24)　　67.(23)　　68.(14)

69.(12)　　70.(234)　　71.(234)　　72.(34)

73.(123)　　74.(234)　　75.(124)　　76.(134)

77.(13)　　78.(23)　　79.(134)　　80.(234)

5. 暴露噪音值　－(NRR－7)＝耳朵內的噪音量

　　7dB 是 NIOSH 建議聽力防護具使用時之安全考量值

　　保留 50%安全係數，欲降低之音量＝(NRR－7)÷2

　　本題 NRR＝(5×2)＋7＝17

6. (1)Recycle（再循環）、(3) Reuse（再利用）、(4)Reduce（減少使用）

13. 女性勞工母性健康保護實施辦法第 10 條

　　(1) 第一級管理：血中鉛濃度未滿 5 微克/DL

　　(2) 第二級管理：血中鉛濃度在 5 微克/DL 以上未達 10 微克/DL

　　(3) 第三級管理：血中鉛濃度在 10 微克/DL 以上者

15. 營造安全衛生設施標準第 35 條

　　雇主對於磚、瓦、木塊、管料、鋼筋、鋼材或相同及類似營建材料之堆放，應置放於穩固、平坦之處，整齊緊靠堆置，其高度不得超過一點八公尺，儲存位置鄰近開口部分時，應距離該開口部分二公尺以上。

18. 營造安全衛生設施標準第 26 條

雇主對於置放於高處，位能超過十二公斤‧公尺之物件有飛落之虞者，應予以固定之。

30. 先由工會推派，再由勞方代表推選，最後由員工推選。

45. 職業安全衛生設施標準第 162 條

雇主對於草袋、麻袋、塑膠袋等袋裝容器構成之積垛，高度在二公尺以上者，應規定其積垛與積垛間下端之距離在十公分以上。

47. 高感度 30 毫安培以下，中感度 50 毫安培以上。

49. 勞動基準法第 74 條

勞工發現事業單位違反本法及其他勞工法令規定時，得向雇主、主管機關或檢查機構申訴。雇主不得因勞工為前項申訴，而予以解僱、降調、減薪、損害其依法令、契約或習慣上所應享有之權益，或其他不利之處分。雇主為前項行為之一者，無效。

主管機關或檢查機構於接獲第一項申訴後，應為必要之調查，並於六十日內將處理情形，以書面通知勞工。

67. 95 分貝容許時間是 2 小時，連續性噪音瞬間噪音不能超過為 115 分貝。

70. 第一級危險群(Risk group 1, RG1)微生物：與健康成人疾病無關之微生物

第二級危險群 (Risk group 2, RG2)微生物：此類微生物很少引起人類嚴重疾病，且通常有預防及治療的方法。

第三級危險群 (Risk group 3, RG3)微生物：此類微生物在人類可引起嚴重或致死疾病，可能有預防或治療方法。

第四級危險群 (Risk group 4, RG4)微生物：在人類可引起嚴重或致死的疾病，通常無預防及治療方法。

第 **3** 部分

▶ 109 年 07 月 13 日技能檢定試題（第 90 次）

單選題：

( )1. 依危害性化學品標示及通識規則規定，安全資料表應具有幾項內容？ ①8 ②12 ③16 ④6。

( )2. 依職業安全衛生設施規則規定，自高度在幾公尺以上之場所，投下物體有危害勞工之虞時，應設置適當之滑槽及承受設備？ ①5 ②4 ③3 ④2。

( )3. 截斷食指第二骨節之傷害損失日數為 200 日，某事故使一位勞工之食指的中骨節發生機能損失，經醫生證明有 50％的僵直，則其傷害損失日數為多少日？ ①100 ②50 ③150 ④200。

( )4. 僱用勞工人數在 30 人以上未滿 100 人之事業擔任職業安全衛生業務主管應接受何種教育訓練？ ①甲種職業安全衛生業務主管 ②丙種職業安全衛生業務主管 ③職業安全衛生管理員 ④乙種職業安全衛生業務主管。

( )5. 臺灣地狹人稠，垃圾處理一直是不易解決的問題，下列何種是較佳的因應對策？ ①蓋焚化廠 ②運至國外處理 ③向海爭地掩埋 ④垃圾分類資源回收。

( )6. 鎘可能引起下列何種病變？ ①痛痛病 ②皮膚病 ③佝僂病 ④白手病。

( )7. 依職業安全衛生設施規則規定，對於多少公斤以上之物品以機動車輛或其他機械搬運為宜？ ①400 ②300 ③200 ④500。

( )8. 依職業安全衛生法規定，中央主管機關指定之事業，雇主應多久填載職業災害統計，報請勞動檢查機構備查？ ①每三個月 ②每年 ③每半年 ④每月。

( )9. 下列何者非屬電氣之絕緣材料？ ①絕緣油 ②空氣 ③氟、氯、烷 ④漂白水。

( )10. 電冰箱放置處，四周應至少預留離牆多少公分之散熱空間，以達省電效果？ ①5 ②20 ③10 ④15。

( )11. 下列何項措施對於屋頂作業墜落防護不適當？ ①儘量在天氣穩定時作業 ②使用腰掛式安全帶 ③應設護欄或安全母索 ④應有安全的上下設備。

( )12. 我國制定何法以保護刑事案件之證人，使其勇於出面作證，俾利犯罪之偵查、審判？ ①刑事訴訟法 ②行政程序法 ③證人保護法 ④貪污治罪條例。

( )13. 下列何者非模板支撐作業常見災害類型？ ①倒崩塌 ②爆炸 ③物體飛落 ④墜落。

( )14. 下列何者為可影響神經系統之危害因子？ ①二氧化碳 ②鉻酸 ③汞 ④石綿。

( )15. 溝通的最高境界就是善於傾聽，表達尊重，瞭解對方，給予溫暖的接納，也就是隨時隨地善用下列何者，使之發揮於無形？ ①批評心 ②同理心 ③嫉妒心 ④平常心。

( )16. 下列何種非游離輻射最不易受建築物屏蔽？ ①射頻輻射 ②極低頻磁場 ③紅外線 ④微波。

( )17. 依機械類產品型式驗證實施及監督管理辦法規定，驗證機構有下列情事者，不會遭中央主管機關得撤銷或廢止其認可？ ①經國內認證機構撤銷或廢止其認證資格 ②遭地方主管機關行政罰鍰處分 ③違反利益迴避或保密義務原則 ④主動申請終止認可。

( )18. 排氣量相同時，控制效果最好之局部排氣裝置氣罩為下列何者？ ①外裝式 ②手套箱式 ③崗亭式 ④吹吸式。

( )19. 勞工常處於高溫及低溫間交替暴露的情況、或常在有明顯溫差之場所間出入，對勞工的生（心）理工作負荷之影響一般為何？ ①減少 ②無 ③不一定 ④增加。

( )20. 依職業安全衛生管理辦法規定，營造工程之模板支撐應多久定期實施檢查 1 次？ ①每日 ②每月 ③每 3 個月 ④每週。

( )21. 若 C 表電容量且 V 表電壓值，則電容器之放電能量為下列何者？ ①$0.5CV$ ②CV ③CV^2 ④$0.5CV^2$。

( )22. 電腦座椅必須考量到不同身高的人都能使用，椅面的高度必須採用何種設計原則？ ①可調設計 ②重點設計 ③平均設計 ④極端設計。

( )23. 辦理下列何種安全衛生教育訓練不必於事前報請當地主管機關備查？ ①現場安全衛生監督人員 ②危險性機械、設備操作人員 ③有害作業主管 ④職業安全衛生人員。

( )24. 依營造安全衛生設施標準規定，使勞工從事易踏穿材料構築屋頂作業時，為預防踏穿墜落之災害，下列辦理事項何者正確？ ①指派專人於現場指揮勞工作業 ②屋架下裝設堅固格柵或安全網 ③設置適當之護欄 ④屋架上設置寬度在 20 公分以上之踏板。

( )25. 下列何種方式無法於粉塵作業場所有效預防塵爆之發生或降低塵爆之嚴重度？ ①使用壓縮空氣吹去可燃性粉塵以避免其堆積 ②裝設洩爆門或破裂片 ③設備與配管接地與等電位連結 ④用惰性氣體充填粉體儲槽。

( )26. 汽油桶發生火災，不宜使用下列何種滅火劑？ ①二氧化碳 ②泡沫 ③水 ④乾粉。

( )27. 下列何者為營業秘密法所肯認？ ①乙公司以其營業秘密設定質權，供擔保向丙銀行借款 ②丙公司與丁公司共同研發新技術，成為該營業秘密之共有人 ③營業秘密共有人無正當理由，拒絕同意授權他人使用該營業秘密 ④債權人 A 聲請強制執行甲公司之營業秘密。

( )28. 雇主於臨時用電設備加裝漏電斷路器，可避免下列何種災害發生？ ①物體倒塌；崩塌 ②墜落 ③感電 ④被撞。

( )29. 有關小黑蚊敘述下列何者為非？ ①活動時間以中午十二點到下午三點為活動高峰期 ②多存在竹林、灌木叢、雜草叢、果園等邊緣地帶等處 ③小黑蚊的幼蟲以腐植質、青苔和藻類為食 ④無論雄性或雌性皆會吸食哺乳類動物血液。

( )30. 改善工作壓力的方法，下列何者有誤？ ①暴飲暴食 ②學習自我放鬆及調適 ③改善工作環境 ④坦誠傾吐。

( )31. 下列何項較不屬於事業單位釐訂職業安全衛生管理計畫考慮之事項？ ①作業現場實態 ②外部客戶對產品品質之抱怨 ③生產部門意見 ④勞工抱怨。

( )32. 甲機械加工廠所僱勞工人數有 193 人，廠內另有乙承攬商勞工 39 人、丙承攬商勞工 180 人等共同作業，依職業安全衛生管理辦法規定，何者須建置職業安全衛生管理系統？ ①甲、乙、丙 ②甲 ③甲、丙 ④丙。

( )33. 與公務機關接洽業務時，下列敘述何者「正確」？ ①唆使公務機關承辦採購人員配合浮報價額，僅屬偽造文書行為 ②沒有要求公務員違背職務，花錢疏通而已，並不違法 ③口頭允諾行賄金額但還沒送錢，尚不構成犯罪 ④與公務員同謀之共犯，即便不具公務員身分，仍會依據貪污治罪條例處刑。

( )34. 為減少日照增加空調負載，下列何種處理方式是錯誤的？ ①窗戶裝設窗簾或貼隔熱紙 ②將窗戶或門開啟，讓屋內外空氣自然對流 ③於屋頂進行薄層綠化 ④屋頂加裝隔熱材、高反射率塗料或噴水。

( )35. 用電熱爐煮火鍋，採用中溫 50%加熱，比用高溫 100%加熱，將同一鍋水煮開，下列何者是對的？ ①高溫 100%加熱比較省電 ②中溫 50%加熱比較省電 ③中溫 50%加熱，電流反而比較大 ④兩種方式用電量是一樣的。

( )36. 作業場所空氣品質的好壞是以下列何種氣體之濃度作為判定之標準？ ①二氧化碳 ②一氧化碳 ③一氧化氮 ④氧氣。

( )37. 依製程安全評估定期實施辦法規定，事業單位製程危害控制措施不包括下列何者？ ①領導 ②變更管理 ③承攬管理 ④機械完整性。

( )38. 依職業安全衛生法規定，事業單位以其事業之全部或一部份交付承攬時，事前告知之事項未包括下列何者？ ①其事業工作環境 ②人員薪資 ③有關安全衛生規定應採取之措施 ④危害因素。

( )39. 依 107 年 6 月 13 日修訂公布之公職人員利益衝突迴避法（以下簡稱本法）規定，公職人員甲與其關係人下列何種行為不違反本法？ ①關係人丁經政府採購法公告程序取得甲服務機關之年度採購標案 ②配偶乙以請託關說之方式，請求甲之服務機關通過其名下農地變更使用申請案 ③甲承辦案件時，明知有利益衝突之情事，但因自認為人公正，故不自行迴避 ④甲要求受其監督之機關聘用兒子乙。

( )40. 職業安全衛生法所稱有母性健康危害之虞之工作，係指對於具生育能力之女性勞工從事工作，可能會導致的一些影響。下列何者除外？ ①胚胎發育 ②妊娠期間之母體健康 ③哺乳期間之幼兒健康 ④經期紊亂。

( )41. 依危害性化學品標示及通識規則規定，致癌物質之危害圖式，為下列何者？ ①骷顱頭 ②人頭及胸腔 ③驚歎號 ④癌細胞。

( )42. 在組織中，下列何種不是心理或行為所引起協調與溝通不良的原因？ ①文化差異 ②刻板印象 ③飲食差異 ④知覺差異。

( )43. 依女性勞工母性健康保護實施辦法規定，雇主所採取之危害評估控制方法及面談指導等，其執行情形之紀錄應至少保存多少年？ ①7 ②3 ③5 ④1。

( )44. 使勞工於廢水槽內從事電銲作業，下列何種危害較不可能發生？ ①火災爆炸 ②中毒 ③感電 ④倒塌。

( )45. 依營造安全衛生設施標準規定，對於設置鋼管施工架之敘述，下列何者正確？ ①接近高架線路設置施工架，可不裝設絕緣用防護裝備或警告標示 ②使用金屬附屬配件應確實連接固定 ③裝有腳輪

之移動式施工架，勞工於其上作業時得移動施工架　④使用之鋼材與構架方式，得依個人意思施作。

( )46. 依職業安全衛生管理辦法規定，勞工人數在多少人以下之事業單位，得以安全衛生管理執行紀錄或文件代替職業安全衛生管理計畫？　①300　②50　③30　④100。

( )47. 經由工作安全分析，建立正確工作程序，以消除工作時不安全的行為、設備與環境，確保工作安全的標準，稱為下列何者？　①安全作業標準　②工作安全分析　③安全觀察　④風險管理。

( )48. 依職業安全衛生設施規則規定，雇主對於廚房應設何種通風換氣裝置，以排除煙氣及熱？　①未規定　②自然換氣　③機械排氣　④氣樓。

( )49. 依起重升降機具安全規則規定，固定式起重機應設置何種裝置使吊鉤、抓斗等吊具或該吊具之捲揚用槽輪之上方與捲胴、槽輪、吊運桁架等之下方間之間隔，保持 0.25 公尺以上？　①過負荷裝置　②緩衝裝置　③遮斷裝置　④過捲預防裝置。

( )50. 依精密作業勞工視機能保護設施標準規定，雇主使勞工從事精密作業，於連續作業多少小時，應給予作業勞工至少 15 分鐘之休息？　①1　②3　③4　④2。

( )51. 依危害性化學品評估及分級管理辦法規定，評量或估算勞工暴露於化學品之健康危害情形之暴露評估方法，下列何者有誤？　①半定性　②定量　③半定量　④定性。

( )52. 以下何項對預防近接道路作業人員遭車輛撞擊較有效？　①加快作業速度　②加強整理整頓　③戴安全帽　④設置路障及指揮人員。

( )53. 依醫學實證，適量之下列何者，可以避免蛀牙？　①氟　②氯　③溴　④碘。

( )54. 依職業安全衛生設施規則規定，對於堆積於倉庫、露存場所等之物料集合體之物料積垛作業，其作業地點高低差在幾公尺以上時，應指定專人決定作業方法及順序並指揮作業？　①2　②3　③2.5　④1.5。

( )55. 下列何種省水馬桶的使用觀念與方式是錯誤的？　①省水馬桶因為水量較小，會有沖不乾淨的問題，所以應該多沖幾次　②選用衛浴設備時最好能採用省水標章馬桶　③因為馬桶是家裡用水的大宗，所以應該儘量採用省水馬桶來節約用水　④如果家裡的馬桶是傳統舊式，可以加裝二段式沖水配件。

( )56. 下列何者不是溫室效應所產生的現象？ ①造成臭氧層產生破洞 ②氣溫升高而使海平面上升 ③造成全球氣候變遷，導致不正常暴雨、乾旱現象 ④北極熊棲地減少。

( )57. 下列何種滅火作用，不是水的主要滅火機制？ ①窒息作用 ②抑制作用 ③冷卻作用 ④隔離作用。

( )58. 下列何者不是噪音的危害所造成的現象？ ①精神很集中 ②煩躁、失眠 ③緊張、焦慮 ④工作效率低落。

( )59. 目前衛生福利部公告之 CPR 口訣為何？ ①叫 ABC ②叫叫 ABCD ③叫叫 ABC ④叫叫 CABD。

( )60. 依職業安全衛生教育訓練規則規定，職業安全衛生委員會成員之職業安全衛生在職教育訓練時數，為下列何者？ ①每年 2 小時 ②每 3 年 3 小時 ③每 2 年 3 小時 ④每年 3 小時。

複選題：

( )61. 中暑死亡率遠高於熱衰竭，因此需要分辨兩者徵狀。下列那些屬於中暑徵狀？ ①脈搏快而強慢慢轉快而弱 ②皮膚表面乾熱 ③體溫上升到攝氏 38 度 ④臉色蒼白。

( )62. 依整體換氣基本原理，在穩定狀態(steady state)時，作業場所空氣中有害物濃度與下列那些參數有關？ ①由室外進入作業場所空氣中有害物濃度 ②換氣量 ③有害物發散量 ④作業場所氣積。

( )63. 依營造安全衛生設施標準規定，那些施工架之組配及拆除作業，應指派施工架組配作業主管於作業現場監督？ ①施工構臺施工架 ②高度 2 公尺以上施工架 ③懸吊式施工架 ④懸臂式施工架。

( )64. 依勞動檢查法規定，下列敘述那些正確？ ①勞動檢查機構接獲勞工申訴後，應於 14 日內將檢查結果通知申訴人 ②執行職業災害檢查，不得事先通知事業單位 ③無故拒絕勞動檢查，處新台幣 3 萬元以上 15 萬元以下罰鍰 ④事業單位應於違規場所顯明易見處，公告檢查結果 14 日以上。

( )65. 下列那些措施可以提昇通風換氣效能？ ①吹吸式氣罩改為外裝式氣罩 ②包圍式氣罩改裝為捕捉式氣罩 ③縮短抽氣口與有害物發生源之距離 ④氣罩加裝凸緣(flange)。

( )66. 依勞工健康保護規則規定，下列那些屬於特別危害健康作業？ ①正己烷作業 ②游離輻射作業 ③氨作業 ④苯作業。

( )67. 有關機械之連鎖式防護，下列敘述那些有誤？　①要用人工配合，其效果才顯著　②防護失效時，機械不可起動　③要有光電裝置才有用　④防護未裝上，機械仍可起動。

( )68. 下列那些屬機械本質安全化之作為或裝置？　①安全護具　②安全係數之考量　③連鎖裝置　④安全閥。

( )69. 依營造安全衛生設施標準規定，使勞工於易踏穿材料構築之屋頂作業時，為防止屋頂踏穿災害，應有那些安全衛生設施？　①安全網　②護欄　③適當強度、寬度之踏板　④安全通道。

( )70. 下列那些會影響事業單位的安全衛生狀態？　①上班形態改變　②作業環境產生變化　③股市漲跌　④人事異動。

( )71. 員工參與是職業安全衛生管理系統的基本要素之一，依職業安全衛生相關法規規定，下列那些事項應會同勞工代表實施？　①製作工作安全分析　②實施職業災害調查、分析及作成紀錄　③訂定安全衛生工作守則　④實施作業環境監測。

( )72. 雇主對勞工於以石綿板、鐵皮板、瓦、木板、茅草、塑膠等材料構築之屋頂及雨遮，或於以礦纖板、石膏板等材料構築之夾層天花板從事作業時，為防止勞工踏穿墜落，應採取下列那些設施？　①指定屋頂作業主管指揮或監督該作業　②於屋架、雨遮或天花板下方可能墜落之範圍，裝設堅固格柵或安全網等防墜設施　③指定專人指揮或監督該作業　④規劃安全通道，於屋架、雨遮或天花板支架上設置適當強度且寬度在 30 公分以上之踏板。

( )73. 下列那些為有機溶劑中毒預防規則所列之第二種有機溶劑？　①異丙醇　②丙酮　③汽油　④乙醚。

( )74. 缺氧及高濃度有害物工作場所，勞工可使用那些呼吸防護具？　①輸氣管面罩　②空氣呼吸器　③防塵口罩　④防毒口罩。

( )75. 雇主對於高度在 2 公尺以上之工作場所邊緣及開口部份，勞工有遭受墜落危險之虞者，應採取下列那些防護措施？　①設置適當標示　②適當強度之圍欄　③握把　④覆蓋。

( )76. 依機械設備器具安全資訊申報登錄辦法規定，申報者宣告產品安全時，符合安全標準之測試證明文件包括下列那些項目？　①型式檢定合格證明書　②設立登記證明文件　③產品自主檢測報告　④產品驗證機構審驗合格證明。

( )77. 依職業安全衛生法施行細則規定，下列那些為職業安全衛生管理計畫內容所包含之事項？　①緊急應變措施　②重複性作業促發肌肉

骨骼疾病之預防　③機械、設備或器具之管理　④安全衛生作業標準。

( )78. 依新化學物質登記管理辦法規定，新化學物質符合下列那些用途，申請人除使用登記工具繳交評估報告外，應另繳交中央主管機關指定之相關資料？　①產品與製程研發　②科學研發　③聚合物　④低關注聚合物。

( )79. 有關堆高機搬運作業，下列敘述那些正確？　①載貨荷重不得超過該機械所能承受最大荷重　②作業前應實施檢點　③作業完畢人員離開座位時，應關閉動力並拉上手煞車　④載物行駛中可搭乘人員。

( )80. 可採取那些方法避免過度暴露於極低頻電磁場？　①抵銷電磁場以減量　②減少暴露時間　③減少輻射源　④屏蔽磁場輻射量。

解答及解析

1.(3)　2.(3)　3.(1)　4.(4)　5.(4)　6.(1)　7.(4)　8.(4)　9.(4)　10.(3)
11.(2)　12.(3)　13.(2)　14.(3)　15.(2)　16.(2)　17.(2)　18.(2)　19.(4)　20.(4)
21.(4)　22.(1)　23.(1)　24.(2)　25.(1)　26.(3)　27.(2)　28.(3)　29.(4)　30.(1)
31.(2)　32.(2)　33.(4)　34.(2)　35.(4)　36.(1)　37.(1)　38.(2)　39.(1)　40.(4)
41.(2)　42.(3)　43.(2)　44.(4)　45.(2)　46.(3)　47.(1)　48.(3)　49.(4)　50.(4)
51.(1)　52.(4)　53.(1)　54.(3)　55.(1)　56.(1)　57.(2)　58.(2)　59.(1)　60.(2)
61.(12)　　　62.(123)　　　63.(34)　　　64.(13)
65.(34)　　　66.(124)　　　67.(134)　　　68.(234)
69.(134)　　　70.(124)　　　71.(234)　　　72.(124)
73.(124)　　　74.(12)　　　75.(234)　　　76.(134)
77.(134)　　　78.(12)　　　79.(123)　　　80.(1234)

3. $200 \times 50\% = 100$

20. 模板支撐及施工架都是每周定檢一次。

32. $193 + 39 + 180 = 412$
第一類 200 以上就要建置職業安全衛生管理系統。

54. 職業安全衛生設施規則第 161 條
雇主對於堆積於倉庫、露存場等之物料集合體之物料積垛作業，應依下列規定：

一、 如作業地點高差在一·五公尺以上時，應設置使從事作業之勞工能安全上下之設備。但如使用該積垛即能安全上下者，不在此限。

二、 作業地點高差在二·五公尺以上時，除前款規定外，並應指定專人採取下列措施：

（一）決定作業方法及順序，並指揮作業。

（二）檢點工具、器具，並除去不良品。

（三）應指示通行於該作業場所之勞工有關安全事項。

（四）從事拆垛時，應確認積垛確無倒塌之危險後，始得指示作業。

（五）其他監督作業情形。

60. 委員會 3 小時／3 年、安衛管理人員 12 小時／2 年、健康服務護理人員 12 小時／3 年。

63. 營造安全衛生設施規則第 41 條

雇主對於懸吊式施工架、懸臂式施工架及高度五公尺以上施工架之組配及拆除（以下簡稱施工架組配）作業，應指派施工架組配作業主管於作業現場辦理下列事項：

一、 決定作業方法，指揮勞工作業。

二、 實施檢點，檢查材料、工具、器具等，並汰換其不良品。

三、 監督勞工確實使用個人防護具。

四、 確認安全衛生設備及措施之有效狀況。

五、 前二款未確認前，應管制勞工或其他人員不得進入作業。

六、 其他為維持作業勞工安全衛生所必要之設備及措施。

前項第二款之汰換不良品規定，對於進行拆除作業之待拆物件不適用之。

64. 勞動檢查法第 33 條

勞動檢查機構於受理勞工申訴後，應儘速就其申訴內容派勞動檢查員實施檢查，並應於十四日內將檢查結果通知申訴人。

勞動檢查法第 25 條

勞動檢查員對於事業單位之檢查結果，應報由所屬勞動檢查機構依法處理；其有違反勞動法令規定事項者，勞動檢查機構並應於十日內以書面通知事業單位立即改正或限期改善，並副知直轄市、縣

（市）主管機關督促改善。對公營事業單位檢查之結果，應另副知其目的事業主管機關督促其改善。事業單位對前項檢查結果，應於違規場所顯明易見處公告七日以上。

78. 新化學物質登記管理辦法第 9 條
新化學物質符合科學研發用途、產品與製程研發用途或經中央主管機關指定公告者，申請人除使用登記工具繳交評估報告外，應另繳交中央主管機關指定之相關資料。

▶ 109 年 11 月 02 日技術檢定試題（第 91 次）

單選題：

( )1. 金屬燻煙屬下列何種物質？ ①致發熱 ②致思覺失調症 ③高溶解度 ④麻醉性。

( )2. 僱用勞工從事作業時，於各項職業安全衛生管理措施中，應報請勞動檢查機構備查者為何？ ①實施勞工體格檢查結果 ②新僱勞工之安全衛生教育訓練 ③職業安全衛生管理計畫 ④安全衛生工作守則。

( )3. 下列何者非屬避免動力衝剪機械引起危害之預防方法？ ①設置護圍 ②使用光電連鎖裝置 ③使用自動拉開裝置 ④使用撐縫片。

( )4. 對於化學燒傷傷患的一般處理原則，下列何者正確？ ①於燒傷處塗抹油膏、油脂或發酵粉 ②立即用大量清水沖洗 ③使用酸鹼中和 ④傷患必須臥下，而且頭、胸部須高於身體其他部位。

( )5. 我國已制定能源管理系統標準為 ①CNS 22000 ②CNS 14001 ③CNS 50001 ④CNS 12681。

( )6. 有關電腦的設置，下列敘述何者較不恰當？ ①螢幕少眩光 ②座椅面高度能夠調整 ③選用使力較重的鍵盤 ④螢幕的上緣不能高過眼部。

( )7. 酸雨對土壤可能造成的影響，下列何者正確？ ①土壤更肥沃 ②土壤礦化 ③土壤液化 ④土壤中的重金屬釋出。

( )8. 實施勞工個人作業環境空氣中有害物採樣時，採樣器(holder)佩戴位置於下列何者最適宜？ ①勞工背後腰帶 ②勞工前腹腰帶 ③勞工側邊腰帶 ④勞工衣領處。

( )9. 一般作業勞工戴用之安全帽多採用何種材質？ ①輕金屬 ②鋼鐵 ③合成樹脂 ④橡膠。

( )10. 二手菸中包含多種危害人體的化學物質，甚至多種物質有致癌性，會危害到下列何者的健康？ ①全民皆有影響 ②只對 12 歲以下孩童有影響 ③只有 65 歲以上之民眾有影響 ④只對孕婦比較有影響。

( )11. 有關小黑蚊敘述下列何者為非？ ①小黑蚊的幼蟲以腐植質、青苔和藻類為食 ②活動時間以中午十二點到下午三點為活動高峰期 ③多存在竹林、灌木叢、雜草叢、果園等邊緣地帶等處 ④無論雄性或雌性皆會吸食哺乳類動物血液。

( )12. 依危害性化學品評估及分級管理辦法規定，依化學品健康危害及暴露評估結果評定風險等級，並分級採取對應之控制或管理措施之方法，為下列何者？　①風險管理　②量化管理　③分級管理　④品質管理。

( )13. 易燃液體如汽油，與可燃性氣體如液化石油氣等引起之火災稱為何類火災？　①乙　②丙　③甲　④丁。

( )14. 雇主僱用勞工時，對實施一般體格檢查，下列何者非規定之檢查項目？　①既往病史及作業經歷之調查　②心電圖檢查　③血色素及白血球數檢查　④胸部 X 光（大片）攝影檢查。

( )15. 工作場所化學性有害物進入人體最常見路徑為下列何者？　①口腔　②皮膚　③呼吸道　④眼睛。

( )16. 某一長期執行苯作業勞工於健康檢查發現有貧血現象，該公司的職業安全衛生人員建議將該勞工調至非苯作業的工作，此屬何種對策？　①抑制、隔離危害物質避免勞工暴露　②健康管理　③作業環境改善　④教育及訓練。

( )17. 下列何者非屬工作安全分析的目的？　①懲罰犯錯的員工　②作為員工在職訓練的參考　③發現並杜絕工作危害　④確立工作安全所需工具與設備。

( )18. 依機械類產品型式驗證實施及監督管理辦法規定，下列何單位不得向中央主管機關申請認可為驗證機構？　①公益法人　②行政機關　③學術機構　④營利法人。

( )19. 流行病學實證研究顯示，輪班、夜間及長時間工作與心肌梗塞、高血壓、睡眠障礙、憂鬱等的罹病風險之關係一般為何？　①無相關性　②部分為正相關，部分為負相關　③呈負相關　④呈正相關。

( )20. 下列何者非屬防止搬運事故之一般原則？　①以機械代替人力　②以機動車輛搬運　③儘量增加搬運距離　④採取適當之搬運方法。

( )21. 檢舉人應以何種方式檢舉貪污瀆職始能核給獎金？　①委託他人檢舉　②匿名　③以他人名義檢舉　④以真實姓名檢舉。

( )22. 台灣電力公司電價表所指的夏月用電月份（電價比其他月份高）是為　①4/1~7/31　②5/1~8/31　③6/1~9/30　④7/1~10/31。

( )23. 人體墜落是屬於何種危害因子？　①生物性　②化學性　③物理性　④人因性。

( )24. 依職業安全衛生設施規則規定，多少公斤以上之物品宜以人力車輛或工具搬運為原則？　①55　②45　③50　④40。

( )25. 以乙炔熔接裝置或氣體集合裝置從事金屬熔接、切斷或加熱作業人員應接受下列何種安全衛生教育訓練？ ①特殊作業 ②危險性設備操作人員 ③一般作業 ④危險性機械操作人員。

( )26. 為執行職業安全衛生管理系統的績效監督與量測，被動指標通常會選用下列何者？ ①職業傷病統計資料 ②作業環境監測數據 ③機械設備故障率 ④教育訓練人數。

( )27. 學校駐衛警察之遴選規定以服畢兵役作為遴選條件之一，根據消除對婦女一切形式歧視公約(CEDAW)，下列何者錯誤？ ①服畢兵役者仍以男性為主，此條件已排除多數女性被遴選的機會，屬性別歧視 ②駐衛警察之遴選應以從事該工作所需的能力或資格作為條件 ③此遴選條件未明定限男性，不屬性別歧視 ④已違反CEDAW 第 1 條對婦女的歧視。

( )28. 有危害勞工之虞之局限空間作業，應經雇主、工作場所負責人或現場作業主管簽署後始得進入，前項進入許可不包括下列那一事項？ ①救援設備 ②許可進入人員之住址 ③現場監視人員及其簽名 ④防護設備。

( )29. 依勞工作業環境監測實施辦法規定，指定之有機溶劑室內作業場所應多久定期實施作業環境監測 1 次以上？ ①每 2 個月 ②每 6 個月 ③每 3 個月 ④每 1 個月。

( )30. 對於食入性中毒患者，下列何種狀況宜給予催吐？ ①誤食大量安眠藥 ②已昏迷 ③誤食腐蝕性物質 ④口腔或咽喉部有疼痛或灼熱感。

( )31. 主管人員藉觀察屬下工作步驟，分析作業實況，以發掘作業場所潛在的危險及可能的危害，經協商、討論、修正而建立安全的工作方法，稱為下列何者？ ①風險管理 ②工作安全分析 ③安全觀察 ④安全作業標準。

( )32. 為能依據勞工體能、健康狀況，適當選配勞工於適當之場所作業，雇主於僱用勞工時，應實施下列何種健康檢查？ ①特殊健康檢查 ②一般健康檢查 ③健康追蹤檢查 ④一般體格檢查。

( )33. 負壓隔離病房的壓差計會連結一條偵測用管線到病房內的牆壁或天花板，以此偵測病房內外的何種壓差？ ①全壓 ②氣壓 ③靜壓 ④動壓。

( )34. 下列何者為實施工作場所風險評估之第一步驟？ ①決定控制方法 ②採取控制措施 ③計算風險等級 ④危害辨識。

( )35. 以鹵化烷類滅火之方法，主要是利用何種滅火原理？　①移除法除去可燃物　②抑制連鎖反應　③冷卻法降低溫度　④窒息法阻斷氧氣。

( )36. 下列行為何者「不」屬於敬業精神的表現？　①隱匿公司產品瑕疵訊息　②保守顧客隱私　③遵守法律規定　④遵守時間約定。

( )37. 用戶用電設備裝置規則所規定高速型之漏電斷路器，在額定動作電流下，其動作時間需在多少秒以內？　①2.0　②0.1　③1.0　④0.5。

( )38. 雇主對於室內作業場所設置有發散大量熱源之熔融爐、爐灶時，應採取防止勞工熱危害之適當措施，下列何者不正確？　①灑水加濕　②將熱空氣直接排出室外　③隔離　④換氣。

( )39. 依職業安全衛生設施規則規定，室內工作場所之通道，自路面起算多少公尺高度範圍內不得有障礙物？　①3　②2　③2.1　④1.8。

( )40. 請問下列何者「不是」個人資料保護法所定義的個人資料？　①身分證號碼　②護照號碼　③最高學歷　④綽號。

( )41. 雇主不得使勞工從事製造、處置、使用之特定化學物質為下列何者？　①丁類物質　②丙類物質　③甲類物質　④乙類物質。

( )42. 依健康職場認證推動方案內容，如欲申請健康啟動標章，在其重點工作辦理情形中，下列何者為必需辦理類別？　①健康體位管理措施　②職業疾病預防　③健康飲食　④健康需求評估。

( )43. 依職業安全衛生設施規則規定，勞工暴露衝擊性噪音峰值不得超過多少分貝？　①90　②85　③115　④140。

( )44. 職業災害發生模式中，以某一要素為基源，由此一要素衍生一新要素，此一新要素再衍生另一新要素，各要素分別為次一要素之原因，由此等要素間連鎖發展並逐次擴大規模形成災害，此為下列何種模式？　①連鎖型　②複合型　③集中型　④聚合型。

( )45. 下列何者非模板支撐作業常見災害類型？　①爆炸　②物體飛落　③墜落　④倒崩塌。

( )46. 依職業安全衛生設施規則規定，機械間或其他設備間之通道不得小於多少公分？　①60　②90　③75　④80。

( )47. 檢知管的氣體採取器內容積為多少 mL？　①50　②500　③100　④300。

( )48. 安全眼鏡(goggle)應有下列何種構造？　①變色鏡片　②側護片　③厚鏡片　④彈簧耳掛。

( )49. 雇主對物料處置方式，下列何者錯誤？ ①從事載貨台裝卸貨物其高差在 2 公尺以上者，才需提供勞工安全上下之設備 ②不得影響照明 ③纖維纜繩已斷一股子索者，不得使用 ④不得阻礙交通。

( )50. 下列敘述何者非為高壓氣體之製造？ ①將 20kg/cm² 之壓縮天然氣經減壓閥減壓為 5kg/cm² 時 ②將容器中 150kg/cm² 之氮氣，以減壓閥減壓為 50kg/cm² 時 ③將液氨用液泵自槽車卸入高壓氣體儲槽時 ④將液化石油氣以液泵增壓為 10kg/cm² 之液化石油氣時。

( )51. 洗碗、洗菜用何種方式可以達到清洗又省水的效果？ ①將適量的水放在盆槽內洗濯，以減少用水 ②把碗盤、菜等浸在水盆裡，再開水龍頭拼命沖水 ③對著水龍頭直接沖洗，且要盡量將水龍頭開大才能確保洗的乾淨 ④用熱水及冷水大量交叉沖洗達到最佳清洗效果。

( )52. 依女性勞工母性健康保護實施辦法規定，雇主所採取之危害評估控制方法及面談指導等，其執行情形之紀錄應至少保存多少年？ ①5 ②3 ③7 ④1。

( )53. 實施「垃圾費隨袋徵收」政策的好處為何：A.減少家戶垃圾費用支出 B.全民主動參與資源回收 C.有效垃圾減量？ ①AC ②ABC ③AB ④BC。

( )54. 在溝通過程中，我們要把訊息傳送給他人，不但要透過不同的管道，也要經由編碼與解碼的過程，所以在傳送上若有下列何種情況，則會有溝通障礙的產生？ ①距離較近 ②工具靈活 ③環境干擾 ④組織不大。

( )55. 下列何者為有機溶劑中毒預防規則所列之第一種有機溶劑？ ①異丙醇 ②丙酮 ③四氯化碳 ④甲苯。

( )56. 依危險性機械及設備安全檢查規則規定，國內新製完成之高壓氣體容器，應先經下列何種檢查合格？ ①構造檢查 ②重新檢查 ③竣工檢查 ④定期檢查。

( )57. 事業單位規劃實施勞工健康檢查，下列何者不是考量的項目？ ①職業之作業別 ②職業之任職年資 ③職業之年齡 ④薪資。

( )58. 下列何者為單純窒息性物質？ ①氰化氫 ②甲烷 ③硫化氫 ④一氧化碳。

( )59. 使用防毒口罩目的為下列何者？ ①預防中毒 ②美觀 ③保暖 ④預防缺氧。

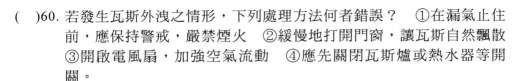

( )60. 若發生瓦斯外洩之情形，下列處理方法何者錯誤？　①在漏氣止住前，應保持警戒，嚴禁煙火　②緩慢地打開門窗，讓瓦斯自然飄散　③開啟電風扇，加強空氣流動　④應先關閉瓦斯爐或熱水器等開關。

複選題：

( )61. 依職業安全衛生設施規則規定，有關物料之堆放方式，下列何者正確？　①以不倚靠牆壁或結構支柱堆放為原則　②不得影響照明　③不得阻礙交通　④不得減少自動灑水器之有效功能。

( )62. 依營造安全衛生設施標準規定，使勞工於易踏穿材料構築之屋頂作業時，為防止屋頂踏穿災害，應有那些安全衛生設施？　①安全網　②適當強度、寬度之踏板　③安全通道　④護欄。

( )63. 依起重升降機具安全規則規定，雇主不得以有下列那些情形之鋼索，供起重吊掛作業使用？　①有顯著變形或腐蝕者　②直徑減少未達公稱直徑 7% 者　③鋼索一撚間素線截斷未達 10% 者　④已扭結者。

( )64. 可採取那些方法避免過度暴露於極低頻電磁場？　①減少暴露時間　②屏蔽磁場輻射量　③減少輻射源　④抵銷電磁場以減量。

( )65. 下列那些參數數值增加時，可以減少局部排氣裝置之壓力損失？　①氣罩進入係數　②肘管曲率半徑　③氣罩壓力損失係數　④合流管合流角度。

( )66. 有關工作場所作業安全，下列敘述那些正確？　①有害揮發性物質隨時加蓋　②毒性及腐蝕性物質存放在安全處所　③機械運轉中從事上油作業　④佩戴適合之防護具。

( )67. 下列那些為安全作業標準之功用？　①違規懲處參考　②防範工作場所危害的發生　③安全觀察的參考　④事故調查參考。

( )68. 下列那些為模板支撐倒塌可能之原因？　①支撐底部沉陷　②可調鋼管支柱與貫材及底座、腳部未固定　③未設置足夠強度之水平繫條　④可調鋼管支柱上下連接使用。

( )69. 有關事業單位工作場所發生勞工死亡職業災害之處理，下列敘述那些正確？　①事業單位應即採取必要措施　②應於 8 小時內報告勞動檢查機構　③於當月職業災害統計月報表陳報者，得免 8 小時內報告　④非經許可不得移動或破壞現場。

( )70. 關於粉塵監測，下列敘述那些有誤？　①IOM 採樣器是用來採集可吸入性粉塵　②可呼吸微粒採樣器接受曲線氣動直徑中位值為 4

微米　③胸腔性粉塵(thoracic dust)氣動粒徑中位值為 10 微米，因此主要採用 PM10 採樣裝置進行監測　④目前作業環境監測可呼吸性粉塵之方法，主要是在採集總粉塵的濾紙匣入口加裝符合要求的旋風分徑器。

( )71. 防止火災爆炸首要管制火源，請問下列那些為造成火災爆炸之可能火源？　①摩擦　②熱表面　③金屬撞擊　④靜電。

( )72. 依職業安全衛生教育訓練規則規定，雇主應使擔任下列那些工作性質勞工，每 3 年接受至少 3 小時安全衛生在職教育訓練？　①急救人員　②職業安全衛生業務主管　③具有危險性之機械或設備操作人員　④特殊作業人員。

( )73. 依職業安全衛生法規定，健康檢查發現勞工有異常情形者，雇主應採取下列那些措施？　①更換工作或縮短工作時間　②變更勞工作業場所　③健康管理　④予以解僱。

( )74. 關於急救，下列敘述那些有誤？　①任何嚴重傷害，均可能導致休克，故應給予預防休克處理　②為預防傷口感染應立即塗抹藥膏　③包紮時，須先將無菌敷料覆蓋傷口，並固定之，以防傷口污染發炎　④暈倒是一種神經系統反應，由於腦部充血所致，故臉色潮紅。

( )75. 關於急救，下列敘述那些有誤？　①下肢骨折的傷患經急救固定後，最好用擔架搬運　②被虎頭蜂螫到後，應儘速除去螫針　③遇有骨折或脫臼時，應速將受傷部位復位，再固定　④成人心肺復甦術，胸外按壓速率每分鐘約 90 次。

( )76. 職業安全衛生管理系統應包括下列那些安全衛生事項？　①實施　②改善措施　③規劃　④評估。

( )77. 依危險性工作場所審查及檢查辦法規定，事業單位向檢查機構申請審查丁類工作場所前，應由下列那些人員組成評估小組實施評估？　①職業安全衛生人員　②專任工程人員　③熟悉該場所作業之顧問　④工作場所負責人。

( )78. 依新化學物質登記管理辦法規定，新化學物質之登記類型可區分為下列那些？　①少量登記　②標準登記　③簡易登記　④無須登記。

( )79. 關於急救，下列敘述那些有誤？　①2 人前後抬搬運傷患時，前後抬者應同腳齊步前進　②休克是人的有效血循環量不足的一種情況，它會造成組織與器官血液灌注不足，因而影響細胞功能　③強酸、強鹼中毒時，應立即給患者喝大量水以稀釋毒物並進行催吐

④前臂嚴重出血，以直接加壓並抬高過心臟仍流血時，可壓迫近心端肱動脈止血。

(　)80. 依職業安全衛生教育訓練規則規定，雇主對下列那些勞工，應使其接受特殊作業安全衛生教育訓練？ ①火藥爆破作業人員 ②潛水作業人員 ③高空工作車操作人員 ④小型鍋爐操作人員。

解答及解析

1.(1)　2.(4)　3.(4)　4.(2)　5.(3)　6.(3)　7.(4)　8.(4)　9.(3)　10.(1)

11.(4)　12.(3)　13.(1)　14.(2)　15.(3)　16.(2)　17.(1)　18.(4)　19.(4)　20.(3)

21.(4)　22.(3)　23.(3)　24.(4)　25.(1)　26.(1)　27.(3)　28.(2)　29.(2)　30.(1)

31.(2)　32.(4)　33.(3)　34.(4)　35.(2)　36.(1)　37.(2)　38.(1)　39.(2)　40.(4)

41.(3)　42.(4)　43.(4)　44.(1)　45.(1)　46.(4)　47.(3)　48.(2)　49.(1)　50.(1)

51.(1)　52.(2)　53.(2)　54.(3)　55.(3)　56.(1)　57.(2)　58.(2)　59.(1)　60.(3)

61.(1234)　　62.(123)　　63.(14)　　64.(1234)

65.(12)　　66.(124)　　67.(234)　　68.(12)

69.(124)　　70.(23)　　71.(1234)　　72.(134)

73.(123)　　74.(24)　　75.(234)　　76.(1234)

77.(124)　　78.(123)　　79.(13)　　80.(124)

7. 酸化會使土壤中的陽離子釋出，營養鹽減少使土壤貧瘠。

13. 甲類（固體火災）、乙類（油類火災）、丙類火災（電氣火災）。

26. 除選項(1)以外，其餘為主動式指標（災害還沒發生）。

32. 新僱勞工要做體格檢查以篩選勞工。

37. 高速額定電流都是 0.1 秒。

43. 連續性噪音則為 115 分貝。

50. 壓縮氣體壓力要超過 $10kg/cm^2$ 就是高壓氣體。

55. 第一種有機溶劑如二硫化碳、四氯化碳。

58. 一氧化碳為化學窒息物質。

70. 胸腔性粉塵是氣動粒徑是 4 微米，吸入性粉塵是氣動粒徑是 10 微米。

75. 胸外按壓速率為 100 至 120 次／分。

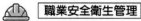

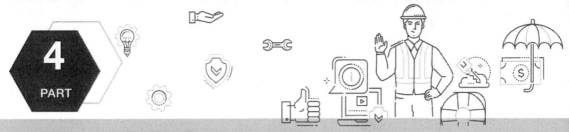

近年術科試題彙整及解析

（一）請依職業安全衛生法規說明下列名詞：

　　1. 勞工。（2 分）

　　2. 雇主。（2 分）

　　3. 工作場所。（4 分）

（二）職業安全衛生法規中有 A：勞動場所，B：作業場所，C：工作場所，試比較該等場所範圍之大小。（2 分，請以 A ＞ C ＞ B 之方式作答）

答

（一）1. 勞工：指受僱從事工作獲致工資者。

　　　2. 雇主：指事業主或事業之經營負責人。

　　　3. 工作場所：指勞動場所中，接受雇主或代理雇主指示處理有關勞工事務之人所能支配、管理之場所。

（二）A ＞ C ＞ B

---

2. 請依職業安全衛生管理辦法規定說明：

　（一）何種事業單位應參照中央主管機關所定之職業安全衛生管理系統指引，建置適合該事業單位之職業安全衛生管理系統？（8 分）

　（二）上述安全衛生管理之執行紀錄應保存幾年？（2 分）

答

（一）1. 第一類事業勞工人數在二百人以上者。

2. 第二類事業勞工人數在五百人以上者。

3. 有從事石油裂解之石化工業工作場所者。

4. 有從事製造、處置或使用危害性之化學品，數量達中央主管機關規定量以上之工作場所者。

（二）執行記錄保存三年。

---

3. 依職業安全衛生教育訓練規則規定，雇主對新僱勞工或在職勞工於變更工作前，應使其接受適於各該工作必要之一般安全衛生教育訓練，除一般規定不得少於 3 小時外，對於從事使用何種機械或設備之操作或何種作業，應各增列 3 小時？

（一）何種機械或設備之操作？（6 分，請列舉 3 種）

（二）何種作業？（4 分，請列舉 2 種）

（一）高空工作車、捲揚機、車輛系營建機械。

（二）缺氧作業、營造作業、電焊作業。

---

4. 依職業安全衛生管理辦法規定，選出下列各級人員之職責。（10 分，單選，請以（一）A、（二）B、…方式作答）

各級人員	職責
（一）工作場所負責人及各級主管	A、擬訂、規劃及推動安全衛生管理事項，並指導有關部門實施
（二）未置有職業安全（衛生）管理師、職業安全衛生管理員事業單位之職業安全衛生業務主管	B、主管及督導安全衛生管理事項
	C、擬訂、規劃及推動安全衛生管理事項
（三）置有職業安全（衛生）管理師、職業安全衛生管理員事業單位之職業安全衛生業務主管	D、依職權指揮、監督所屬執行安全衛生管理事項，並協調及指導有關人員實施

各級人員	職責
（四）一級單位之職業安全衛生人員 （五）職業安全（衛生）管理師、職業安全衛生管理員	E、協助一級單位主管擬訂、規劃及推動所屬部門安全衛生管理事項，並指導有關人員實施 F、對雇主擬訂之安全衛生政策提出建議，並審議、協調及建議安全衛生相關事項

（一）D　（二）A　（三）B　（四）E　（五）F

---

5. 以下為合梯作業圖例，除下列圖示中已列出之事項外，請依職業安全衛生設施規則規定，說明使用合梯應符合及禁止之事項：

（一）應符合之事項。（8 分，請列舉 4 項）

（二）禁止事項。（2 分，請列舉 1 項）

合梯圖例（適用高度 2 公尺以下作業使用）

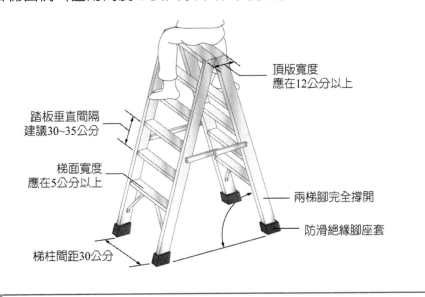

（一）職業安全衛生設施規則第 230 條

雇主對於使用之合梯，應符合下列規定：

一、具有堅固之構造。

二、其材質不得有顯著之損傷、腐蝕等。

三、梯腳與地面之角度應在七十五度以內，且兩梯腳間有金屬等硬質繫材扣牢，腳部有防滑絕緣腳座套。

四、有安全之防滑梯面。

（二）雇主不得使勞工以合梯當作二工作面之上下設備使用，並應禁止勞工站立於頂板作業。

---

6. 營造業墜落事故，請分別就管理因素、環境因素及行為因素等說明其原因為何。

（一）不當管理因素（4 分，請列舉 2 項）

（二）不安全環境因素（2 分，請列舉 1 項）

（三）不安全行為因素（4 分，請列舉 2 項）

（一）不當管理因素，例如：未對勞工進行教育訓練、未訂安全衛生工作守則。

（二）不安全環境因素，例如：未依規定設置護圍。

（三）不安全行為因素，例如：未戴安全帽、未綁安全繩。

---

7. 請依職業安全衛生設施規則規定，回答下述問題。（**10** 分，單選，請以**(1)A**、**(2)B**、… 方式作答）

（一）室內工作場所之主要人行道，不得小於**(1)____**公尺，各機械間通道不得小於**(2)____**公尺。

（二）車輛通行道寬度，應為最大車輛寬度**(3)____**倍再加**(4)____**公尺，如係單行道則為最大車輛寬度加**(5)____**公尺。

（三）雇主架設之通道（包括機械防護跨橋），其傾斜應保持在**(6)____**度以下。但設置樓梯者或高度未滿 **2** 公尺而設置

有扶手者，不在此限。通道傾斜超過(7)____度以上者，應設置踏條或採取滑溜之措施。

（四）有墜落之虞之場所，應置備高度(8)____公尺以上之堅固扶手。

（五）設置於豎坑內之通道，長度超過 15 公尺者，每隔(9)____公尺內應設置平台一處。

（六）營建使用之高度超過 8 公尺以上之階梯，應於每隔(10)____一處。

選項： A 0.5　　 B 0.75　　 C 0.8　　 D 1　　 E 1.2
　　　 F 2　　　 G 2.5　　 H 3　　　 I 3.6　　 J 5
　　　 K 7　　　 L 10　　 M 15　　 N 30　　 O 45

(1)D　(2)C　(3)F　(4)D　(5)D　(6)N　(7)M　(8)B　(9)L　(10)K

---

8. 某工廠勞工總人數 1350 人，其中 150 人從事特別危害健康作業。請依勞工健康保護規則規定，回答下述問題。（**10 分，單選，請以(1)A、(2)B、…方式作答**）

（一）長期派駐人員係指雇主指派至其他事業單位從事工作，且(1)____年內派駐時間達(2)____個月以上者。

（二）臨時性作業係指正常性作業以外之作業，其作業時間不超過(3)____個月，且(4)____年內不再重複者。

（三）該工廠應至少僱用或特約職業醫學科專科醫師從事臨場服務，每月(5)____次。

（四）該工廠應至少僱用從事勞工健康服務之護理人員(6)____人。

（五）有關特殊體格（健康）檢查紀錄之保存年限，從事(7)____(8)____等作業，應至少保存 30 年。

（六）從事勞工健康服務之護理人員，其在職教育訓練之訓練時間每(9)____年合計至少(10)____小時。

選項：A 3   B 5   C 1   D 2   E 6

       F 12   G 24   H 36   I 非游離輻射   J 光阻液

         K 甲苯   L 鎳及其化合物   M 乙醛   N 石綿   O 環氧乙烷

(1)C   (2)E   (3)A   (4)C   (5)A   (6)D   (7)N   (8)L   (9)A   (10)F

---

9. 甲、乙兩家汽車維修廠，依勞工作業環境監測實施辦法實施作業環境監測，對於空氣中甲苯之暴露評估結果，8 小時日時量平均暴露濃度分別為 **120 ppm** 及 **80 ppm**（甲苯 8 小時日時量平均容許濃度為 **100ppm**），依危害性化學品評估及分級管理辦法規定，請問甲、乙兩廠之風險等級分屬第幾級管理？應分別採取哪些控制或管理措施？（**10 分**）

甲廠：8 小時日時量平均暴露濃度 120 ppm 大於容許濃度 100ppm 屬第 3 級管理，應即採取有效控制措施。

乙廠：8 小時日時量平均暴露濃度 80 ppm 小於容許濃度 100ppm 但高於 50ppm 屬第 2 級管理，應就製程設備、作業程序，採取必要之改善措施。

---

10. 有一局限空間，氣積 100 m³，原本含氧氣 20%，其餘為氮氣。現有一氧化碳發生源以每分鐘 0.5 m³ 速率產生至此局限空間內，且僅排出原本空氣。請問此局限空間幾分鐘後會使氧氣濃度降至 18%？（10 分，請列出計算過程）

$C_1 = C_0 e^{-qt/v}$ C_0 原來氧氣濃度、C_1 被稀釋後氧氣濃度

$18\% = 20\% \times e^{(-0.5t/100)} = 20\% \times e^{(-0.0055t)}$

$Ln\ 18/20 = Ln\ e^{(-0.0055t)} = -0.0055t$

$t = 181.8\ Ln\ 20/18 = 18.98$ 分

▶ 108 年 07 月 15 日技能檢定試題（第 87 次）（術科）

1. 請回答下列問題：

(一) 1. 依起重升降機具安全規則規定，中型移動式起重機設置完成時，應實施哪二種試驗，確認安全後，方得使用。（2 分）

2. 前述二種試驗實施之荷重分別為何。（2 分）

(二) 參考下圖列舉 3 種可能造成移動式起重機翻覆之不安全狀況或行為。（6 分）

(一) 起重升降機具安全規則第 24 條

1. 雇主於中型移動式起重機設置完成時，應實施荷重試驗及安定性試驗，確認安全後，方得使用。

2. 前項荷重試驗，指將相當於該起重機額定荷重一點二五倍之荷重置於吊具上，實施吊升、直行、旋轉或必要之走行等動作之試驗。第一項安定性試驗，指使該起重機於最不利於安定性之條件下，將相當於額定荷重一點二七倍之荷重置於吊具上所實施之試驗。第一項試驗紀錄應保存三年。

（二）移動式起重機翻覆原因如下：吊掛物超過額定荷重、外伸撐座未完全伸出、於鬆軟地質處所作業。

---

2. 請依高架作業勞工保護措施標準規定說明：
　　（一）何謂高架作業？（**4** 分）
　　（二）列舉 **3** 種不得從事高架作業之情事。（**6** 分）

（一）高架作業勞工保護措施標準第 3 條
　　　本標準所稱高架作業，係指雇主使勞工從事之下列作業：
　　　1. 未設置平台、護欄等設備而已採取必要安全措施，其高度在二公尺以上者。
　　　2. 已依規定設置平台、護欄等設備，並採取防止墜落之必要安全措施，其高度在五公尺以上者。
（二）第 8 條勞工有下列情事之一者，雇主不得使其從事高架作業：
　　　1. 酒醉或有酒醉之虞者。
　　　2. 身體虛弱，經醫師診斷認為身體狀況不良者。
　　　3. 情緒不穩定，有安全顧慮者。
　　　4. 勞工自覺不適從事工作者。
　　　5. 其他經主管人員認定者。

---

3. 某機械廠房外側露天之高壓氣體鋼瓶貯存區（如照片所示），貯存有二氧化碳鋼瓶、乙炔鋼瓶及氧氣鋼瓶，其中最右側之 **4** 瓶鋼瓶為已使用完畢之回收鋼瓶，其餘尚未使用，請檢視照片內容，列舉 **5** 項該廠違反之職業安全衛生法令規定事項。（**10** 分）

一、貯存場所未有適當之警戒標示，禁止煙火接近。

二、盛裝容器和空容器未分區放置。

三、可燃性氣體、有毒性氣體及氧氣之鋼瓶，未分開貯存。

四、應安穩置放未加固定及裝妥護蓋。

五、容器未保持在攝氏四十度以下。

（不符職業安全衛生設施規則第 108 條規定）

4. 安全作業標準可用表格方式表示，4 欄式或 5 欄式（事故處理除外）應包含那 4 個要項？（10 分）

安全作業標準應包含：工作步驟、工作方法、不安全因素、安全措施。

5. 營造工程於模板支撐時，往往因施工程序錯誤或設計缺失造成倒（崩）塌等重大職災事故。依營造安全衛生設施標準規定，模板支撐作業主管於作業現場辦理事項為何？（10 分）

第 4 部分

營造安全衛生設施標準第 133 條

雇主對於模板支撐組配、拆除（以下簡稱模板支撐）作業，應指派模板支撐作業主管於作業現場辦理下列事項：

一、決定作業方法，指揮勞工作業。

二、實施檢點，檢查材料、工具、器具等，並汰換其不良品。

三、監督勞工確實使用個人防護具。

四、確認安全衛生設備及措施之有效狀況。

五、其他為維持作業勞工安全衛生所必要之措施。

---

6. 某食品公司正從事液化石油氣(LPG)從槽車卸收至儲槽之作業，為確保卸收作業安全，請回答下列問題：

　　（一）作業過程中為避免因靜電而引起爆炸或火災，請問可採取那些去除靜電之裝置或方法？（6分，請列舉 3 項）

　　（二）液化石油氣槽車卸收作業前，除了去除靜電、煙火管制及周圍警戒外，應採取那些安全設施，始得作業？（4分，請列舉 2 項）

（一）職業安全衛生設施規則第 175 條

　　　雇主對於下列設備有因靜電引起爆炸或火災之虞者，應採取接地、使用除電劑、加濕、使用不致成為發火源之虞之除電裝置或其他去除靜電之裝置：

　　　1. 灌注、卸收危險物於槽車、儲槽、容器等之設備。

（二）職業安全衛生設施規則第 186 條

　　　雇主對於從事灌注、卸收或儲藏危險物於化學設備、槽車或槽體等作業，應依下列規定辦理：

　　　1. 使用軟管從事易燃液體或可燃性氣體之灌注或卸收時，應事先確定軟管結合部分已確實連接牢固始得作業。作業結束後，應確認管線內已無引起危害之殘留物後，管線始得拆離。

2. 使用槽車從事灌注或卸收作業前，槽車之引擎應熄火，且
　設置適當之輪擋，以防止作業時車輛移動。

---

7. 請依職業安全衛生設施規則規定，回答下列問題：
　（一）雇主使勞工於局限空間從事作業前，應先確認該局限空
　　　間有無危害問題。請列舉 3 種危害。（6 分）
　（二）局限空間有危害之虞者，應訂定危害防止計畫，該危害
　　　防止計畫應提供那些儀器或設備之檢點及維護方法？（4
　　　分）

（一）職業安全衛生設施規則第 29-1 條
　　　雇主使勞工於局限空間從事作業前，應先確認該局限空間內
　　　有無可能引起勞工缺氧、中毒、感電、塌陷、被夾、被捲及
　　　火災、爆炸等危害。
（二）危害防止計畫應提供測定儀器、通風換氣、防護與救援設備
　　　之檢點及維護方法。

---

8. 請依職業安全衛生法、職業安全衛生設施規則以及勞工健康保護
　規則規定，回答下述問題。（10 分，單選，請自所附選項，以
　(1)A、(2)B、…方式作答）
　（一）職業安全衛生法所稱特別危害健康作業，是指如(1)＿＿＿
　　　作業、(2)＿＿＿作業、(3)＿＿＿作業。
　（二）長期夜間工作之工作日數，是指同一年度 1 月 1 日至 12
　　　月 31 日之期間，於午後(4)＿＿＿時至翌晨(5)＿＿＿時區間工
　　　作(6)＿＿＿小時以上之工作日數，達當月工作日數 1/2，且
　　　有 6 個月以上。（含不連續單月）
　（三）長期夜間工作之工作時數，是指前述區間之工作時數，
　　　累計達(7)＿＿＿小時以上。

（四）長期夜間工作之指定健檢項目，除涵蓋一般勞工健檢項目外，尚增加(8)____、(9)____、(10)____等相關檢查或調查。

選項：A. 3　　　　　B. 5　　　　　C. 6　　　　　D. 8

E. 10　　　　F. 12　　　　G. 500　　　　H. 700

I. 800　　　　J. 疲勞狀況　　K.眼壓　　　L.腹部 X 光

M.肝膽腸胃病史　N.生殖系統病史　O.心臟超音波　P.非游離輻射

Q.高溫　　　　R.粉塵　　　　S.高架　　　　T.噪音

U.局限空間

（一）(1)Q　　(2)R　　(3)T
（二）(4)E　　(5)C　　(6)A
（三）(7)H
（四）(8)M　　(9)J　　(10)O

長期夜間工作的適用情形，分為工作日數及時數兩種，所謂夜間工作是指在晚上 10 點至清晨 6 點間從事工作，所指定的特定對象為全年度夜間工作時數累積達 700 小時以上，或每月在夜間工作達 3 小時的日數佔當月工作日的 1/2，且全年度有 6 個月以上者。

9. 某一工廠機房有數台 **150HP** 馬達同時起動時，因空間不足且未有吸音防護，以至回音量大，經現場實務量測某一勞工噪音暴露測定結果如下，試問該勞工全程工作日之噪音暴露總劑量（8 分，請列計算式，否則不予計分，答案四捨五入至小數點第 **2** 位），是否符合法規規定？（2 分，請說明理由，否則不予計分）

上　午　08:00~11:00	穩定性噪音，LA=85 dBA
上　午　11:00~12:00	穩定性噪音，LA=95 dBA
下　午　13:00~15:00	變動性噪音，噪音劑量為 55%

下　午　15:00~17:00	穩定性噪音，LA=90 dBA
下　午　17:00~18:00	穩定性噪音，LA=78 dBA

D ＝3/16 ＋1/4 ＋ 0.55 ＋ 2/8 ＝1.238 ＞ 1　總劑量大於 1 故不符法規（78 dBA ＜ 80 dBA 不列入劑量計算）

---

10. 某事業單位之單月總經歷工時為 20,000 小時，失能傷害人次數為 2，總損失日數為 15。請計算失能傷害頻率及失能傷害嚴重率。（10 分，請列出計算式及正確有效位數，否則不予計分）

F.R. ＝失能傷害人次數 ×10^6 ／ 總經歷工時 ＝ $2 \times 10^6/20000$ ＝ 100.00

S.R. ＝失能傷害損失日數 ×10^6 ／ 總經歷工時 ＝ $15 \times 10^6/20000$ ＝ 750

▶ **108 年 11 月 04 日技能檢定試題（第 88 次）（術科）**

---

1. 試依職業安全衛生法及其施行細則回答下列問題：
  （一）職業災害定義中所稱之「職業上原因」所指為何？（4分）
  （二）工作者發現事業單位違反有關安全衛生規定時，申訴對象為何？（請列舉 2 項，4 分）
  （三）雇主不得對申訴工作者予以解僱、調職或其他不利之處分，此所稱「其他不利之處分」所指為何？（2分）

（一）所稱職業上原因，指隨作業活動所衍生，於勞動上一切必要行為及其附隨行為而具有相當因果關係者。

（二）工作者發現下列情形之一者，得向雇主、主管機關或勞動檢查機構申訴：
  1. 事業單位違反本法或有關安全衛生之規定。
  2. 疑似罹患職業病。
  3. 身體或精神遭受侵害。

（二）其他不利之處分，指直接或間接損害勞工依法令、契約或習慣上所應享有權益之措施。（職安法施行細則第 26 條）

---

2. 何謂職業安全衛生法所定之安全衛生組織及其業務為何？（10分）

安全衛生組織，包括下列組織：
1. 職業安全衛生管理單位：為事業單位內擬訂、規劃、推動及督導職業安全衛生有關業務之組織。
2. 職業安全衛生委員會：為事業單位內審議、協調及建議職業安全衛生有關業務之組織。（職安法施行細則第 32 條）

3. 試依職業安全衛生設施規則規定，回答下述問題：

（一）車輛及堆高機之修理或附屬裝置之安裝、拆卸等作業時，於機臂、突樑、升降台及車台，應使用那些設施，以防止物體飛落？（3 分）

（二）使用座式操作之配衡型堆高機及側舉型堆高機，應使駕駛者確實使用何種安全裝置？但駕駛座配置有車輛傾倒時，防止駕駛者被堆高機壓傷之護欄或其他防護設施者，不在此限。（2 分）

（三）使用道路作業之工作場所，為防止車輛突入等引起之危害：

1. 日間或夜間封閉車道、路肩，各逾多少小時者，應訂定安全防護計畫？（2 分）

2. 安全防護計畫，除依公路主管機關規定訂有交通維持計畫者，得以交通維持計畫替代外，應包括那些事項？（3 分，回答 3 項）

（一）車輛及堆高機之修理或附屬裝置之安裝、拆卸等作業時，於機臂、突樑、升降台及車台，應使用安全支柱、絞車等防止物體飛落之設施。

（二）使用座式操作之配衡型堆高機及側舉型堆高機，應使擔任駕駛之勞工確實使用駕駛座安全帶。（職業安全衛生規則第 116 條）

（三）1. 日間封閉車道、路肩逾二小時或夜間封閉車道、路肩逾一小時者，應訂定安全防護計畫，並指派專人指揮勞工作業及確認依交通維持圖說之管制設施施作。（職業安全衛生規則第 21-2 條）

2. 安全防護計畫，除依公路主管機關規定訂有交通維持計畫者，得以交通維持計畫替代外，應包括下列事項：

(1) 交通維持布設圖。

(2) 使用道路作業可能危害之項目。

第 **4** 部分

(3) 可能危害之防止措施。

(4) 提供防護設備、警示設備之檢點及維護方法。

(5) 緊急應變處置措施。

---

4. 屬顯著風險（第一類）事業之製造業勞工總人數為 250 人，試依職業安全衛生管理辦法規定回答下列問題：

（一）職業安全衛生管理單位及職業安全衛生人員設置規定為何？（8分）

（二）該事業單位所屬從事製造之一級單位，勞工人數為 200人，應另置何種職業安全衛生人員？（2分）

（一）第一類事業單位勞工人數超過 100 人，低於 300 人，依規定須設置一級專責安全衛生管理單位並置職業安全衛生管理員一人。

（二）另置甲種職業安全衛生業務主管一人。

---

5. 事業單位與承攬人、再承攬人分別僱用勞工共同作業時，為防止職業災害發生，依職業安全衛生法施行細則規定，應由原事業單位召集並設置協議組織，除其他認有必要之協調事項外，試列舉 5 項協議組織之協議事項？（10分）

協議組織，應由原事業單位召集之，並定期或不定期進行協議下列事項：

1. 安全衛生管理之實施及配合。

2. 勞工作業安全衛生及健康管理規範。

3. 從事動火、高架、開挖、爆破、高壓電活線等危險作業之管制。

4. 對進入局限空間、有害物作業等作業環境之作業管制。

5. 電氣機具入廠管制。

6. 作業人員進場管制。

7. 變更管理。

8. 劃一危險性機械之操作信號、工作場所標識（示）、有害物空容器放置、警報、緊急避難方法及訓練等。

9. 使用打樁機、拔樁機、電動機械、電動器具、軌道裝置、乙炔熔接裝置、電弧熔接裝置、換氣裝置及沉箱、架設通道、施工架、工作架台等機械、設備或構造物時，應協調使用上之安全措施。

10. 其他認有必要之協調事項。（職安法施行細則第 38 條）

6.

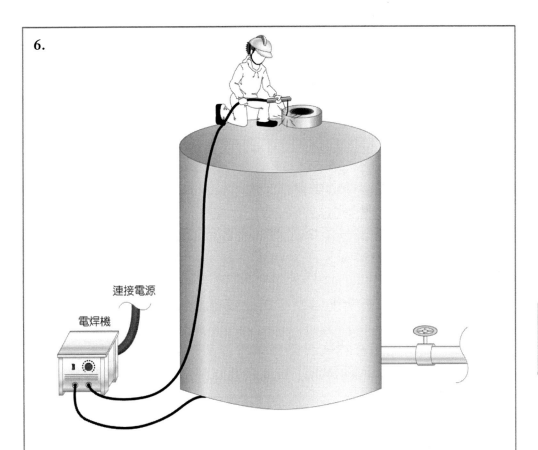

連接電源

電焊機

如圖所示，某工廠為了整修柴油槽，使 1 名勞工在槽頂從事人孔電焊作業，現場負責人於施工前辨識出此作業有感電的危害。試問：

（一）針對此感電的危害，提出 **3** 種預防感電之安全衛生設施？（**6**分）

（二）除感電的危害之外，還有那 **2** 個安全主要危害？（**4**分）

（注意：答案只取題目要求之答案數目評分，後面多寫的均不計分）

（一）電焊機感電危害預防

　　1. 電焊機加裝防電擊裝置、漏電斷路器。

　　2. 絕緣握把。

　　3. 作業人員使用絕緣手套。

（二）還有下列兩個危害：

　　1. 缺氧危害

　　2. 墜落危害

---

7. 依起重升降機具安全規則規定，雇主對於移動式起重機之使用，以吊物為限，不得乘載或吊升勞工從事作業。但從事貨櫃裝卸、船舶維修、高煙囪施工等尚無其他安全作業替代方法，或臨時性、小規模、短時間、作業性質特殊，經採取防止墜落等措施者，不在此限：

（一）試敘明 **3** 種前述所定防止墜落措施，應辦理事項。（**6**分）

（二）允許使用移動式起重機乘載或吊升勞工從事作業之高度為何？又何種情況下排除高度限制之使用規定。（**4**分）

（一）雇主對於前項但書所定防止墜落措施，應辦理事項如下：

　　1. 以搭乘設備乘載或吊升勞工，並防止其翻轉及脫落。

　　2. 使勞工佩戴安全帶或安全索。

　　3. 搭乘設備自重加上搭乘者、積載物等之最大荷重，不得超過該起重機作業半徑所對應之額定荷重之百分五十。

　　　4.搭乘設備下降時，採動力下降之方法。（起重機具升降安全
　　　　規則第 36 條）
（二）移動式起重機從事垂直高度二十公尺以下之高處作業，不適
　　　　用第三十五條第一項但書規定。但使用道路或鄰接道路作業
　　　　者，不在此限。（起重機具升降安全規則第 37 條）

---

8. 雇主為維持施工架之穩定，依營造安全衛生設施標準規定，試列
　　舉 5 項應辦理事項。（**10** 分）

雇主為維持施工架及施工構臺之穩定，應依下列規定辦理：
1. 施工架及施工構臺不得與混凝土模板支撐或其他臨時構造連接。
2. 以斜撐材作適當而充分之支撐。
3. 施工架在適當之垂直、水平距離處與構造物妥實連接，其間隔在
　　垂直方向以不超過五點五公尺，水平方向以不超過七點五公尺為
　　限。
4. 因作業需要而局部拆除繫牆桿、壁連座等連接設施時，應採取補
　　強或其他適當安全設施，以維持穩定。
5. 獨立之施工架在該架最後拆除前，至少應有三分之一之踏腳桁不
　　得移動，並使之與橫檔或立柱紮牢。
6. 鬆動之磚、排水管、煙囪或其他不當材料，不得用以建造或支撐
　　施工架及施工構臺。
7. 施工架及施工構臺之基礎地面應平整，且夯實緊密，並襯以適當
　　材質之墊材，以防止滑動或不均勻沈陷。（營造安全衛生設施規
　　則第 45 條）

第 **4** 部分

9. 試依勞工健康保護規則規定，回答下述問題：

（一）事業單位之同一工作場所，勞工總人數在 100 人至 199 人者，應特約醫護人員辦理臨場健康服務，自中華民國 (1)＿＿年 1 月 1 日施行。

（二）事業分散於不同地區，其與所屬各地區事業單位之勞工總人數達(2)＿＿人以上者，應僱用或特約醫護人員，辦理健康服務。但地區事業單位已辦理臨場健康服務，其勞工總人數得不併入計算。

（三）雇主使醫護人員辦理臨場健康服務時，所填寫紀錄表，應保存(3)＿＿年。

（四）游離輻射之檢查紀錄，應至少保存(4)＿＿年。

（五）高溫作業之檢查紀錄，至少保存(5)＿＿年。

（10 分，單選，請以(1)A、(2)B、…方式作答）

選項：　　A、1　　　　B、3　　　　C、5　　　　D、7　　　　E、10

　　　　　F、15　　　G、30　　　H、50　　　I、108　　　J、109

　　　　　K、110　　L、111　　　M、2000　　N、3000　　O、5000

　　　　　P、6000

（一）J (109)

（二）N (3000)

（三）B (3)

（四）G (30)

（五）B (3)

10. 某常溫常壓（1 mol 氣體佔 24.45 L）且換氣率不高之室內工作
    場所，氣積 244.5 m3。某工作者在其內處理某有機溶劑，分子量
    50、PEL 100 ppm。如果操作不慎，導致有機溶劑洩漏。假設洩
    漏後完全蒸發，且都滯留在此室內工作場所空氣中，沒有流通出
    去。試計算要洩漏多少公克，會使該化學品空氣中濃度達到
    PEL？（10 分，請列出計算過程，否則不予計分）

依題意　100 x 50 ÷ 24.45 (mg/m³) = W/244.5 (mg/m³)

W = 50000 mg = 50g

▶ 109 年 03 月 16 日技能檢定試題（第 89 次）（術科）

---

1. 請依職業安全衛生法及其施行細則回答下列問題：
   （一）法定傳染病疫情嚴重時是否屬立即發生危險之虞，雇主需採取緊急應變或立即退避之情形？（請回答是或否，2分）
   （二）勞工執行職務發現有立即發生危險之虞時，自行停止作業及退避至安全場所，雇主不得對該等勞工施以那些不利處分？（4分）
   （三）為避免勞工濫用退避權，何種情形下，雇主得對上述自行停止作業及退避至安全場所之勞工施以不利處分？（4分）

（一）法定傳染病疫情嚴重時是屬立即發生危險之虞。

（二）雇主不得對勞工予以解僱、調職、不給付停止作業期間工資或其他不利之處分。

（三）雇主證明勞工濫用停止作業權，經報主管機關認定，並符合勞動法令規定者。

---

2. 依勞動檢查法第 28 條規定，有立即發生危險之虞之類型有那 5 種？（10分）

立即發生危險之虞有爆炸、火災、中毒、缺氧、墜落五種類型。

3. 某倉庫發現存放已久裝有酒精之容器，原已依規定標示危害圖示及內容，如下圖所示，但其中之「內容」，除「危害防範措施」與「製造者、輸入者或供應者之名稱、地址及電話」外，皆已剝落不清，請問剝落之 4 種事項[(1)、(2)、(3)、(4)]分別為何？另製造者、輸入者、供應者或雇主，應依實際狀況檢討安全資料表內容之正確性，適時更新，並至少每 __(5)__ 年檢討 1 次？（10分）

一、危害圖示：

二、內容：

（一） __(1)__ ：酒精（乙醇）

（二） __(2)__ （成分百分比）：**95%**

（三） __(3)__ ：危險

（四） __(4)__ ：高度易燃液體和蒸氣

造成眼睛刺激

（五）危害防範措施：緊蓋容器

遠離引燃品－禁止吸菸

若與眼睛接觸，立刻以大量的水洗滌後洽詢醫療機構

戴眼罩/護面具

（六）製造者、輸入者或供應者之名稱、地址及電話：好安全有限公司、台北市平安路 100 號、(02)XXXXXXXX

※更詳細資料，請參考安全資料表

---

(1)名稱　(2)危害成分　(3)警示語　(4)危害警告訊息　(5)3 年

4. 職業安全衛生委員會是勞工參與事業單位職業安全衛生管理重要
的一環，依職業安全衛生管理辦法規定，回答下列問題：
（一）何種危害風險類別及規模（勞工人數）之事業單位（不
含總機構）應設職業安全衛生委員會？（4分）
（二）職業安全衛生委員會應置委員多少人以上？（2分）何者
為當然委員並為主任委員？（2分）委員任期為幾年？
（2分）

（一）高風險事業單位勞工人數 100 人以上，需設置職業安全衛生
委員會。
（二）7 人以上雇主為當然委員，任期 2 年。

5. 依職業安全衛生設施規則規定，對有生物病原體危害之虞之勞工
工作場所，事業單位應採取那些感染預防措施？（10 分，請舉
出 5 項："其他經中央主管機關指定者" 作答不計分）

職業安全衛生設施規則第 297-1 條
雇主對於工作場所有生物病原體危害之虞者，應採取下列感染預防
措施：
一、危害暴露範圍之確認。
二、相關機械、設備、器具等之管理及檢點。
三、警告傳達及標示。
四、健康管理。
五、感染預防作業標準。
六、感染預防教育訓練。
七、扎傷事故之防治。
八、個人防護具之採購、管理及配戴演練。
九、緊急應變。

十、感染事故之報告、調查、評估、統計、追蹤、隱私權維護及紀錄。

十一、感染預防之績效檢討及修正。

十二、其他經中央主管機關指定者。

---

6. 依職業安全衛生設施規則規定，填答下述問題。（**10** 分）

雇主為防止電氣災害，於調整電動機械而停電，其開關切斷後，須立即 __(1)__ 或 __(2)__ 並 __(3)__ 。復電時，應由 __(4)__ 人取下鎖或掛牌後，始可復電，以確保安全。但 __(5)__ 人因故無法執行職務者，雇主應指派適當職務代理人，處理復電、安全控管及聯繫等相關事宜。

職業安全衛生設施規則第 276 條

雇主為防止電氣災害，應依下列規定辦理：

二、為調整電動機械而停電，其開關切斷後，須立即 <u>(1)上鎖</u> 或 <u>(2)掛牌標示</u> 並 <u>(3)簽章</u> 。復電時，應由 <u>(4)原掛簽人</u> 取下鎖或掛牌後，始可復電，以確保安全。但 <u>(5)原掛簽人</u> 因故無法執行職務者，雇主應指派適當職務代理人，處理復電、安全控管及聯繫等相關事宜。

---

7. 依營造安全衛生設施標準規定，事業單位安裝安全母索時，應辦理之事項為何？（**10** 分，列舉 5 項）

營造安全衛生設施標準第 23 條

雇主提供勞工使用之安全帶或安裝安全母索時，應依下列規定辦理：

一、安全帶之材料、強度及檢驗應符合國家標準 CNS 7534 Z2037 高處作業用安全帶、CNS 6701 M2077 安全帶（繫身型）、CNS 14253 Z2116 背負式安全帶及 CNS 7535 Z3020 高處作業用安全帶檢驗法之規定。

二、安全母索得由鋼索、尼龍繩索或合成纖維之材質構成，其最小斷裂強度應在二千三百公斤以上。

三、安全帶或安全母索繫固之錨錠，至少應能承受每人二千三百公斤之拉力。

四、安全帶之繫索或安全母索應予保護，避免受切斷或磨損。

五、安全帶或安全母索不得鉤掛或繫結於護欄之杆件。但該等杆件之強度符合第三款規定者，不在此限。

六、安全帶、安全母索及其配件、錨錠，在使用前或承受衝擊後，應進行檢查，有磨損、劣化、缺陷或其強度不符第一款至第三款之規定者，不得再使用。

---

8. 下列各情境，何者可使用整體換氣即可(A)，何者應使用局部排氣(B)？請依序作答。（**10** 分，本題各小項均為單選，答題方式如：**(1)A**、**(2)B ...**）

(1) 工作場所的區域大，不是隔離的空間。

(2) 在一隔離的工作場所或有限的工作範圍。

(3) 有害物的毒性高或為放射性物質。

(4) 有害物產生量少且毒性相當低，允許其散布在作業環境空氣中。

(5) 有害物發生源分布區域大，且不易設置氣罩時。

(6) 有害物進入空氣中的速率快，且無規律。

(7) 有害物進入空氣中的速率相當慢，且較有規律。

(8) 含有害物的空氣產生量不超過通風用空氣量。

(9) 產生大量有害物的工作場所。

(10)工作者與有害物發生源距離足夠遠，使得工作者暴露濃度不致超過容許濃度標準。

答

(1)A　(2)B　(3)B　(4)A　(5)A

(6)B　(7)A　(8)A　(9)B　(10)A

9. （一）檢修電氣設備前應先停止送電，要確認是否已切斷電源，可使用那些安全衛生測定儀器？（**4** 分，列舉 **2** 種）

　　（二）從事局限空間作業應置備測定儀器，最常使用四用氣體偵測器，此四用氣體偵測器可偵測那 **4** 種氣體？（**6** 分，列舉 **3** 種）

（一）檢電器具如三用電表或驗電起子。

（二）四用氣體偵測器可偵測氧氣、一氧化碳、硫化氫、可燃性氣體。

10. 某種口罩主要分為防潑水層、不織布層及皮膚接觸層，若此 **3** 層對粉塵的過濾效率分別為 **30.0%**、**60.0%**、**30.0%**。此口罩對粉塵的總過濾效率為多少％？（**10** 分，應列出計算過程，否則不予計分）

粉塵穿透三層的效率＝$(1-30\%) \times (1-60\%) \times (1-30\%)＝19.6\%$

粉塵過濾總效率＝$1-19.6\%＝80.4\%$

▶ 109 年 07 月 13 日技能檢定試題（第 90 次）（術科）

1. 依職業安全衛生法及其施行細則規定，回答下列問題：
   （一）工作者除勞工、自營作業者外，尚包括那種身分之人員？（3 分）
   （二）符合（一）答案該身分之人員如發生職業災害需住院治療，何者須依規定於 8 小時內通報勞動檢查機構？（4 分）
   （三）自營作業者操作危險性機械，該自營作業者應如何取得操作該危險性機械之資格？（3 分）

依「職業安全衛生法及其施行細則」規定：
（一）工作者：指勞工、自營作業者及其他受工作場所負責人指揮或監督從事勞動之人員。
（二）事業單位勞動場所發生職業災害者，雇主應於八小時內通報勞動檢查機構。
（三）經中央主管機關指定具有危險性機械或設備之操作人員，雇主應僱用經中央主管機關認可之訓練或經技能檢定之合格人員充任之。

2. 依機械設備器具安全標準規定，回答下列問題：
   （一）說明下圖所示(1)、(2)、(3)堆高機之裝置名稱。（6 分）
   （二）堆高機圖示(2)之裝置，於何種情況下得不設置。（2 分）
   （三）雇主使用堆高機圖示(3)之裝置，應符合之規定為何？（請列舉一項說明，2 分）

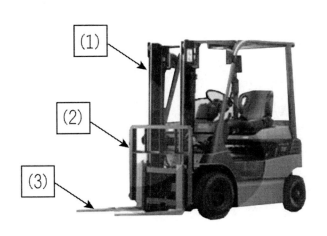

依「機械設備器具安全標準」規定：

（一）圖示(1)為桅桿，圖示(2)為後扶架，圖示(3)為貨叉。

（二）堆高機應設置後扶架。但堆高機已註明限使用於將桅桿後傾之際貨物掉落時無引起危害之虞者，不在此限。(80 條)

（三）堆高機之貨叉、柱棒等裝載貨物之裝置（以下簡稱貨叉等），應符合下列規定：

　　1. 材料為鋼材，且無顯著損傷、變形及腐蝕者。

　　2. 在貨叉之基準承重中心加以最大荷重之重物時，貨叉所生應力值在該貨叉鋼材降伏強度值之三分之一以下。(82 條)

3. 某事業單位為全日班，勞工人數 110 人，其中使用含溴丙烷 10% 清潔劑從事高爾夫球頭清洗作業者有 60 人。依勞工健康保護規則規定，回答下列問題：（10 分）

　　（一）由於通風不良易導致溴丙烷過量暴露，恐造成作業勞工中毒，雇主對於使用溴丙烷從事高爾夫球頭清洗作業之勞工，應定期或於變更其作業時，實施 **(1)** 檢查。另使用溴丙烷從事高爾夫球頭清洗作業為本規則用詞所稱之 **(2)** 作業。

（二）雇主對（一）所定勞工定期實施之檢查，應依規定分級實施健康管理，有關檢查結果屬於第四級管理者，經醫師評估現場仍有工作危害因子之暴露者，應採取 (3) 及相關管理措施。

（三）該事業單位自 (4) 年 1 月 1 日起，應特約醫護人員辦理臨場健康服務。

（四）該事業單位應至少置急救人員 (5) 人辦理急救事宜。

（一）(1)特殊健康檢查 (2)特別危害健康作業

（二）(3)危害控制

（三）(4)109

（四）(5)二，每一輪班次應至少置一人；其每一輪班次勞工總人數超過五十人者，每增加五十人，應再置一人。

---

4. 自動檢查是檢視機械設備或作業是否讓勞工安全工作極重要的管理措施，依職業安全衛生管理辦法規定，回答下列問題：

（一）自動檢查分為那幾大類？（請列舉 3 種，6 分）

（二）事業單位如承租、承借機械、設備或器具供勞工使用，得以書面約定由出租、出借人辦理之自動檢查為（一）答案的那 2 類？（4 分）

（一）依「職業安全衛生管理辦法」規定，自動檢查分為下列幾種：

1. 機械之定期檢查。

2. 設備之定期檢查。

3. 機械、設備之重點檢查。

4. 機械、設備之作業檢點。

5. 作業檢點。

（二）事業單位承租、承借機械、設備或器具供勞工使用者，應對該機械、設備或器具實施自動檢查。

前項自動檢查之定期檢查及重點檢查，於事業單位承租、承借機械、設備或器具時，得以書面約定由出租、出借人為之。

---

5. 依職業安全衛生設施規則規定，回答下列問題：（**10** 分）

（一）雇主對於高煙囪及高度在 (1) 公尺以上並作為危險物品倉庫使用之建築物，均應裝設適當 (2) 裝置。

（二）雇主對於收存危險物之液槽車、儲槽、油桶等設備，有因靜電引起爆炸或火災之虞者，應採取 (3) 、 (4) 、 (5) 、使用不致成為發火源之虞之除電裝置或其他去除靜電之裝置。

（一）雇主對於高煙囪及高度在 (1)三公尺 以上並作為危險物品倉庫使用之建築物，均應裝設適當 (2)避雷 裝置。

（二）雇主對於下列設備有因靜電引起爆炸或火災之虞者，應採取 (3)接地 、 (4)使用除電劑 、 (5)加濕 、使用不致成為發火源之虞之除電裝置或其他去除靜電之裝置。

---

6. 依職業安全衛生設施規則規定，回答下列有關升降機安全問題：（**10** 分）

（一）雇主對於升降機各樓出入口及搬器內，應明顯標示其 (1) 或 (2) ，並規定使用時不得超過限制。

（二）雇主對於升降機之升降路各樓出入口門，應有 (3) 裝置，使搬器地板與樓板相差 (4) 公分以上時，升降路出入口門不能開啟之。

（三）雇主對於升降機，應設置終點極限開關、 (5) 及其他安全裝置。

（一）雇主對於升降機各樓出入口及搬器內，應明顯標示其 (1)積載荷重 或 (2)乘載之最高人數 ，並規定使用時不得超過限制。

（二）雇主對於升降機之升降路各樓出入口門，應有 (3)連鎖裝置 ，使搬器地板與樓板相差 (4)七・五 公分以上時，升降路出入口門不能開啟之。

（三）雇主對於升降機，應設置終點極限開關、 (5)緊急剎車 及其他安全裝置。

---

7. 依營造安全衛生設施標準規定，雇主對於高度 2 公尺以上之工作場所，勞工作業有墜落之虞者，應訂定墜落災害防止計畫，依風險控制之先後順序規劃，並採取適當墜落災害防止設施。除設置護欄、護蓋及張掛安全網外，請列舉 5 項風險控制項目。（10分）

依「營造安全衛生設施標準」第 17 條規定，雇主對於高度二公尺以上之工作場所，勞工作業有墜落之虞者，應訂定墜落災害防止計畫，依下列風險控制之先後順序規劃，並採取適當墜落災害防止設施：

（一）經由設計或工法之選擇，儘量使勞工於地面完成作業，減少高處作業項目。

（二）經由施工程序之變更，優先施作永久構造物之上下設備或防墜設施。

（三）設置護欄、護蓋。

（四）張掛安全網。

（五）使勞工佩掛安全帶。

（六）設置警示線系統。

（七）限制作業人員進入管制區。

（八）對於因開放邊線、組模作業、收尾作業等及採取第一款至第五款規定之設施致增加其作業危險者，應訂定保護計畫並實施。

8. 依勞工保險職業病種類表所列，下列由生物性危害所引起之疾病及其續發症，其相對應之工作性質或工作場所為何？（**10** 分，單選，請以(一)A、(二)B、…方式作答）

職業病	工作性質或工作場所
（一）病毒性肝炎 （二）退伍軍人症 （三）登革熱 （四）漢他病毒出血熱 （五）豬型丹毒、炭疽、鼻疽等疾病	A、從事冷卻水塔維修、牙科門診等工作或工作於中央空調辦公室、旅館、醫院、安養院、精神病院、漩渦水療等有感染該疾病之虞的工作場所 B、從事經常接觸嚙齒類動物之工作或工作於嚙齒類動物出沒頻繁等有感染該疾病之工作場所 C、醫療保健服務業工作人員因針扎、噴濺等途徑，或其他因工作暴露人體血液、體液導致感染之後所致 D、限於因職務性質所需，在蚊蟲聚集的草叢水渠等地『例行、經常性、規律地』工作之人員 E、接觸患病之動物、動物屍體、獸毛、生皮革及其他動物性之製品之工作場所

（一）C、（二）A、（三）D、（四）B、（五）E。

9. 噪音造成的聽力損失及引起身體器官或系統的失調或異常等危害，試列舉 5 項噪音危害預防之「工程控制」方法。（**10** 分）

（一）消音。

（二）密閉。

（三）震動隔離。

（四）緩衝阻尼。

（五）慣性塊。

（六）吸音材料。

10. 某一負壓隔離病房，唯一進氣口之 4 點風速測值分別為 1.6、2.1、1.8、1.7 m/s，進氣口規格為 30 cm×30 cm。病室氣積為 40 m³。試回答下列問題：

(一) 進氣風量為多少 m³/hr？（4 分，應列出計算過程，不用 4 捨 5 入，否則不予計分）

(二) 每小時換氣次數為多少？（4 分，答案不用 4 捨 5 入，並列出計算過程，否則不予計分）

(三) 如設定每小時換氣次數須達 6 次始為換氣正常，小於 6 次為換氣不足，大於 15 次為過度換氣。則此病室判定為何種換氣狀況？（2 分）

平均風速為(V)為(1.6＋2.1＋1.8＋1.7)/4＝1.8m/s，進氣口截面積(A)為 0.3m×0.3m=0.09m²

(一) 進氣風量 $Q = AV = 0.09(m^2) \times 1.8(m/s) = 0.162(m^3/s) = 583.2(m^3/hr)$

(二) 換氣次數=換氣量／氣積＝583.2(m³/hr)/40(m³)＝14.58 次／hr

(三) 因此病室換氣次數為 14.58 次，大於 6 次小於 15 次，故判定為換氣正常。

▶ 109 年 11 月 02 日技能檢定試題（第 91 次）（術科）

1. 依職業安全衛生法令規定，回答下列問題：
   （一）職業安全衛生法所稱之場所除工作場所外，尚包括那 2 種？（4 分）
   （二）職業安全衛生法所稱工作者中，除了勞工及自營作業者外，何者於事業單位工作場所從事勞動，卻與其無僱傭關係，但應比照該事業單位之勞工？（2 分）
   （三）上述（二）所指之人員，應適用職業安全衛生法規定，但那 2 種規定事項可以不適用？（4 分）

答

（一）自營作業者及其他受工作場所負責人指揮或監督從事勞動之人員。

（二）其他受工作場所負責人指揮或監督從事勞動之人員，指與事業單位無僱傭關係，於其工作場所從事勞動或以學習技能、接受職業訓練為目的從事勞動之工作者。

（三）非從事勞動或以學習技能、接受職業訓練為目的從事勞動之工作者。

2. 由下圖統計結果顯示，調整機械／材料、整理清潔、檢修機械等作業常造成機械捲夾職災，試回答下列問題：
   （一）依職業安全衛生設施規則規定，雇主對於機械之掃除、上油、檢查、修理或調整有導致危害勞工之虞者，應採取何措施？（2 分）為防止他人誤起動，該機械之起動裝置應採何種措施？（2 分，列舉 1 種）
   （二）除上述相關措施以外，另列舉 3 種不同類型防止機械捲夾職災之設備。（6 分）

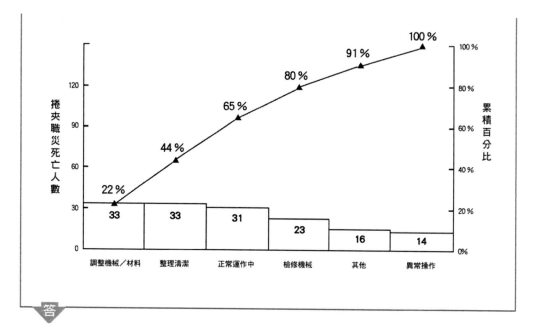

（一）雇主對於機械之掃除、上油、檢查、修理或調整有導致危害
勞工之虞者，應停止相關機械運轉及送料。為防止他人操作
該機械之起動等裝置或誤送料，應採上鎖或設置標示等措
施，並設置防止落下物導致危害勞工之安全設備與措施。

（二）護罩、護圍或具有連鎖性能之安全門等設備。

---

3. 勞工於污水池、下水道、道路入孔內或醬菜槽等局限空間從事作
業前，如未確認缺氧、中毒等危害，貿然進入，經常發生數人同
時罹災情事。依職業安全衛生設施規則規定，為避免勞工於局限
空間作業時發生缺氧、中毒、感電、塌陷、被夾、被捲及火災、
爆炸等危害，有危害之虞者，應訂定危害防止計畫，試列出危害
防止計畫應訂事項之其中 5 項。（**10** 分）

答

危害防止計畫，應依作業可能引起之危害訂定下列事項：
一、局限空間內危害之確認。
二、局限空間內氧氣、危險物、有害物濃度之測定。

三、通風換氣實施方式。

四、電能、高溫、低溫與危害物質之隔離措施及缺氧、中毒、感電、塌陷、被夾、被捲等危害防止措施。

五、作業方法及安全管制作法。

六、進入作業許可程序。

七、提供之測定儀器、通風換氣、防護與救援設備之檢點及維護方法。

八、作業控制設施及作業安全檢點方法。

九、緊急應變處置措施。

---

4. 某機械製造公司新僱一批作業勞工及主管人員，如果您是該事業單位之職業安全衛生管理人員，如何依職業安全衛生教育訓練規則規定規劃下列事項？

　　（一）工作前實施與該等勞工作業有關之一般安全衛生教育訓練，試列舉 3 項課程內容？（6 分）

　　（二）作業勞工有從事使用生產性機械或設備，要對其總共實施至少幾小時之一般安全衛生教育訓練？（2 分）

　　（三）上述（一）主管人員應再增加安全衛生管理與執行等 4 種課程幾小時？（2 分）

（一）1. 作業安全衛生有關法規概要

　　　　2. 職業安全衛生概念及安全衛生工作守則

　　　　3. 作業前、中、後之自動檢查

　　　　4. 標準作業程序

　　　　5. 緊急事故應變處理

　　　　6. 消防及急救常識暨演練

　　　　7. 其他與勞工作業有關之安全衛生知識

（二）從事使用生產性機械或設備、車輛系營建機械、高空工作車、捲揚機等之操作及營造作業、缺氧作業、電焊作業等應各增列三小時。

（三）增列六小時。

---

5. 依有機溶劑中毒預防規則規定，回答下列問題：（**10** 分）

（一）__(1)__：指密閉有機溶劑蒸氣之發生源使其蒸氣不致發散之設備。

（二）__(2)__：指藉動力強制吸引並排出已發散有機溶劑蒸氣之設備。

（三）__(3)__：指藉動力稀釋已發散有機溶劑蒸氣之設備。

（四）__(4)__：指室內對外開口面積未達底面積之 **1/20** 以上或全面積之 **3%** 以上者。

（五）對於有機溶劑作業依規定戴用輸氣管面罩之連續作業時間，每次不得超過__(5)__小時，並給予適當之休息時間。

(1) 密閉設備：指密閉有機溶劑蒸氣之發生源使其蒸氣不致發散之設備。

(2) 局部排氣裝置：指藉動力強制吸引並排出已發散有機溶劑蒸氣之設備。

(3) 整體換氣裝置：指藉動力稀釋已發散有機溶劑蒸氣之設備。

(4) 通風不充分之室內作業場所：指室內對外開口面積未達底面積之二十分之一以上或全面積之百分之三以上者。

(5) 1 小時。

---

6. 依職業安全衛生設施規則規定，填答下列問題。（**10** 分）

    （一） 雇主對於研磨機之使用，應採用經速率試驗合格且有明確記載最高使用周速度者。其速率試驗應按最高使用周速度增加 __(1)__ %為之。但直徑不滿 __(2)__ 公分之研磨機得免於速率試驗。

    （二） 研磨機應於每日作業開始前試轉 __(3)__ 分鐘以上，研磨輪更換時應先檢驗 __(4)__ ，並在防護罩下試轉 __(5)__ 分鐘以上。

研磨機使用，應於每日作業開始前試轉 (3)1 分鐘以上，研磨輪更換時應先檢驗 (4)有無裂痕 ，並在防護罩下試轉 (5)3 分鐘以上。前項第一款之速率試驗，應按最高使用周速度增加 (1)50 %為之。直徑不滿 (2)10 公分之研磨輪得免予速率試驗。

---

7. 依營造安全衛生設施標準規定，雇主於僱用勞工從事露天開挖作業時，為防止開挖區邊坡面崩塌及地面損壞地下埋設物致有危害勞工之虞，應事前就作業地點及其附近，施以鑽探、試挖或其他適當方法從事調查，其調查內容為何？（**10** 分）

雇主僱用勞工從事露天開挖作業，為防止地面之崩塌及損壞地下埋設物致有危害勞工之虞，應事前就作業地點及其附近，施以鑽探、試挖或其他適當方法從事調查，其調查內容，應依下列規定：

1. 地面形狀、地層、地質、鄰近建築物及交通影響情形等。
2. 地面有否龜裂、地下水位狀況及地層凍結狀況等。
3. 有無地下埋設物及其狀況。
4. 地下有無高溫、危險或有害之氣體、蒸氣及其狀況。

依前項調查結果擬訂開挖計畫，其內容應包括開挖方法、順序、進度、使用機械種類、降低水位、穩定地層方法及土壓觀測系統等。

8. 依女性勞工母性健康保護實施辦法規定，填答下列問題。(**10** 分)

　　(一)　母性健康保護係指對於女性勞工從事有母性健康危害之虞之工作所採取之措施，包括危害評估與控制、__(1)__、__(2)__、__(3)__ 及其他相關措施。

　　(二)　母性健康保護期間係指雇主於得知女性勞工__(4)__ 之日起至__(5)__ 之期間。

　　(一)母性健康保護係指對於女性勞工從事有母性健康危害之虞之工作所採取之措施，包括危害評估與控制、__(1)醫師面談指導__、__(2)風險分級管理__、__(3)工作適性安排__ 及其他相關措施。

　　(二)母性健康保護期間（以下簡稱保護期間）係指雇主於得知女性勞工 __(4)妊娠之日__ 起至 __(5)分娩後一年__ 之期間。

9. 某公司員工 **100** 人於 **4** 月份工作 **20** 天，每天工作 **8** 小時，該公司 4 月份發生 **3** 件災害，情況如下所述：

　1. 小陳 4 月 3 日包裝成品時，割傷右手指，立即送醫治療後於 4 月 4 日回公司上班。

　2. 小林 4 月 8 日擦窗戶墜落撞傷前額，立即送醫治療。當日請假後於 4 月 19 日回公司上班。

　3. 小張 4 月 4 日上班途中騎機車與汽車擦撞受傷，立即送醫治療。當日請假後於 4 月 30 日回公司上班。

　試計算此公司 4 月份之失能傷害頻率及失能傷害嚴重率。(**10** 分，應列出計算式，否則不予計分)

總經歷工時 $8 \times 20 \times 100 = 16000$ 小時

失能傷害頻率＝$2 \times 10^6 / 16000 = 125.00$

失能傷害損失日數$(19-8-1)+(30-4-1)=35$

失能傷害嚴重率＝$35 \times 10^6 / 16000 = 2187$

10. 某口罩對粉塵的過濾效率為 **80.0%**，若多加一層活性碳層（對粉塵之過濾效率為 **4.0%**），此口罩的總過濾效率變為多少%？（**10 分，應列出計算過程，否則不予計分**）

 答

$(1-80\%) \times (1-4\%) = 19.2\%$

總過濾效率 $1-19.2\% = 80.8\%$

MEMO

MEMO

MEMO

國家圖書館出版品預行編目資料

職業安全衛生管理乙級技術士歷次學術科試題暨解析彙編 / 陳淨修編著. -- 第九版. -- 新北市：新文京開發出版股份有限公司, 2021.06
　　面；　公分

ISBN　978-986-430-738-8（平裝）

1.工業安全　2.職業衛生

555.56　　　　　　　　　　　　　　110009646

職業安全衛生管理乙級技術士歷次學術科試題暨解析彙編（第九版）

（書號：B396e9）

編 著 者　　陳淨修

出 版 者　　新文京開發出版股份有限公司

地　　址　　新北市中和區中山路二段 362 號 9 樓

電　　話　　(02) 2244-8188（代表號）

F　A　X　　(02) 2244-8189

郵　　撥　　1958730-2

第 九 版　　西元 2021 年 07 月 10 日

建議售價：550 元